簡又文回憶錄

簡又文 原著
蔡登山 主編

前言：為蔡登山先生作書引言

簡幼文

我的父親是簡又文、宗譜名永真、號馭繁（取自前人句執簡馭繁）筆名大華烈士（俄文意同志），承蔡登山先生的誠意，邀請我為他精心收集家父一生著作文史資料所編成的書籍寫點引言，盛情難卻。我大半生的專業是藥物研究的科學家和臨床療病的醫生，雖然有自知之明，又從沒有寫過新書序文，對文史的領域不但是外行，更因居美六十年所導致文筆生疏，不過只有硬著頭皮寫一點我對父親生平的見解和結交蔡先生的緣分。

首先我要提出我和蔡先生認識的機遇——是緣分也是他運作追尋文史獨有的技巧。半年前我們彼此東西各處一方，全不認識，但經多方轉折，最後他透過名滿香港的共識朋友許禮平先生和我聯絡上。雖然至今和他沒有直接見面，但在電腦上已多次聯繫、通話和電郵。我的名字簡幼文和父親的名同音，這並非筆誤。一開始蔡先生便送我一份寶貴的禮物，那是我父親遺失了多年，有關於我出生命名的書信印本——我以前根本不知道這信本存在。舉一反三，可知他治學的深度。上網一查，真不愧他歷年在文史界獨享有拾遺專家的盛譽。

說來慚愧，我成長在國家動亂時代，早年的學生生活，大部分是在離家住宿的校園裡過，自一九五九年後來美國學業深造至父親去世又間隔二十年，因此父子兩人面對面交流，比一般家庭較少；我在家時，他日夜忙著寫作，所以交談時間大部分是在飯桌上，內容主要是家常閒話、特別見聞、際遇和有趣的人物故事，從不提有關政治、財務或他個人著作成就，更沒有負面評論他人的話題。因此我對他在社會和學術界的事跡，大部分是從他身故後留給我的檔案、著作、每年記下的私人要事錄（可說是「年記」），和外界已發表有關他的文章，領會過來的。正因為這些片段的掌故式文章任由後人反覆抄作，不少已失去了正確性。例如最近朋友寄我一篇有關梁羽生（筆名—原名陳文統）的文章，提及抗日戰爭時家父「前」學生梁羽生為報師恩，收容我一家從桂林避難到蒙山他家中，直到戰事結束。事實上，當事人是梁的堂兄陳文奇，他是我父親在戰前任「今是學校」校長時的學生，而作家梁羽生是我家搬到蒙山後才拜家父為師的。此文作者不但犯了人物錯誤毛病，更是本末倒置。因此，蔡先生現時能對我父親一生的著作，重新用他嚴密處理文史資料的手法編成一系列書籍傳世，顯得特別珍貴。

父親一生做了很多事，也曾以不同的身分任職多種領域。我認為留下來最重要的是他對太平天國歷史學術的貢獻。他在美國芝加哥大學神學院碩士論文的主題，便是基督信徒天王洪秀全的事跡，此後凡四十餘年，斷斷續續收集了很多有關太平天國的文物資料，並為此作書，自己笑稱一生吃太平飯。又曾特別赴洪起義的基地金田村訪問鄉民遺老，以便收集資料，不遺餘力。父親曾談及他治學的原則是科學方式，始於美國教育的影響。簡單點來說，就是先盡力收集可靠的一手資料，分析後再作考證。如有差異或無法肯定的記載，不作主觀或偏見，史實和史評應該分開論斷。我認為中國歷朝史官原則上亦有相似之處，後朝寫前朝事，連皇帝行事正負兩面也實報在內，以保全客觀的史實形式。

我不禁回憶起父親私人生活中的言行和思想，他一生不求富貴和權勢；自美國學成回家後他所有參及的事，都是針對社會或文化有正面影響的，直至現在還沒有看到他人對他公開的負面評論。正如我前文提及，我們父子之間關係不是很接近，因此對他在世之時，有不少事情不大了解，如今反而對他增加了新的認識。我很敬佩蔡先生費了非常大的精力研究我父親一生的作品和事跡，在現在社會環境中真是難能可貴。他對家父的深度認識，可想而知，必然比我更詳盡。他依據純學術的動機，快要出版研究的成果了，家父在天之靈若得知有蔡先生這位知音，又兼有共同治學的精神，肯定十分欣慰。我亦有幸，感恩活到晚年還能結交蔡先生這樣出類拔萃的文史學者。

寫在美國加州　二〇二〇年一月

①1920年，於美國芝加哥大學獲神學碩士照

②1925年，任燕京大學教授兼今是學校校長

③1927年參西北軍，任政治部中將職。與馮玉祥深交，後著馮傳及從軍記

④1948年，於香港家園涼庭
⑤1978年，於香港家書房照

簡又文傳

查時傑

簡又文（一八九六－一九七八），字永真，號馭繁，筆名大華烈士，原籍廣東省新會縣，新會屬四邑之一，同時代的同邑名人，前有梁啟超，後有陳援庵，新會亦為著名的僑鄉，其父名簡寅初，即為南洋僑商，早年曾與同鄉黃甫田在廣州合資經營飲料事業，店號名橘香齋，所生產的甘露茶，遠近馳名。往後又在上海的南洋煙草公司，任經理職。簡寅初在繁華的西關地區營建了宅第，一八九六年（光緒廿二年）簡又文就出生在這樣一個富裕的家庭，簡又文又是簡家的獨生子，故幼年時就備受寵愛關注，在優渥的環境中成長。

簡又文幼年啟蒙極早，未及十歲，就入了私塾及小學，一九〇八年（宣統元年）又被父親安排入了校譽良好的廣州嶺南學堂就讀，該校是基督教美國長老會所辦的西式學堂，入學後的簡又文，由於教育環境驟變，而嬌生慣養的習性未變，言行舉止每多不檢，屢犯校規，在校中被視為是個問題學生。

成為問題學生的簡又文，幸好有該校兩位基督徒老師林耀翔、陳輯五的關注，在不捨不棄的關愛下，並以基督愛心的感召下，頑石終於點頭幡然悔悟，而於一九一〇年五月十日在倫敦傳道會謝恩祿牧師主禮下領受洗禮。簡又文領受洗禮之年，時年十四歲。

領基督教洗禮後的簡又文，日後在自傳中，曾謂人生觀有了徹底的大改變，並在身、心、靈各方面都有長進，基督信仰深植於心，勤於讀經與祈禱，忠心參加禮拜，認真求學，努力學習，鍛鍊體魄，合群友善，惡習根絕，從此「西關大少」與「紈褲子弟」的惡名，遠他而去。在此成長期間，簡又文也立下「專習宗教、哲學、神學」的決心，並立誓「畢生以『服務』為目的，為職志」。

一九一三年秋，簡又文從嶺南學堂畢業後，得其父親財務支持下，首度來美留學，初入美東紐約州，入讀嘉士吉地中學（Cascadilla School）預科，越年入讀位在美國中部俄亥俄州的奧柏林大學（Oberlin College），該校屬公理會教派，一九一七年修完大學課程，取得文學士學位（B・A・Degree）。在學期間，深受該校校長王亨利（Henry C・King）及聖經教授郝金士（Wm・J・Hutchins）之影響。隨後返國出任母校嶺南中學教職，主授英文與聖經兩門課程。同時出任該校學生青年會總幹事職位，推展在學生中間的福音傳播工作。

一九一八年，簡又文第二度赴美進修，再入芝加哥大學進修，二年後（一九二〇）取得芝大碩士學位（M・A・Degree）。隨及赴紐約，再入協和神學院（Union Theological Seminary）進修。到一九二二年因接國內父親得重病的急電而返國。返國後的簡又文，應上海基督教青年協會之聘，出任該會編緝部的幹事，協助編輯該會機關期刊——《青年進步》的編務工作，又受命編譯《宗教研究叢書》的編譯工作。簡又文擁有一支健筆，能文能譯，返國期間，國內的基督教會正逢「非基運動」的大衝擊，簡又文此時返國，可謂恭逢其會，因此結合同道，一方面撰寫了護教文章，發表護教宣言，還出版了《新宗教觀》、《科學與宗教》、《談道錄》、《宗教與人生》等書冊，為教會奮戰，可謂不遺餘力。期間也出任僑居在上海的廣東教會的代理牧師之職，牧養旅滬的粵籍教友，繼而應廣州市長孫科之邀，回廣州出任教育局長。為家鄉同胞服務。

一九二四年春天，簡又文應北京燕京大學司徒雷登校長及宗教學院劉廷芳院長之聘，擔任宗教學院副教授職務，開啟他兩度作育英才的教學生涯了。

大學教授，西北軍中勤宣教

簡又文在燕京大學任教約二年半之久，這兩年半的教書生涯，簡又文過得非常愉快，而於授課、譯作之餘，還從事基督教的布道工作。當時素有「基督將軍」雅號的馮玉祥將軍，其統領的部隊駐防於熱河的張家口，轄有日後國人所熟知的「西北國民軍」，馮本人篤信基督，也關心所轄軍隊官兵們的信仰問題，當時在軍隊中並無日後的政工部門，有關對官兵們心理輔導的工作十分缺乏，也不為領軍之軍官所注意，但馮玉祥在當時的中國將領中是個異數，軍中士官兵的身、心靈問題，卻為馮將軍所看重，馮玉祥為基督徒，他自然採用聘請教會人士來協助其軍中輔導方面的工作，而此項關懷工作，過往都由陳崇桂牧師負責，陳牧師為此聘請許多位教會的牧師與學者參與，常往馮部駐防地講演佈道。簡又文也接受聘請，多次應邀前往。由是而與馮玉祥論交，並為馮所嘗識敬重，也成為日後他轉往馮部工作的種因。

一九二六年秋，簡又文執教於北京基督教燕京大學宗教學院已兩年有餘，他對這份教職與課餘的文字工作，軍中的宣教工作都幹得有色有色，正待繼續下去時，卻因時局的變遷，使他不得不離開北京，南返廣州，結束了他在燕京大學的教職工作。

原來一九二六年秋，北京政局有變，奉系與直系軍隊佔領了北京，掌控了北洋政府，而本來對北京北洋政府有影響力的馮玉祥則率軍隊退出了北京。由於簡又文與馮玉祥過去幾年密切的公私關係，因此奉直兩系的軍閥，把簡又文列入了要逮捕的黑名單之中，當掌控北京後，隨及發出通緝之令，要捕捉簡又文。幸好他事先獲知消息，以致從容得脫，簡又文得門生與好友多人之助，在關卡重重之下的北京，從容離京逃到天津，在天津順利進入天津的外國租界區，獲得暫時的安全，之後，再在租界易名為楊玉夫，買了船票，啟航後經上海到廣州，至此方告安全脫險。

熱血從戎，依靠基督愛練軍

然而此次時局的變易，對簡又文日後四十多年的生活與事業，都有莫大的影響。簡又文在經歷這段艱險危難之後，他的思想與志向有了極大的改變，他本來的志向是在研究學問並傳播基督福音，並不想涉入政治之中，對民國建立後再革命的主張則表同情而已，但經歷這次的危難後，他回憶說：「我在北方三年，目擊北方軍閥政客之貪污、淫穢、兇殘、腐化、爭權奪利、禍國殃民，罪惡滔天，黑暗彌地與夫帝國主義之欺凌吾國，殘害同胞，猶且互相勾結，貽害國族，不禁憤恨填膺，實在忍無可忍，必要打倒他們而自已願意做一個『馬前卒』。」

這表明了他因愛國的熱忱，使他的志向與想法都有了改變，而欲直接投入政治之中。此次的經歷，對他的宗教信仰也有所衝擊，他要在政治與宗教信仰上，尋求另一種的協調，在他的《西北從軍記》一書中，他寫道：「此時深覺空言基督教愛天愛人，神學聖經，於國民補益甚少，亟欲利用宗教教理，愛人宗旨，犧牲精神，與軍事政治配合，出以實際行動，改革社會，建設新事業，庶足以適應國家、人民、社會之需要，則個人或有多少奉獻。」

這一段話表明他此後要投入實際政治事務之中了，但出於宗教動機的成份仍是很大的。

簡又文既然因出於愛國熱忱與宗教熱忱而有意投身政治，故婉拒了廣東農工廳廳長之職，而願就「西北軍政治工作委員」的職務，以全力協助馮玉祥所領導的，號稱「西北國民軍」的整軍經武工作。他深深以為這項工作，於公於私，於國家於教會，對他而言都是一項最合適又最有意義的工作。

一九二六年馮玉祥離北京赴俄國考察，同年再由俄國歸國之後，在內蒙綏遠的五原誓師，並且正式加入國民革命軍的陣線，與南方政府緊密合作，以圖完成北伐，掃除直、皖、奉系各路軍閥，完成統一工作。是時在馮玉祥的領導的西北軍，雖盛譽日隆，但仍缺乏政治工作方面人員的投入，故屢屢電函南方廣州當局，請多派得力的同志前去協助，簡又文得悉之後，自動請纓前去協助，他回憶說：「……想起馮氏素以『基督將軍』著名世界，其所統之『國民軍』的確實現不擾民，真愛民，誓死救國（官兵佩在胸前的襟章有此四個小字）之口號。不禁心焉嚮往，值得同事。而且心中又念念不忘昔日馮氏在張家口之『知遇』，曾相約將來有機會再議，宛如舊盟。」

簡又文的請求，得南方政要孫科與徐謙兩人的首肯與薦舉，獲得通過，遂正式加入中國國民黨，接受委任狀，準備出發，開始他投身入政界的生涯了。一九二六年十二月，簡又文離穗北上，先抵武漢，次年元月，隨同孫科、宋子文、陳友仁三位，代表政府，接受外人交回的漢口租界儀式，簡又文回憶說：「多年國恥，初得湔雪，我得躬與其盛，興奮何如，快樂何如，當時情況，沒齒難忘。」

靈巧宣教，嘗盡艱苦亦欣然

一九二七年三月前，由武漢順序通過河南的信陽、郾城、鄭州、洛陽和陝西的陝州，安抵西安，向馮部報到，受委任為馮玉祥部隊的外交處長，兼政治部的副部長，而其在軍中的官階則為中將銜。從此文人背景的簡又文在馮玉祥部隊中，一如其他的官兵，身著灰色布製的軍裝、頭戴軍帽，腿上則裹綁腿布，腳著軍襪，正式投入軍旅生涯了。

簡又文還依軍紀推光了頭髮，所以整個人的形像與容貌也改變了，若說容貌上尚有所保留的，則只有軍中所不禁的長鬍鬚未剃。但簡又文終究是文人出身，文人氣習仍存，那時與簡又文同事的教育家鄧萃英曾戲稱他們倆人是四不像：「一像軍人而不是軍人，二像學者而不是學者。三像官僚而不是官僚。四像政客而不是政客」。

簡又文與馮玉祥既為舊識，彼此相處十分相得，很受馮玉祥的器重，故參贊戎機，聯絡南方，都能順利完成任務，而在處理馮部對外的交涉上也都能不辱使命。故簡又文此時從軍從政之途尚稱順利，但在軍中宣教則已不若昔日馮部在張家口駐防時那般順暢了，分析個中原因，最關鍵的原因有二，一是軍隊的官兵成員已擴大編組而成一支成員極多元化的軍隊了，軍隊在新編組下，除了馮玉祥本有的嫡系軍隊之外，又加入了西北馬鴻逵的穆斯林軍系，楊虎城、岳維峻、李虎臣等舊國民軍的二軍與三軍，這使得榮任總司令的馮玉祥已不便，也不能一如以往，以公開並積極地在部隊中宣揚基督教了，以免因而發生內部的異見或爭執；二是有內外在環境上的大改變，馮玉祥已由國民黨任命為國民革命軍第二集團軍總司令，全軍大幅度的改編改組，並以「三民主義」為治軍之本，對於宗教的態度必須採取信仰自由的寬容和諧政策，不能再有只獨厚與只注重基督教在軍中的流佈，政教分離十分明顯，雖然馮玉祥個人對基督教的信仰未失，他也未揚棄基督教，但整個環境的改變，使簡又文原本希冀在軍中宣揚基督教的使命已不能達成，這對他未能以基督教教理來幫助馮玉祥救國救民，多少感到莫大的失望；但整個大環境的改變，又豈是他能左右改變的，在明白了然此時的處境之後，簡又文只有默然無語，接受事實，但也立即轉思並尋找另外的適應之法了。

簡又文因馮玉祥部隊有內外在環境上的大改變，明白原本在軍中宣教的計劃必須改弦更張，另謀適應之法，而他的適應之道，基本上就是由幕前改到幕後，一方面聯絡其他的軍中牧師同道、基督教男青年會的幹事，與馮部中篤信基督的高級將領如張之江、石敬亭等人，繼續維持密切的聯繫，與他們常有信仰上的溝通，互擔痛苦，分享喜樂，期望透過這些將領的信仰，繼續維持住馮舊部下級官兵的基督教信仰；一方面則以個人美好的生活見證，例如不煙不酒不貪，生活檢點，善待下級士兵，又「竭誠盡力任事，忠勇廉潔持身」，不卑不亢地與軍中上下級官兵和睦相處，以彰顯基督之愛。再有的適應之道，則本著基督博愛犧牲精神，寫了許多首軍歌來表現愛國、革命、犧牲、奮鬥精神，以振奮鼓舞軍心，由於辭句感人，真情流露，並極其自然地把基督之愛溶於詩歌旋律之中，故很得馮部軍中同袍之讚賞，而樂於唱出此類富基督教精神的軍歌。像〈我的墳墓〉之類的軍歌，歌詞中有這麼幾句：

「我已擇定了我葬身地兮，
是在黃河之畔，秦岱之麓，或白山黑水之間。
那是帝國主義最後的傀儡劇場兮，
又是萬惡軍閥最末一坐的靠山，
願與不平等條約同殞兮，
青山何處不可埋這幾根忠骨兮，
何必歸葬於故鄉也？
也許沒有十架矗豎於墳上兮，
但青山之上如果有天堂兮，必少不了我一份報酬，
因我碧血與耶穌在「各各他」的是同其原素兮，
等是為犧牲自己救人救國而流。」

總之，簡又文務使基督信仰能繼續持守在馮部之中，不因環境之變而逐漸失落，背棄了基督信仰。

簡又文在馮系部隊服務共約有一年多的時間，是時正值北伐全力掃盪直、奉軍閥之際，

他出任前敵政治部主任，故須隨軍前進，更須身先士卒親作表率，他回憶這一年的戰時生活，曾回憶說及：「一次，遇險於河南彰德，幾至喪生，時隨大軍前進，寢食起居皆極不變，常受蚊子、蒼蠅、狗蚤、虱子、沙風等五種頑敵之困擾，坐臥不寧，又因宿犯疾痔瘡為患，日流鮮血，苦上加苦，但一切遭受，皆甘之如飴，不發怨言，蓋為愛國、愛革命，準備犧牲故也。」

一九二八年夏，東北易幟，北伐完成，簡又文在馮部的工作終告一個段落，所受派的任務已告完成，而其為革命而服務，為個人雪恥的夙願也如願以償達成了，故準備離去軍職，解甲歸田，再回到教會、學校、學術界服務。但時勢環境的千變萬化。在當時主觀與客觀條件下，實非簡又文能自己完全撐握決定的，結果原本捨軍職而從教職之路竟未能踏上，而是走上了捨軍職而從政職之路，此後他在政界竟「宦海飄流二十年」之久。

生命巨變，終靠信仰得拯救

一九三一年年底，因簡又文隨孫科同進退之故，辭去廣州社會局局長的職務，離開廣州經香港轉往上海，在上海停留了約有一年之久，在這一年餘的日子裡，一則因時局的變化多端，二則因家庭也遭大難，簡又文這一年在滬上的生活，遭受了前所未有的衝擊，他曾回憶說：「我遭遇六大厄運，精神上大受打擊，痛苦難堪。那六種呢？一、職業無著，賦閒流浪。二、雙親相繼去世，而自已因奔走國事，竟不能在家侍養送終。三、室人下堂，成為無家之人。四、愛兒夭折，悲哀欲絕，日日痛哭，經年不已，五、家變迭興，心傷腸斷。六、身染重病，多時始癒。」

簡又文這年內在遭受雙親棄世、妻離、子喪（染患猩紅熱症不治，年僅十二歲）、又失業之多重打擊之下，誠如他在回憶錄所言，已到幾至心靈分裂、精神破產、人格崩倒的地步，他曾考慮以自殺來了斷，又思放縱情慾以逃避現實，更有欲藉佛理以尋求解脫的思想出現，結果還是青少年以後建立的基督教信仰拯救了簡又文，使他再度從挫折、逆境中爬了起來，簡又文在他著作的《宦海飄流二十年》一書中，曾記述他從挫折中再起的關鍵，乃在於：「終因多年的宗教信仰，重生的大希望，樂觀的人生觀，不撓不倔的個性，……卒能在宦海中不至沈淪而捱過了厄難而得新生命。」這也表明了簡又文再度肯定「基督信仰」對他的影響與意義了。

一九三二年一月，孫科先生就任立法院院長，時為訓政時期，立法院院長得有遴選立法委員之權，簡又文被選為全國九十位委員之一，此後他連任立委長達十三年之久，直至行憲（一九四五）前方止。簡又文因再度出任公職，生活自再步入了正軌，此所謂的樂業之後，還要安家，簡又文於一九三四年三月，與楊玉仙女士在上海結婚，重組家庭，楊玉仙女士與簡又文係信仰上的同道，女士為人誠篤熱心，內外兼顧，使簡又文重享家庭幸福，這次的婚姻與前此失敗的婚姻，對簡又文而言真有天壤之別，無怪乎簡又文在〈重生六十年〉這篇談及信仰的自傳中，特別追念這位愛妻，文中有云：「楊夫人對於基督信仰誠篤……，於我的一生有最重要的影響，能知我、諒我、愛我、助我。自此主持家道，生育兒女，使我得享家庭幸福，而能傾全力以為政治、社會、文化、學術、宗教服務。」

簡又文在寧、滬兩地又重起安家樂業，正圖繼續服務國家與社會，不料一九三七年（民國廿六年）七七全面抗戰起，是時他正舉家在香港渡假，結果屢次要北上寧、滬都沒有成功，與立法院也失去了聯絡，因此他被迫在香港與華南一帶，共居留了四年之久。此後直到抗戰勝利，簡又文與全國同胞共處艱苦危難之中，苦撐待變，在他的回憶錄中，曾追憶說：「艱苦危難，不可勝述，每思此乃國家民族大難，全國同胞留在水深火熱中，有多人所受之痛苦，或死亡者，比我們所歷更有甚焉者，何能發怨言，惟信心極堅，深信最後勝利必屬我國。」

簡又文流寓香港期間，憑藉過往在港九地方上的聲望，創辦了《大風》半月刊，宣導抗戰，還聚集港九文化界人士，組織抗日團體「中國文化協進會」從事抗日的各項活動。香港淪陷後，簡又文舉家先逃難至廣西，期間隨戰事之逼緊，全家曾搬遷了十二次之多，真是備極艱辛，但在如此艱難處境下，簡又文仍不喪其志，苦撐待變，還就近收集整理有關太平天國革命在地的資料，展現史家的獨有的風範。

全心治史，成一代學術大師

一九四五年秋，八年抗戰勝利，簡又文舉家由廣西蒙山回到廣州，住在西關故宅，但時局又遭巨變，國共內戰再起，簡又文在一九四九年再舉家遷往香港定居，他遷居香港九龍後，再不涉政治，全心治學，他在史學領域的研究上，造詣本高，興趣亦濃，早先在從政期間，治太平天國歷史已有很好的成績，如今定居於港九之地，其治學的重心仍放在太平天國歷史的研究上，他以豐富的史料收藏，專心一意的研究，如是十餘年下來，成就自然可觀，先後完成了有三大冊的《太平天國典制通考》與三大冊的《太平天國全史》等巨著，文字數達五百餘萬言，他在太平天國歷史的研究上的貢獻與成績是舉世公認的，一九六四年美國名校耶魯大學（Yale University）就聘簡又文為研究訪問學人，他專程赴美在耶魯大學撰就了以英文書寫的《太平天國革命運動》一書，並由耶魯大學出版社出版，此書還獲得美國歷史學會的費氏獎，獎勵他一生在太平天國歷史研究上的成就與貢獻。

簡又文的晚年生活，再從其自傳與和友人通信中，可窺知一二，簡又文與楊玉仙女士結婚後，伉儷情深，家庭生活美滿，然一九五八年玉仙女士以胰臟癌安息，而子女時俱已長成，成家後又散居「三洲五國」，獨留簡又文孤居於九龍故居，以致在自傳與致友人信函中常透露「甚感孤單」之苦，有「無人可說，無從訴苦」之嘆，故寄情於基督信仰、史學研究之中，在其致多年同事、同道的謝扶雅的信函中，尤其可窺知他晚年的心境，信中說道：「……孤獨是老年人最大的敵人，今我等同遭此厄，時間也難逃除此痛苦，只有從宗教信仰——上帝旨意與哲學思想如白沙先生所謂『自然消息』稍得心靈的寧靜，而與死神搏而已。」顯見他對基督信仰依靠之深與信仰給與他安渡晚年的支持力量。

二〇一四年在香港出版的《香港教會人物傳》，由香港浸會大學歷史系退休教授李金強博士所撰寫的簡又文傳中，對其晚年在港生活亦有一手的簡要描述：「……應基督教輔橋出版社之約，先後出版《中國基督教的開山事業》、《古猶太革命史演義》、翻譯《傳教偉人馬禮遜》、《傳教偉人耶德遜》等書。並起而研究陳白沙，與教牧同道李貞明、曹新銘、封志禮、周億孚、李志剛，多所往來，共同探討基督教教義，進而努力推動基督教本色化。」

一九七八年十月二十五日，簡又文在他九龍取名「寅圃」的自宅安息，安葬於九龍嘉林邊道華人基督教墳場。得年八十有三。

綜觀簡又文的燦爛不凡的一生，本為「西關大少」與「紈褲子弟」，但因信奉基督而得重生，從青少年起改變他的人生態度，從此在留學歸國後，無論從事教會服務，或參與教育工作，或投身政界，晚年再回歸到學界與教會，表現都精彩傑出，他多彩多姿的一生，為基督作了美好的見証，而他對教會界的貢獻，也實在不能僅僅以「傑出教會史家」一詞來涵蓋他的。

註：本傳取材自下列的書冊：

1 李金強　撰《香港教會人物傳》中〈簡又文傳〉
2014年　香港華人基督教聯會　出版

2 查時傑　撰〈風雨中的彩虹—基督徒百年足跡〉
〈文武雙全・身為主用—簡又文〉
2011年　台北　宇宙光全人關懷機構　出版

3 Howard L・Boorman《*Biocraphical Dictionary of Republican China*》〈Chien Yu-wen〉
Howard L・Boorman Edg・19 Columbia University Press

（本文作者為臺灣大學歷史系退休教授、中原大學榮譽退休教授）

目次

第四部　我研究太平天國史的經過

第一部
《重生六十年》

此乃簡又文教授別開生面的傳記文學，詳述其一生的宗教經驗，從實驗主義及倫理學的觀點，彰顯基督對拯救及改造人格的功能，在任何環境中可得重生的救恩。是篇對信徒及其他信仰人士，均有見證作用，其中亦有基督教在中國的歷史資料，至足為讀者欣賞。編者謹誌。

一個頑童

一九一〇年五月一日（清宣統二年庚戌三月二十二日）是我靈魂重生的誕辰。是日，我受洗禮為基督徒。這是我一生最不能忘、最足紀念的大日子。距今整六十年了，依舊俗可說是我精神生命的花甲壽慶。自從那一天以後，我未嘗有一天忘記或否認我是基督徒，而且一向的心術、行為與生活都是以基督的遺範、遺訓、為最高的倫理道德的原則與圭臬。

為我施水禮者是倫敦會的謝恩錄牧師。他是我一生的知己和恩公。以後數十年，凡與我生命有關係的大事，我都向其請教，蒙其指示，受其鼓勵，得其助力。他是我一生所認識的、所欽敬的最偉大的「善牧」之一。（其他一位是張祝齡牧師，也是了解我最切、鼓勵我最多的知己。）

當日，施受水禮的地點是廣州河南嶺南學堂（原名）東院（後改名馬丁堂的）禮堂。我先於一年半之前，投入嶺南新開的中學預備班。至是升上中學一年級，年十四歲。我生長於一個豐裕的家庭兼是獨子。家居羊城富庶繁華的區域——西關。父親往南洋經商，留下母親與我在家。我自髫齔即入私塾及小學讀書。私塾與學校均無道德教育及人格訓練，而所交遊者多是同類的「西關仔」、「二世祖」、「紈褲子」之流。因少小無知，自然受了社會不良環境的影響而染上了許多劣風惡習。例如：十歲時即學吸紙烟。又嗜看小說，夜以繼日。母親不察，反以為勤學可嘉，但以為晚上看書，油燈傷目（當時未有電燈），乃改點洋燭；我益無忌憚，深夜始睡，漸而購閱不正當的刊物。有此背景，再過幾年，不難與其他同類的青少年染上嫖、賭、飲、吹、之惡嗜好了。

一九〇八年夏秋間，父親回家，乃送我入嶺南作寄宿生。入後校，如小鳥出巢，自由發展，但依然故我，言行不檢，常犯校規，尤其自恃有幾分聰慧和口才，且下筆能文，更為任情放恣，思想日益污濁，習慣日益惡劣。開學未久，即成為全校最顯著的「頑童」之一（所謂「四大寇」）、記過累累，每週末受罰托槍巡行，次數不可勝記。（當時，學校紀律最嚴，犯規者記過。記過四次，即須於星期日下午，身穿制服，肩托木槍，在校園大路巡行一小時；每遇教員或婦女必須立正見軍禮，最為難堪。）馴至騷擾及同班窗友及一般同學與師長，遂成為討人厭，乞人憎、犯眾怒的不良分子。如是者逾年，迄不能改，卒由教員會議通過革除學籍。幸得教員林耀翔先生，抱有大教育家、真基督徒的精神與愛心，力為說項，體會我一片天真，賦有慧質，無惡劣之根性而有造就之可能，足與為善，乃負責擔保我悔改自新。教員會議於是給予機會，保留議案，始得暫行寬免，以觀後效。林先生為本班英文教員，嘗於其私室親為我講解所未明白的文法使得豁然貫通，因此英文進步甚速，極得其稱許。有此前因，故有此次後果。自是之後，即時常親自愷切勸導，苦口婆心，循循善誘，誠篤友愛，如長兄之於弱弟，不禁令我悚然懼（恐被革除學籍也）、憬然悟（慚悟生活之不是也）大受感動。此我重生之萌芽也。

皈依基督

繼之，又得國文教員陳輯五教授以基督教真理及其至誠至仁之人格感化我，指導我，使我去邪歸正。每晨，他邀我在其書室，一同下跪祈禱。我遂能仿效致祈禱辭，懺悔罪過，求上帝神力，基督救恩，超拔更生。漸覺上帝臨我，作精神生活心靈之主宰。數月之後，寒假回家，仍繼續每晨自行祈禱，自覺上帝基督之靈在上監臨，宅居我心，洗淨思想惡念，戒絕劣習惡行，自自然然地感覺社會的頹風敗俗，個人的生活習慣，從前所視為繁華享樂者，一概可憎可厭，幡然徹底覺悟昨日之非而亟圖今日之是，乃決心改過，變為新人。（例如：從前最好看戲，嘗於短短三日假期間去看了兩夜三日戲，又仍有看小說，吸紙烟等惡習，至是一概自動戒絕。）

我自幼讀儒書，恪遵孔孟之道。少時，雖屢曾依隨一位信基督教的小學教員到教會參加禮拜集會，不過只是愛聽音調悠揚悅耳的讚頌歌唱音樂而已，而於教道與聖經，均格格不相入，且以為不及儒道之高優而輕視鄙視焉。至是，竟不自覺地放棄比較與批判，只因精神生活大受基督教真道之感動，而決心皈依了。

一九一〇年春季始業，復得陳教授如前指導，勉勵有加，於是決心領受洗禮為基督徒。（按：陳教授、原屬浸信會，惟並無教派界限與偏見，一任個人自決加入任何教會。）當時，與嶺南聯絡最密切者為倫敦會，同學加入者亦最多。牧師為楊襄甫及謝恩錄兩尊者。是日，由謝牧師到校施禮。其後，聞謝牧師嘗對人言：「這小學生（指我），生有異質，將來不為劇盜，便成偉人」。可是，後來證明，他對我雖然期望甚殷，而預言都不對。我自得重生後，自然不會成為「劇盜」，但亦未成為「偉人」，但六十年來，飽歷滄桑之變，因志趣、興味、與環境種種因素，卻成為一個研究專門學術、埋頭著述的「老學究」。這是謝牧師、陳教授，或其他關懷我、愛護我者甚至連我自己，所預料不到的。至今自覺未曾辜負他們的指導、灌頂、祝福、與期望。於今他們大多數已作古，相信定能含笑於天堂吧。附筆識此，以作懷德感恩之表示。

當時，許多同學一聞這個第一號「頑童」竟然受洗禮，大出意表，每有背著我訕笑，以為這是「聰明仔」的「精乖手段」，借此「水遁」以避免學校的責罰。我聞而忸怩不安，但不加理會，吾行吾素，自信重生的效果，不久即可顯露，自能表白自己而塞譏笑者，懷疑者之口。據宗教心理學，在那發育期間的青少年，正是心理感情發生變化的時期，最易感受宗教性的薰陶及影響。我適當此時幸得在優越的宗教學校受到賢良的師長的人格訓育，乃有這宗教經驗，誠自然的發展，然寧非天意——神意耶？

努力修養

自後，我努力於靈性修養的工夫，每天必守「晨更」。（此當時宗教界的術語，即每晨祈禱，讀聖經）。盡心盡力培育新生命，養成新良心（良知），發展新的精神人格。課餘暇時更獻身於學生青年會作種種服務，如到鄰村學塾教村童柔軟體操，逢禮拜日則挑起大旗到附近村落講道，及常到學生青年會創辦之小學對男女小學生講故事等。這種活動對於我一生演說及宣講的辯才是極有效的訓練。未幾，私人生活，全上正軌，不特不犯校規，不擾同學，反而三緘其口，行動鈍拙，寡言鮮笑，雖不至呆若木雞，卻馴如家鴿《新約》，對師長同學敬禮和善，一反故態。有一位也是信基督教的老同學告訴我：「您從前頑皮活潑，而今卻變成一個癡呆子！」這也許因生活驟然轉變，有些矯枉過正之處，但大概一種宗教苦行、刻意修練的結果，竟然變化氣質，改換心術，內外大變特變，前後判若兩人。

久而久之，忽有新覺悟，－覺得消極克制自己，過分遏制情感，不是好辦法，甚且幾乎流於悲觀怪癖與憂鬱的心理病態，終是損多益少的。況且種種嗜慾惡習，邪思劣行，斷不能逐一克治。終日心內自我作戰，也不能成功。當從精神生活的總樞紐改造起來。一旦賴宗教的力量，既培養得簇新的、善良的、仁愛的心，從積極方面著手，舉凡動機、思想、語默、言語、行為、待人接物、無不以善代惡，以優代劣，以正代邪，以是代非，一是以基督的經驗、人格、遺訓為至高無上的標準。由是一切思想、感情、言笑、行動、均得自然從「善端」出發，自然合理適度，什麼惡劣品質均一一自然革除而變化為新的、好的了。一有這新覺悟，新經驗，生活上果得達純潔、善良、歡樂、和諧的美境，無往而不安樂，有如陳白沙先生之所謂「自得」，也符合基督遺訓「爾將識真理，真理將令你自由」。以後，我均抱持這道德倫理的圭臬，每遇生活有困難解決的問題，即撫心自問：「設使基督的遭遇如此，他如何應付，如何解決？」這就是以基督之心為心的做法。數十年來，無論遭遇順逆如何，環境優劣如何，只是向上，向前，向善，向成功的路努力奮鬥。

自我改造

我自幼身體孱弱多病，面色青黃，骨瘦如柴。母親為我憂慮至甚，就醫吃藥，求神許願，用盡種種方法，仍無效果，入嶺南後我健康每況愈下，又患失眠、不消化、神經衰弱、種種毛病，當然是身體壞極。常常到校醫處診治。久而久之，竟致討厭，令校醫懷疑我詐病騙他，實圖缺課，至宣言如箇某再來胡鬧，必投以瀉藥。我乃不敢再去了。又有一校醫是專門心理神經病的，詳細為我檢驗，查察病源，因探悉我先代有吸鴉片的，竟斷定我的體弱多病、神經衰弱，是由於先代吸鴉片的遺傳所致，乃力勸我將來切不可習文、史、哲、宗教、神學等多費腦力、多用思想的學科，而改習多在戶外工作、多用體力的農科，否則於心腦損害更大，非至患精神病不可云云。我卻不信其警告。仍堅決習所要習的學科及幹所要幹的工作，但至今仍未顯出患精神病的病徵。

我乃進一步再求自力更生。我身體雖孱弱而意志堅強，更得宗教精神力量之支持，決心自我努力奮鬥，下苦心苦志苦功夫，改造自己的身體，即如改造精神人格一般。於是實行所得到的衛生知識，鍛鍊強健的體魄，使為將來一生立身行道、就業有用的工具。每晨起床，先行獨自到附近的運動場的田徑跑道，竭盡氣力跑一週（約四百碼）自持小錶計時，看每日速度進步如何。回宿舍時，路經鋼架、平行架等場，又在鋼架下伸高雙手抓著鋼條，自抽全身上下數次，亦以力盡為止，次數日日增加，而手臂肩膊肌肉亦日漸發展，臂力亦以時增強。以上兩種運動能使全身上下有平衡的發展。每晨事後乃從事學校規定的柔軟體操。既畢則施行冷水淋浴，無間寒暑，全年不停。每日下午下課時，又遵校規作一小時運動。我最喜歡蹋足球，次為籃球，而不喜網球，以為太軟弱也。既畢，又來冷水浴一次。因有堅強的志力與毅力，持之以恆，實行了一年多，果然身體壯健起來，全身肌肉堅實，百病全消，食慾大振，消化亦佳，夜夜酣睡，而體格亦漸高漸大。年終校內級際賽跑，居然得了幾項冠軍，為我級增光，真是一鳴驚人，同學多莫名其妙。及參加廣州所舉辦的校際運動會，也被選為出賽代表，亦得金牌獎章不少，維持學校歷屆冠軍的名譽。以後數十年，無論到那裡去，都注意體育，時時運動，兼練習武功。至今年逾古稀，身體大致還算康健，實得力於當年貯蓄體力的資本。

還有一點，我以後一生的事為及態度，與上言自我鍛鍊之工夫有一貫的作風；只有自己立志依自定的計畫努力做去，務求成功，並不與他人競聲華，爭雄長，奪權利。所以我自定標準「打破自己的紀錄」！務要今日勝似昨日，一年勝似一年，而不與人作比賽，分高下，較優劣，計長短，如果自己的成績得以出人頭地，那是自然的後果，不是原始的目的。（運動會賽跑優勝，是被選派出場，代表團體為其爭榮譽，不在此例。）

心靈健康

我又有一種「傻勁」，自己發明一種訓練志力的方法，暇時輒私用手指拔去墻上的鐵釘，無論任何長大鐵釘，一日搖動不得，次日繼之，日日如是，必拔出而後已。我立願拔除自己的惡思想、惡習慣、惡嗜好，（例如：我少時有口吃的毛病，自己也設法治癒了），以及將來社會與人生的惡東西，即憑此志力毅力。

當時，我又有大毛病——注意力不能集中，終日魂遊天外，「心不在焉」，在課室不能領會教員講解，自修時不能領會書本字句，這是心靈不健康的病徵。我又運用堅強志力，施用種種方法克服了這毛病。以後一生讀書求學乃有成就。

以上的種種經驗可確證宗教的力量不特是只限於拯救靈魂使得永生，及只在精神道德人格方面施其功用，而且兼能培養心靈，加強意志，自然影響到身體之鍛鍊與知識——即是人生整個全體。這是心靈至上的全功。孟子之所謂「先立其大者，則其小者不能奪」，而陸象山宗仰其說乃有「先立大體」的心學。但我認為一得有宗教力量——神力之支持推動與救拔，收效倍速倍大而倍久。所以我都以種種努力盡納之宗教經驗的範疇。

精神修養

其時為我個人修養之至大助力者，莫如上海青年協會所出版的《青年》雜志，與各種小冊子——包括立德、衛生、求知等門類。編譯者為謝洪賚、謝頌羔等，造福青年，最有功效。我又常於星期日到鍾榮光、陳輯五、兩教授家中聽其論道及發揮人生社會各問題，而美籍教員亦常有個人指導及啟迪。功課中有聖經一科，禮拜日有中西牧師名人之講道，及主日學。以上的宗教教育，使我獲益良多。我對於研究聖經的興味特別濃厚，大有所得於心，所以下年大考，以此科成績居然為全校之冠，得優異獎，並得歷史、體育、及軍事體操獎，忝居好學生之列。至是，我皈依基督之動機不辯自辯，已以重生的效果，大白於全校，而初時之譏笑我，懷疑我，以為我利用宗教作逃避責罰的「精乖」狡計者，已另眼看待，不再饒舌加以惡評了。

嶺南根本上是基督教學校，然不是教會或某一教派所辦，而是美國熱忱的基督徒以個人資格出財出力，或向各方募捐，聯合開創及主持的。以故，校內無教派主義或教條主義的束縛及宣傳。外籍教員，多有各宗教團體或學校青年會派來服務的，各人分屬各宗派，但無規定劃一的信條。校中的宗教教育不注重超自然主義的神秘迷信成分，而一般的重點乃依據聖經的基督教倫理道德，鼓勵立德、愛人、服務、犧牲的精神與行為。所以我所受的宗教教育是十分開明的、合理的深切實用的。以後個人一生的人格、道德、理想、志趣、均由此奠定健全的、良好的、堅穩的基礎。不特此也，儒家的教道精華，中國傳統的倫理文化，課程中也相當注重，並行不背，有如修養人格之「雙翼」，更得有基督教神力之推動，所以於道德之實踐，益為得力。此外，學校又厲行宗教自由的政策。學生信教與否，信仰如何，校方與教員絕不干涉，也不分軒輊。信教者完全由自己選擇，決定。我就是這種開明的、自由的宗教教育的產兒。

志於服務

我於自己修養之外，又進行個人工作，協助同窗好友數人同事進行靈性修養，仿效陳輯五教授往時之偕我在密室祈禱。結果也收穫了一些善果，如嶺南大學及後來在香港創辦崇基學院的校長李應林博士，原是我的同級學友，不久便受洗禮。畢生結為莫逆交。一年後，成為全校學生卓越的領袖，被選為學生青年會會長，以後終身為青年會及宗教教育服務。

尚有一種精神訓練——在嶺南初期（宣統晚年）所得者，為愛國主義與民族思想。嶺南學生中自始即有革命黨人，史堅如是最早的為革命而殉國的。鍾榮光先生等也是熱心革命者。與我同時且同寓一室者為高灌田（即冠天）為中國同盟會廣東支部部長高劍父先生之兄，亦為同盟會會員，時以革命理論告我。他見我熱心國事，富革命性，乃欲介紹我加入「中國同盟會」。我向父親請示。父親以為我年紀太少，不宜加入，當等到十六歲後再議。但不久辛亥革命成功，我仍未滿十六歲，所以未加入，然而愛國革命的思想，與宗教信仰同時浸透我的心靈，我後來之積極參加國民革命，未嘗不淵源於此。

一九一二年，嶺南中學改五年制，秋季始業。我升上四年級，一切生活如常。人格修養與課餘服務亦如常。會李應林兄膺任學生青年會會長，我竭力佐其推進會務，首先獻議出版《嶺南青年報》周刊。我任總編輯及發行人。每期登載校聞、會務、及立德論道的短文，全校人等人人得免費贈閱。這是嶺南第一種出版的期刊，也是我個人擔任基督教文學工作之嚆矢。

未幾，世界青年協會總幹事穆德博士（John R.Mott）由美來粵，舉行大規模的宗教道德講演會，特別注重人格修養，專以學生為對象。一連三天晚上，假座廣州東堤的大舞臺為講堂，每次聽眾數千。我每日前去領教。有一次講演「不貞潔之宜敵」專題，根據科學、生理學、衛生學、心理學、用精警的辭句，深刻的理論，痛陳青年戒除淫邪惡習與思想之必要，發揮透闢，感動人心。我個人所得尤深，心腦中連一些兒餘剩的不清潔分子，連根拔除了，以後便得清心寡慾之實現，精神身體俱受大益。歸校後，急將當時的筆記與記憶所得一一寫出來由《嶺南青年報》付印，成一小冊，冠以該講辭原題之名，分派同學。校外有寄印費來購取者不少。博士的講辭影響之大不言可喻，真是「仁言利溥」。這是我譯著書籍出版之第一種單行本。以上兩種工作是我最初嘗到發表與出版的滋味，引起我後來一生寫作研究的興趣。

還有一件最愉快的事。母親夙拜多神，家中依俗例遍立各種木牌神位。一次，父親由南洋回家，我向其陳說拜偶像之非。父親早年向與教會中人有交誼，亦信聖道，甚韙我言。即督率我將全家所立神位拆卸，一一斫破焚毀之。後來，母親也常到教會禮拜聽道，卒受洗禮，皈依基督。這一年間，我有一種極重要的宗教經驗。有丁立美牧師由北方來校宣道。講辭動人，聲淚俱下，誠懇之情，感我至深。我自此決心專習宗教、哲學、神學、並立志獻身畢生以服務為目的，為職志。以後數十年本此素志，運用所得的家產，足以自給，無需為牟利而工作，因自覺一生受了上帝深恩、先人餘蔭、社會厚賜，享受與機會比之常人為多，理當貢獻一己的所有、力量、才能、和學識以服務人群。這是基督教特別超優之點——不特給人強健的精神能力改造人生，奮鬥向善，使皈信者得重生，而且給人以道德倫理至高無上的標準、至為健全正確的人生觀、與崇高偉大的理想，如基督寶訓，「非以役人，乃役於人」。這是為改造舊社會而建設新社會的大原則——普遍的服務，我一生之受益大矣。

初時我因在軍事體操與體育頗有成績，得了獎品，曾引起專習陸軍的興味。而父親則期望我學商業，或法律。結果：我專門哲學、神學、宗教學之志願佔勝了。我既立此志，即著手準備。因知攻讀神學、哲學、宗教學、均大學以上研究院的專門課程，非有高深的英文程度不可，又必需希臘、拉丁等古典文學。凡此皆不能在嶺南學習的。故有意提前赴美留學，先完成中學課程，加工學習，然後升上大學，再入研究院。是年暑假回家，幸得父親允許送我赴美。想不到一個全校品行最壞最劣的頑童，皈依基督三年之後，今且開始作十年刻苦努力的準備，期成為一個道學家、宗教家！從此，我的生活與宗教經驗及教育、又另起新階段了。

初次渡美

一九一三年秋，我到東美紐約州綺達佳的一家私立大學預科學校嘉士吉地中學（Cascadilla School即是康尼爾大學所在地）。因為驟然離鄉別井，由宗教氣氳濃厚的環境而到了一個陌生的地方，生活極感苦惱，更因學校與同學均不崇尚宗教，所見所聞所歷，在在不如意，重以思家病發，精神苦悶異常，又遭遇一種新的考驗，要努力奮鬥，找到新的宗教經驗，以期適應新環境，而自得慰藉與安泰於心。幸而每逢星期日，康尼爾大學的中國留學生若干人舉行研究聖經班，由一位屬友誼會（Quaker）的美教授主講，我也加入。又有一位中學教員夫婦是虔誠的基督徒，每禮拜三及禮拜日帶領我去他倆所屬的浸信會參加祈禱會與主日崇拜。精神生活乃稍得調劑而致力於功課。翌年春，美國各大學生之宗教服務志願團開大會於堪薩斯市，我也有機會參加，得聽名人講道，精神上得大鼓舞。大會經過，我一一寫出來，寄回《嶺南青年報》發表。

同年（一九一四）夏，畢業後升大學。至一九一七年夏畢業於奧伯林大學（Qberlin）。所習的課程，除必修科外，選讀希臘文、歷史、聖經、哲學、心理學、社會學、教育學等，而以哲學為主修科，社會學為副，固時時不忘作專門研究神學、宗教學之準備也。

留美四年，宗教生活雖不如前在嶺南時，而所受之宗教教育，卻更有意義，更為深邃。奧伯林是基督教學校，系統上屬公理會，大學本科外兼有神學院（研究院）及音樂院，宗教氣氳自然濃厚，但信仰上卻是自由的、開明的、合理的，加以注重音樂及得有美樂藝術陪襯與烘托，宗教生活倍為美妙。教員學生皆充分表現基督精神，所授宗教聖經課程亦切實用而符合適應現代科學學術。其間，尤以校長王亨理博士（HenryC.King）與聖經教授（同時任神學院傳教學教授）郝金士（Wm.J.Hutchins）對於我之影響最大。王博士為哲學、心理學、神學泰斗，著作等身，其《合理的人生》（*Rational Living*）一書，引用近代實驗心理學及世界名家哲理以發揮本題，至為精妙，啟發一種開明的、合理的、符合科學的生活，已成為不朽的經典的鉅著。（拙著《白沙子研究》書中屢引用，惜未能實現宿願譯出全書以饗國人。）第四年級之宗教必修科，由其自任教席，即以此書為課本而另行詳加講解。個人所得，終身受用不盡。

郝教授專教一年級新舊約聖經，每年輪流選授數書，數年教畢兩約。其能以新穎見解，現代學術，解釋經文，深入顯出，亦切實用。我每年兼選此科，受益亦不淺。（講義分兩約出版單行本。）

奧伯林是美國第一家男女同學的大學，歷來女生多於男生。男生多到女宿舍用膳，收費較廉，且男女圍桌共食，規矩甚嚴，得受「文明」社交之訓練，又有男生多人在餐廳厨下工作，為工讀生。每一女宿舍均特聘一位神學高級生作宗教指導。每餐食前先由其選讀聖經或有關修養的詩文數分鐘，然後祈禱，然後進食。這對於精神人格之修養，大有裨益，不言可喻。（我曾得一位宗教師贈以此類精選詩文數十頁，後來歸國翻譯多則，在北京《真理》周刊發表，名《道喉集》，尚餘大部未譯。其後攜歸香港，大戰時為白蟻蝕盡，可惜之至。）

奧伯林有一位年逾古稀的老孀婦韋廉士夫人，她的先夫是於義和團之役在山西殉道的。（奧伯林大學有幾位學生同時殉道，校園內建有大拱門一座紀念他們。）她敬虔熱忱不異昔年，對我們留學生愛助備至，至有「中國學生母親」之尊稱。每禮拜日下午與其獨身傍母的長女在家中招待我們一次，舉行聖經班，專請神學院的宗教哲學教授賴門博士（EugeneLyman）來主持研究聖道經義多年不輟。此舉對於我們的精神生活影響不小。

奧伯林的校訓是「求學與做工」（Learning and Labor）這給我終身大計的南針。

每年暑假期間，各大學學生青年會必選一幽美地方分區聯合開夏令會，為期數天，請名人講演宗教道德問題，及分組討論，以助進修。我每年必赴會，多聆教誨及結識新朋友。開會前後，我又到紐約哥林比亞大學暑期學校選讀課程（以三科為限），多得學分。所以能於三年期間讀完四年的學科而得畢業。晚上，則受紐約華人長老會之聘，到中國區（俗稱「唐人街」），在道旁召集群眾，自己站在小木箱演講教道及其他問題（教會所謂「講街書」），並於禮拜日到該教會幫助宣教或教授華僑英文。我的宗教服務志願稍得償焉。

那時，我已開始準備幫助嶺南老友李應林兄赴美留學。他於一九一四年畢業中學後，即投身廣州青年會任幹事二年。我為他節衣縮食，兼以在紐約街上講道兩三個月所得薪津（每月四十美元），貯蓄一筆經費，又向同學數人募捐，共得美幣千元，統交紐約嶺南董事會司庫兼秘書格蘭先生（HenryGrant）保管，準備作為他個人的零用。中國青年協會則助他籌備旅費。奧伯林大學給他四年免費學額。於是他於一九一六年夏渡美，秋間進第一年級。同時，在一教授家中任家務厨役一連四年，得免食宿費。畢業後他即回國歷任青年會幹事，及嶺南大學、崇基學院校長。生平於宗教及教育事業貢獻甚大。除李兄之，外我對他友尚有所助力，不必細說。

在大學四年級時（一九一六——一七），我被選任學生青年會「內閣人員」之一，為同學服務。我受益最大者，即是得有機會學習學生青年會的組織法與各種事工。因為那時我已決定一畢業後即歸家省親，兼先回嶺南服務——任學生青年會幹事一個時期，然後再渡美深造專攻神學、宗教學。今得此實地見習機會，至為欣幸。又時到附近大城市克利扶輪（Cleveland）帮助華僑興辦各種福利工作和愛國集會。同時，又抽暇翻譯校長王博士的一本青年修德小冊《靈戰篇》（*Fightfor Character*）。後交上海青年協會出版，並有其他文藝小品寄《青年進步》發表。

我於一九一七年六月中畢業，得文學士學位。因思親思鄉念切，久已歸心似箭。一俟舉行畢業後，無心參加其他慶祝節目，即於同日下午悄然離校，乘火車直到西岸轉乘船回國。幸雙親健存，重得團聚，共享人倫家庭之樂。

嶺南服務

過了幾天，我便回嶺南商量工作。先與中學校長葛理佩先生及學生青年會職員接洽。彼此商定我以半時間任中學英文及聖經教員，半時間任青年會總幹事，每方面月薪港幣二十五元，共五十元，遠遜於其他教職員所得。但經葛先生勉勵，謂我回來應以服務為目的，當不計較薪額。而且給我開列個人月費預算，還有二、三十元贏餘。我無話可說，即答允就職。

九月始業，我在兩種職務上盡力服役。教書方面，不必敘及。青年會總幹事一職是新設首任的。我傾全力，盡其所學、所得、所能、努力從事，以償夙願。我先與各職員會商改變從前之部長制組織法，通過施行我所建議在美國大學時所舉得的「委辦共進制」（委辦即今之委員會）。設立委辦二十餘，各有專責。每委辦有正副主任各一人，除原有職員外另增五十人，聯合組成「內閣」，在正副會長領導下，合作共進，而由我擔任執行總幹事，推進會務。於宗教活動外，我並將美國學生各種活動盡量介紹實行，令全校大、中、小學同學得新生活、新興味。又作幾支新歌教學生合唱，振起他們愛校相愛的精神。關於宗教工作，其中最重要的一種，是「長兄運動」。當時全體學生共約六百人，乃由各委辦正副主任，每人自選同學十人為「小兄弟」，聯絡密切的友誼，由此關係而掖助其認識基督，修養人格，生活向善。這是最重要的及最有效的個人工作，於為兄為弟者雙方受益。工作展開，奇蹟大著，全校學風愈趨良善，學生生活品行愈為嚴正。我個人亦為多名中小學生，或「頑童」，進行曩年陳輯五教授所施於我的引導工作。這一運動，是祕密進行的，無異是「地下工作」，蓋一經公開暴露，則作用與功效消失了。（我曾以「長兄運動」計畫介紹於香港某宗教機構主任，未知採用否。）其實，各機構都大可施行，一人起碼選一、二人，保證有效的。當時，我以全心全力從事推進會務，不分晝夜，策劃及執行各種活動。幸得各教員與「內閣」數十人信任有加，協力合作，同德同心，以故所有理想的計畫均能一一完成，如所期望。結果：未到一學年完結，當美國大播道家艾迪博士（Sherwood Eddy）來粵舉行播道大會之時，嶺南同學決志皈依基督者竟有整百人。

在這學年中，學生青年會的傳道委辦，除了每禮拜日下午派出傳道隊一名「救世軍」多隊分赴鄰村播道外，並組大規模的播道團，每於假期次第在廣州、澳門、香港之青年會或教會進行。團的活動，於播道之外，有話劇、樂歌、「講古」（說故事）以為宣道之助。到處大受歡迎，亦有相當效果。（嶺南青年會的其他活動尚多，不贅述。）

其時，新文化、新思潮運動盛行於全國。粵垣的學生運動也蓬勃發展，如響斯應。我與嶺南同學常與廣州的高等師範學校（當時全省的最高學府，中山大學尚未成立）的學生領袖（如李樸生等）密切聯絡，協力共進，尤致力於愛國運動。可以說廣東的新文化運動是注重實際行動的，尤其在嶺南的學生活動中。

到了一九一八年九月秋季始業，我在嶺南的職務如前。原定計畫再服務一年，經驗增富，亦得深知社會與青年需要，乃再渡美深造。殊料父親由南洋回家，與母親會商要我結婚，因我是獨子，所以他倆抱孫心切也。一向我志於求學，事業心重，不注意婚姻問題，擬學成後再作打算，所以留美多年卻絕不想到這個問題，未嘗發生戀愛，也從未體貼老人家的心事。一旦倉卒要解決這嚴重的「終身大事」，臨時又無適當的、如意的對象，迄無以應命。迨再奉嚴命催迫，限於年底成婚，因急於學術深造，完成所定的一生大計劃更難順從，迫得於冬月辭職，向友人借得旅費再行赴美，寧負逆命不孝之罪，實則離家出亡也。

二次渡美

一九一九年一月，我到芝加高大學宗教研究院，趕上春季開學（芝大學制每年四學期），正式開始多年志願及準備的學科——神學、宗教、哲學等。同時，每禮拜日必到「唐人街」的中國教會及青年會協助工作，主編《紅三角》月刊。一次，為青年會鼓吹會務義演粵劇《薛蛟舉獅》一齣，得該處華僑能奏粵樂器者拍和，又得一老華僑曾在粵劇班中任女丑者授以粵劇「做手」、「關目」、「歌唱」等技巧。我自幼便愛唱粵曲，至是居然以肉喉唱「左撇」，全身穿上該處僑國所置備之「小武」戲服，於大鑼大鼓、絃索大笛中登合演唱。然究竟是「羊咕」（外行）！「舉獅」時，平常應舉三次者，我竟舉了四次。合下觀眾千人，不禁軒渠大笑，但既知我的身分和義演資格，劇終亦一致鼓掌，蓋僑胞們多年來初得重睹故國衣冠及再聆故鄉樂曲也。及今追憶，猶自發笑，且自歎膽大。

芝加高大學為煤油大王洛克菲羅捐貲創辦的，在系統上雖與北美浸信會有深切關係，但一向主持自由信仰，絕無教派主義。其宗教學院更極為開明。各教授多為留學德國博士，屬圖秉堅歷史學派（Tübingen）學術深博之第一流學者，如馬斗（ShalerMathews），史美夫（G.B.Smith），凱士（S.J.Case）等，實當代宗教學泰斗。所授神學、哲學、宗教學、歷史學、倫理學、聖經學等，均現代主義（Modernism）的學術，最符合科學、最注重倫理，最為合理、最切實用者，雖不斷的飽受舊派教會之墨守基要主義者（Fundamentalism）之抨擊，卻能將基督教從演進的觀點發展，兼採用學術界最新的發現，至與現代思潮及科學（尤其進化學說）看齊，成為現代世界的宗教。有一年、某教會機關從事調查各大學神學教育的成績，結果竟以芝大出身的宗教服務者最為優異。我得在此深造，與以前在中學、大學所受的宗教教育銜接無間，心得益饒，寧非幸事。

回粵結婚

到了一九一九年夏，我忽然動了思家之念，想起身為獨子，父母年屆六旬，生育教養的大恩迄未能報，他倆要我結婚也逆命出亡，雖然志切求學，究竟於倫理孝道有乖。更憶起在家時老母常常對我垂淚，泣訴生活之孤單苦悶，渴望我成婚生子之殷切，不禁如萬箭摧心，良心責備，午夜痛哭，甚為難過。適於其時我與一華裔女子議婚，乃因其父傲骨嶙峋，嫌我是「富家兒」，極力反對，事卒不成，大感失望。即於暑假期間，輟學回國，稟知雙親，願遵命娶親，以了老人家向平之願，而稍贖前愆。至於對象如何，一概不計較，任從他倆選擇做主。但願結婚後，再次渡美完成學業。

回到廣州，得舊友介紹一女子，因不禁父母日日催促，告以所遇。父親即決意下聘。我稍微表示不同意，即見母親涔涔淚下。父親嚴命我尚能抗拒，但母親的苦淚一流，頓教一向意志堅強的我便如百鍊鋼化為繞指柔，而父親的威嚴也咄咄可畏。倉卒訂婚後，我即知道情不投、意不合，難成佳偶，但因恐再傷父母之心，不忍提出解除婚約之議，只好本著宗教忍受的精神，勉強捱下去。我當時理性麻木了，意志軟化了，日夜覺得滿頭烏煙瘴氣，滿腹愁悶傷感，旁惶無措，終胡裡胡塗地於十一月初在禮拜堂舉行婚禮，草草了事。雙親廿餘年的大望，能飲一杯「新婦茶」，開顏一笑，而我亦能以稍盡孝道為慰。然而我終身的大劫難、大苦痛自是開始矣。

我本一心盡孝，但父母所期望於我之傳統的、凡俗的孝道，卻與我理想的倫理——多半得自西洋教育與基督教理的，標準不同，條件大異，所以兩相逕庭，時時無不在內心爭戰，奮鬥而生。故友駱愛華（Lockwood美國人，當年廣州青年會幹事）為我一生另一好友，明瞭我的生活與思想亦最為透澈。嘗言，我的一生是象徵中西理想之衝突，也是表現調協這衝突的努力而奮鬥的，真知己也。

及今我反省，當年只一心一意學道服務，意志堅強，宗教傾向偏重，戒絕嗜好，不近女色，甚至不與中西女子交遊，頗似道學家之迂腐，兼書歹子的呆板，在倫理學上則大有古希臘斯多噶學派（Stoics）遏制情欲的道德主義者的作風，雖有相識的女友，及曾遇情投意合、才貌品德俱全者，也絕不談情說愛，遑論婚事。故於擇配結婚終身大事曾不顧及，以為俟學問事業有成之後，慢慢地才擇偶成家，也不為遲，此得自外國教育風尚之觀念也。然因偏癖過甚，反而違背自然，更不適於中國倫理，特別不配合我的家庭環境，卒由於一念之差，失了理性，倉卒成婚，鑄成大錯，不特毫無幸福，只有痛苦，而且錯上加錯，而全盤皆錯，遂至日後演成絕大悲劇，家變迭興，幾乎身敗名裂，前功盡廢，事業失敗，自毀生命，畢生抱憾，難對人言，只有上帝知我諒我吧。

此外我又只集中注意及努力於精神、學問、服務方面，而忽略物質、經濟、治產方面，不善處理亦不顧及發展所應當承受的家產。而且一向只為學術、為事業、為服務而努力從事，並無時間，亦無興味，去求財牟利或為物質之奴役。這也可算是「立大志」，後來在經濟上大受損失，也是重大的代價。然而每憶基督遺訓：「爾不能同時事上帝兼事馬門」（財神）。所以關於此點我終身不後悔。因為徜無以往的專誠，也許可以成為一個面團團的富家翁，然而斷乎不能造成今日之我。

三次渡美

婚後，得雙親愉允，偕妻再渡美，在芝大繼續攻讀。一九二〇年夏，考得文碩士學位。論文題目是檢討中國教會的一般問題。秋九月，轉到紐約協和神學院，專攻基督教思想史（院長麥基法博士（Mc Giffent此門專家），宗教哲學賴門博士（Lymem由奧伯林大學轉來），及基督教倫理學，由華德博士教授（Harry F. Ward後到華北演講）。入學時，我應獎學金考試，三科成績俱得「甲」。（有一科教會史問及中古一個教會會議。因一時之誤記竟答錯了其他一會議。及教授閱卷指出錯誤，問我原因。我答匆匆應考，沒有溫習，臨時誤記。教授以所答優異，即請准教員會特為改了錯記的題目，照試卷所答，仍給甲。）乃得領獎九百美元，足供一年學費。入學後課餘，又兼到新設之紐約「新社會學院」（New School of Social Research）聽大哲學家嘉連（Kallen心理學大師詹士高足）講授美學理論。禮拜日及暇時又到中國長老會禮拜堂協助工作，及組織童子俱樂部。又在「唐人街」倡組中國青年會及為嶺南母校到各處演講協助籌募經費。

回國服務

翌年，一九二一，初春，長子出生。暮春，協和神學院課程完結。為趕快畢業計，我又趕回芝大如舊上學。預計在夏間即可完成學程得神學士學位，再深造三學期至翌年即可得哲學博士。那時，我已選擇了「太平天國基督教」為論文題目，著手翻閱有關的書籍多種，是為我畢生研究太平天國的嚆矢。不料開課未久，忽接老父來電云染了重病，催速回國。我旁惶無措，急向主任教授史美夫請教行止。他說：「學位可以隨時再來考取，但父親只有一位；此時不回，恐再難得見，便成終身大憾事，後悔無及了。」我立下決心，撿拾行李，挈妻兒乘車到西岸返國。一應書物，統交郵局寄回。歸後侍養，幸得雙親無恙，父疾有瘳，稍遂烏私，而老人家得含飴弄孫，以娛晚景，我亦以克盡倫理責任為慰。所以雖然以後再沒有機會渡美考取那兩學位，我並不後悔。

我雖未完成全部課程，而多年能從名師遊，於所欲學的各門學術，有相當基礎，更得習知科學的歷史方法學。以後數十年的學術研究工作、均基於此期之訓練而應用所學於研究中國歷史、哲學及藝術各方面以作獨立的創作的研究工夫。我早已決定以研究學術、譯著專書為終身事業。而且預知回國後，各處圖書館庋藏不備，難供個人精深研究取材與參考之用。乃早為預備，每逢禮拜六日下午暇時即到紐約及芝加高舊書店檢閱書籍。一見合意合用者即行購入。其未有二手貨則買新出版者。至此次歸國時，已得了有關的書籍雜誌約三千冊，預算足敷十年廿年之基本使用，以後還可陸續訂購。所有全部哲學、倫理學、美學、社會學、教育學、宗教史、宗教哲學、宗教心理、基督教史、系統神學、等等基要書籍，不移時俱寄到上海集中於個人室中。「書城權作小諸侯」，一樂也。

思想衝突

一九二二年春，我在上海受中國基督教青年協會之聘，任編輯部幹事。我決志及預備了整十年的志願工作，至是得機會初試黔驢之技了。同事一室者有胡貽穀（部主任），范禕（子美、皕晦、清季名孝廉而皈依基督者），謝扶雅，應元道等君。我協助范先生編輯《青年進步》，常撰譯論文、詩歌、小說等發表。又編譯「宗教研究叢書」，以提倡宗教界響應當時風靡全國的「新文化運動」。計出版四種：（一）《新宗教觀》—內有我自撰的〈什麼是基督教〉篇；（二）《科學與宗教》；（三）《談道錄》；（四）《宗教與人生》。宗旨在提倡及推進新的宗教思想，以與當時澎湃勃興的「新思潮」看齊。會其時有「非基督教運動」發生。我與同道數人發出辨正宣言，以答覆其挑戰。（原文最近在楊森富《中國基督教史》十三章轉錄。）又撰〈非基督教運動與新教育〉長文（在《青年進步》發表）。有時，《青年進步》稿件不足，經主編范先生特邀，即擬定專題，選出自藏有關書籍，乘火車到杭州西湖岸邊旅館住下，日夜趕寫或譯二、三篇回滬交卷。

就任未久，基督教全國大會在滬開會（代表似有千人）。我任大會日報總編輯，每日出版一大張，凡記錄、採訪、寫稿（大會公文除外）、送稿、校對，諸事均一手經理。每夜只睡二、三小時，一連十日，閉會後才完工。即因過勞患病，多日始癒。這是我為國內教會服務之第一次。回憶當年大會是由各宗派的代表構成，思想不同，意見紛歧，聯合共進，頗不容異。但大會標出一格言「同意相異，決心相愛」（We agree to differ, but resolve to loue英文原文，上文是我於今新譯的）是由燕京大學宗教學院院長劉廷芳博士所提供的。全體贊成，共同遵守這大原則，所以會期內相安無異，不致因歧見而起糾紛，順利閉會。這是值得紀錄，而且凡是基督教徒、教會、無論任何宗何派所當採納的。其實，這是二十世紀世界文化之精要產品——寬容大度。

至聖誕將臨，我與范先生相商在《青年進步》出一特刊，介紹世界對於基督生平之新研究及新評價，由我精心撰譯數篇，以圖介紹基督教新思想於全國而杜「非宗教」者謾罵基督教為迷信及妄肆詆譭基督者（如以耶穌為私生子）之口。范先生又特編撰中國古代關於聖賢誕生之奇異種種記載，以資比較。不料正要發稿之際，內容為青年協會總副幹事所聞，深恐將惹起教會守舊派人士之反感及抨擊，大不利於協會之進行，即召集編輯部同人公開討論，實則力圖制止此特刊之印行。他們聲明協會的超然宗旨是不分教派，不涉神學的。他們認為這些文章太偏激、太新異，一經發表，將令協會遭遇困難。時有副總幹事陳說，照他的看法，對耶穌基督的感生問題應該怎樣怎樣寫法。我即回答：「既是如此，何不由先生執筆，又何必專聘我來任職呢？」終於不歡而散。

事後，我又向范先生陳議，為補救及妥協計，將保留原有各篇而增多兩篇「基本主義」

的傳統舊說之堅持耶穌感生說的文章，使全部不偏不倚，新舊兩說並陳，一任讀者自由研究與選擇，庶得公平，亦符學術自由討論之旨。范君可之。我即連夜執筆選譯兩篇，署名「碧梧」（逼吾也），通宵不寐，翌晨繳卷。但又為總副幹事所聞，亦不贊成此舉。於是新舊稿件十餘萬言全部擱淺。他們站在青年會立場，此舉或是對的，然而在我則以為既無自由研究與自由發表之機會，何能再從事學術工作不禁興致索然，心灰意沮了。自是而後，不再絞腦筋撰文、編書，只隨意翻譯幾篇文章塞責。

未幾，燕大劉廷芳院長到滬，得聞其事，大表同情於我們，即盡將諸廢稿取去，包括新舊說的，在他所主編的《生命》月刊全部發表。幾個月的勞苦工作，乃不至枉費了。

一九二二年冬，艾迪博士再來華作大舉宣道及演講「社會福音」，勞動問題。我陪同其回粵，與梁小初分任傳譯。事後，我將其講辭大要譯兩篇，在《青年進步》六十二冊（一九二三年）發表。這都是我所贊同而主張的「社會福音」，故樂此不疲。

我的宗教新思想，漸惹起傳統舊派的注意，憎恨、與抨擊。一日收到一封匿名的英文信，贈我以D.D.學位——這原是「神學博士」，但信內註釋解作「應受天罰入地獄的魔鬼」（Damned Deuil）。無可解辯，只付之一笑。心裡以為這不是對我，實是對一般「神學博士」的侮辱。

協助教務

在旅滬期間，我常到北四川路廣東的中華基督教會「富吉堂」助理工作。因主任牧師辭職，我便受任代主會務。但因未受封立為牧師，所以凡有施水禮與聖餐等典禮，皆另請會中一位已退休的老牧師主持。我只是擔任宣教，輒以倫理、道德與社會等問題，發揮基督真理深入淺出，引起興味，切中人生實用，故聽眾多樂於接受，人口相傳，每禮拜日到堂崇拜者愈來愈多，座為之滿。但有些老成守舊的教友，雖不至攻擊我為「異端」、「叛教」、違反基督真義，卻批評我宜於「講外堂」（即對未皈信者宣道）而不適於「講內堂」，蓋以我只發揮基督教的精義而不注重超自然的迷信的因素也。然而基督教道與人生竟被分裂為內外，亦可異矣。一次，我竟以當年最盛行於滬上的舞台劇《狸貓換太子》（出演者有兩三舞台，連演數十本）為講題，先一週預告，到時聽眾特多，座位不敷。初時會眾驚異不已，不知我講什麼東西。迨聞我借此民間故事，表出陳琳、寇珠、捨身為主，犧牲忠烈之中國傳統文化的精神，藉此點出基督愛神愛人，忠於天國，捨身救世，甚至釘死十字架上的崇高偉大的精神。眾始釋然於心，了解基督犧牲救人的志行更切。

又憶起一次在禮拜集會中因其時霍亂疫症流行，為警惕教友們防疫計，特約公共衛生專家胡宣明醫學博士（閩人、基督徒）來會講道。自信衛生是保衛生命，基督教也應注意的。胡博士於開講前，要我讀葡約聖經《申命記》（廿三章十二，十三節）摩西在曠野時申誡云：「在營外你該有解手的地方，你可以到那裡去出恭。你的器械還要有一把；你蹲著出恭以後，可以用來鏟土，轉身將排泄物掩蓋著」（此據呂振中新譯本）。他便宣講說，這經文是衛生原則，也是預防霍亂之基要原則，因為那疫症的源頭多由排泄物傳染的。摩西的誡命實是至理云云。這真是「天衣無縫」的根據聖經的衛生宣教辭，值得為之記述的。

攻「三益會」

自一九一八年始，廣東的教會盛行一種「三益會」經濟運動。由某宗派牧師發起，以補助教會事業名義紛紛拉人投資入會。這即是廣東社會上「標會」（或每月「供會」方法）。所謂「三益」云者，一益「會首」（主事人），二益「生會」（未標領會金者），三益「熟會」（已標高利而領得會金者）。主事人以所集資金購地購屋營利而聲明將利潤十之二捐助教會。舉辦後，該宗派之教育事業頗得分潤，由是「三益會」日益發達。有好幾個其他宗派的教會隨而彷行，馴至他邑隣省亦紛紛效尤，成為大運動。（有些並不撥利潤與教會的）一時，各派教會人士，多有醉心於牟利益，「炒地皮」，買賣樓房的生意而忽略所擔任的聖工，幾至舉教若狂。然而亦有不少具有真知灼見的忠心為教者極力反對，間有以文字攻訐者。無如力微勢弱，狂瀾莫挽。時有該倡始此舉的教會熱心教友多人聯合簽字寫一長信給我，力陳其弊，恐貽害聖教，切請我提倡反對，撰文攻擊，以期遏阻。但我因未明真象，不知內幕，不敢率爾執筆。未幾，因事回粵，乃親自切實調查詳情，得知事實，蒐集資料（主要者，除由參預其事或有關者口說內容外，並得有教會人士所主辦的「三益會」的章程與在《真光雜誌》連續發表的文字），細加研究，終於獲得結論，斷定此舉確係有些教會人士利用常人對教會之信用，多假借補助教會事業經費為名，搜括資本，大舉牟利，藉以自肥。而且會友所應領之會金及利潤，又不發還現金而只發公司一紙股票，是無異一種欺騙行為。無論如何，必至影響到基督教的聲譽，及在社會上濫用人為手段提高地價，流弊甚大。（當時廣州已有教外人士發表攻擊，波及教會。）返滬後，即根據調查的所得及蒐羅的文件，撰成萬言長文〈三益會與基督教〉，提出十一疑點，揭發其內幕，警告教會同道以防止教會名譽受到損害。原文先寄北京燕大出版的《生命》月刊發表。前在粵垣曾與同道梁小初、李應林、梁寒操等倡辦《盡言周刊》以作基督教開明前進的人士發表言論的機關，由梁君任總編輯。我的文章及繼續與「三益會」有密切關係者互相討論（實是辯論）的文章分期刊出，無異一聲霹靂，震動全教人士。又有同道葉啟芳、凃景元等崛起響應，投稿闢斥，為我張目。凃君復在粵垣自辦《一聲報》，又有香港青年基督徒組織「宗教改進社」，發行《打破》周刊，均對「三益會」一致攻擊，措辭尤為激烈。幾路夾攻，使該會遭受體無完膚的打擊。

這期間，又有某會牧師親自到滬，擬在廣東人的教會內提倡此舉，暗中得一、二人支援，大有發展蔓延之勢。其時，該教會已聘請頭腦開明、精神健旺、而深明大義的楊啟壯牧師主持，與我合作一力反對。適有在滬工作的（粵人）鍾可託牧師由粵北返，在該會宣教，指出廣東教會太物質化之傾向，而我在一次宣道中亦明白指出「三益會」對於基督教有損無益。於是同道們紛起響應，抵制此舉。那牧師計不得逞，轉向我作個人攻擊，登門大罵，語傷及我父，聲勢洶洶，還聲言要打。我不為之動，不屑對罵。卒之，他在滬倡組「三益會」之計失敗了。所可惜者，有一富孀，不聽我們的忠告，受其煽惑，妄行投資，復大購地皮，竟至喪失全部遺產。而在廣東方面，經過一番激烈的反對風潮，不少主持正義的牧師、長老、執事、與教友（如鄺柳春、招觀海、黄文卿等等），一致覺悟，群起反對。有從前誤入迷途者也紛紛翻然改圖，脫離關係。結果：各教會人士設立之「三益會」相繼自動解散，或因牟利失利自行崩潰。其首倡此舉之某牧師則因辦理不善，牽涉己身，捱了錢債官司，纏訟多時，下獄身亡。而在滬失敗、鎩羽回粵之牧師，亦以事業失敗，患神經病而死。實自作孽，我非殺伯仁也。所幸者基督教還未至受此運動之牽累焉。

宗教實驗

在留滬期間，我又有一種特殊的宗教經驗，是內心的，實是一次獨出心裁的、很大膽的宗教實驗。在昔南宋理學宗師朱熹（晦庵）之治學方法是採用積累的加法，而心學宗師陸九淵（象山）則採用剝落的減法。我就是實驗象山的方法。一向，我所信仰的基督教道，不是由聖經與牧師而來，就是由名師教導或書籍啟迪而得，似乎未達到陳白沙先生之所教「自得」於心，所以不能稱為經過精神鍛鍊、內心徹悟之個人確信的真理。一日，我忽有靈感，孑然一身，不帶書籍，獨自去杭州，作「退修」，或「自省」之舉。一連幾天，我在西湖小舟上仰對大自然，澄清心境，而進行靜默透切的沉思。先把基督教內容之一切，全部逐一逐一揚棄了——剝落了，即是實行減法。迨減至無可再減，乃剩下耶穌基督。他是開教的教祖——基督教的頭，又是基督教的心。若再連他也減了去便無基督教了。然而基督教，經過縝密的、虛心的、理性的比較研究，確是優異出眾，實為生活之必需，所以不能須臾離開基督，必要宗仰他。進一步思索，他一生究竟所值得、所應當、所必要宗仰的是什麼。簡略言之，第一是他的宗教經驗，以大自然中有至仁愛至公義的上帝；祂愛世人如慈父之於子女，這是天人倫理的關係。所以人人應信仰祂，倚靠祂，敬愛祂，而相愛、相敬、相助，如兄弟姊妹。其次，基督的遺訓是至高無上的宗教倫理道德的標準。其三，基督的行誼是人生最完善的模範。道三點是萬不能剝落的基本義理。由此再推演下去從新建設起來，便得有重造的基督教。基督徒不能不聯合起來，共同崇拜，相愛相助，及以集體的努力傳播福音，於是有教會的組織，設立各種執事，舉行各種典禮。初時，有人將教祖一生的事蹟與遺訓記錄出來，又將使徒保羅的言行、書翰、傳之後世，合併編成新約，復編入舊約而成全部聖經。基督教傳入希臘羅馬世界，為適應環境需求與當代文化，而有希臘哲學化的神學與教條信經之產生。其後，傳至他民族、他國家，各宗各派以時演成，信仰內容亦以時改進。凡此種種皆由基督教演進出來的產品，並不是基督教由此種種而產生，也不就是基督教的本體或元素。這是演進的基督教觀，由一代一地傳播至他代他地，而變化為多元的、各式各派的基督教。綜合觀之，基督教乃是一種歷史的、精神的、道德的社會的大運動，猶之長江大河，活水滾滾，由天上而來，流經各處，隨時隨地發展救人救世之功。然而一是以基督為頭、為中心，以他的宗教經驗，遺訓、模範為宗。凡是基督徒，自然要本著基督犧牲愛人的精神，來立身立德，救己救人——即是以基督之心為心。這是我內心自得的基督教信仰，至今不變。「理得心安」（常言），「見大心泰」（周濂溪語），自信「道在我矣」、「我在道矣」。

粵滬插曲

是時，孫哲生（科）先生重任廣州市長，來電邀我回去任教育局長。我對於青年協會職務已無心戀棧，即向父親請示（時有事於上海）得其許可，乃辭職南行。抵穗城兩日，準備就職。不料各報忽刊出頭條新聞，說我要實行強迫基督教教育政策，規定凡學生每星期要讀聖經幾次云云。空穴來風，震驚全市，我莫名其妙。幸孫市長明察內幕，知為代理局長所為，造謠中傷，圖阻我就職以便其真除，即傳是人到署，當面申斥，不許生事，速行交代，並囑我辨正謠言。適我父舊病復發，急電令我回滬。我不得已持電文向孫市長報告，得准離去。過香港時，有教會主辦的《大光報》記者問我粵報所傳消息何來。我以還未就職，也不知廣州教育實況，有何政策可言？該報即以大字刊出新聞，為我辯正，並著專論，力闢造謠者卑劣伎倆。於是真相大白。這小小的趣事與我的宗教信仰有關，故並述之。

在滬侍養，父疾有瘳，乃不再回粵，亟圖適當工作。當時在滬專事編譯基督教及他項有益書籍的「廣學會」（原由英教士李提摩太Timothy Richard創辦的，歷史久遠，成績昭著）主事人給我長函，擬聘為總編輯。我以其非專門學術機關，又恐因教派或制度主義的關係，不能得研究自由與發表自由，重蹈前轍，乃婉卻焉。

未幾，我離滬赴北京。同事謝扶雅道兄作了一首古風〈贈簡大北上講學〉，將我剛烈倔強、坦率戇直、敢言敢為、不畏人言、不隨流俗的個性繪影繪聲，形容盡緻，大壯行色，真知己也。原作錄後：

大刀濶斧簡又文。虬髯濃眉呑萬軍。
水滸頡頏花和尚。紅樓睥睨史湘雲。
生平不慣看眼色。放膽直行心自得。

粗枝大葉本天成。豪爽高邁人莫及。
昔年治學冠南國。繼泛靈槎新大陸。
八索九丘捆載回。書中自有黃金屋。
魁博珠璣富五車。揮毫落紙舞龍蛇。
龍蛇粗鹵還嫵媚。不失天真爛漫氣。
滬江投筆走羊城。冀展經綸濟眾生。（就任廣州市教育局長）
濟眾時機還未到。喟然拋卻烏紗帽。
何必漩渦政治中。抽身北上京華道。（應燕大聘）
最高學府帝王州。坐擁臯比春風好。
擁臯比，運斧斤。春風好，化三軍。
棫樸巨材斬荊榛。大刀濶斧簡又文。

燕大教授

一九二四年春，應燕京大學司徒雷登校長及劉廷芳院長之聘，單身北上就任宗教學院副教授，因曾譯著書籍論文多種故得驟任此高職。於此，得吸受自由研究空氣，又置身於高級學府學術氤氳濃厚中，非常愉快。所授課程為哲學史、宗教學等，皆多年專門研究的學科，自覺所學得所用。當時，北京的教會領袖們組織了「真理社」小團體。社員有吳雷川

（震春、清季翰林，燕大副校長），李榮芳（專門舊約的博士、燕大教授），彭錦章（公理會牧師），寶廣林（中華基督教會牧師），吳耀宗，徐寶謙，張欽士，（皆青年會幹事）胡學誠，陳國樑等。他們邀我加入。其後又有劉廷芳、趙紫宸（燕大神學教授）亦加入。社員共同出力出財發行《真理周刊》（小型的），各人自由抒發宗教意見、學術、與理論，從事發揚現代化、理性化的基督教理。對於全國基督教人士大有影響。我於課餘特撰論文多篇發表於此。其中二篇〈耶穌是私生子嗎？〉、〈耶穌是復活了嗎？〉，運用最新的宗教學術、學理與考證方法解決這兩難題，而從新估定耶穌的崇高地位，頗震動一時。有些讀者來函，表明因讀此兩篇而袪去疑惑，得新信仰。事隔多時，有美國神學家來華研究中國的宗教思潮，發見這兩篇，寫信給我，稱為有創作性的基督教新思想，前所未聞，追問我思想來源、參考書目、及得此思想之過程。其時我已離開燕大，投身革命軍中服務（詳後），原函展轉郵遞，直至兩年後始達到我手，乃詳細答覆。（此兩篇原文最近修正在香港《火柱》季刊第四五期一九六九年四月發表，合成一篇〈耶穌基督一生一死之研究〉。）

時有紐約協和神學院基督教倫理學教授華德博士到北京演講（我前曾從他遊），由我擔任翻譯講辭，分日在《京報》、《晨報》發表。其後彙編為單行本印行《工業主義的倫理學》（北新書局出版）。另一篇〈產業的倫理〉三講（在《真理與生命》一九二六年出版）。我的基督教倫理學，尤其關於社會問題方面，受他的影響不少。授課之外，我於夜間不斷的寫作及翻譯。計先後問世者有花士德著：《人類生存奮鬥中宗教之功用》，史美夫著：《倫理的基督教觀》，華德著《革命的基督教》（以上三種專書由沈嗣莊創辦的「基督教文社」出版）。將所得稿費大洋千元盡捐與我新創立的「今是學校」（詳後）作經費。又譯有古士畢（Goodspeed）：《新約小史》，後由上海青年協會出版。以上是我在北京約二年半期間宗教文學工作的大要。

我當年的工作大原則是本著紐約協和神學院麥基法院長的名言，大要是「基督教如要傳播廣闊而迅速，當施行種種聖工（意指立教會，贈醫藥，施救濟，設學校等），但如要留傳久遠，必需文字經籍之流行」。所以我不斷努力發揚基督至高無上的遺訓遺範，同時著手編譯經籍。所譯《十二使徒遺訓》即是最初的成就。擬定編譯「景藏」計畫，可惜時格勢禁，終無所成。近來得知老友謝扶雅教授在美從事此一工作多年，已完成翻譯基督教文獻多種，樂觀厥成。

在北京期間，因家庭無幸福，心境憂鬱，精神痛苦，惟賴宗教信仰以支持生活，藉文字工作以寄託心情，那是用理智的水來熄滅情感的火之消極的積極方法。所以每日除到校授課外，並無閒情逸致或種種娛樂消遣方法。只有匿伏寓所，焚香一爐，日夜執筆預備講稿及譯著書文而已。劉廷芳院長察知隱情，謂我的生活等於實行慢性的自殺。其實，我本無此意，乃吟詩一首仍表示宗教樂觀，詩云：

綢繆無計且徘徊，得見天心意未灰。
霸艸有情招野鶴，雪花如絮寄寒梅。
實生一覺重啼笑，執著都除任去來。

已是嚴冬春豈遠，佇看雷雨洗黃埃。

將軍揖客

一九二四年秋，馮玉祥將軍的「首都革命」成功後，設總司令部於張家口。由陳崇桂牧師等主持軍中宗教工作及青年會。我屢被邀往講演，因得認識馮將軍。先是，我在芝加高研究院期間，徐謙（季龍）先生（皖籍，清季翰林，國民黨要員）到該處華人教會宣傳所提倡之「基督救國主義」。每次均由我口譯粵語。徐先生認為同志。歸國後，他與馮將軍有密切聯絡，成為後來加入國民革命之媒介。他知我在燕大任教，力向馮推薦。我初到張家口會見時，馮一見如故，即力邀我任秘書職。無奈我入燕大未久，司徒校長、劉院長等一力挽留，我亦以見異思遷，於心不安。後因上海五卅慘案與廣州六二三沙基慘案連續發生，北京的英國教會學校學生聯合反抗暴行，全體數百人退學，無校可容。適我在粵渡假奉老母、挈妻子北返。學生代表譚紉就（今香港女青年會會長）等三人向我求援。我因宗教動機、教育興味、及基於愛國主義，同情於他們的愛國熱忱忱，乃偕三人同赴張家口謁見馮將軍，向其請願開設新校，俾免失學。即蒙答應，撥款萬元為開辦費，任我為校長，趕速進行。他更邀徐謙、王寵惠、王正廷、顏惠慶等（皆宗基督教者）為校董。徐先生命校名曰「今是」，取陶淵明「悟今是而昨非」之義，隱含革命思想。我以義不容辭，遂邀請同道寶廣林、陳國樑、陳文駐等為助，經之營之，趕急籌備，僅一月而男女梭於秋季始業，收容退學生數百人。

這裡又有一小插曲。時在一九二五年春，國父應國民軍馮玉祥、孫岳、胡林翼之請，由粵赴京，主持國是。不幸身患重病。孫哲生先生隨侍。一日，哲生先生忽約我會見，謂《京報》有人投稿，對其前在廣州發表有關國民黨與基督教之談話，妄肆抨擊，邀我撰文辨正。我見這攻擊文字是左派人物「非宗教運動」之餘緒，妄加基督教以反革命的罪名，遂草長文，一面為孫先生辨明談話真意，一面歷舉事蹟證明基督教人士一向愛國，尤其對於初期革命運動襄助至力，而革命大領袖的國父也就是基督徒，所以國民黨與革命運動絕不應反對基督教。這也算是我護教的小努力。

我在燕大與今是兩校，一向本著基督精神，待學生們如弟妹，以愛以誠相處，盡心盡力相助，從不擺教授和校長的架子，更不施用權威暴力之壓迫。所以他們都以友善愛敬的態度回報，視我如「老大哥」。我於手創的今是不特義務主辦還拔私囊維持，原不預期什麼酬報。但後來屢遇大難臨身，即身受善報。當我被北京軍閥通緝時有一燕大學生王德（在校功課成績不良，仍得畢業）之加入奉軍者，祕密前來告訴我奉魯直軍閥嚴令通緝（黑名單上我列第十八），因之我得及時逃出虎口。其後在抗戰期間，我挈家避難廣西，又得一位原籍蒙山的今是畢業生陳文奇一家招待我全家於其村莊逾年，供應一切，且力任保護，故於勝利後得全家歸粵。凡此皆無意得之之大酬報，至可感也。後來，我屢將以上的經驗向宗教、教育、文化界同仁講述，表出犧牲服務愛人為人，終益自己，不是無效的，以互相勸勉。這不是「因果」、「報應」之陳說，但適足證明基督遺訓「善樹結善果」之譬喻。這實是道德律。

參加革命

一九二六年秋，奉、魯、直、軍閥入據北京。我因與馮軍的關係被通緝，不得不微服出亡，南返廣州。以後四十多年，生活事業，大大改變。先蒙國民黨中央委員會任為西北軍政治委員，特殊的任務是聯絡馮軍，務使與南方國民革命軍一致行動而不離開革命陣線，期完成北伐，統一中國。初時，政府欲任我當廣東農工廳長，我不欲擔任政府官職，而請纓北上，動機一半是愛國革命，一半是出於宗教熱忱的。因久處北方，目擊軍閥政客之殘酷貪污，殃民誤國，不禁義憤填膺。（一次段祺瑞執政時期，其軍隊開槍擊斃愛國巡行的學生多人，今是學生一人與焉。）亟欲運用宗教真理與軍事政治配合。同時因馮氏以宗教治軍夙有「基督將軍」之盛名，足與有為。故有志以實際行動，社會改革，作為民為國的活動，其效力將必有貢獻於人民與國家。（所受華德教授之革命的基督教倫理學的影響為不少。）

一九二七年，我經上海、漢陽（武漢早經克服），乘車北上，於三月中間關抵西安，向馮總司令報到，即任為外交處長兼政治部副部長（中將階級）。彼此甚相得，使我參贊戎機，聯絡南方，得以順利完成任務。不過，出乎我意料之外者，則馮個人自遊俄歸來，加入革命陣線，雖未脫離也不反對基督教，卻不如前時之注重宗教，更無從前公開的、有組織的宣教工作，軍中亦無青年會之設立，蓋其已受國民黨任命為國民革命軍第二集團軍總司令，全軍改組，以「三民主義」為治軍之本。對於宗教則採取信仰自由寬容和諧的政策，尤其因依從國民黨聯俄聯共政策，軍中已有不少蘇俄顧問及共產黨人，更因全軍已成多元化，聯合他系軍隊，如馮鴻逵等之回教軍，方振武之舊魯軍、楊虎城、岳維峻、李虎臣之舊國民二、三軍等，故不能公開的積極的宣揚基督教以免發生內部異見、磨擦、或爭執，只是共同遵行「三民主義」一致努力以完成國民革命。在這環境內，我自然不能施展所學所志以作傳教之舉，唯有以私人資格與馮將軍及軍中高級將領之篤信基督者，如張之江、石敬亭、尚德勝，及其他幾位尚留軍中的牧師，青年會幹事，密切聯絡，共結友誼，暢傾肺腑而已。（東京青年會總幹事馬伯援與馮為至友，常來軍中，共得聚首。）我自己則謁誠盡力任事，以忠勇廉潔持身，藉以表示基督徒人格。隨時隨地為真理作證。

當時，全軍各階層的政治部，多為由俄回國的共產黨人把持。我們由粵遠來的政治人員中亦有共黨或左派人士，又有由湖南派來的代表也是共黨，其勢益張。總政治部長雖由薛篤弼擔任，僅掛名而已，實際上全由共黨中堅之副部長主持。但他們因政治軍事關係，忧於馮軍中原有不少熱忱虔敬的基督徒，也不致公開反對宗教。自我們由粵而來的政工人員到後，共黨分子即向他們報告：當我們奉委出發前，俄顧問鮑羅廷曾致別辭，謂馮軍有極大優點即是篤信基督教，故軍風紀律嚴明，愛人愛國，作戰勇敢，斷不可摧毀這優良因素；譬如：為嬰兒洗澡完了，傾盤倒去污水，但切勿連留在盆內的嬰兒也倒去云云。所以他們奉令惟謹，又恐惹起回教軍惡感，故不致公開舉行非宗教運動。然而既知我為基督徒則暗中排擠攻擊，在在使我難堪。一次，在政治部開會時，由副部長主席請我朗誦所選的一本小冊的一節，乃是激烈攻擊基督教，詆譏其為資本主義與帝國主義走狗、侵略先鋒，必須打倒的。我從容不迫的高聲朗誦，音韻抑揚頓挫，如讀古文。讀了一頁多，主席說：「夠了夠了。」全體鼓掌稱快。主席又問：「簡同志，您對所讀的有何感想？」我答道：「很好，很好！字字句句，我十分贊成。這確是應該打倒的基督教。」。他們個個點頭微笑、揚揚得意。我續說：「不過，這不是我所信的基督教。」主席又問：「您所信的是什麼的基督教呢？」我再用堅強確定的話答覆：「是愛人、愛國、改造社會、拯救世界的基督教，是消滅罪惡，反對帝國主義侵略的，與節制資本主義壓迫（「民生主義」）的、是革命的、開明的、左派的基督教。恐怕您們不知道有這樣的基督教吧！」他們反受了奚落，默然啞口無表示。主席勉強點點頭獰笑：「唔，這也有道理。」。蓋其心知肚明，自己學識淺薄而未聞現代宗教學新思想也。這一場「舌戰群共」的小趣劇遂告結束。事後未幾，那副鄧長一次遇著我還問：「簡同志，您的上帝怎麼樣啊？」我答道：「我的上帝左傾了，祂是革命的。」他沒奈何，獰笑走了。我的答語好像有「褻瀆神聖」之嫌，然而「上帝觀」是沒有絕對的，沒有亘古不變的；我的答語是根據新時代的新信仰。他們始終不能屈折我，而我以後再不受同樣的壓迫了。

不過，經過那位湖南「同志」來與我談話之後，回報他們說，我不夠資格加入共黨，一因我是出身生長於資產階級，次因我是不接受馬克斯主義的知識分子，三因我是篤信基督的教徒云云。（那時，我還未被視為官僚階級。）聞有一次共產黨徒集會中，有人抨擊我至烈、竟要當場離會致我於死命，卒為副部長勸阻。大概他們已知我是國民黨中央特派的委員，而負有特殊重要任務，況且後台靠山頗大，頂頭上司馮總司令則對我特別友善，信任有加，所以「投鼠忌器」，不敢動手。又：當時與我同來的有所謂「新右派」者，反共至烈，屢起磨擦，亦對基督教採不友善態度，所以我在左右夾攻之中。但因我立場超然，態度公正，不參預派系鬥爭，只知完成國民革命目的，堅守自己的宗教信仰而力圖團結各派與全軍共同站在革命戰線上，以故自始至終，我在馮軍中站得穩而且得完成使命，不負中央與至交之信託。

五月一日，馮誓師出發，指揮全軍東指，與由粵湘鄂北上的國民革命第一集團軍夾攻奉軍於河南。六月一日，連克鄭州、開封。我任前敵政治工作團副主任，後改組為前敵政治部，我當主任，冒險努力在前敵主持艱鉅工作。一次，遇險於河南彰德，幾至喪生。時時隨大軍前進，寢食起居皆極不便，常受蚊子、蒼蠅、狗蚤、虱子、沙虱等五種頑敵之困擾，坐臥不寧。又因宿疾痔瘡為患，日流鮮血，苦上加苦。但一切遭受，皆甘之如飴，不發怨言，蓋為愛國，為革命，準備犧牲故也。一九二八年，奉命創辦「洛陽今是學校」－其實是官佐子弟學校。夏間，我軍克復北京。由是，我的黨政任務完成，軍事工作乃告結束。

至今，所得留為從軍經驗的紀念者，有馮總司令所頒之革命獎章一枚及獎狀一張。其中有句云：「有膽有識、允武允文。富於冒險精神，努力宣傳工作。卒使軍民水乳，收效實宏。」云云。（在馮氏日記及《我的生活》中屢蒙提及我的工作，加以獎飾，茲不錄。）

以後，雖屢欲回到宗教界、教育界服務，無奈學殖荒落，個人所藏的參考書籍，分存各處，又乏補充，再不能趕上時代的新學說、新思想，所以惟有本著愛國服務的精神，繼續在政界幹下去。歷任山東鹽運使、國民政府鐵道部參事、廣東省政府委員、廣州市政府社會局長等職。常要奔走南北，居處靡定。有時清晨睡醒時，竟要自問己身現在什麼地方。

我相信服務政界應以忠勤廉潔為要旨，這尤其是基督徒所當恪守的。在山東鹽運使任內，我以大部分薪俸維持北京的今是學校。照例：經營山東鹽業的「東綱公所」每年有二萬元開支為餽贈鹽運使的禮金，我轉以捐之今是。翌年，山東軍政變動，我辭職回北京。未幾，改組的山東省政府公開宣布徹查「東綱公所」歷年餽贈鹽運使的數目，在我任內所支出的二萬元下注明捐贈「今是學校」（天津《大公報》發表）。倘若我盡以飽私囊，則貪汙之嫌，雖盡西江之水也洗不清了。（「今是」續辦了六年，至原日因愛國罷課的最後一班的學生畢業，任務始得完成，而繼任校以籌款維長持為艱，乃自動解散。）

抵抗苦難

有一時期，我孑身流寓滬上。因政局變化，家庭多難，我遭遇六重大厄運，精神大受打擊，痛苦難堪。那六種呢？一、職業無著、賦閒流浪。二、雙親相繼去世，而自己因奔走國事，不能在家侍養送終。三、室人下堂，成為無家之人。四、愛兒夭折，悲哀欲絕，日日痛哭，經年不已。五、家變迭興，心傷腸斷。六、身染重病，多時始癒。遭逢苦難重重，極人生之慘事，幾至心靈分裂，精神破產，人格崩倒。我面臨這絕大考驗，認為是對我一生所信、所學、所志的挑戰，不甘屈服，亟求自救自拔的方法，可算是我特殊的宗教經驗，謀解決自己切身的災難問題。也曾考慮或實驗以下的種種方法。

第一、最簡易的方法是自殺。生命既無樂趣，前途黯淡無光，一旦撒手離開這汙濁罪惡的世界便一了百了。然而仍能自信生命是宇宙的至高價值，而生存之志欲仍未全毀，奮鬥之精神仍能支持。況自問修養求學多年，學問與才能如我之造就，尚未完全用盡，大志尚未完成，仍大有可為，何忍自我毀滅，辜負自己？一念自惜，自殺不行！況且中年喪子，何忍絕嗣？

第二，尋思任情縱慾的方法，或可暫藉低級趣味以忘憂、而保存求生之志，除圖復興，有如以毒攻毒，麻醉痛苦。但又想自己的身分、學問、志向、何能委身溝壑，自毀多年自得之人格價值？

第三，宗教傳統的說法，萬事發生，皆委諸上帝旨意，不合理性。我之厄運迭遘，豈至仁至善之上帝有意安排施之於我者乎。慘痛至極之心，不能強信。如果那是上帝有意如此害我，更不公道。況乎尋常的橫逆偶來，還可勉強順受，但如我諸般災難，連續來侵，痛苦過甚，有非脆弱的神經系所可能捱受者。

第四，曾欲藉佛理尋求解脫。猶記嘗到南京「佛經流通處」盡購所印漢譯佛經（從前研究宗教皆用英文本），告經理人云：「欲學佛學」。殊料該半醉半醒的居士答道：「不要學佛學，只要學佛！」這好似當頭棒喝、驚醒迷蒙。自思因失意而學佛學，即所謂「逃禪」，不過逃避現實，麻醉自己，究於實際苦難生活仍逃不出，更無能徹底的、積極的、解決生命大問題。佛祖之「四聖諦」，於苦、集、滅之外即殿以「八正道」，不出世、不悲觀、不消極。「回頭是岸」，急當從苦海回航，向「正道」駛去，方能終達彼岸也。

第五，再從知識上求解答這問題：以我的信仰、志向、學識、地位、何以遭受這些人間至大的劫難，與歷盡人生最悲慘的痛苦，是不是由個人罪孽深重、自貽伊戚、自溺自焚，抑或由傳統制度、社會環境、及時局變化，以至個人遭殃乃再從各種學理上用功。我嘗遍讀多種有關的書籍，冀稍得理解，勉作達觀，但終不得個人心靈上的癥結與實際生活上的解決。後來，才想出，大概因為我自幼至壯多年飽受基督教嚴格的精神道德訓練而忽略人生社會的實際要求與自然的男女關係，只是重天而輕人，次因自少留美多年，所得西方文化的理想，尊重個性獨立、自由、個人生活習慣，未能與中國傳統文化及社會作合宜和諧的適應，故在在陷於生活矛盾，無時無地不在奮鬥中，而時局之動盪無常、軍政之變化莫測，個人生於其中，欲求生活穩定、安居樂業，自然是難之又難了。其實，在這「亂世」中，就我所認識的朋儕中，鮮有不被時局波及而能以一種專門職業終其身的，其尤不幸者竟至慘死或飽受種種災難。我歷諸劫而仍能生存至今，已是萬幸的了。再想到個人一向以仁義、忠孝、節概、為道德標準，而以溫良、謙和、服務、互助、為待人原則。自問一生未嘗對不住任何一個人。因飽受平民主義之薰陶，從來不作崖岸自高，擺出架子，以富貴、學識、地位、驕人，一生簡直並無自己是富人、高官、教授、名人的意識，而時時只自覺是一個書生、一名學人而已。因此之故，常常惹起凡偌的男女之不知我者之輕視，甚至侮辱。或有只知我是富家子而不認識我之其他身分而別有會心者。我常以平等待人，以為抬高他人的人格地位，而他人卻每以為我自貶人格地位、降尊紆貴與他們水準平等，反瞧不起我。尤甚者，更有誤以我的仁愛心術為懦弱，謙和德性為恇怯。因而被人以為是我的弱點而乘勢欺負我，凌辱我，有好些苦痛是由此招來的。這個性至今不改變。至於親者之死亡，乃「自然消息」，無可尤怨的。

第六，最後，還是回到從前心中自得的基督教真理去求救。記得紐約協和神學院麥基法博士曾有一句名言，令我一生永銘心版的；即是「基督教會，每回到基督處一次，就有一次重生。」」。其實，何只教會，大凡基督徒，亦何嘗不然夙夜捫心自問，透澈沉思，確信上帝生生之德是仁，創造之物皆善（《創世記》一章），基督犧牲救人之大愛是無限、信者悔改重生之道是永恆，而且樂觀、堅忍、向著正確的目的而奮鬥之必得成功。細讀舊約《約百記》，堅定、信心、能力、便得增強。有此鞏固的宗教信仰為基礎，正如基督遺教，建屋在磐石上，不怕風吹雨打，總不至被摧毀。益以自信、自貴、不甘墮落、不肯投降、不認失敗之個性與學養，我已死的精神生活，漸漸復活。凡人淪陷於罪孽，或沉溺於苦海，無論至如何深重，總有醒悟之機會。苟未至盡頭之日，一旦悔改，必得重生。此基督教赦罪、贖罪的救道之要義也。那時基督又大顯一次「神蹟」於我本身了。我先後做了兩首詩，表現這特殊大經驗。

生命元來一戰場，投降妥協抑奮鬥。
撫吾靈劍謝吾神，頭可斷而不可叩。
家破人亡本甚哀，東南風起笑顏開。
不疑宇宙非吾友，為信冬殘春又來。

再慶重生

自一九三三年始，我得再度重生。時、年卅七歲。這期間，有一位女性的舊同學在某場合中，偶然與我相遇，無意中突然對我表示詫異的態度而發出似乎是嗟歎之話：「您從前是很神聖的啊（holy）！」我卻不覺其唐突，也不怪其冒犯而柔聲答道：「但是現在我多近人情哩（more human）！」。我從初次赴美留學，回國服務，有廿餘年痛苦的但極有價值的經驗，已學會做中國人了。自那時起，我重新做人。

是年一月，孫哲生先生膺任立法院院長，我即被簡任為立法委員。以後連任此職十三年。至友梁寒操道兄與我同事，彼此相約以古大臣事君的忠直風度來輔佐孫院長為國服務。斯時，我的學殖荒落益甚，於新書刊、新思想、新學說，已隔絕多時，所藏書籍又不在身傍，難以重做舊時的學術工作，只有繼續仍然本著愛國服務的精神及襄助至交的義務，在政界幹下去。且喜職業有著落，而公務清閒，於是在滬定居。除每星期到南京開會外，公餘時間則盡力在文化方面發展，先後創辦《人間世》（與林語堂、徐訏等合作），及《逸經》半月刊（自辦）。

既得樂業安居，又重組家庭。一九三四年三月，與楊玉仙女士在滬結婚。主婚者仍是謝恩錄牧師。他那時已由我介紹到滬主任廣東教會，自是我再與教會有聯繫。楊夫人對於基督教信仰誠篤，尤熱心為宗教機關，如教會、女青年會等服務。於我一生有最重要的影響，能知我、諒我、愛我、助我。自此主持家道，生育兒女，使我得享受家庭幸福，而能傾全力以為政治、社會、文化、學術宗教服務。那時，所藏書籍已全部集中，因得竭力盡心治學著書，尤其專門研究太平天國史。

一九三五年，協助上海市長吳鐵城、財政局長蔡增基組織「平民福利委員會」，創建平民村。舉薦李應林兄任總幹事。受惠者數萬人。

可惜時局陡變，數年來一切的經營計畫盡行廢棄而生活又全部變化。一九三七年夏，我挈家回香港渡假休息。適七七蘆溝橋事變突起，繼而中日大戰發生。我屢圖北上均見阻，迫得留港。

抗戰八年

抗戰初期，我在港創辦《大風》半月刊，作抗戰宣傳工作。繼又主辦「青年救護團」，組織救護隊五隊派赴前方救護。復組織及主持「中國文化協進會」，從事與日、奸、偽、三種頑敵搏鬥。曾在《大風》發表一篇〈為什麼我不跟老汪走〉申明愛國大義，直引基督遺訓中名句以貶謫漢奸偽政權之叛國大罪及警戒有心相從者。

至一九四一年十二月，九龍、香港淪陷後，我與家人先後避難廣西。其間，老友李應林兄在粵北曲江重開嶺南大學，邀余回去擔任哲學、宗教教席，未克應命。一九四四年秋，日軍陷桂林後，又不得不南遷，先赴平樂，繼而轉往蒙山。蒙今是門人陳文奇及其叔信玉、文統父子全家誠懇招待，供應家用，貸與米糧，兼多方護衛，故得安全。時時烽煙四起，警報頻傳，真有「風聲鶴唳」之感覺。

當時謠言日軍來襲。每每於中夜挈家人逃避山中。又一次全家爬山越嶺逃往隣鎮。艱苦危難，不可勝述。每思此乃國家民族大劫，全國同胞皆在水深火熱中，有多人所受之痛苦，或死亡者，比我們所歷更有甚焉者，何能發怨言？惟信心極強，深信最後勝利必屬我國。因有希望，自有堅忍之心，故雖歷盡苦難仍怡然自得，日讀《白沙子全集》自娛，兼背誦岳武穆、文信國、趙所南、陸游、于謙等忠節詩詞以課兒女。（勝利後，亡友葉因泉兄為余繪「牛矢山房課子圖」描寫當年避居蒙山六排山上農家之牛屎房實事。）總計抗戰之役八年以來，全家播遷十二次。

勝利以後

至一九四五年秋，抗戰勝利後，我挈家由桂回粵。至是，我決不再在黨政界活動，傾全力創辦「廣東文獻館」以發揚鄉邦文獻，積極進行，一連四年，推進全部計畫，稍有頭緒，基礎奠定。經費不足則自行解囊接濟。正擬大舉進行。不料時局又變，共軍南下，廣州震動，不得不結束館務，將一應書物，移交「廣東圖書館」保管，乃復挈眷遷居香港。秋十月，廣州易幟，我遂長久作九龍寓公。當時，我有大覺悟，感到生逢亂世，全球全國均在風雨飄搖的變動狀態中，無穩定的局面使人安居樂業，想按著一定的志願與計畫以做成一種事業，實戛戛乎其難。我已貢獻了二十年的黃金時期為黨國服務，而一事無成（雖歷年從軍從政，不無微勞），但未償素志，抱憾彌深，亟當趕快趁此時機，懸崖勒馬，力圖填補所耗費的時間以努力從事於學術著述，冀得及時於生前完成至少一部分的原定工作計畫。

自是，我立心不涉政治及社會一切外務，退處家園，集中全部書籍史料、藝術藏品、埋頭著述，以彌綸多年忽略學術之大憾，決以餘生治學，還我初服。自廣州淪陷，家產幾蕩然，幸而尚得先人多少餘蔭，差堪維持家計，過著清淡的生活。二十餘年來，滅跡聲利之場，刻苦自勵，每日工作恆逾十小時。自從一九五八年春悼亡而後，甚感孤單，所幸日夜有管城子為良伴，足以寄托精神，乃益發辛勤研究與寫作，陸續有書文問世。

在這廿餘年間，我專心治學之大計畫，乃在先行完成多年研究的太平天國專史。總計連前在上海、重慶出版者共有七種，另譯著多篇，都約五百萬言。又曾應美國耶魯大學聘任研究專員，專撰英文《太平天國革命運動》（在排印中）。我五十年來研究太平史之志願得以告一段落。我治史學全是運用昔年在芝加高、紐約，所習的宗教學的科學的歷史方法，尤其因得識基督教歷史與教道的內容，故能詮釋太平天國的基督教自有一得的成績以貢獻於世界學術界。「失之東隅，收之桑榆」，所學竟得所用，這是預料不及的了。

然而我仍時時未忘為基督教服務的初衷。於治史之餘曾應「基督教輔僑出版社」之約，特撰《中國基督教的開山事業》，《古猶太革命史演義》及翻譯《傳教偉人馬禮遜》，《傳教偉人耶德遜》共四種，另在期刊《展望》發表〈十二使徒遺訓〉，〈太平天國的基督教〉，及在《燈塔》發表〈中國基督教第一位殉道者車錦江〉，在《基督教周報》發表〈耶穌的服務理想〉，另在《火柱》發表〈耶穌基督一生一死的研究〉，（上篇〈感生問題〉，下篇〈復活問題〉）。又為「香港基督教女青年會」重作會歌，運用儒家道理及陳白沙先生學說於基督教思想於歌辭中。尚有編譯他種適應時代需要的宗教書計畫，如基督教道與馬克思主義及共產主義之比較研究，及傳教偉人叢書等，雖自願効勞，可惜不能實現。

尚有一小插曲。中華基督教會九龍合一堂初興建時，我與李貞明牧師商議，將西安的「大秦景教流行中國碑」拓本重刻，嵌在大堂牆上，以表彰此中國基督教的文化古物。李牧師去美後，劉治平牧師繼任，新堂建成，乃照原議重刻此碑。（用寒園原藏贈與崇基學院的拓本。）計現在東亞之有此古物之重製者僅日本與九龍而已。

此外我又專撰用功三十年之《白沙子研究》一書，發揚中國哲學精華，作復興中華文化之小貢獻，其中有與基督教作比較研究者，可供現在提倡本色的基督教神學諸同道參考之資，因為我認為白沙學說是為溝通融會耶儒兩大思想系統之樞紐也。我屢與友人李貞明牧師、曹新銘牧師、封尚禮先生、周億孚教授，李志剛牧師等探討基督教精義。曹牧師且慫恿我將歷來有關基督教的論文彙編專集問世，大有感動於心，但不知能否辦到耳。（有關宗教撰著外，我尚致力於廣東文獻之研究，另有專著印行，或未付梓者，茲不贅述。）

最難處置者，乃是我所藏的中西書籍，原有數千冊，分屬哲學、宗教、神學、歷史、藝術、社會教育諸類。可惜因歷年南北播遷，保管不週，以至喪失不少，約居四分之一。喪失原因：（一）白蟻蛀蝕了前後三次；（二）天氣潮濕，以致霉爛作廢；（三）蠹魚為患，線裝書尤易受害；（四）文賊竊去，抗戰時離港，無法保管；（五）贈送失策。年前亟圖處理辦法，曾擬將全部贈送某某兩學院，俱以無室可容婉辭。後聞某教會機構新闢圖書室，即檢出所有全部神學、宗教教育、經籍及雜誌二千餘冊捐贈，其中不少大有價值的，為香港所不得見者。主事人接收後，乃以為有白蟻蛀蝕，又不送還，逕盡行棄去，可惜之至，令我甚感不快，病了幾天。以後再不能從事有關諸門之研究工作了。幸而仍保留宗教學、哲學，中文佛經、等書數百冊，盡以捐贈道風山「景風社」，經其派專員整理、保管、以供學者研究之用，可謂「得其所哉」。至太平天國史料及文物，因我感謝耶魯不惜撥鉅款以推進及印行我的英文太平史，為酬謝起見，乃以全部寄贈耶魯大學圖書館，特闢專室保藏，以為我專門研究太平史之紀念，亦藉此基本資料創設「太平天國研究中心」以利便世界史學家。其餘千數百本各項書籍則留在手頭以供個人餘生研究參考之用。

我有大願終未得償者，即是著作一本適合中國人的「基督教史」。我讀過好幾本有關這題目的中西書籍，內容不過是「教會史」，只是敘述教會組織制度的歷史，未能表出基督教全部的性質，殊不適合一般教徒之用，令人讀了全書仍未明基督教的真正性質是什麼。我個人的概念應從演進的與功效的兩觀點下筆。前者表出基督教不是一成不變的而是自最初創立之後逐漸傳播於全世，受到環境影響，常常適應其時其地的文化與需要而變化其內容外相的。後者則表出基督教不是空言救世救人的。而隨時隨地實際施出「愛的福音」之真實的拯救功效，以改善人生，增進幸福的。如此寫法，深入淺出，凡基督徒或非基督徒讀之，自能了然明瞭基督教的真相真理，信心與景仰自生了。我懷了此志多年。向因治史工作未完成而且手頭資料不足，故遲遲未能動筆。今則年事已老，精神日漸衰弱，又無參考書籍，恐不能從事。只有企望同道中有神學基本訓練的「後起之秀」，肩負此重責，先去外國神學院專習教會史、基督教思想史、世界社會史、文化史等科，同時注意蒐羅參考書籍，搜集有關史料，以五年至十年或二十年時間透澈研究，從事寫作，以成此鉅著，則對於基督教之貢獻重大而永久，工作亦足傳不朽矣。謹誠心祝禱以望其成功。

關於我在家所施於兒女們的宗教道德教育，除由他們母親導引他們領洗禮，入教會，守禮拜與讀經，祈禱等之外，我在家對他們很少講道德，說教理，不事灌輸方法也不打罵責善，只是自幼養成他們是非善惡之辨別，與自立、自愛、自治之能力。我不重視虛文儀式、形式主義，而注重實行基督教的一條總攝諸德、盡包一切的倫理道德大原則——即是真誠實行相愛，於夫妻、父母、子女、兄弟、姊妹、與乎親戚、朋友的關係之間。這是實施我從前由一位宗教教育教授所學得的大原則——造成宗教的氣氛於家庭中，使兒女們自由長成，自自然然的一生為基督徒，而永不自覺自己非基督徒。我高懸親書先祖遺下的家訓於入門處：「勤儉治家本，謙和處世寬」。又自行增加兩句使成一詩：「信神信基督，愛己愛人倫」。每於兒女出國留學時，臨別贈言，我只教他們牢記一語：「勿忘宗教與家庭」。這樣的家庭宗教道德教育效果，令我滿滿意。

至於我個人安心立命的宗教信仰，大致一仍舊貫，無大變動。回憶曩在燕大任教授時，因言論新異，引人注意，致惹起與燕大有關之某教派之懷疑。曾特派一代表到校查察，看是否有「異端」分子在校。劉院長廷芳不加細辨，但告以「簡某一向極力主張及宣揚『耶穌基督至高無上』」。這包括基督之宗教經驗，道德教訓，與人格模範，均是無可比擬的。來人無話可說，悄然走了。直到現在，我的信仰，大同小異，宗仰基督的宗教經驗，實行基督的道德教訓，與師法基督的人格模範。不過，我仍在繼續不斷的思索與研究，極想將中國傳統文化之優良成分與基督教宗教與倫理的教道和會起來，以與近數十年來提倡本色的基督教之同道們共同努力，冀有小貢獻。現在思想未成熟，系統未完成，尚不敢貿然發表。

末了，憶起前於七一生朝，蒙梁寒操道兄撰書八言聯語為賀，曰：「存劫罅身閱空前變。養浩然氣為自由人。」，大獲我心，彌增喜慶，至所銘感。每念生命過程，順逆、得失、屈伸、甚至壽夭、生死、均「自然消息」（白沙先生說），人所難免。過去已成過去，悔恨舊事是無謂的。再從達觀方面著想，一生所歷的逆境、厄運與災劫，無非鍛鍊我精神生活的課程。患難與失敗，俱是成功的踏足石，誠如聖經有句云：「萬事由來，無非益諸信主者。」。更進一步幻想，假如我的遭遇皆順利如意，恐怕歷萬劫、閱萬變、所遭遇的災難更多更慘，甚至身死敵手，並不能生存至於今日，也斷不能有今日之區區成就了。我平素懷抱一個小小志願；倘能因我之生存而致令世界上多一點光明及多些人得有多一些幸福、智慧、及善良的生命則不枉此生。到現在，仍不敢以成功的人自驕，更不敢自己估計對世界、國家及人類有多少貢獻。但自覺重生六十年以迄今日，未被罪惡、暴力、環境、世俗、橫逆、厄運、　難、物質等等所克服、所埋沒、所奴役，依然能屹立「還我堂堂地做個人」（陸象山語）是自由獨立的，不以富貴、利祿、虛名、逸樂為目的而自矢一生為國族、為人群、為真理、為學術而服務的人。這固由個人長期不斷的努力奮鬥，而精神能力與生活理想之源，要有賴天父上帝之神力恩賜，與耶穌基督之倫理救道，滾滾而來，支持一生，使得有強固的信仰基礎，乃克臻此。衷誠感謝之餘，謹書是言為證。

《重生六十年》（拾遺）

自拙著《重生六十年》發表後，遠近友人函電交馳，不吝獎飾，愧赧莫名，多謝多謝！有勸我補充資料，俾成自傳者，厚意尤可感。但此篇限於自述個人宗教經驗，若加上數十年來私人生活，既逸出本篇範圍，且冗長過甚，一時未能執筆。不過，就在宗教範圍內，搜索枯腸，仍有多少可述之軼事，以為將來專著中國基督教史者之參料資料。茲拉雜書出，補充前篇，不能成為系統的依按年期之作，閱者諒焉。

文藝宣教

當我初由美國回來在南北各方服務時，常運用文藝——包括詩歌、小說、講故事、演話劇等——來做宣揚教義、助人培德的工具。最初，曾為嶺南同學作了幾支校歌。想不到過了五十多年，直迄今日，全球到處的「嶺南人」仍喜歡唱出。其中之一是「嶺南晚歌」，共三首。每首之末均有「為神為國為嶺南」句。那是採自耶魯大學「母校歌」末句「為神為國為耶魯」而改作的。無形中這已成為嶺南同學公認公用的格言，為嶺南精神的源泉，灌注到萬千同學的丹心裡。當年，每當學生青年會開同樂會時，我又常為他們講道德倫理的故事。由此引起幾位高級的學生的興味，對小學生作「講古」的活動，成績甚為滿意。復次，我又提倡話劇，自編、自導、自演，不憚粉墨登場、現身說法以為眾倡。曾演出，《北極老人》獨幕劇為恭祝聖誕節目。另有《童子軍精神》、《無國之人》、《分國旗》及其他數劇，均以道德生活為主題的。（在校演出後，廣州青年會屢請我們去演出為其會員同樂會助興。）校內同學，一經提倡，紛紛興起響應。在各種集會，各級學生、各自編演，均無劇本誦讀而多涵倫理深義的。這種饒有意義的娛樂活動，對於學生精神之振起及學校生活之改善，大有影響。

在上海青年協會時，我於譯著書文外，又愛寫短篇小說。發表於《青年進步》各期者，有如《北極老人》、《一坯土》（譯文），《秀兒》、《老頭兒》（後來，廣州培正學生曾將此篇改編話劇演出）等等。皆表達基督精神、提倡倫理道德之作。有一年我從北方歸粵，與青年會幹事諸友臨時編演《我的兒》六幕倫理劇。劇情是由美國著名的電影《過山記》（Over the Hill）改編，適合國情，倡明孝道。（猶記曩在紐約與同學洪煨蓮教授同去看此，深受感動，哭了不知幾次。）此次在廣州演出，由謝恩錄夫婦，梁小初夫婦，李應林夫婦，及我個人分飾主要角式。事前，只由我口述各幕綱要（所謂「講戲」），而由各人臨時自備對白，自作活動。僅排演一次，即便登場。演出只一次以招待會員的。每幕贏了不少掌聲，但惹起不少看者流淚。（後來，有一牧師似埋怨我令他哭了三次。）其後，我又聳恿當時熱心從事電影業的亡友羅明佑君，改編此劇本為粵語長片，名《慈母淚》。初出演時，我適任廣州市社會局局長，親自登合介紹，極力讚揚此劇之倫理道德的大貢獻。

在燕大任教席時，於授課、譯著外，我的文藝興味亦非常濃厚，好與「真理社」同人及上海舊同事相唱和。（上文已錄出七律一首。）有時興致勃發，即絞腦筋，動筆翻譯「頌主詩歌」。曾記譯了聖誕歌幾首：「聖哉此夜！靜哉此夜！」「巍巍聖德與天齊，真王灌頂拯群黎」等等，可惜原稿已佚。幸而尚有兩首半譯半作的存留至今。錄之後方，請同道方家指正。

〈三一頌〉

讚頌天父仁愛之源
讚頌耶穌救世景尊
讚頌聖靈過化存神
聖哉聖哉三一妙身

〈赦罪讚〉

（調寄Though your sin be as scarlet）

你罪惡雖紅於血
可致令潔白如雪（兩句重唱）

縱然孽障重重深
解脫望不絕。

且靜聽召你天聲
獲罪者去慾歸神
萬方罪人皈依主
個個得重生

你從前一切罪孽
主赦了不再記憶
無限仁慈是天心
神之愛奇極

（首句重唱　次句重唱　下仿此）

我相信闡揚基督教的善法，於宣聖道，印聖經，開學校、辦慈善等嚴肅的工作之外，最妙不過的是運用及假借各種文藝，如詩歌、圖畫、小說、戲劇、電影等等。其功用至足動人感情，沁人肺腑，無形中將道德倫理的教訓與正確的信仰，深入人心，以致影響德行為，效力最大最顯而最速。願負責宗教工作的同道多努力於此道。外國出版界關於此種培德養性的文藝佳作，可謂汗牛充棟，很容易選購取材，翻譯或改編以適合國人。而且我國文化史中更有許多文學及故事，大足採用，對於宣教大旨極有助力、極有效能的。我很喜歡看見基督教出版界之兒童或成人的宗教教育書中多有此種作品，或有以詩詞、圖畫表達聖道者，但仍以為不足，應集中能力與人才及培養多些天才，大量生產，大力推進，收效必更宏。

不過，以文學藝術宣揚聖教，也應有好條件，否則功效恐適得其反。例如：外國曾有幾本演出聖經故事的有彩色、有對白的活動電影。我看了極為厭惡如演出摩西領導其民族過紅海時，海水忽然分裂，中間成為一條康莊大道，任以色列人全族安然步行過對岸。又看過一本基督生平的電影，表演祂起死回生的奇蹟，伸開兩手，殭屍便慢慢的復甦。另有他本關於祂廣行奇蹟的大都如此。語其效能，只令觀者的感覺有如看神怪電影一般，又有如神通廣大的法師呼風喚雨，或茅山道士大顯法術，甚或似魔術家表演身手，殊不能令人興起敬事上帝與皈依基督之信仰。大抵所載猶太民族及初期信徒傳聞之辭，見諸文字，令人讀之，大致與中西多種經籍的紀錄，等量齊觀，還令人不覺其神怪特異，而且相信超自然主義的凡俗人還容易置信，但是一由真人演出如彩色活動的電影，有行動、有說話，直接入人耳目，便引起觀者另一種反感。結果：不特不能表彰聖教真理與基督精神，反而損害聖教與基督的神聖尊嚴。我絕對不相信看了這些聖經電影而能皈依基督或加強其信仰的。幸而中國的教會教友還未有製出諸如此類的影片。不然，必至犯了廣東人常說的諺語「表錯情」。其以國畫或彩色或黑白圖畫表出此種故事的，均經讀者視覺、印象特深，也當十分謹慎，庶免誇張與「安排」的「人為」跡象過甚，令人雖於置信，復蹈上言神怪電影之覆轍。

最近，我偶然看見某教會出版社所編印的《幼稚園聖經課本》共四冊，上二冊為《舊約》，下二冊為《新約》，用作兩年課程。每課均有彩色圖畫。其文字，每課有一「金句」是引用經文的。細看內容，圖畫方面姑置不論，但所引經句頓惹起我大不滿意之宗教和教育的反感。例如：「蛇對女人說你們不一定死」，「該隱就大大發怒」，「神變亂人的言語使眾人分散全球上」，「就打發羅得從傾覆中出來」，「神說，帶著你的兒子……往摩利亞去」，「利伯加舉目看見以撒，我們去的那地果然是流奶與蜜之地」，「他們到了約旦河，腳一入水，那從上往下流的水，便在極遠之地……全然斷絕」，等等（以上統見一、二冊《舊約》。《新約》課本暫不及。）我不明白，全部聖經裡固有許多精妙絕倫的佳句，真可稱為「上帝之言」，應當盡量引出，教授孩子們牢牢記在心中，使一生敬謹遵行受用不盡的，為什麼偏要選編這些沒有一毫基督教氣味和意義的句語？試問：諸如此類的課程，灌輸於三、四歲孩兒以這樣的經文，為他們的宗教教育計，究有何益處？能興起他們的健全的、合理的信仰使其一生成為敬虔的基督徒嗎？能培養他們的善心、善德、善行而一生為實行基督教倫理道德的真正基督徒嗎？然則所謂「金句」，其「金」安在願一般負責宗教教育者虛心細心研究、改良。聖教幸甚！一般受宗教教育的孩童幸甚！

非教運動

「非宗教運動」是於民國十一年（一九二二）由北京大學一些學生發起的。那是對於同年四月「世界基督教學生大同盟」在北京清華大學開會的反響，印發宣言兩篇，集矢攻擊基督教。南北各地學生也有響應者。其時，即有基督教徒趙紫宸、徐寶謙教授等為文護教，批評那同盟之不是。當時的北京確是中國最高級知識界中心，著名學者輩出，因而學術空氣之濃厚，實冠全國。「非宗教同盟」既涉及學術問題，即有一群公明博學的名學者們，公開發表反對之評論，主張「人們的信仰應該有絕對的自由，不受任何人的干涉……知識階級的人，應首先遵守」云云。署名者是北京（或其他）大學周作人、錢玄同、沈兼士、沈士遠、馬裕藻、五位名教授。續有學術泰斗梁啟超公開「認宗教是神聖，認宗教為人類社會有益且必要的物事，所以我自己徹頭徹尾承認自己是個非非宗教者。」此外又有劉紹寬、常乃德等反對此同盟的評語（茲不錄）。清華、燕大的教授們更不贊成此舉。所以那同盟雖由北京學生們所發起，而響應者少，聲勢最弱。至一九二四年十月，馮玉祥將軍「首都革命」成功後，一向宗仰基督教的「國民軍」控制北京，攝政內閣政治開明，創新局面，「非教」分子更噤若寒蟬，銷聲匿跡了。

那時，我正在燕大任教席。上篇已提及在《京報》發表代孫哲生先生辯明其對基督教態度，兼敘述基督教對國民革命之貢獻，而不應反對之。隨有「非教」分子十餘人匿名去函該報，對我個人大肆咒罵攻擊，幾欲食吾肉，寢吾皮而後甘心。《京報》副刊編輯孫伏園君是當時很負盛名的文學家，人極通　明理，且是我好友。竟將各來函一一給我看，並說「文義不通，無理取鬧，不值得發表」，兩家只付之一笑而投諸洪爐。北京又有《晨報》，其副刊亦由高級知識人士當主筆，學術氣味極為濃厚（我屢曾投稿），亦絕不附和「非教」之妄舉。所以「非宗教」，「非基督教運動」在北京已成強弩之末了。

我在燕大課程中新開了「中國現代宗教思想」一科，將我從各方蒐集的「非教」、「護教」、或討論與研究宗教的資料（厚盈半呎）作為教材。將各篇理論對學子們，加以分析、歸納、詮釋、研究、批評或考證其內容。後來，亡友張欽士道兄盡行取去，加入其自己所得的資料彙編而成《國內近十年來之宗教思潮》一書。出版時，我已離京，始終未得一讀。歷年在廣州、香港亦無由得見。聞紐約「傳教士圖書館」藏有一冊。願有人從那裡複印一副本回來翻印，以應研究現代中國宗教史者之需。

護教運動

「非教運動」在北京發生時，上海也有不少人響應。當時，我在青年協會任編輯。除撰文「非基督教運動與新教育」（見上期本文），寓闢斥於批評外，另與同道范子美（禕，青年協會編輯），楊益惠（上海青年會幹事），應元道（青年協會編輯）及鄔志堅（美國洛車士德神學院神學士，上海浸信會牧師）諸君，共同發表一篇護教宣言。（由我起草，經各人看過簽名贊成。）原文錄之後方，以供研究者補充資料。

〈對於非宗教運動宣言〉

我們是用科學的精神和方法，專門研究宗教學的。現在各處知識界發起的非宗教運動，引起我們特別的興趣和注意。但連句讀了他們紛至沓來的宣言和應聲，細細考究他們對於宗教的言論和進行，實在與他們主張科學的精神和進化的見解不符。今特將我們的態度明白宣布於後。

一、他們宣布宗教的罪惡，尤集矢於基督教。但籠統空泛，未見其羅列每教每時代歷史的事實，和確鑿的證據以為立言之根基，而卻先入人罪，以快一時的意氣。我們以為這不是科學的精神和程序。

二、他們對於宗教普通的結論種種，既非依歸納的程序，用科學的方法，自己尋究事實以為立論之根據，又非援引世界操宗教學權威的學者所立之學理以為依歸。況且他們所發之言論，又非是科學上假定說之性質，而卻是武斷的句語。我們以為他們如此所立之論，並非真理，是靠不住的、是謬誤的。

三、他們不是研究宗教的專門學者。觀其立言，則知其對於宗教學內的宗教哲學、宗教心理學、宗教比較學、宗教歷史學、各科學術，又並沒有研究的工夫。他們並無權立言斷定宗教的命運。但如今他們卻要侵入他人的研究範圍，武斷立論。我們絕對否認這些是真正科學家的行動。

四、他們結合團體，專以攻擊和掃滅與己不同的信仰為宗旨，不許異己者各信其所信，而他們亦不取自由宣傳的手段，以傳播一己的主張。況乎所發表的都是向萬萬信教的人毒罵咒詛，公然挑戰。倘佛、耶諸教的信徒也照樣聯合，照樣毒罵，照樣攻擊，而回教的信徒更實行左持經，右握劍以攻擊異己者，則又怎麼樣我們以為所有這些態度和行動不是二十世紀自由信仰、自由思想的中國所能容忍的。

五、他們多是學生或教師。若見我國有宗教問題發生，應該從事於忍耐而虛心的研究，以求得解決的答案。但他們並不由學問正途，只迷信和盲從外來奇異的舊說，以發紓先入偏私的成見。我們以為這並不是學生教師應有的學者態度，而且此實為我國學界知識的大危險。

六、「世界基督教學生大同盟」剛在吾國開會。各國學界領袖人物薈萃我國。他們並不將我國優秀的文化、好學的特性，表示於外人，而卻以這些不合理的議論，暴露我們學術界思想頹落的現象，恐怕外國人士竊笑這是我們學界不智的辱國舉動了。

七、各宗教在中國無益的固不少，但其為益於中國者極多。如基督教在教育上、慈善上、社會上、道德上的成績，斑斑可考，不能一筆抹殺。他們自己不信教則已，但不應痛詆一切。而且自己沒有建設計畫，徒尚空言，急其不急，而不以這些精神、才力、光陰，以作更大更要的社會服務，反欲並教會裡之建設事業而推倒之。他們愛國救人的事業，似稍遜於犧牲一已、遠別家鄉、而為我同胞教盲啞、洗痲瘋、開學校、設醫院之外國教士，並且足令外人之真心拯救吾民於水火者灰心喪志。我們以為這是破壞的和消極的舉動，正見他們需要良好的宗教以重生其精神生命。

八、他們不是基督徒，又未嘗研究基督教的歷史和神學，所以誤以基督教為一成不變固定的死宗教。我們本身是基督徒，但我們由研究歷史和神學而識得基督教原本是進化的宗教。我們現在所信的基督教，不是古代和中世紀的，乃是二十世紀、不背理智、不背事實，以耶穌的倫理和人格做基礎，與科學共同協作，方在世界上蓬勃發達的新基督教。我們要這樣的基督教，變成中國化，乃實用之以為發展生命和服務社會的工具和南針。

九、我們深悉現在的基督教會裡，有許多雜質，是由古代和中世紀裡泰西各國的社會環境而生，遺傳至今，故教義教典上有許多是不適合時勢的。但這些雜質，並不能埋葬耶穌卓絕群倫、開新紀元的理想、精神、倫理和最有能力的信仰。而且，宗教係社會制度之一；社會進步則宗教也一同進化。從歷史看來，基督教的進化可能、是固有的和顯露的。他的教義教典和一切內容外相，都是要因時濟宜，自行改造，以拯救生命、培養生命、發展生命的。我們不敏，願細心盡力，虛己忍耐，以從事於此任務，求改造基督教的全部或局部，使其理想、倫理、精神、信仰、人格，得適應時勢，以供應我民族的精神需要。然而我們的工夫並非因他們非宗教的激動的影響而生的。

十、在他們的運動，我們卻得些少益處：A即是顯出各宗教受不得攻擊的弱點；B又足以激刺一向安心於舊信仰的教徒，使驚醒而反想其所信，以謀進化；C而且他們極力詆譭宗教，其實反露出一己對於宗教的興趣；他們的心理和舉動現象，正係我們研究宗教、改造宗教的好材料和好幫手。因此迎頭一擊，宗教的學術藉以提倡，教會的內容因得濾滌。我們不能不謝謝他們了！

我們這篇宣言，是因為他們所下與各教的挑戰書而發。現在我們獻出三個辦法：（一）就是實踐主義的試驗；即是就有教或無教在個人和社會的生命之功用上而定孰是真理。這個試驗雖是正當，但恐怕我們的朋友沒有忍耐心靜候功用之發見；那麼，就請用其（二）：

即是我們須細尋確鑿的事實以斷定宗教或基督教的生死。所謂事實，就是物質的事實，和心理的事實，但我們又恐怕我們的朋友也沒有時間搜羅事實。我們陳出第（三）個辦法：即以學理相見於文字上。請我們的朋友，引出世界學術上現代的權威來作根基。勿再用十七、十八、十九世紀，在泰西已成廢棄的學說來塞責或愚人。如果他們肯同我們這樣研究，我們很喜歡應命，共同研究宗教或非宗教的真理，而貢獻於吾國學術及社會。

一九二二年四月十日簡又文、范子美、楊益惠、應元道、鄔志堅

那時，作護教運動最大努力、最為熱忱者，是浸信會主辦而由粵遷往上海編印的《真光雜誌》。主編者是張亦鏡（文開）先生。差不多每期都有批評「非教」的文字發表。我與張先生成為莫逆交，時常促膝談心，或以文翰討論教理。我曾有一篇駁斥「非教」者詆譭耶穌基督是私生子的短文發表於《真光》。考在國內最先提出此說的是朱執信的〈耶穌是什麼東西〉一篇文章。「非教」者即利用為攻擊基督教的武器，廣為印行。我對此文的批評大要如下：

朱先生及許多人的意見，是由於德國生物學家赫凱爾所著的《宇宙之謎》一書內一章而來……。赫氏指稱耶穌是私生子一事，是根據一本書名《耶穌傳》（*Toledoth Yeshu*）。考此書是中古時代一個旅居歐洲仇恨基督教入骨之猶太人所偽造，藉以汙衊耶穌之人格的。其所載者全非事實，只是無中生有以洩私憤。即猶太民族中之學者亦承認其為偽說（載《猶太百科全書》）。觀此偽書之不可靠，則赫氏之迷信此書自不可靠，朱氏迷信赫氏之迷信更不可

靠，而一般迷信朱氏之迷信赫氏之迷信者，亦可以反矣。（其後，我在北京《真理》週刊發表長文討論耶穌的感生問題。前年又在香港《火柱》發表〈耶穌基督一生一死之研究〉，內容包括以上問題之詳細研究。）

其時，上海青年會幹事曹雪賡、楊益惠等，與我磋商，擬於每星期日下午在該會教堂舉行「宗教問題討論會」，欲從學術研究方面以對付「非宗教運動」，請我主持。每次由聽眾發出各問題，我作學術的答覆。第一次開會，到者有數百人，也算盛會。但聽眾發出問題，多逸出學術範圍而是「非教」，及「非基督教」屬謾罵性的，如〈耶穌是什麼東西？〉等等。我雖盡力從宗教學說、新基督教觀、一一答辯或解釋，但座中之「非教」派只無理取鬧，有意搗亂，破壞了學術研究氣氛。經過這實驗，我們均覺得這研究方式在那時環境中，不能收效，決不再開了。

在滬時，我又有一知己良友，即是北四川路廣東浸信會的劉粵聲牧師。他常請我到該會講道。在基督聖誕前夕舉行慶祝會，忽有陌生青年數人湧入列席。在劉牧師宣布開會時，伊等高聲叫囂，擾亂秩序，高呼「打倒基督教」口號。可敬可佩的劉牧師，抱持著從容鎮定、不慌不忙的態度，以機警和智慧來應付那局面！即和氣朗聲對他們說：「各位是不是有意見發表呢？如有，請上講壇來發揮高見。」當下即有一人大踏步登壇亂講亂罵一通。他自講自聽。劉牧師卻一言不發，舉座也鎮靜處之，鴉雀無聲，任其「大放厥辭」，過不了一會，他言盡辭窮，無可再說。劉牧師乃起立問其尚有話說麼。他也坦白答道「完了」，即離壇歸座。劉牧師於是宣布開會恭祝聖誕——歌唱，祈禱，讀經，講道，……一一如儀。那幾位存心搗亂者，計不得逞，不知在何時已靜悄悄的離座走了。（我記不清楚當日是否由我講道，但確記得實有其事。）

廣州教潮

「非教」風潮，在廣州鬧得最兇。那是自然的，因為當年，穗城是「國民革命」大本營所在地。因國民黨那時實行「聯俄聯共」政策，所以共黨領袖、蘇俄顧問、與左派分子、都集中城內，又有左派領袖汪精衛等為之張目，更覺得勢。雖然黨內中央要員也有不少基督徒，如孫科、徐謙、鈕永建諸先生，但他們都不涉宗教糾紛。（孫先生曾於此時發表意見，已見上文。）有此政治背景，所以廣州的「非教運動」比全國其他各處尤為激烈，幾至惹起社會大風潮。

引起這大風潮的是一件極其微小、不足掛齒、而很為有趣的故事。正在「非教運動」展開之時，一日，廣州大路上忽然貼有手寫的、標語式的字條：「信上帝基督者得救上天堂。不信者下地獄。」（文義大致如此。）分明是基督徒所為。上句是傳教者口吻，人人聽慣了不足為奇，但下一句則太過火、太刺激、也忒不智之甚了。絕大多數的市民看了，當然心裡不高興，道真令人難堪。不知怎樣，這兩句傳到汪精衛耳內，登時大發雷霆之怒，公開演講反對基督教的演辭，又特寫文章大肆攻擊。但那貼寫字條的不甘屈服，再接再厲的幹下去，幾乎鬧到滿城風雨。後來經教會調查清楚，那寫貼的基督徒原來是居住河南的一名做粗重工作而文字不大通順的工友。因過度熱忱信教，故於晚上親自揮毫自寫，親自沿街自貼，所以表示信仰之熱忱也。事實真相既明，即有教會所辦的報紙刊物，視為上乘資料，為那工友攝影製版，印在報上與汪精衛的照像並列，而且加上醒目的大標題「與汪精衛筆戰的工友□□□」，另詳記其人其事。真意乃在挖苦黨國領袖之汪精衛，不言可喻。

然而因這一小小事故，幾乎引起廣州社會一大危機。當時的共黨與左派，大概「老羞成怒」，在汪精衛等發起和領導之下竟然組織「非教」示威大巡行，借此煽動群眾，要打倒基督教。絕大多數市民當然不理不應，但有多少學生及他人受其誘惑，定期舉行。如果實現，恐生出事端，大不利於各基督教會和有關機關，馴至不可收拾，甚至釀成第二次「義和團」（拳匪）之禍了。當下，青年會的幹事們，如梁小初、謝恩錄、駱愛華（美籍）、張宗象、李應林（時已由美畢業回國，復任該會學生部幹事）共同商議對付之策略。適我由北方返粵，亦參與討論。眾議斷不能任他們橫行無忌，肆行騷擾；斷不能任他們搗毀男青年會，便連女青年會也讓他們破壞；斷不能任他們焚燬仁濟堂（教會）便連惠愛堂也讓其焚燒。訴諸軍政當局恐亦無濟於事的。當下我即提出意見。我們不是「以牙還牙」（不是復仇），或「以毒攻毒」（我們非毒）。但當「以其人之道還治其人之身」。豈可示弱、屈服而任人宰割、「束手待斃」？自應起而自衛衛道，作合法合理的抵抗。他們可以舉行「反教運動大巡行」，為什麼我們不可以舉行「護教運動大巡行」，以示對抗不屈他們即覺得言之有理，原則贊同，再詳細商量辦法。由學生部主辦，號召全城教會學校男女學生，如嶺南、培正、培道、培英、真光、路德……等等之自願參加者與乎各教會教友之熱心者，依照「反教」巡行的時期同日分隊到青年會集合，各有旗幟、橫額、十字架、標語、口號，全體唱「基督群兵進前」之雄壯聖詩。口號是「信教自由」，「努力護教」。估計參加行列者萬人以上，預算多過「非教」者十餘倍，必能壓倒其兇勢。時間雖短促，組織卻極有效率，進行甚為順利。龐然大軍，迅即組成，準備依時舉行。那時，必造成社會上兩派人士有組織的大對敵、大衝突狀態。護教者人人預知巡行性質，皆準備以犧牲殉道的精神前來參加的。

天下間社會事多不能逆料，但又未嘗不有可以預測機變者。當時，快到大巡行那時期，黨、政、軍、警當局得知其事，以「反教」、「護教」兩派一二萬人同日同時在同一城內舉行兩相敵對的示威大巡行，尤其雙方均以年少氣盛的學生為主體，不難發生糾紛、滋事、甚或暴動、鬥爭而鬧出大亂，如是社會秩序與全城治安，在在堪虞，豈不釀成大危機當即由負責當局頒下緊急嚴令，禁止任何人等結隊巡行。那時，儘管有共黨及左派在後台發動、支撐、和指揮、領導那大規模的「反教運動」，但料不到平素馴如羔羊的基督徒有此一著，也不能不顧慮後果，恐怕能發動而不能收拾，責任綦重，而且知彼知己，明見力弱不敵，難與對抗，終不得不取消原定計畫。「義和團」的時代已過去了。豈能有以武力反教之舉再發生？我們本無心與人鬥爭的，不過為勢所迫，不得不行此策略。其實，巴不得遵令停止大巡行。結果：「不戰而屈服敵人之兵」。「護教運動」勝利了。

革新運動

前文已敘及我於一九二六年冬由粵經武漢北上從軍。至武昌時，因等候鐵路通車，耽擱了三個月工夫。其時，革命政府已由粵遷到武漢。中央要員雲集，共黨與左派尤其活躍，因而「非教運動」也隨而發生。殊不知武漢方面的基督徒，素極開明。在國父與黃興先生等初倡革命時，武漢的教會組織，「日知會」的教友，多有參加，効力甚著。這是在中國革命史中，繼廣州教會教友之熱心革命而起之輝煌的一頁。至是，橫被詆譭與攻擊，加上反革命等等罪名，頗為難堪。幸而只是紙上的「非教」未至如在廣州時之有組織的行動。教會的領袖們於是開會討論策略。我也被邀參加。他們決議：「非教運動」既發出宣言，我們又何妨發出宣言以答覆及針對他們乃推我為起草人。我義不容辭，起了草稿，大意從積極方面表示我們的意見以答覆他們的挑戰。這是另外一種「護教」的方法。原稿經他們仔細審定，承認為可，乃正式通過刊出，印送全國。原文節錄如下：

〈武漢基督徒革新運動宣言〉

全國的同胞和同道們！

我們都是中華民國國民一分子。我們因為不滿意於傳統的舊禮教而信奉基督教。但因其來自外國，且在歷史上不幸與帝國主義發生了多少關係，所以生出不少誤會。如今我們站在青天白日旗下為自由國民，不再受「勿干政治」之壓迫，更覺悟我們本身救國的大任務，特將我們的態度明白表示出來。

我們承認由國民黨領導之國民革命，是救國救民之絕大的善勢力，因此我們一致擁護國民政府，贊助國民革命軍，並相信三民主義、建國大綱、及其對內對外的政綱政策，是解放我民族及拯救我國家之唯一方式。我們更願參加國民革命運動，努力工作，對外則打倒帝國主義以建設一個在世界上平等獨立的國家，對內則打倒惡軍閥、惡制度，提高農工生活，以改造一個公道、進步、人人豐衣足食、各享幸福的社會，務須達到全世界革命成功、民族平等、人類同胞、聯成一體之究竟目的。

耶穌基督以自由、平等、博愛、犧牲、服務、立教，與罪惡的勢力，絕對不能妥協，本是一種革命的大勢力。我們從前已有不少的同道努力於革命工作，或為倡導者，或為犧牲者，現今在國民政府及革命軍中為領袖、為軍人，及為他項革命工作者，亦大不乏人；我們承認其為真基督徒之好榜樣。想起諸先賢先進，便令我們更為奮勇，更為努力於我們自己的救國責任。我們深願本著耶穌基督當年打倒法利賽主義，及傳統的舊禮教，與當時之壓迫平民的富族貴族階級，甚至捨身十字架之革命精神，以從事於我們的革命工作。

我們尚有一種認識，即深知帝國主義不特是我民族國家之最大仇敵，抑為基督教之大敵。在歷史上他們常利用教會以增加其權力。及至基督教有所覺悟以謀革命，即被其壓迫摧殘。……是故帝國主義在其本性上及歷史上均與基督教根本不相容，是為我們的大敵。基督教曾為其俘虜，實與弱小民族及無產階級同為被囚者和遇難者。我們如今一致站起來，必定要打倒他們，不獨是為民族謀解放，而且是為本教自身謀解放之故。

我們很喜歡全國基督教協進會已經通過贊成及宣言取消一切不平等條約了。我們一致擁護此議決案。我們不要基督教建立在砲艦政策之基礎上，更不願以什麼武力為福音之後盾。因為這種侵略政策和武力之本性就是違反基督教旨的。基督教只能以教徒之人格道德及其救世救國救人之實在成績為基礎，而以教徒們肯犧牲殉道之血為後盾。我們縱因奉教而致被人誤會、被人攻擊，也不要此亡國滅種的不平等條約來作基督教之保障。如有外國的宣教士愛其本國多於愛基督而不肯贊助我們國民革命運動者，請其趕快回國罷。我們只有努力自立，使中國教會早日脫離外人之支配，更永遠與帝國主義斬斷一切關係。

關於收回教育權一項，我們一致贊成並願努力促進其成功。我們要使教會學校都歸中國教會自辦，受中國政府之監督，及其一切設施都依著中國的教育訓令及學制而辦去。

末了，對於有些同胞所提倡的反基督教運動，我們不得不再說幾句話。基督教的內容品質，極為複雜，少不了有些過時的分子留存至今。而且在歷史上亦有些不合民情、不適我國的方法或行動，更有些教中末流敗類不守教規，違反教旨，致貽羞全教的。我們一方面承認這是無論那一個大團體所不能全免的缺憾，而同時也承認其為我們的弱點和罪過。教祖耶穌基督第一句教人的話說，「你們應當悔改。」所以對於「反基督教運動」，我們認其為我們的「諍友」。對於他們的批評服膺「有則改之無則加勉」的古訓。我們外受此嚴重的督察，內受救國救世大任務之驅迫，惟有努力進行基督教革新運動，在消極方面改良其制度、神學、事業、方法，在積極上則使其成為適合國情切應民生的宗教。同時，我們竭力保持我們信教的自由，絕不因任何的權威、武力、及訕笑之交迫，而捨棄我們安心立命的信仰。我們願為奉教救國的克林威爾而斷不作賣主求榮的猶大。謹此宣言。

中華民國十六年元旦

武漢基督徒聯合會全體同啟

（按：其時北方軍閥盤據北京，張欽士書想未錄出本篇。楊森富書亦未有編入。以上係著者手稿存本。）

西北軍中

馮玉祥將軍既接受「國民革命軍第二集團軍總司令」職，全軍頓然變化，成為宗教多元性的軍隊，已載前篇。其間，有仍信基督教者，有不信者，又有信回教者，復有「非教」者。各信所信，各不相擾。表面上，表露宗教自由，並無明顯的衝突，但實際上對個人仍有排擠信教者。不特共黨與左派為然，即使所謂「新右派」，對基督教亦無好感。我個人在左右夾攻之中，不能進行宗教工作，亦不便團結軍中同道之袍澤私下舉行祈禱會、靈修會、研經會等活動，雖然曾有此意，因恐涉「小組織」之嫌，令反對者更有所藉口。是故只能以忠勇誠篤之人格為革命服務，以表現基督精神。幸而袍澤中有不少明眼人對我特別有好感，以為是基督徒人格之表現。馮氏又屢次在公開集會中（後來又書之著述內）稱讚我以一「紈褲少年」、「大學教授」居然能遠道投效在他軍中一同吃苦努力，藉以鼓勵軍心。我既不能發表宗教文字，只有本著基督精神寫了幾首詩歌來表現愛國革命犧牲奮鬥的精神，自總司令以下各同袍多有欣賞者。以下鈔錄一首長歌，係在大軍北伐出發前所作，而在軍中期刊發表以振軍心的。

我的墳墓

我已擇定了我的葬身地兮，
　是在黃河之畔，泰岱之麓，或白山黑水之間。
那是帝國主義最後的傀儡劇場兮，
　又是萬惡軍閥最末一座的靠山。
願與不平等條約同時殞命兮，
　誓共翳魯軍閥兮偕亡。
青山何處不可埋這幾根忠骨兮，
　何必歸葬於故鄉也？
歲歲清明舉國同胞將獻鮮花於墳場兮，
　比諸俎豆更馨香也。
更有萬千殉國的同志為我伴侶兮，
　長眠於此，不寂寞，不凄涼。
墓地雖不及紫金山之紫與黃花崗之黃兮，
　而卻與紅城之紅一色兮亦足耀乎千秋。

（按：西安原有「皇城」為遜清八旗駐防之處。于右任先生由俄歸後，改名「紅城」，亦即全軍總司令部所在地。）

也許沒有十字架矗豎於墳上兮，
但青天之上如果有天堂兮，必少不了我一分報酬。
因我的碧血與耶穌灑在「各各地」的是同其原素兮，
等是為犧牲自己救人救國而流。
墓外也許並無神道碑之高聳兮，
即有了亦不見刻上我的姓名。
然而將來國史裡「國民革命之成功」一章，即是我不朽不磨的墓碑兮，
其中「自由平等的中華民國」之名，也就是我埋沒了的姓名所有分構成。
讀史的後人將以此荒墳代表「強者犧牲促進進化」之努力兮，
那時，墳兮不荒了吧，艸兒長青！
人將見「三民主義」之終極實現兮，
全世界被壓迫者齊得解放、不平者皆得其平。
更見「青天白日滿地紅」國旗之歷時愈久而愈青愈白且愈紅兮，
嗚呼！此豈非我暫時的小生命化成永恒的大生命之結晶？

民十六、三、二八、於西安軍次

那時，政治部組織「前敵政治工作團」，隨前敵總指揮部出發。那代部長（共黨）堅持不設團長，而行委員制，以便操縱。馮總司令委出新右派某為主任兼組織組長，我為副主任

（外交處長兼職）兼總務組長，另委一人（共產黨員）為副主任兼宣傳組長。三人合組委員會商決工作進行。我見在軍事行動期間的軍事機關而用委員制，必行不通，而且組織分子複雜，必互相牽掣，有礙進行，其次表示反對。無奈勢力不敵，無法改變，雖明知效果不良，只好聽其自然發展，絕不參與私爭。原來那主任於數月前奉派主持一個「政治訓練班」有學員數十人，此次帶齊出發，人人彈冠相慶，準備出省做官去。「班底」既厚，共黨忌之，乃堅持委員制，另派黨員或左派分子同去，鈎心鬥角，立意與主任爭權。因見我不涉左右那派，所以也要我去作為緩衝。我明知事不可為，亦不能為左右袒，不甘作「磨心」，只好顧著自己分內的任務，盡力盡心，不理他們的爭鬥。結果：不出我所預料，團內兩派衝突，事事相左，卒至那主任無計可施，工作毫無成績。及我軍勝利，到了鄭州與南方革命軍會師後，那主任憤恨至極，亟亟報復，面向總司令報告那共黨一切行動，加以妨礙進行、大誤工作之罪名。馮氏極為憤怒，立下令把那共黨扣押起來，並解散該團。又問我應如何辦，乃聽我條陳，改組「前敵政治部」，委我為主任，權令統一，另起爐灶，積極進行工作。那共黨分子作了「階下囚」多時，因犯軍法，幾被槍決。

適有一天，我因事去巡視羈留所，瞥見他鐵索琅鐺被囚獄內。一見了我，即向我哀求救他一命，因知我不涉派別，主持公道，仁愛為懷，平時對他們也不驕不諂，而且可直接向總司令說話。此時向我長跽痛哭，乞我救命。我見這不是他的罪過，乃是黨派鬥爭結果，心裡不忍見那青年小子因此喪命，答應盡力而為，不能擔保成功。但我一直不敢向馮處為其說項，深恐一觸其怒反至自身難保。過了幾天，湊巧有一次我出席某種會議，有好幾位高級將領（皆與我友好者）在座，還有遠自東京來的中華基督教青年會總幹事馬伯援兄也列席。我見時機已到，關於某一問題，我乘時公開懇請釋放那共黨，謂其被囚多時，已施相當懲戒，請念其年少無知，違犯紀律，情有可原。我那時戰戰兢兢，恐觸其怒，但心裡有數，知有好友多人在座，而且措詞和順，作談話式，可保無虞。當時馮作辯論式駁我說：「軍紀是軍紀，不論年長年少，違者一律要懲罰的。」。他面無怒容，說話也和氣，如閒談般，算給我十分面子。我再想開聲請求，伯援兄即示以眼色，我見機知警不再發言。看馮氏情形，已心平氣和，有釋囚意，不過為著維持威權，當著眾人面前不好照准。伯援兄老且更事，明白此情，故示意教我不要衝撞，激起其怒火。過了幾天，我再向馮處保釋，一說便准。那小子出獄後，誠懇向我叩謝救命之恩，連共黨左派對我也另眼看待，真是「前倨後恭」了。我此舉別無什麼政治黨派或利己的動機，只是出於基督愛人愛敵之教與乎儒道上天好生之德之仁而已。

再有一救人的小功德。當南北國民革命軍會師鄭州、克復河南後，即有四位粵籍的政治工作青年女同志，全身戎裝，隨軍至鄭州，向民眾工作，熱忱服務，殊堪嘉尚。因有同鄉之誼，她們訪我幾次。但未幾有人向張之江將軍作小報告，謂她們到處宣傳打倒傳統禮教，打倒賢妻良女，提倡家庭革命，提倡婦女解放等言論。張聽了，不禁勃然大怒，聲言非槍斃她們不可。其時，張將軍膺任「全軍總執法」，在總司令以下，他的權勢地位為最高的。況其時仍在軍事時期，真不難當亂黨辦理，繩以軍法。事後，即有人通知我「總執法官」的話。「寧可信其有，不可信其無。」如真要執法實行，縱不至斃命，總要飽嘗鐵窗風味。我救人急切，連夜去她們寓所叩門，密告以惡消息說：「張老頭子保守性成，執法如山，不是好惹的，千萬不要冒險」。即叫她們趕快躲避大難。次日清早，再去看她們，則芳蹤已杳，不知何時往何處遁去了。

自馮總司令兼任河南省政府主席、在開封就職後，我們幹部全體及政工人員都移居那裡。軍事既暫告段落，即有共黨和左派分子掀起「非教運動」，虛張聲勢。所可怪者，有一「新右派」反共最烈的高級政治部員也參加斯舉。馮得了報告，即召集政工人員幹部去總部聽訓話。一開口，他即怒氣沖沖，「面斥不雅」的說：「國民黨黨綱是宗教信仰自由的。試問：《三民主義》中哪一篇，哪一行，是反對宗教的？就本軍而論，尤其不能反對宗教，一因本軍原是全體信奉基督教的，現在仍有多人誠心信奉，萬不能排除他們。次因，現有三、四萬信教的軍隊與本軍聯成一體了。你們必定要馬鴻逵、馬鴻賓等吃豬肉，方許他們革命嗎真是豈有此理！胡說霸道！」他們目瞪口呆，面青唇白，一語不敢發。我在行列內聽到，自然覺得開心，但也不敢露笑容，出笑聲。於是全體散走了，而那「非教運動」也告流產了。過了不久，馮總司令響應南方清黨之舉，將全軍共黨分子集中起來，派員押送到武漢去。

尚憶起軍中一幽默故事有關宗教者補述於此，以博一粲。有浦化人牧師者，久在馮軍中任傳教工作，彼此本甚相得。馮亦敬佩其人，信任有如。乃自其遊俄歸來，加入國民革命陣線後，頭腦思想，煥然一新，以《三民主義》為治軍之本。竟謂浦「思想陳舊，頭腦頑固」，派其去蘇俄學習，冀得新覺悟。不料那陳舊頑固的牧師到俄未幾時，一旦豁然開通，思想突變，祕密加入共產黨。回國後，復回馮軍服務，奉派主持工人運動。自分共以後，浦忽然離軍逃去，留函與馮，反大罵其「思想陳舊，頭腦頑固」不堪共事，故割席而去，並聲明所領得工運經費二千餘元，經已照數一一分派與各工友云云。馮那時啼笑皆非，頗為難過，即密派我們數人調查其事，所存款項果然分派不差。復檢查其遺留品物文件，發現其在當地及軍中擔任共黨重要職務。尤為趣而怪者，則共黨之上級幹部明白訓令其在軍中照常任牧師，努力傳教，大概是藉此以掩護其身分，遮蔽人耳目，以利地下工作之進行也。馮既得明底蘊，又氣惱，又好笑，但格於公事，不得不循例辦理。過了多日，乃勉下嚴令通緝挾款潛逃之「蒲化人」歸案訊辦。然牧師本姓「浦」，何來姓「蒲」者，終以不了了之，此案以幽默始以幽默終。牧師與我因同教關係，在軍中時有往來，交情頗厚（時猶未知其為共黨。）多年後，他忽然到上海寒園訪我。故人把袂，暢敘甚歡，不涉政治黨見。他因家裡有事，請我幫忙，我亦念舊情殷，予以助力。以後不知所終。

上天無期

以上補述所記憶的、頗有意義的往事，已逾萬言。尚有無關宏旨的零星瑣事，不值得多寫了。然還有一趣緻可笑的小事不能不並記於此。前年小孫入某基督教會主辦的幼稚園，即聽得「天堂」「地獄」之教訓。有一天，他問我：「爺爺，你很老了，而今為什麼不上天堂啊？」這真是晴天霹靂，震動我全部神經系統。想不到素以能言雄辯自豪的我，竟被一個三歲孩兒難倒！登時瞪目結舌，不知所答。幸有賢媳——他的母親——在旁仗義執言，挺身救駕，代我答：「天堂現在『滿座』了，等有空座位騰出來，爺爺自然平步登天啊！」我乃得解圍，鬆一口氣。其實，我的學人頭腦，當時仍在沉思這問題。

且夫「天堂」也者，本不屬科學知識範疇，而是一種宗教信仰。沒有人於此問題可作「經驗之談」。相信人人都希望死後上去，但很少人想快去急去。在未去之前，人人當準備上升天堂的資格。到時：「自然消息」（白沙先生說）一來，無論「天堂」之有無，總是有利無害，斷不至吃虧的。在我呢，心裡那時想對小孫的答覆是：「乖孫啊！爺爺還有好多工夫未做完，還有好幾本著作要出版，暫時還沒有時間上天堂，但是早已定座了。等我工作完了，自然樂於升天了。」

第二部
西北從軍記

中華民國十五年十月十日，是我一生的大紀念日。是日也，我在廣州加入中國國民黨，旋被中央黨部派赴「西北軍」馮玉祥總司令處任「政治工作委員」。是為我離開文教界而從軍從政之開始。年方卅歲。當時，馮氏已由蘇俄經庫倫返國，於九月十七日在綏遠五原誓師，正式加入國民革命軍陣線，接受黨命黨旂，整頓前由南口苦戰數月後撤退西陲之「國民軍聯軍」（包括故胡景翼之二軍、孫岳之三軍、方振武之五軍及新編弓富魁之六軍各部）。復督率全軍遠征，經甘肅，入陝西，而解西安之數月長圍。他屢電中央黨部，請多派政治人員前往工作，加緊準備與革命軍會師北伐。因為我與馮有舊，所以孫科（哲生，時任國民政府交通部長）、徐謙（季龍，時任司法部長）兩先生薦舉我擔任「政治工作委員」，前往為黨國效力。

與馮徐關係之淵源

先是，自十三年「國民軍」馮、胡、孫等之「首都革命」成功後，奉系張作霖與皖系段祺瑞互相勾結，迭背前盟（包括與粵方締結之「三角同盟」），拒絕國父而排擠馮等。馮遂萌消極，退任「西北邊防督辦」（前於十二年五月黎元洪總統任內張紹曾內閣所任命者），設總部於察哈爾之張家口。振作有為，立意努力開發西北。軍中有「基督教青年會」之設，以為將兵謀福利，及如舊傳播基督教。總幹事為陳崇桂牧師。其時，我方在燕京大學宗教學院任副教授，屢被邀請到張垣演講。初次會見馮氏時，他即從辦公桌抽屜內取出一張名單，上列幾個人的姓名。我在其中，而名上加了三個大圓圈。他與我略談各問題後，即誠懇邀請我擔任他的秘書，幫助他從事革命工作。這真是突如其來的革命宣召。我當時回答，因受了燕大之聘，先要回去徵求大學當局的許可方能解約。他也了解，說：「遲些再議」，並坦白聲明「這是徐季龍先生特別保薦的；很盼望您惠然肯來這裡，共同吃苦而為革命服務。」這次談話表露馮氏「求賢若渴」、徵求人才為助之熱忱。這出人意表之邀請，幾乎使我吃了一驚，即便留下一深刻印象於腦中。

徐先生，安徽人，清季翰林，曾赴日精研法律，參加革命，為當年「革命三翰林」之一（其他是譚組庵延闓，蔡孑民元培）。後追隨國父，任秘書長，屢奉派北上運動馮氏附義，聯絡多年，乃有「首都革命」之實現，厥功甚偉。他之薦我與馮，也有淵源的。原來他早已皈依基督教。民國八、九年間，遊歷美國時，到處向華僑宣揚他所提倡的「基督救國主義」。在芝加哥曾演講幾次，都用國語，華僑聽不懂。湊巧其時我方在芝加哥大學研究院深造，因被邀任翻譯。因此互相結識。他認為同志，將來可同事合力為國效勞。我回國，亦曾與他再晤談，但其時我志在文化教育事業，無心從政。及十三年春，我北上任職燕大。秋間，「首都革命」成功後，他即專誠向馮氏一力保薦。所以馮初與我會面，即有「一見如故」之概，再三懇切邀我任職。回京後我細心考慮這出處進退大問題。結果，容易解決得很。燕大方面自然不肯放我走。而我呢，則以受聘到校未及一年即見異思遷，於心不安，且舍學從軍，亦非素志，故不辭職。馮處亦無下文。

會於翌年五月杪，我趁暑假南下省親。到滬時適在「五卅慘案」發生後一日。眼見全市滿目荒涼，杳無人跡，大路上店舖關門，被英人屠殺的學生等血跡猶鮮，不禁淒然於心，憤恨至極。及回抵廣州，又適當香港海員罷工風潮，引起全港各行業工人紛紛罷工響應，絡繹離港，致令其成為一個死埠。六月廿三日，廣州全市學生，為對英抗議，聲援罷工，舉行示威大遊行。群推美國基督徒私立的嶺南大學員生領隊。全體數萬人（內有不少民眾參加）浩浩蕩蕩，由長堤西行，經外人居留地「沙面」對河之沙基，人持旗幟，高呼口號，聲勢甚盛。不料遊行隊中忽有一聲槍響，而對河橫列於沙面沿岸之英軍立即開機關槍向人叢亂行掃射。登時遇難之民眾六十人，學生卅餘人，受傷者五百餘。（嶺南死教員一，學生一）餘眾四散。是為「沙基慘案」（見孫科：《八十述略》頁十四）。（後來沙基馬路命名「六二三路」）當時，我方在長堤「青年會」與友人下棋，擬完局後加入遊行，故幸未被波及。但事後親睹慘狀，觸目傷心，憤恨之火愈熾。後來，據當時任公安局長之陳慶雲告訴我，經調查結果，證明那大遊行是共產黨所組織與指揮，而那首先開鎗者是共產黨徒，實蓄意製造此兇案以利反英運動，不過格於當時聯俄容共政策，未便宣布云。當時左派廖仲愷、何香凝夫婦的女兒廖夢醒也在遊行行列中，倖免於難。可見組織嚴密，連左派領袖也不知內容與陰謀。

我於是搜集種種公私紀錄與報章記載，準備攜之北上向國人宣傳真相。臨行時，又由其時廣州市長伍朝樞（梯雲）托我帶了一分詳細報告書面交北京外交部，俾藉以向英交涉。我由粵垣直接乘輪船到滬（經香港之水陸交通完全斷絕），在滬上旅館暫住，忽於深夜間有英租界警察數人衝入臥室，肆意搜查行李，將我及個人所有剪報紀錄文件一齊解送「巡捕房」。（幸而伍氏所托帶文件未被搜出）英警官數人連夜對我施以疲勞審訊，疑我是來滬的搗亂分子，辱罵備至。當下我即表明燕大教授身分，並說明剪報記載為個人紀錄研究之用，而以愷切態度，苦口婆心，對他們說，中英兩大國應敦睦友好，和平共處，在滬在粵一連兩次大屠殺，皆不必有的暴行，不唯兇殘無人道，且大為不智，徒種下民族仇恨禍根而已。言下，也有警官唯唯承認那是錯誤的妄舉。直到凌晨三時，案還未結，突有一美國文化界朋友葛連（Green）進入警署訪問，表明自已身分是美國記者，特來訪問我被捕的原因及事實，以便報告全世，因為，他說，我是有名大學的教授，在國內外有許多朋友將必關心的。（這友人之來援是我在旅館被捕後，私用粵語關照侍應生按址通知他的。）英警官登時歛容變色，乘機下臺，忙說「無事無事！他可走了。」美友乃偕我取回各件，一同出門。翌晨，我即乘車北上，將伍氏公文送到外交部去，兼向各方詳細報導「沙基慘案」之實情。

此時，反英空氣，瀰漫全國；「打倒帝國主義」口號，處處可聞。暑假猶未完，一日，忽有北京幾家英國教會主辦的學校學生代表數人來訪，聲言迫於愛國熱忱，各校同學數百人公決全體退學，以示反抗暴行，並堅請我為他們設法，俾得繼續求學。我在燕大，因同情革命，屢有表示，所以那裡熱心愛國革命的學生，都奉我為導師；凡有愛國集會皆請我主持及演講。由此，全城的學生也漸知我的立場，又經我最近為「沙基慘案」大事宣傳，所以他們聞風趨至，有此請求。我因助人愛人的宗教動機，救援失學的教育興味，及愛國革命的一片熱忱，交迫於心，自然同情兼贊成學生們的行動，但個人能力有限，何能為助？只有獻計教他們派代表去張家口馮將軍處求援。他們一致贊成，但必要我領導和介紹。我義不容辭，乃於翌日偕同男女代表三人前去。

馮氏對於兩次慘案早已義憤填胸，曾有電表示抗議。一聽學生等的陳辭，立即發言嘉獎，表示同情，且允盡力為助。適徐季龍先生代表國民黨到馮處聯絡。彼此共同商議，馮撥出大洋一萬元，創辦新校以容納各學生，但堅要我任校長為條件。事由我動議，「箭在弦上」，不由我不答應。當即與代表們回家，約志同道合的幾人，如寶廣林、陳文駐、胡剛、陳國樑、何志新、饒世芬等數人，合力趕急籌備。徐先生命校名曰「今是」，取「今是昨非」之革命意義。由馮、徐邀約王寵惠、顏惠慶、王正廷諸位，與徐氏及我共同成立董事會。

當時，男女分校，男校在西城暫租大廈為校舍；女校在西郊海甸，借用前清頤和園之「儲秀宮」（毗鄰燕大新校址）；均兼辦宿舍。一月之內，一家高初中級完備的中學，居然能在秋季開學。校中主持校務者全當義務，教職員則每人一律支伙食費卅元，皆本愛國精神而服務者。入學男女生共五百餘人。師生合作，親愛如家人，以故校務順利進行，學業成績美滿。經費不足，余復出賣所譯書稿四本得大洋千元，又從南方親友捐款數千元以資維持。未幾，全城人士，均目為「馮玉祥學校」，或「國民軍學校」了。我與馮氏的關係自是又深一層。（「今是」創辦事見馮著《我的生活》頁五二九，略提及。）

翌年三月十八日，北京愛國民眾及學生，為抗議帝國主義的無理要求，舉行示威大遊行，乃為「臨時執政」段祺瑞之衛隊開鎗亂射，當場遇難者二十五、六名，傷者四十餘人，繼續死於醫院者又廿餘人。「今是」男學生一人亦登時喪生。事後我親去收屍及領回校旗，均不准許，憤恨益深。後於四月十日，「警察總監」張璧及「國民軍」將領北京警衛總司令鹿鍾麟派隊圍執政府，欲捕段治罪。段聞風逃匿東交民巷得倖免，而其衛隊全旅則被 械遣散，民恨稍雪。未幾，段遁天津，由是一蹶不振矣。

時，奉張，魯張（宗昌，前直督李景林餘部加入）竟與再起之直系吳佩孚，化仇同盟，聯合壓迫「國民軍」。十五日，鹿氏全部最後撤退北京。全軍固守南口。奉魯直聯軍復佔北京。「今是」乃大受影響，不得不暫行停學。風潮稍平靜，乃由王寵惠、顏惠慶，以校董名義致函奉張為「今是」關說。於是，復另租大廈於城內重行開課。男女同學，卒得捱至六月底，舉行第一屆高初中畢業禮。

在暑假期間，我不知時局好歹，不顧個人安危，仍留京主持校務，準備秋季開課。其間，軍政大局變化。八月中，固守南口之「國民軍」不堪奉直聯軍之猛烈的及長期的攻擊，再往西撤退。時，馮氏已去國赴俄。西北軍政全歸張之江主持。余派何志新遠赴包頭晉謁，請示進行。蒙其鼓勵，勉以盡力復課，並於經費極度支絀下仍撥款三千元，交何帶回。「今是」乃得於九月間，繼續開課。這是「國民軍」在北京所留下唯一的痕跡。

當時，「國民軍」籌備反攻。京中潛伏多人作地下活動，統由居於東交民巷的熊斌指揮一切。我由何志新介紹，得與其工作人員聯絡，解囊接濟其生活，亟亟籌謀反攻計畫。已約定起事日期，奉直軍亦加緊準備迎擊，惜又因事見阻，事卒無成。而我個人之安全乃發生問題了。

一日，忽有最近在燕大畢業的學生王德曦來見。他在校學業成績平平，因我在校待學生如弟妹，且曲意栽培，頗得人敬愛。王生所上我的課也得及格，所以懷有感激之心。他求學雖稍差，而求事卻有辦法，竟被他攢入奉方圈子，得任稅務局長，日與奉派軍官週旋。因得知奉方注意及我，且向其打聽我的思想行動，他一力維護，為我辯白。他又告我軍政方面所要「肅清」的黑名單。據說，初時奉、魯、直三方各具一名單，後經共同會議，或留或舍，成新名單，共廿四人，皆目為必須捕殺者。第一名，《京報》總編輯邵飄萍，素以直筆大罵奉魯軍閥著，即被捕鎗決。第二名北大校長蔣夢麟，適在東交民巷晚宴，得知消息，乃留下暫避，遂得倖免。第三名亦為罵奉魯軍閥及政客最烈之名記者林白水，亦遭難。其第十八名則為我。他請我加意小心，免遭毒手。我十分感激他的關懷，準備躲避。

旋而又有少時在廣州嶺南中學的同級學友薛基綿君來訪。他畢業北洋大學礦科，歷在東三省任事，與奉方軍政要人多熟悉，甚有聲望與地位。他也知道上述的消息，說「老簡，風聲甚緊，危險太大，要走了。」叫我立隨他去。我當將校務交與同事代理，收拾幾件衣服，帶了多少現金，從他出門，乘他的汽車，一直往車站去。我問他到那裡去，他答：「不要問，只是緊隨著我。見到什麼，不要驚慌，鎮靜為要。」不料一上火車，把我嚇了一跳，原來那是一列開赴東三省的奉方軍車。他密向我耳語：「少說話，隨我來。奉軍無一認識您的。」我心中一想，確是事實，誰料到我會乘方要捕我殺我的奉方的軍車出亡呢？他一直引我進入頭等花車車廂，還遍與幾個高級軍官打招呼。人人叫他「薛處長」。他還正式介紹我與他們相識，當然用假姓名，認為親戚。及憲兵來查，他又帶我從前門下車，憲兵走後，再從後門復登。車到天津，他乃讓我獨自下車，安全進入租界。這確是妙計，軍官們只認識他，尊敬他，有誰懷疑他私行帶走要被通緝的要犯？又有誰思疑方自高鳴勝利的奉軍、以專車送走這要犯呢？由是，我在租界化名「楊玉夫」，籍貫廣西，買了外國船票到上海，安然回到廣州。

投筆參加革命軍

由民國十三年開始，我在燕大，於準備講稿，編譯書籍，寫作論文外，兼治「太平天國」史。但因我本是「革命世家」（先父寅初公是南洋華僑，在星加坡先後加入中國同盟會及中華革命黨，效力革命，蒙國父任命為南洋籌餉專員），師友多革命黨人，自幼即醉心革命。及長，乃志在研究學問，不涉政治，但只是同情革命運動而已。此次，因被壓迫而初度亡命生活，在船上沉思往事及考慮前途，以決定今後自己大計。我在北方三年，目擊北方軍閥政客之貪污、淫穢、兇殘、腐化、爭權奪利、禍國殃民、罪惡滔天、黑暗瀰地與夫帝國主義之欺凌吾國、殘害同胞，猶且互相勾結，貽害國族，不禁憤恨填膺，實在忍無可忍，必要打倒他們而自己願意做一個「馬前卒」。

除了這愛國熱忱，又因有宗教動機。當時，我受了曾到北京演講之華教授（Harry F. Ward）的影響。他是美國紐約「協和神學院」的「基督教倫理學」教授，提倡革命的基督教、社會福音，我為其擔任翻譯多次，印行《業主義的倫理》一書。此時深覺空言基督教愛天愛人、神學聖經，於國於民補益尠少，亟欲運用宗教真理、愛人宗旨、犧牲精神，與軍事政治配合，出以實際行動，改革社會，建設新事業，庶足以適應國家、人民、社會之需要，則個人或有多少貢獻。因而想起馮氏素以「基督將軍」著名世界，真心為國為民，其所統之「國民軍」的確實現「不擾民，真愛民，誓死救國。」（兵官人人佩在胸前的襟章有此十字）之口號，不禁心焉嚮往，認為可與為善，值得同事。而況心中又念念不忘馮氏在張家口之「知遇」，曾相約將來有機會再議，宛如舊盟。又轉念個人隻身逃亡，不再厠身北方教育界，其他處文教界亦無適當機會加入，尤其因全部參考書籍、研究資料，均留在北京（寄存燕大圖書館），真有無地容身之感。在這心理反應之下，心理不禁咒罵一般萬惡軍閥和政客：「好吧！你們把我踢走，待我回粵班齊人馬，加入大軍，誓要把你們踢走，再來治學。」於是，投筆從戎的決心立定了。

國民政府已於十四年七月，由大元帥府改組成立，編組國民革命軍，大舉北伐。一回到廣州革命軍大本營，我即趨謁徐、孫兩先生，陳明此次回來積極參加革命的決心，他倆均極表歡迎。徐先生與我相結識的經過，上文已述及。孫先生與我有兩代黨誼及世誼的關係，而且是多年老友和同志，早於民十一年討陳（炯明）之役追隨其效力。他出任廣州市長，蒙其委任為教育局局長，雖因父病未就職，固已算是他「門下士」了。以後，在南北仍常見面。適其時廣東省政府農工廳廳長出缺，他示意推薦我承乏。我表示無意為官，此來只欲效力革命而已。重以新進黨員，毫無勞績，即任高官，縱不受同志譏彈，自問於心有愧，乃固辭。會馮將軍由俄歸國，九月十八日在綏遠五原誓師，正式加入國民革命陣線，接受黨旗，以政治工作人員非常缺乏，迭電廣州黨部，請多派得力同志前去為助。此消息大獲我心，正符私願，即請纓到西北去。孫、徐兩先生一力贊成，向中央黨部薦舉，任命為「西北軍政治工作委員」。我即於國慶日補行入黨手續，接受委任狀——一張小型黃色長方的硬紙，上書任命（三吋濶，二吋高，以便攜帶），並發給旅費大洋一千元。（我自己另自備千元以防急用，銀幣纍纍，行李笨重可知。）

中央派出政治工作委員四人，除我之外，有郭春濤、鄧飛黃（二人即所謂「新右派」，反共最烈）、于永滋（共產黨），另「政治工作員」趙文炳等十四人（其中數名為「共產黨員」）。當時，我初入黨，固不屬某派，亦不明瞭黨內派系之爭，只知為黨國服務、努力革命而已。然這批政治工作人員成員如此，已隱伏將來在馮軍中內部黨派鬥爭之機矣。北上途徑則由各人自決自行，以西安為目的地。有趙文炳等二員，因攜帶大量宣傳品，不便由內地前往，乃倍發旅費由海道假海參崴，轉火車經庫倫，過蒙古沙漠，艱苦備嘗，數月後始到西安。

臨別贈言

在我們分別出發之前，徐、孫、鮑三位，曾向我們全體及我個人致別辭，可算是指導我們到西北工作的方針。此與工作進行有關，故略述如下：

鮑羅廷很關心我們的任務，曾召集我們全體講話。其最精警可記而饒有趣之言，即是指出馮軍有極大的優點——全軍上下篤信基督教，以教治軍，故軍風紀嚴明，愛人愛國，作戰勇敢，斷不可摧毀這優良因素：譬如：為嬰兒洗澡完了，傾盆倒去污水，但切勿連在盆內的嬰兒也倒去云云。大概他知道我們中間尤其「共產黨」和左派分子熱烈反對基督教，故作此警惕要語，庶免將來在馮軍鬧出亂子，其言耐人尋味，甚為合情合理，不過如此鄭重的出諸老鮑——「共產黨」的大頭子之口，能不令人詫異？其智計亦可驚！（按：我前在紐約曾認識鮑。回粵後又曾數度晤談，且曾與其討論——實是辯論——太平天國是否農民革命、階級鬥爭問題，意見相左。他亦不以為忤，只算是史觀理論上的異見，不影響到國民革命的宗旨和工作。他又介紹我與一名由蘇聯來粵的教授達林（Dalin）相識，亦互相辯論太平天國革命性質問題。我引用中國歷史和社會理論力反其農民革命、階級鬥爭之陳說，辨明中國歷代社會向無「馬克思主義」的「階級」之存在。辯論多時，弄到彼此耳熱面紅，他不肯屈服，卒無結果，不歡而散。這與政治工作無關，不過是個人當時經驗之一面，姑並誌之。）

季龍先生念念不忘「基督救國主義」，對我個人期望以基督精神，竭力佐馮實行革命事業，成為真正的國民革命軍。如此，他前年之薦我到馮處服務之志願得以實現了。

哲生先生前於國父在北京逝世時，早與馮氏相結識。他對我個人尤慇慇致意，明指中央付我最大最要的特殊任務是聯絡馮氏，拉緊馮軍，務使與國民革命軍，站在同一戰線，一致行動，以期完成北伐、統一中國之大業。自覺任務太大，恐非區區一介書生初為革命服務者所能擔負。經孫、徐兩先生及其他同志多方鼓勵，賈起勇氣，只有憑著熱忱與信仰，盡心、盡力，恭恭敬敬的、戰戰兢兢的接受這個神聖的重大的使命。

國民革命軍於九月初連下兩漢，十月十日克武昌。十二月，有中央大員孫科、徐謙、陳友仁（外交部部長）、顧孟餘、宋慶齡女士、宋子文、鄧演達（總政治部主任）及蘇俄顧問鮑羅廷等，由陸路北上，經湖南至武漢（時，汪兆銘出國未回）。他們開「聯席會議」，行使國民政府職權，籌備北伐。我因事未及隨行，獨自於稍後假道上海赴漢口。前途渺渺茫茫，個人一無所知，一無憑藉，只貿貿然賈著為革命服務的勇氣向前進而已。其他政治工作人員亦陸續北上，各走各路。

十二月底，我到了武漢。因等候京漢、隴海鐵路通車才能北上，故暫在孫部長公館作客。乘便授其兩子治平、治強中文功課，因而加上一重通家之誼。

十六年元月，國民政府外交勝利。外人允交回漢口租界。我隨同孫、宋、陳（友仁）三位前往接收。多年國恥，初得湔雪，我得躬與其盛，興奮何如！快樂何如！當時情況，沒齒不忘。（有某電影公司派員隨去拍攝接收情形。我得一套底片，帶往西北軍。）未幾，我政府派員前往九江照樣接收。

僕僕征途

在等候北上期間，除家庭授課外，我積極籌備工作進行。最先與「總政治部」主任鄧演達接洽，得其指導軍中政治工作機宜，並請其將一切宣傳品與印刷品給我帶交馮軍。未幾，他派人送來一大袋這項東西。其實，這是極危險的事，因逆料沿途應經過幾個軍閥防地；一旦被搜出，則一命休矣。但我當時絕未想到這一點，絕不知道危險。真是「難得糊塗」！

我又分向黨政方面要員接洽，以祈前途順利。國民政府發給我「文密」電碼一本，以備將來通訊用。助我前進最得力者，為王法勤（勵齋）先生。他為我說明河南各軍閥態度和沿京漢、隴海兩路情形，及應付各方的機宜。尤難得而至有效者則親筆寫介紹函與吳佩孚麾下的高級軍官，是為我的安全保障——護符。我後來之得安全到達西安，全靠他的助力，至今還銘感於心。軍事委員會又交一顆新刻的木質關防，給我帶往一個派員來漢向我方通款輸誠的高級將領（除去木柄，以便攜帶）。這東西也是極危險物，我也不知道，只糊裡糊塗的收下。

我又抽暇造訪鮑羅廷，暢談幾次。我看見他的辦公處佔樓房頗多，分部分工辦事，宛似一個小政府。其實這話一點不誇張，因為國內許多軍政計畫和動作，都是由他那裡發動下令，指揮一切的。一次，他要我幫忙，將一篇英文報告書代他翻譯為華文。我趁無事可做，接來照譯。原來那是一篇全國軍事、政治、經濟、財政、社會的總報告，把各方面的實情，詳細分析，自下斷論，十分確實，洞中肯棨。最令我驚奇者，則用簡略的說明便將歷年以至當時吾國的財政概況全盤寫出，瞭如指掌，大致說全國收入三大機構為海關、鹽局與郵局，皆落在帝國主義之手，所收稅款全部存之滙豐銀行，大部款項也由那裡支出，不啻操縱全國的血脈……云云。不知他在短期間如何蒐羅得那些資料，也不知那報告書是給誰看的。深覺這人的雄才大略實是了不得的，無怪其在黨國興風作浪，操縱自如，甚至帝國主義也受了他的委屈不少。（上文敘述香港罷工、廣州響應事，就是他在幕外、幕後發動和主動的。結果：卒要香港政府屈服。）

延至三月初，兩鐵路通車了，名義上兼實際上（至某一程度）是受國民政府交通部孫部長所管轄。我於四日，乘車北上。所攜行李有舖蓋衣服一大布袋，零星雜物一小皮箱，宣傳品一大袋，另帆布小椅一張。同行者有政治工作員陳某（屬「共產黨」）。開車以後，沿途我有「過五關」的經驗。那「五關」呢？

第一關是河南信陽。魏益三所部駐此。魏原屬奉軍郭松齡部。郭聯馮反奉失敗，全軍盡墨，獨有魏部，因在山海關任後路，得免消滅，乃為馮收編為「國民軍」第四軍。馮軍西撤後，魏又脫離投歸直系，移駐信陽。是時，又已與我國民革命軍通款輸誠。我早已探明，所以到站後，當他的兵士上車搜查時，我直認為國民革命軍人員，奉派北上公幹，因得了無防礙，乘原車通過。

第二關是郾城，直系靳雲鶚（由直系改投皖奉而曾任北京內閣總理靳雲鵬之弟），自二次奉直戰爭吳佩孚敗後移駐於此。是友是敵，態度曖昧。怎過此關呢？幸在漢時我由中央要員探聽清楚：他一向善變，此時窮無所歸，祕密派員到漢通款，有意受編，方在進行聯絡中。火車到站即停止再進。我憑著所得的軍事機密，急用智計，冒險「先發制人」，留下同行的陳某在車站，孑身入城到他的總司令部去見他。他明白我的來龍去脈，但不便出來會面，乃派他的參謀長與我會談。寒暄數語後，我耳語以我是奉國民政府命到北方公幹的。臨走時，軍部面囑我通知靳軍長（？）消息已達到，不日可見明令委任，隱約其辭，又告訴他某委員（似是王法勤，居中聯絡）還再三囑我通知靳耐心等候，保持初衷，將來定有好處。這不是虛構的故事，確有事實根據，不由他不信，至少不敢將我留難，彼此心照不宣。他即慇懃招待，表示客氣和好感。我見小計已逞，順勢請他幫忙再乘車北上事。（當時京漢路北段由鄭州路局管理，已通車。）他說：「湊巧得很，馮總司令有一代表到此，剛要乘車北返。我可介紹你們認識，安排與他同去。」當時，馮方代表是一名二級軍官田鎮淮（綽號「田大砲」）。其為人，慷慨豪爽，有口才，善應酬，奉馮命來商與靳合作事。（毋怪靳對我那樣客氣，這是另一原因。）田既知我是奉國民政府派往馮處工作的，又經靳之參謀長說明，自然樂於招待，我與陳兩人同上專車——小鐵篷車，佔了一隅地方，由是安然北上。

第三關是鄭州。這是最危險的一關，因為吳佩孚自從南口戰勝「國民軍」之後，即駐節於此。我們要去他的死敵馮氏那裡而要經過他的「帥府」所在地，多麼危險！幸而我早已探明前途實情，作了準備，有恃無恐。因為在漢口出發前王法勤同志親筆寫了一封愷切的信，介紹我到鄭州後，去見一位吳佩孚麾下的孫師長（忘其名），托其照拂一切。我把這「護身符」隨身帶著，一有憲兵來查即說來投孫師長的即便無事。（田鎮淮如何通過則不知。）孫為人很有燕趙的豪俠氣，很敬重王氏，即誠意招待我們，並替我們作西行的準備。適其時另有兩位馮氏舊部在鄭州：一是高級軍官王鴻恩，號錫三；我在西北遇見三位同姓同名同號的「王錫三」，此其一；一是高級參謀陳琢如（其父曾充馮氏國文教師）。他倆也是要到馮處，由孫招待的。於是，孫為我們一干西行人等專備一輛鐵蓬車，沿隴海路西去。

第四關是洛陽。駐守的為張治公（初屬劉鎮華，繼投「國民軍」二軍，改投吳部）。因王鴻恩與他素相識，容易通過。

第五關是陝州，隴海路的終站，劉鎮華的「鎮嵩軍」大本營所在地。這是最容易而又是最難過的最後的一關。劉，河南鞏縣人，富有家財，讀書出身，畢業北京法政學校，回籍活動。其人具有政治兼軍事的野心——有志當政客和軍閥，不惜以家資招納流亡，自蓄勢力。會河南匪首王天縱身亡，餘黨數千人無所歸，劉盡收納之，成立「鎮嵩軍」。以後倚為軍政活動的資本。（按：王，嵩縣人，少時，原有大志，傳後曾參加武昌起義，有「中州大俠」之稱，後變節投袁世凱，行同土匪。）多方運動，得任陝西省長。其人狡猾無宗旨，附皖附直，首鼠兩端，惟勢利是趨。閻相文督陝時受其掣肘不少。後去任，復受吳佩孚命率全軍（時已聚眾至數萬人）圍攻西安，數月不下。至十五年秋，馮軍由綏遠、甘肅回師，大敗之，解西安圍。劉率眾狼狽出關，盤據豫西陝州一帶。迨聞國民革命軍在南方著著勝利，則又派員赴武漢通款，且與馮氏修好，受其編制。然又不改換旗號，明白表示，只懷灰色態度，猶豫觀望。我到陝州，即其時也。因此我自然得安全無懼。

王鴻恩介紹我與其會晤。他非常喜悅的接見我。迨知我的來頭和身分與資格，閒談數語，即很恭敬的，也似乎很誠懇的，堅請我留在他軍中，當「政治部」部長，表示與國民革命軍編制一致。這對我真是一個離題，卻之不恭，受之不能，只有回答，「為革命服務，處處一般盡力，不過因奉中央特命，間關千里，要到馮軍處工作，負有特殊任務，不便中途改絃易轍，陷於違令之罪。」他仍多方強留，且要去電武漢、西安兩處請命，又敦請王鴻恩說項，代致敬聘厚意。退後，我與王熟商如何應付。王自然袒護我，旋回報劉，為我解說，謂我確有重要任務，必要先到馮處辦妥，方可另商。那時，他可向中央及馮處去電強調必需此人為助，請調我到他那裡，豈不是兩全其美？劉不敢強留我，致開罪兩方，不得已終要放行，並設盛筵餞行，尚期期預約必要回來，「虛位以待」。我方得渡過此難關。

是夕宴罷，王拉著我說，有好些重要話要和我詳談；旅店人雜不便啟口，要我跟他走。我信以為真，一直隨著他到了一處原來是娼寮。進去之後，他橫臥煙榻上，吞雲吐霧，大抽鴉片，還叫了一雛妓陪坐。我屢次催問他有什麼話要說。他總是左推右搪，說：「不要忙！慢慢講！」還再叫一妓女來陪我。我呆坐等候片時，至是更尷尬難堪。原來他本是馮部一名勇敢善戰、足智多謀的驍將，頗得馮之器重，嘗總師干，任職軍長。不過嗜好甚多而深，每為馮斥責、撤差。嘗對馮報告：「除了嫖、賭、飲（酒）、吹（大煙）之外，並沒有什麼嗜好。」但最忠於馮；一旦有戰事發生，即回來報到，求委差事，帶領一支人馬，衝鋒陷陣，戰必勝，攻必克。及戰事一停，他即不告而別，又去度他的糜爛生活了。這回，他聞得馮東山再起，必然有事中原，所以又趕回來投效。沿途生活無改故態。經我再三請言，他直答道：「夜深了，且住為佳，明天再說。」我始覺悟上了當，是他立意拖我下水來陪他玩。（後來，他向我解釋，那是試驗我的人格品行的。）我當然不肯奉陪，立即奪門而出，眾龜鴇攔阻不住。那時，已過午夜，路上黑暗沉沉。我發足狂奔。不好了！只見沿路有兵站崗，如何通過？在危險當中，進退兩難之間，王親率數人，各持燈籠追來。他卻很有辦法的對站崗的兵說明我的身分、地位，有公務在身要到劉總司令（鎮華）處的，終得放行。由兩人持燈籠護導我回旅舍，才得安心。

翌晨，我們四人雇了一輛用黃牛拉的木排車，有車伕駕駛，西去靈寶。那是河南的邊縣，過此則經閿鄉、崤函而到潼關。此地駐軍是「鎮嵩軍」的姜明玉部。其人，出身土匪，投劉任師長，貪劣兇殘，無惡不作，為害地方人民，但居然也背劉自行活動，密派代表赴武漢輸誠。國民政府自然接納，給予軍長名義編制番號，並刻了一顆木質關防（除去長柄）；交我帶去給他。一到靈寶，我即對王說明原委，先去找到姜的住宅，以達成任務。我先見他的參謀長，申明來意，並言非面交其人不可。是日，適為姜之「結婚」吉日（不知是強奪誰家女子作第幾房姬妾），滿堂大紅大綠，結綵懸燈，賓客如雲，甚為熱鬧。經其參謀長進去通知後，他果盛服出迎，待以上賓禮。我見其年不到卅歲，高長瘦削，面色蒼白，無神缺威，分明酒色過度、鴉片癮深的傖夫。我為維持革命政府之尊嚴與威權，自居特使身分，實行頒印的隆重大禮。正面屹立，捧著關防，高呼：「請姜軍長受印」。他向前鞠躬（因穿袍褂，未穿軍服），雙手接印。我還鄭重的「致訓辭」，勉其今後必須以國民革命軍軍長資格努力為革命服務。禮成，他還要留我吃喜酒。我真似在劇場上演戲，拱手多謝，說：「有任務在身，要趕入潼關，不能久留，請了。」（姜明玉賊性不改，其後於國民革命軍大舉北伐時，挾持副總指揮鄭金聲，以全軍降於張宗昌。鄭被害，而姜未幾戰敗失城自殺。）

之後，我回到旅舍，與王等再會，細述經過。次日凌晨，我們驅車向西進發，迅即到崤函山區。在那裡有一副名聯曰：「未許田文輕策馬。願逢老子再騎牛。」此我最欣賞而難忘者。想當年老子騎青年過函谷，而今箇子騎黃牛而過此，能否媲美，留下佳話呢？一笑！

將軍揖客

出發不久，還未到閿鄉，在崤函山道上（這是馮氏前任陝西督軍時所闢的大路），忽有汽車迎面而來。原來是鎮守潼關的馮軍大將孫良誠（少雲）接得劉鎮華電話（這是馮任河南督軍時的建設），特派來迎接我們的。我們棄牛車，轉乘汽車，不移時便到了潼關孫氏前敵總指揮部。他盛意招待，又命原車送我們直到西安。時，民國十六年三月十六日下午也。（共走了十二天路）。

我們分手後，我獨自到基督教青年會定租一房間，放下行李。安頓既畢，天色尚早，我即托著所帶來的一袋東西，親自送往馮氏總司令部報到。立蒙傳見。其時，總部設於「皇城」內。（那是明代封建皇子的故宮，後在清代為滿人所居之禁地。民國革命後滿人移居他處，房屋盡毀。馮督陝時改建督署於此。于右任由蘇俄回陝後，改稱「紅城」。）我倆久別重會，異常歡洽。昔年，馮第二次入陝時（率第十六混成旅為陝督閻相文入關之先鋒，先升任第十一師師長，後繼任督軍），途中詠詩有句曰：「青山向我點頭笑，好似歡迎故友來。」我可套調改為「將軍揖客開顏笑，握手歡迎故友來。」

經慰勞一番之後，他表示最關心南方革命的形勢。他已得聞武漢方面同志有反對蔣總司令的消息，雙方發生裂痕，表示惋惜，恐怕黨內分裂，妨礙革命北伐大計。我報告以所聞所知，謂那全是「共產黨」與左派所引起之挑撥離間、分化篡奪的陰謀毒計，但黨內忠實同志都是意志統一、精神團結的。我在武漢出發北上之前，聞蔣總司令曾為此事痛哭（在克復南昌之後），後由同在南昌之譚延闓先生極力安慰他，鼓勵他，和勸勉他。他曾發出團結宣言，武漢的忠實同志也為之感動。當時，我將在漢口所得這宣言的油印本多分遞給馮看。他忙細讀，也大感欣慰，相信「那就好了！革命成大有希望了！」

言下，他叫傳令兵入室，吩咐端上「點心」來，以饗我這不憚千里遠來效力者。我聽了，不覺心中大樂，以為想不到來到素以刻苦耐勞、飢寒交迫的「西北軍」中，還有「叉燒包」、「蝦餃」、「燒賣」或「餃子」、「小籠包」等南北「點心」吃，難禁食指大動，饞涎欲滴。少頃，傳令兵復進室內，雙手捧了一中盤綠色的「點心」，端放我倆前面，仔細辨看，卻原來是一塊一塊生切的青蘿蔔。馮還親手拿了一塊很莊重的敬客道：「簡同志，請嗜嚐這頂好的『點心』，可以洩氣。」我幾乎啼笑皆非，這「頂好的點心」不特未之前嚐，也未之前聞。勉強接了送入口中，囫圇吞下。經他一再敦請，再嚐一塊。這確與我們廣東的「點心」──「叉燒包」……大不相同的。

在初嘗異味「點心」間，我又將劉鎮華堅要留我之意報告。馮笑說：「三年前我已要請您來這裡幫忙。如今千辛萬苦，走了幾千里路果然來了，豈能輕易就放您去。」乃作罷論。

我隨即將布袋解開，把宣傳書籍、文件、標語等等掃數搬出呈上，還說一句「丑表功」的話：「這是冒萬險，過五關而帶來的。」一時，五色繽紛，眾品雜陳，「花多眼亂」（粵諺）。他看了，又朗讀標語多條，不禁展顏大笑，說：「不是您來，我們那有這些好東西？」忙令傳令兵們把標語一一貼在大堂四壁。又將書籍和其他印刷品一一展開，瀏覽一過，聲言即要翻印，散佈全軍全省，以發揚革命精神，提高全軍士氣，衷誠多謝我帶來這份至為寶貴的、至為需要的革命禮物。

再談了一會，我告辭。當時我還穿著皮袍馬褂，頭上留長髮，臉上唇上的鬍鬚長有半寸。出門時，馮告訴我去領軍服，又要我剪髮──一掃光。我跟著所派的傳令兵去軍需處領了一套軍服，包括灰色土布製的衣、襪、帽、裹腿布和武裝帶。於是出門到一家理髮店推光了首如飛蓬的長髮，但捨不得離鄉後即留長的鬍鬚──這是軍中所不禁的。初時用意是留為紀念，誰料後來不久，那于思于思的濃髯，竟發生了救命的大作用！下文再表。

次日，我全身武裝（很不容易學會紮裹腿布！）再入總部謁馮，初行軍禮。他答禮如儀表示滿意，開顏笑說：「我們『西北軍』又多一員幹部人才了。」坐下後，他問及「今是學校」情形。聽我報告後，乃談及我的工作問題。他說，甘肅省政府剛剛有「教育廳」廳長出缺，要一位學者去充任，很客氣的問我願去不。我吃了一驚，即回答道：「我這回逃出北京，返到廣州，經上海武漢，不憚千里，歷盡險阻，才到這裡，目的是來襄助總司令為革命效力，而不是前來做官的。如果捨棄神聖使命，卻做了高官，不特違命失職，而且將有何面目回去見廣東父老呢？」他點頭表示同意，說：「改天再議。」

從戎第一功

馮所說的「改天」就是翌日。有一專差送了一委任狀來我寓所，委任我充總司令部外交處處長，附送襟章四塊。其一是一塊職官章，長方形紅色邊的白巾，橫書四排「國民軍聯軍總司令部」「外交處」「簡又文」以及襟章號數，當中蓋「馮氏玉祥」方形硃文印。此章縫在軍服左襟小袋上。其次是小型紅色布製的階級章，橫兩顆黑星。「西北軍」編制：所有軍官或軍佐，分三等：將、校、尉。每等三級：上、中、少。紅牌是將，黃是校，藍是尉。上級三粒星，中二粒，少一粒。所給我的是紅牌二星，敘階中將，與總部各處長及軍中師長齊。紅牌四星是特級上將軍總司令一人。這小襟章又縫在上述職官章之上。其三是一枚小型長方白布紅邊的小襟章，上印兩行字曰：「我們為取銷不平等條約誓死拼命」，縫在右邊胸前，軍中謂之「拚命章」，足與南方國民革命軍於作戰時繫於頸上之紅藍白三色「拚命帶」相媲美。此外又有一塊青天白日（當中）滿地紅的國旗方形臂章（五平方英吋），縫在右臂上。

至於軍服之最特別點為生平前所未見者，則為本土製造之灰布軟帽（如西服之cap），有前簷遮額。戴時，將帽頂往後一拉。馮錫以嘉名，稱為「俠士帽」，製作經濟，輕軟舒服，確勝似硬邊箍頭、前有硬簷之尋常軍帽。再佩上武裝帶，於是乎全副武裝齊備了。對鏡一照，不覺赧顏竊笑——想不到一介書生，一變而成為這個樣，差不多不能自認真相。

當下即再入總部見馮，先行謝委，隨談工作。他先提出一條令他想了多時而無法辦理的問題：那是如何處置「陝西郵政局」？那裡是由英人管理下的「郵政總局」所派的英人來當局長，而仍隸屬北京政府的系統的。他說，那是國恥之一，而且是反革命的北洋政府的機構，應該收回郵政權，隸屬我國民政府，但不知如何著手。他再問我南方的革命政府有沒有處置此事。恰好我親見確知有此事，即報告說，在武漢時交通部孫哲生部長派了一位留美回國的施宗嶽博士前去長沙，接收「湖南郵政局」，很為順利的成功。他聞而面有喜色，問我可否照辦。我答，未嘗不可，不過派誰去接收是大問題。此時恐怕我軍未得適當的人員，即有亦因在軍書旁午之際未必分派得出；如果隨便派一外行的、不懂事的人去，一旦措施有差，深恐全省郵政統系紊亂，那便貽害人民，反為不美。他續問，另有何辦法。我續陳較好較易的辦法以達到收回郵政權之目的：即是收回洽權而不換新人。那英人局長不過是「客卿」，受我政府聘用而無政治黨派背景及傾向的，事秦事楚，歸北歸南，於他不成問題。在我們革命政府立場而言，聘用多少專家「客卿」，主權在我，也與國體毫無關係，只要他改紘易轍，轉身投效我們，受國民政府代表——即馮總司令之任命和指揮，改懸我們的國旗，即變為我政府統屬的機構，而其下全部人員、整個系統，辦事程序，一一仍舊，不須變更，不致凌亂。那豈不是一舉兩得，兩全其美？他恍然大悟，翹起大拇指（注意：這是馮氏遇人遇事稱心滿意時表情的習慣姿勢），連聲讚「好呀，果然好辦法！」即命我馬上接洽進行。

我忙去「郵政局」，見到那英人局長，先表明自己的地位、身分。隨說明來意。我令他明瞭現在陝西全省已隸屬我革命的國民政府，其最高的全權的代表就是馮總司令。他的局長名義地位及職務，原是北洋政府所委派的。如今我革命政府勝利，理當另派人來接管。不過，如果他肯輸誠歸順我國民政府，斷絕與北洋反革命政府的關係，而接受我政府的全權代表馮總司令的委任及命令，當可給他新的任命狀，保留他的局長地位和職權，全局人員與事務，可照舊維持下去，繼續不變動，只要他表示效忠於我革命政府，改懸我國旗，將來業務及財政報告於總司令部，一切可順利解決，易如反掌。那英人也算聰明易與，一一接受。我乃回總部報告交涉成功，請馮發委任狀，即可接收陝西全省郵政權。他不禁大樂，立揮毫下手令照辦。次日，委任狀頒到，我偕同總部一位處長持往郵局，由該英人召集全局人員，行接任禮，一一如儀。既畢，即高懸青天白日滿地紅國旗，讙鳴串砲。我們乃退。臨別時，我還告訴那「新局長」要呈報接任事。其後，馮對屬員滿意的說：「想不到這回只花費了幾分鐘功夫，幾句說話，一張委任狀，便安然接收了全省郵局！」這是我到「西北軍」後初立的小小功績——只用了少少頭腦，費了少少唇舌而不需汗馬血力。

我的外交處「衙門」是簡陋得很。辦公處就在青年會我的臥房內，門外貼了一條官職的長條。處內分三科：總務、交涉、翻譯。我自兼交涉科長，餘二科由我找了兩位相識的同志擔任，另由總部撥來兩名勤務兵，自雇厨司一人。伙食，即如其他各處，由總部配給麵粉和煤球。菜錢及零用，官長每人每月一律得借十元，士兵與雜役五元。（未幾，減為六元、三元。）

我雖擔任外交重責，然究其實，因當時西安全城只有外人三名，除那英人郵政局長外，尚有傳教士夫婦二人（國籍忘了），本來沒有什麼公事可辦。不過，那兩教士卻給我不少麻煩。一日清晨，他倆忽乘牛車，滿載行李，前來見我，謂即要離陝出關。先行贈我一枝獵鎗，繼則請我給一張「通行證」。我即拒絕接受那鎗——屬於「賄賂」性質，復答以無權發「通行證」，必需向總司令部領取。他生氣了，說：「我們雇了車子，裝上行李，準備離城了，不能等待。」我答：「那麼，你們不能出城，要先領護照。」他問領護照有何用處。我說：「用處大矣。一則准你們在本軍統治範圍內自由行動，離陝而去。二則沿途受到本軍保護，免受奸人騷擾或劫奪。三則如果你倆不幸慘遭橫禍，被人打傷或致死，或死於意外，在該處的軍士也可知道你倆的姓名，身分等，以辦後事。」他倆登時嚇了一跳，請托我照辦，還問需要幾天功夫。我答以說不定兩三天或十天八天，那要靠他倆的運氣。他倆不得不屈服，悻悻而去。別時，我撇開「外交處」處長身分，而本著基督徒資格對他倆說：「你倆豈不是奉上帝、基督的神聖使命，來這裡傳天國福音以救人民嗎？為什麼見危違命而離開工作崗位呢？」他倆漲紅了臉，支吾其辭，答道：「那是我國公使的訓令，要我們離境的，不得不遵從。」我說：「你倆違背神聖使命而遵從公使訓令，撇開以千萬計的人民而顧著保全自己的生命，豈是福音使者所應為？」他倆無言可辯，忸怩走了，靜候護照福音。

我入總部報告一切經過。馮說：「辨得好呀！」即回頭叫傳令兵通令守城的兵官，凡外人無護照者，不得出城，後經我請求，乃令「秘書處」為兩外人備護照一張，我於次日即取出。那教士又來打聽消息。我當面交他，收了護照費十大元。（其後奉准留為處內雜用。）

那教士還口出怨言。我說：「我曾到過外國留學多次；無一國不要外人持有護照的，而且知道這裡領發護照是天下萬國最快捷而最廉費的。」以上兩宗外交事件，正是實行馮氏外交的宗旨——對待外人須講理。

以後，我便無「外」之可「交」了。回憶同時總司令部有機要處（或教育處）處長鄧萃英（芝園，閩人，美國哥倫比亞大學教育學專門畢業）。我倆出身同境遇同，待遇同。他因早年為馮氏「首都革命」之役效勞，甚得其信任和尊敬。在西安時，我倆同氣相接，常相聚首。一日，他指著我們所穿的軍服，笑對我說：「我倆真是姜太公的坐騎——『四不像』。」問其所以然，則答：「一像軍人而不是軍人。二像學者而不是學者。三像官僚而不是官僚。四像政客而不是政客。」語含幽默，表出滿腹牢騷，我不得不首肯，回到自己臥室，攬鏡一照，不覺赧然，大有「襟章人面相映紅」之概。後來我離開軍界從事文化工作，寫了打油詩十首，其第一首曰：「翻觀舊照笑嘻哈。四不像兮像傻瓜。變了丘三又一我。（丘三落伍，非丘八而何？）大刀生銹筆生花。」即憶起鄧氏之言而作的。

尚有一位留歐專門習航空的鄧建中，任航空處處長，也與我意氣相投，常相會晤。初時，他卻無機可飛。未幾，不知在那裡得獲一部殘舊不堪的飛機。經他費心費力修理後，居然可以起飛，揚威天際，大壯軍威。我作一聯恭賀他曰：

乘機上去，飛將軍有用武之天。
投彈下來，賣國賊無葬身之地。

同時，我又與總部各處同袍長官結交。其最投契者為參謀總長石敬亭（筱山，山東人）。他原是秀才出身，棄文就武熟習軍事，早在辛亥前與馮同在灤州謀革命，後復投效馮軍，極得信任。品性是個溫文儒雅，謙厚和藹的君子，與我極相得，談話投機，相知亦深，所謂「識斯文重斯文」是也。他也會發問幾個重要問題。最重要的是南方革命軍的戰略戰術。我將所知一一相告。一為「連坐法」，戰時一個單位的長官未退，其屬下軍官或士兵先退者死。其次，南軍於夜間偷襲敵營時，兵官均赤裸裸的前去；凡逢著人，一摸著赤條條的身體，便知是戰友，否則是敵人，即先下手殺之。復次，南人驃悍矯捷，衝鋒急進，勝則乘機窮追，使敵軍無喘息機會，非全軍盡墨盡散不可，比較北軍穩健緩進者有異，各有長處短處。他逐一記下，謂大有助於「西北軍」改進戰術戰略。我又告訴他，已將「連坐」小冊帶來交與總司令。他即派員去取，擬仿效實施於本軍。他特別讚賞赤裸裸的夜襲法，謂對於「西北軍」夙以「大刀隊」夜襲（摸營）馳譽當世的戰術大有補助，使效能倍加。當即通令全軍仿效施行。這是我對於軍事上的微少貢獻。（餘弗及）。

在武漢出發之前，國民政府發給我「文密」電碼一本。用法簡單得很——「先橫後直」。例如：「三三二七」即是「文」字。到西安後，我即常用此密電本向中央報告馮軍真相及北伐決心。如馮有所需求或報告而不便直接開口，也假手於我去電代達，武漢方面亦假我手回電轉達。由是，雙方十分明瞭彼此真象，兩皆滿意。馮幾乎每日見我一次，把軍政重要消息告訴我，由我轉達武漢，因此我也明瞭全軍情狀，全局形勢。我每日忙於譯出來回電文。發出電文總是先呈馮看，交專管部門拍出。回電當然面呈。這實是政治軍事聯絡工作多於普通的軍中政治工作。

總部內專管收發無線電報的是馮的妻舅李連海，隨同馮由蘇聯回來。他有一套特殊本領：無論什麼密電碼，他研究一會即可翻出來。而且為人精細謹慎。記得我初到西安任職後，第一次用「文密」電碼拍電回武漢報告安全抵達及受職事。電文交他之後，不料他即約我去談話，詢問電文比較原稿（呈馮核准的）多了十餘字，「說的是什麼話？」我乃解釋，不過附加數語請武漢方面轉知廣州家中父母，報知平安抵達兼任軍職而已，因是瑣屑私事故未向總司令呈閱。再給他看原文，經核對字數無訛乃得無事照拍。過了一會，馮要向我借出「文密」以便與武漢直接通訊。我先致電中央待許可乃交出。（到現在我還不大明白，他們必自有通電密碼，為什麼還要借用我的。）

軍中生活雜記

我在「西北軍」的生活，第一個最為深刻而永銘心版的印象，就是軍中每晨所舉行的「朝會」。馮氏自蘇俄回國整軍、參加革命後，決以取消不平等條約及打倒萬惡軍閥為革命目標。因憶起吳越戰爭時，吳王夫差之父為越王勾踐所殺，乃刻苦自勵，以圖報仇雪恨，使人立於庭，苟出入，必問：「夫差，爾忘越王之殺爾父乎？」夫差則答：「不敢忘。」之故事，馮於是下令全軍仿行。每晨天未曙，約上午五時，即集合總部全體人員，在城中或過境的部隊，舉行「朝會」。他站在臺上朗聲發問，全體作答。其辭如下：

一、問：我們「國民軍」，歷年戰爭，為的是打倒侵略我國的帝國主義和賣國軍閥，你們明白不明白？

答：明白。

二、問：（關於帝國主義與軍閥的罪惡及互相勾結的事實略）我們和他們拚命打仗，是為救國家、救人民，不是為一、二人，你們知道不？

答：知道。

三、問：我們的弟兄們，為救國家、救人民，死了的還沒有埋葬，傷了的也沒有藥治，不傷不死的現在又無衣無食，你們忘了沒有？

答：不敢忘。

四、問：我們直隸、山東、河南、北京一帶的同胞百姓們，被匪軍奸淫擄掠，欺壓的不能生活，我們應該救他們不？

答：應該救。

五、問：既是如此，我們應當怎樣做法呢？

答：應當不怕死，不愛錢，忍苦耐勞，明白主義，來救國家，救人民，誓雪此恥。

一次，南方來了一位要員，參加了這「盛會」，不禁涔涔下淚，自言半生革命，未嘗得有這樣的興奮、這樣的感動云。我也有同感焉。

在軍中我常得親聆馮氏之講演。他從不寫下講辭照讀，口才著名，聲線洪壯，字音正確（純北京保定語），姿勢與表情尤為可觀，所以影響聽眾力量殊大，感人肺腑，令人時啼時笑。他更能體貼聽眾對象是何等樣人，便用他們所懂得的字句、事實或譬喻，來發揮他主觀的意見，深入淺出，言簡意賅。一次我聽到他規勸部屬不要去逛窯子（狎妓），他說他們（部下兵官）多貧寒人家出身的「土老兒」，未經世故，不知社會上的黑暗和毒害，容易被花枝搖曳的娼妓所迷惑。言下他即表出娼妓迷人的姿態聲音和語言，扭扭捏捏的伸出一指：「你如不再來，就害了我一條命。」表情確是到家。若講演嚴肅的題目，對著軍官們則又有層有次的發揮理論，至慷慨激昂、重要關節處則舉手大聲疾呼，沁入人心。真是天才的大演說家也。

他於同駐一地或過境的部隊，必親自訓話。除講演專題外，最愛用問答方式，有如上「朝會」之「不敢忘」。但即如各人各處的訓話未必時時發生效力的，尤其一般知識水準低而了解能力薄弱的大兵，一問一答不過循例而已，這是無可奈何的事。例如：一次對部隊講演「三民主義」。既畢，便領導全體高喊口號：「我們是有主義的軍隊，」旋抽問一個兵：「我們有的是什麼主義？」那兵肅立高聲答道：「報告總司令，是帝國主義。」又一次，他訓話完了一段即問：「我講話你們懂得嗎？」眾答：「懂得。」他即指一兵問道：「我剛才講的是什麼話？」兵答：「報告總司令，忘了。」這是例外的趣話。究其實，他這樣苦口婆心的訓練全體兵官，是有實效的。

上述的「朝會」，盛則盛矣。卻可憐我初入軍中，生活不慣，多時未能同化，以此為最苦事。緣我一向的生活雖非奢侈放蕩，但因多年過著夜生活，晚上讀書寫作，非過了中夜不入睡。而在那裡要上午四時即起床；天還未亮，先燃小燭，穿上軍服，自提手燈，孑然前去赴會。散會時，天際才微露曙光，回來再也不能睡覺了。晚上八、九時上床展轉反側不能入睡。偏偏其地多跳蚤。每有一、二隻跳入被窩或底衫褲內，其癢難堪，非要起來燃燭，細照被窩，或脫光衣服細察，把小動物一一處死，方能睡覺。（我學了捕蚤法門：一見小小黑點，即以指嘸唾沫，用指頭按下，一搓即死。否則被其跳去，又須再行追捕。）非到上午一、二時不能入睡鄉。才鼾然入寐兩三小時，又要起床了。那真是苦事，縱習慣多時也不能成自然。

其次是吃的問題。我生長南方，不慣享受北人的食譜，麵粉製造而不發酵的硬饅頭，或以小粟製成的窩窩頭，簡直不能入口，勉強吞下去，胃即漲疼難堪。素菜、雞蛋、肉類（少置）烹調雖不合口味，還可勉強嚥下。每日非吃「大米飯」兩頓不可。為自救計，不得不自掏腰包，每餐由館子買一碗來吃。其價奇貴，每碗大洋四角。此外尚有紅大薯，當早餐吃。烤起來，糖漿流出，其香撲鼻，最為可口。我在軍中多時，吃的問題，均如此解決。我恐怕有人說我閒話，或向馮氏作小報告，適在於一次閒談時，他先問我在軍中生活刻苦，習慣了不，乃乘機據實報告下情說：「為革命大原因，什麼苦都能夠吃、甘願吃，獨有饅頭、窩窩頭不能吃，因為吃了大米飯三十年，胃口不能變；一旦改吃那些硬麵製的食品，肚子便起革命，個人就不能追隨總司令從事『國民革命』了。」他哈哈一笑，置之度外。自此我始能飽食「無憂米」。

此外還有一點小困難——說起來慚愧得很——就是抽紙烟，老癮難戒。可是軍令嚴禁，只有私買私吸。那裡盛行「哈德門」牌紙煙，原用河南許昌煙葉製造的算是上等貨。到河南後始有「三砲臺」，每罐大洋四元（現在港幣約二百元以上）。我以為可以「隻手遮天」瞞過馮氏。不料一次有一極為尷尬的事發生。南方有一貴賓遠道前來造訪馮氏。（此事似在馮後來幽居於山西晉祠時發生，時有李書城來訪。）馮加以破例的優越招待，奉茶之後，忽叫傳令兵：「到簡處長那裡取香煙來奉客。」那時，我真難過，不得不應命將整罐「三砲臺」繳交。他早知我偷吸，卻大開方便之門，不施懲戒。其後在一次閒談中，他順口說：「寫文章的人，抽抽煙可提起精神，幫助思想！」我心知這是大開恩典，特意安慰我，不要令我太難過，不能說馮太「不近人情」了。又一次，他親去巡視總部各部門。到了某一室中（那是在西安時），那裡於某處長外，還有大將鹿鍾麟、某總指揮、某參謀長等大員，同座聊天，舒舒服服的大吸香煙。一見「老總」突如其來，各人肅立，急急收藏香煙於背後，而室內紙煙氣味濃厚，不能掩飾。他向各員還禮，點點頭，一聲不出，轉身出門。卻回頭指著廢紙筐，對一勤務兵高聲嚴加申斥說：「看看你們做事多麼糊塗！筐裡裝了廢紙，還不倒了去，很容易著火！」言畢徜徉而去。室內各人不禁咋舌，相視作會心的微笑，恐怕不覺背後香煙之燒灼手指吧。又一次進去秘書長魏書香（何其鞏之前任）室，那裡濃煙撲鼻。他即朗聲如誦讀八股文般，說：「這屋子，又薰又臭，又臭又薰，既薰且臭，既臭且薰；薰而又臭，臭而又薰；薰薰臭臭，臭臭薰薰；亦薰亦臭，亦臭亦薰！」言畢掉頭不顧而去。室中人相視而笑，莫逆於心，但結果也不聞有懲戒之令。

至於嫖、賭、吸鴉片，全軍上下確能禁絕。其中或有例外者，則最高級人員間有偷偷的打打「衛生麻將」以資消遣，則在所難免，尚不得稱為聚賭、爛賭。有一趣聞：十五年冬軍次甘肅，馮得小報告：有最高級官總指揮等四人私搓麻將，即召劉總指揮郁芬到總部問：「據報，軍中有人打牌，知道不？」答：「不知道。」馮問：「內有石敬亭，知道不？」答：「不知道。」馮又問：「內有宋哲元，知道不？」復答：「不知道。」再問：「內有劉總參謀長（驥），知道不？」四隻腳已問其三，劉慌忙肅然立正，答道：「報告總司令，還有我呢。」四人地位重要，皆極親信人物，缺一不可，惟有痛斥、申戒幾聲，嚴令不可再犯，便無下文。後來我在山東泰安曾與馬鴻逵軍長、王鴻恩（即上言導引我到西安者）及某某等三人搓小麻將，恐洩露「軍機」，由馬下令全街放步哨站崗守衛，佳話足留也。

我出入總司令部，或到他處，無論日夜，總是獨往獨來，不要隨從。一次，於夜間入總部開會，自攜手燈，孑身進去。馮在遠處瞥見，即對屬員說：「你們看簡同志多麼清高，無官僚氣習，不擺高官架子，連隨行的勤務兵也不帶一個！」其實，清什麼？高什麼？只緣我未嘗當過兵，也未嘗做過官。不要隨從，那是習慣使然，那有「官僚習氣」或「架子」？所以雖有勤務兵也不會用，不欲用。此「瓜」之所以為「傻」歟！（見上文自題舊照打油詩）

總部人員，時有聚餐之會，由馮設宴。所吃不過是饅頭（或稱「嬤」）和「大鍋菜」——即以大鍋燒湯，放入豆腐、青菜、粉條，或有些肉片、肥肉，加以鹽、醬油及香料，混合煮熟，連湯帶菜，各一大碗；軍費稍裕，多幾塊肉，否則要飽嘗「菜根」風味了。軍中稱此為「革命飯」。飯後，隨便談笑，以聯絡感情。但有「總座」在席間，誰敢放肆、亂談亂笑呢？奉令而答，其笑更苦！每次餐會，馮必叫我說笑話。我惟有遵命小試「黔驢之技」，搬出拿手好戲，講幾則生平得意的幽默故事，或笑話，以應命，惹起眾人軒渠大笑。有時，同袍又要我唱粵曲助興。我又把生平「絕技」哼幾句《醉斬鄭恩》（即《斬黃袍》）、《霸王別姬》、《薛蛟舉獅》等，用國語唱出，使大家都懂，贏了不少掌聲。是否循例、奉令或真欣賞，那就不得而知了。而我最欣賞者則有一次我說笑話畢，馮調侃我說：「簡同志真是一肚子笑話！」（此語似出自「一見哈哈笑」）以幽默語挖苦部下，恐怕是馮之初舉。後來，軍中有一位共產黨魁，衷心的說：「從前『西北軍』空氣嚴肅、緊張而冷酷。自從簡同志一來，即便變化，而有幽默、輕鬆、喜悅、友愛的氣氛，生活轉覺有意味了。」如其言確實，那麼，這也許是我對「西北軍」革命生活的些小貢獻吧。

此外，總部的袍澤們，也時有私人交際活動，互作東道主，請上館子，或澡堂沐浴吃飯（北方人常有到澡堂請客的）。（大概各人私囊都有些儲蓄。）一次，鬧出一小笑話。秘書長何其鞏，體格高大，語言豪邁，氣勢頗有咄咄逼人之概，故同事們奉以「帝國主義」的綽號。一次，石敬亭、何，和我幾個人同到澡堂，浴畢小吃。時相嬉笑無忌，互呼綽號不名。（軍中習慣，凡在公眾場合，不談國事，尤其不提軍事，以防洩露軍機。）及畢，石搶著要做東結賬。不料侍者忙伸手阻止，說：「參謀長不要付賬，『帝國主義』已付過了。」因他背地熟聽我們以此號稱何，卻不明其意義，以為是其真名也。登時惹起我們笑不可仰，幾乎連剛才飽吃的好東西都噴出來。

那時，軍中已有蘇俄軍事顧問及不少「共產黨」與左派分子（有從蘇回來的）。因此「大華烈士」（Tovarish）——即俄語「同志」——一名辭已流行於軍中，以此互相稱呼，方見時髦。有時隨華文習慣，簡稱我為「簡大蛙」，不由我不應。或問：「『大華烈士』譯名不妥，明明是活人，何以稱為『烈士』？」則答曰：「豈忘卻古文『烈士暮年，壯心未已』之句乎？」然則「烈士」不一定是「猛鬼」也，一笑！

馮氏有蘇俄軍事顧問烏斯馬諾夫襄贊軍務。初來時，常向馮發言，刺探軍事，漸漸涉及用人行政，馮厭惡甚。一日，烏問及馮軍軍實多少，馮大不悅，問曰：「您知道中國『顧問』二字怎解嗎？」烏答不知。馮乃告之曰：「『顧』者看也；『問』者問話也。『顧問』者，當我看著您、有話問您之時，乃請您答覆也。」烏知機，赧顏說：「是是，總司令不問，我便不言了。」馮怕其太難過，隨笑說：「但我一有所問，您當盡情答覆啊。」其不授人以柄，假人以權，和謹守祕密，有如此者！

軍中有一奇士，與我甚相得的：即是山西趙守鈺（友琴）。其人出身知識階級，曾赴歐（似是法國）學陸軍。歸國後投效馮軍，智勇雙全，豪邁逸群。那時，方任騎兵（軍長鄭大章，陸軍大學畢業）的師長。與我氣味相投，談笑歡洽。一日，他邀請我到他的寓所吃飯。其至令我驚異者，則以西餐饗客。那食品，由湯、魚、肉排，直到麵包、黃油、咖啡，式式俱備，簡直是整個全餐。這還不算奇，尤奇者舖桌的白布、抹嘴的白巾，應有盡有，而且全套食具、刀、叉、湯茶匙子，皆是銀質精製品。我在北京、上海、廣洲、香港各處也很鮮嚐鮮見的。不圖竟在「西北軍」中得嚐得見，算是我的口福眼福了。聽說他隨軍帶著那套食具，從不離身。但恐怕他不敢邀請馮老總作座上客吧。

馮氏有幾位軍事、政治、道義上的老朋友常在軍中。我們時相聚首聊天，如馬鴻逵之父老將馬福祥——特點是：五十六歲已有曾孫；谷鍾秀（九峯）；劉治洲（定五）；又有王瑚（鐵珊）。王，直隸定縣人，出身翰林，曾任知縣，累升江蘇省長，以廉潔正直聞，於文學道學造詣深邃。昔馮在「陸軍檢閱使」時特聘其到軍中，待以師禮，從學經書。王以三事為約：一、不能信奉基督教；二、不能戒紙煙；三、不能改穿短服，馮均允焉。既來，寢食與俱，尊稱為「鐵老」（以後全軍上下均以此稱之）。未幾，他即自動戒煙。問其故，則答以不能因個人嗜好而破壞團體紀律云。王凡與馮晤談，無非道德正義，語不及私，從不干涉軍事行政，或保薦人員。，對全軍上下頗有道義薰陶、潛移默化之功。馮與其交情始終如一，洵益友也。顧以我常得親炙道範，觀察所及，相信其人並非「假道學」之流；彼雖岸然道貌，恂恂儒者，卻無宋儒之迂腐「頭巾氣」，與我們閒談歡笑，和善可親，間或語含幽默，惹人發笑，甚得「不妨餘事略詼諧」（明儒陳白沙獻章先生句）之旨趣，固道學而兼風流（後人對白沙先生評語）之「君子儒」也。（後來，馮氏親為其撰長傳，連續發表於《逸經》五、六期，及十期，至以「第一流廉吏」稱之。行誼操守，足以風世。）

於無意中，我認識一位未來的英雄俠士——鄭繼成（紹先），山東濟南人。他是馮氏在灤州起義時的老戰友鄭金聲的嗣子。在北京時，金聲把他送到馮處當兵。馮待他如子侄，加意訓練和栽培。在西安時，他已任中級軍官。早年隨馮入川參與敘州之役，初因蔡松坡將軍雖與馮有合作倒袁之默契，而其部將拒絕和議，要馮軍繳械，馮不得不先與交鋒。開戰前夕，繼成獨攜短鎗二，混入滇軍陣地，突跳入壕中，鎗斃數人，餘驚逃。乃用計拾一長鎗，向紮營戰壕兩邊之滇軍開火。敵不辨真偽，雙方還鎗，互相轟殺，死傷無數。次晨，馮軍全部大舉進攻，即克敘州。蔡將軍乃與議和。馮亦自動退出敘州，迫川督宣布討袁焉。此繼成之奇功也。後來，於十七年北伐大戰中，金聲在馮麾下任某路副總指揮。不料其下劉鎮華之軍長姜明玉（即我前經豫西靈寶時授與關防者）忽降於張宗昌，並挾金聲而去。張慘斃之。後於廿二年繼成到濟南將張刺死，家仇國恨同時伸雪。「國民政府」終特赦之。繼成往滬與我敘舊，將其殺張之經過詳情寫出給我，發表於《逸經》（第七期），我並為其作傳、題像以傳其人。

我又結識了一位好朋友——醫學博士胡蘭生。他是北京「協和醫學院」（或上海「聖約翰大學」）醫科畢業，專門外科，在上海曾任醫學院院長。因基督精神及愛國熱忱之驅迫，十三年由上海獨赴張家口投效「國民軍」，為醫藥服務。作為外科聖手，他治癒不少傷兵。全軍對他佩服而又感激。迨全軍西退時，他亦隨軍遠征，冒著大險，連嘴巴也凍得歪了，幾喪其身，卒安抵西安如舊服務，任職高級醫官。未幾，升任「軍醫處」處長。是為全軍不可多得的專門人才，貢獻綦大。我十分敬佩其人，深喜得此良友，謹書此數言以紀念他。（此外，總部內尚有好友多人，其身在隊伍中之將領認識及投契的還有許多，不能一一寫出了。）

其時，馮已與武漢方面聯絡成功，剋期雙方同時進兵攻盤據著河南的奉軍。西北軍方面各部門、各部隊忙於準備。惟有我這「冷衙門」無事可辦。我不甘寂寞無聊，自尋消磨永日兼文化修養的辦法。第一是訪古。由來西安多古物，馳名全世。有一「碑林」，是將全省出土的古碑，集中一處，妥為安置。我參觀數次，大飽眼福。次是搜羅古碑搨本，得有「褒城十三種」，可惜多翻刻品，但我最愛的是魏王曹操所書刻的「滚雪」隸書二字。其他所得之最有價值者，為「侯小子碑」殘石。出土時碑斷為二，上截已佚，聞有人偷賣運到外國去了。下截首句為「漢朝侯之小子也」，故又名「侯小子碑」。碑文作隸書，佳極，尤愈於「曹全碑」。次為「大秦景教碑」。這是唐刻，為基督教最初傳入中土之古跡，久已膾炙人口。我購了多份，隨身帶著歷四十年，迭分贈各文化宗教機構。最近以最後所存一份贈與香港「崇基學院」。後來九龍的「中華基督教合一堂」借來翻刻，嵌在堂內壁上，蔚為大觀。除了日本有一翻刻品之外，這是第二次的翻製品。復次，購得出土不久的顏真卿所書的「顏勤禮碑」搨本多份。所見魯公碑刻楷書以此為最精品。

第二是搜購古物。得有顏魯公為其婿所書刻之方塊墓誌原石（約一方尺），字為小楷，非常秀逸遒勁，晨夕摩挲，不忍釋手。後來參考黃某之「校碑隨筆」，其中有一則指明此為贗品，不禁興致索然，大感失望，出盡方法，拿出黃書為證，方得歸還原主，收回原價。（那是一時衝動，亦無法深加研究，斷然出此。迄今回憶，書法刻工俱佳，且魯公文集確有是篇，所以還不敢確實判斷真偽。）又得有秦漢瓦當多件，有幾種是很特異可貴的。同時，發現西安有一「名士」在家設有「工廠」專門偽造古物，曾自製一古碑賣給某國得十萬元。我趁其離家遠行，得親進入其「工廠」參觀，確見到有些模型和未完成的古物。

第三是臨古碑。蒙張之江時教我臨泰山「經石峪」（北人讀音「裕」）及「華山碑」。不過，他教我執筆要用反腕法，太辛苦了，學書不成。

第四、則不脫學人本色，從各方蒐集馮氏一生及西北軍的史料，有意為其寫一本傳記。

於此所得甚豐。有些是他於談話間親自告訴我的。有些是他給我的特殊資料，如「自傳」原稿，「日記」排稿等。有一本是參謀處出版的「本軍史稿」——非賣品。又有好些珍貴難得的資料是由軍中幾位與馮氏同時出身的「老將」，如尚得勝、鄧長耀、史心田、石敬亭等及其他高級幹部或軍官口述的。那都是十分可靠的資料，有為世人國人所未知者。我一一以所見、所歷、所聞、所得或札記、或珍藏，以備使用。這是我千里從征所得的一種償值。尚氏為極虔誠的基督徒，為人正直誠篤，人格清高，多才多藝，最得馮之信任。河南底定，擢任兵工廠廠長。與我至相得，在鄭州時曾以千元捐助北京之今是學校。至今我仍時常追念之，附筆誌此，為留紀念。

茲將所得之部分史料，從新編寫，布之後方。

西北軍參加革命之經過

自民國十三年「國民軍」馮玉祥、胡景翼、孫岳等「首都革命」成功後，翌年，討奉之役又興。李景林雖消滅於天津，然郭松齡（倒戈之奉軍，本與馮結盟）敗死於新民，孫傳芳背盟於蘇浙，岳維峻（本胡景翼部）失敗於河南，而吳佩孚本以討賊（指奉軍）始，忽亦與賊聯合。（此在當時革命立場之稱謂。）全局變化，於西北軍至為不利。時，馮任「西北邊防督辦」，故全軍改稱「西北軍」。總司令馮玉祥氏，為減少戰禍計，忽令全軍由北平、直隸、河南退至南口，全軍交張之江代為主持。個人則決心下野，赴俄視察，徐圖再舉。

由陸路經外蒙到庫倫時，適顧孟餘、徐謙等君及俄顧問鮑羅廷亦到，即共商救國大計。

有一天晚上，他們詳談進行計畫，鮑用堅決兇猛的話語問馮：「公擁有中國至為強勇的軍隊，素抱救國的宗旨，但究竟有何具體的、整個的救國計畫和政見？如有，而又勝於國民黨的，我們將離國民黨而群來扶助你。如其沒有，則請公立刻加入國民黨接受其主義與政策，聯合一致，共謀國是。」這簡直是挑戰！據馮自述，當時無言可答，因自知自己乃是一個軍人，素乏政治見識，只有革命之心，而卻無計畫和政見。當下眉頭縐了一夜，不曾瞌眼。翌日，即下決心入黨。自此以後，「西北軍」的新生命便產生了。

他在俄國一住三月，專研究革命理論、革命方法、黨的組織及紀律，與政治經濟等，得益不淺，差不多將其全部思想概念改變了，而成為一個真誠的國民黨黨員及徹底革命的健將。馮一向篤信基督教，以教治軍。以後，服膺三民主義，以政治軍，但個人從未揚棄基督教也。及至十五年八月，南口方面因多倫失守，後方危急，故不得不全軍西退，由察哈爾撤至綏遠。「西北軍」之生命，危殆已極。各將領乃懇切電請馮回國主持大計。馮氏因於九月與于右任氏回到綏遠，收拾殘破之軍隊，而重造新局面。九月十七日，在五原正式接受國民黨旗及新國旗，就各將領所公推之國民軍聯軍總司令職，發表宣言及誓辭，辭曰：「國民軍之目的，以國民黨之主張，喚起民眾，剷除賣國軍閥，打倒帝國主義，求中國自由獨立，並聯合世界上以平等待我之民族，共同奮鬥。特宣誓：生死與共，不達目的不止。此誓。」馮復被國民黨任命為兼全軍黨代表。自是之後，「西北軍」自身的生存得以繼續發展，且得有時代的新使命與政治的新生命。

先是，南口、張垣之退兵，幾乎是變起倉卒。全軍十餘萬人，於急切間沿鐵路西退，以包頭、平地泉為集中地點。秩序凌亂，火車屢失事，損失不少。有五、六萬人完全走散，流亡於察哈爾、綏遠一帶。復有韓復榘、石友三等，所統率五師之眾，為「西北軍」最精銳部隊，留於晉北，歸閻錫山部下商震改編。此是戰略作用，因為一則可掩護其餘部隊安然退卻，次則可免奉軍之窮追，三則可助商震防守綏遠，至為上策。而閻氏亦乘機假此勁旅扼守晉北，以防奉軍進攻。實兩得其利。

其陸續西退，集中平地泉、五原之軍隊，除喪失者外，合前「國民軍」一、二、三、五（方振武部）各軍，尚有五、六萬之眾。全軍經新敗之後，復困於飢寒，又無主帥，精神頹喪，希望斷絕，軍心動搖，能力全消，秩序混亂，幾不成軍，光景至為惡劣。但馮自信力極堅，謂定有辦法，有進無退。到後，即著手收拾殘部，改編師旅，復冒險至包頭一行（時已入晉軍之手）。時，留在晉北之五師軍隊，聞「老總」回來，全軍歡躍，自動的全體回來，歸馮統率。而尤奇者，則沿途失散之五、六萬人，雖無將官，亦陸續各自攜鎗來歸。全軍已死的希望和已失的信仰，頓時復蘇。十五、六萬殘破之大軍，不移時又復集中綏遠西陲，預備再來奮鬥了。計此時全軍損失者，僅為物質，而實力損失，則尚不到萬人。馮氏之歸來，有如磁石高舉，群鐵被吸，奔赴團聚。十餘年來，辛苦訓練之功，於此完全呈現。

「西北軍」既接受了黨旗，及稍事重編之後，全軍即起了兩種大變化。其一是軍隊黨化、政治化，因從前是表同情於革命，如馮自言：「行革命之實，而不居革命之名」，至是則完全加入革命戰線。自是，對於全軍黨化教育、政治訓練，即開始。

第二種變化，即為變更作戰計畫，自反攻張垣、經南口克北京之計畫，一變而為全軍退甘肅、入陝西、出潼關，與南方黨軍會師中原後，再行北伐，犁庭掃穴。此計畫，當時國民黨北京政治分會，如李石曾、李大釗諸同志（李本共產黨人，因當時國民黨容共，跨黨者亦稱「同志」），主張最力，亦密派人北上綏遠獻計，並將奉魯軍閥勢力之內容，及駐兵地點等軍事消息，一一偵探清楚，彙報於馮，在平地泉、五原等地休養之後，馮乃率全軍退甘肅、入陝西，而富有歷史價值之數千里長征，即開始了。

其時，劉鎮華奉吳佩孚之命，率兵十萬，將西安重重圍住，已逾八月。但因守將楊虎臣、李虎臣（俱屬「國民軍」二軍）二人堅守，寧與城俱亡，而不肯投降。楊尤為堅決，嘗對李言：「決不投降。如城破之日，您在那邊鐘樓，我在這邊鼓樓，各拿一根繩子，雙雙吊死。」以故守兵萬眾一心，決死守城。劉鎮華終莫奈何。西安為入甘大路，城終不破，因此「西北軍」之甘肅根據地，亦得以保全。同時，甘肅之孔繁錦、張兆鉀兩鎮守使，亦受吳佩孚煽動，進攻駐甘之「西北軍」。馮軍留守甘省者尚有未嘗交戰者數萬人，由劉郁芬統率，即以全力消滅之。

馮氏即定四路援陝之軍略。先電令孫良誠、馬鴻逵（原寧夏軍）、方振武（原張宗昌部後加入國民軍）、孫連仲、劉汝明等，或就近由甘東出發，或由榆林北路南下，以解西安之圍。復暗約楊、李守將，以為內應。孫良誠以一萬二千之眾，從馬鴻逵所部借得子彈十七萬粒，與劉汝明等部日夜急行軍，得至西安。鏖戰三十餘日，劉鎮華全軍大敗，逃往豫西，而西安之圍遂解。時為十五年十一月二十七日也。孫軍復追至豫西之閿鄉始止。時，城內食品早盡，人民甚至以樹葉、皮鞋、油榨等物果腹，餓殍載道，希望久絕了。至是救兵忽至，有如天外飛來，民困因以立蘇。

馮氏統率大軍於十六年一月底亦陸續到達。一方面盡力辦理城內善後事宜，一方面則加緊訓練士卒，補充糧食，以備實行出關會師之計畫。計此次大軍，在冰地雪天之荒漠中，耐飢冒寒，而卒達陝西，歷程三千里有奇。至楊、李之守城，孫、劉等以少數軍隊擊破七倍之眾，此亦吾國革命史中之偉績也。

陝局既定，馮即注意於趕辦善後，整頓政治，發展黨務，提倡民眾運動，加緊訓練，及編制軍隊等事。馮以劉郁芬為駐甘總司令，于右任為駐陝總司令，宋哲元為北路軍總司令。岳維峻由晉歸來，休息數月，復奮勇請纓，以雪喪師失敗之恥，而為國民革命盡力。（先是，國民軍二軍胡景翼部既敗退，岳為晉軍所俘。但閻錫山殊機巧，拘禁而厚待之，根本不承認其為岳維峻以免惹起馮等惡感。及馮歸來，恢復勢力，岳乃得無條件釋放回陝。）馮嘉之，即委為南路總司令，撥舊二軍五萬人，歸其指揮。至弓富魁一軍原屬二軍，則另編為「國民軍」第六軍。時，原日留陝之國民軍二、三軍，及吳新田所部，統歸「國民軍聯軍」旗下，連甘軍計算，全軍兵額已達二十餘萬人矣。（或云卅萬）。

我後馮氏月餘到達西安。眼見滿目瘡夷，殘垣破屋，處處可見，百業蕭條，人口稀少，剩下來的飢民，觸目皆是，個個骨立如殭屍，面有菜色。簡直是一個死城。其尤令我慘不忍睹、心寒神悸、印象難忘者，則為長征途中凍不死而身體殘廢，或去了手足，或頭面五官四肢凍瘡潰爛，痛楚難堪者，不可勝數。皆為革命犧牲者也。

陝甘本屬瘦瘠之區，收入極少。加以連年用兵，而西安又經長圍，民力已盡。今忽加增如許軍隊，財政拮据之狀立見。是時，「西北軍」第一難關即在此點。猶記薛篤弼氏以甘肅省長隨馮入陝，掌理財政。就任之始，一連數月，全省每日收入僅得數千元。籌餉簡直沒有一點辦法。全軍每日買麵錢都不敷用。時，在南方之國民政府雖允每月接濟，但交通阻隔，匯兌不通，亦等於無。甘肅雖有些少接濟，仍不過車薪杯水。我到西安時，市面不特無現洋，即銅元亦不多見。當時，只靠西北銀行紙幣（係前從張垣帶來者），即作現洋通用。不久，紙幣亦用完，乃借陝西省立之富秦錢局所存之紙票，加蓋總司令部印通用，是為「加字票」。及後連「加字票」也發完，乃不得不臨時自印一種不兌換的「金融流通券」應用，直至到豫後兩月仍用之。（後來停用，概換公債券，以某種產業作抵押，預備分期收回。）以羅掘俱窮，司農仰屋。一日，庫只餘有現洋五百元，薛氏商得馮氏同意即以此款購入紙張，廣印「流通券」，分發束裝待發之諸軍。此五百元即後來馮氏自稱為「北伐本錢」也。於此數月，全軍真是困苦萬狀。士兵每月只准借伙食費五元。官長則無論上、中、下級，每月一律借十元。（西北紙幣、富秦票或流通券各半，實得七成五。）有一天，馮憫部眾生活太苦，大開恩典，准官長每人借零用五元，兵士二元半。是為一年初次發餉。生活之困苦，可想而知了。大軍出發攻豫更減為士兵三元，官佐六元。真可謂「兵不聊生」。

此外，更有些特別的「北伐本錢」，即是鴉片煙土。各軍出發，給予多少「流通券」外，兼將各處所沒收的煙土，酌量配給，撥發若干斤，要各將領自行設法推銷為軍需。是真亘古未聞之行軍奇事，亦無可奈何之舉也。

在此時期，為打通陝、甘、與湖北（國民政府已有粵遷武漢）之交通計，馮派出孫連仲，率師二萬人，趕赴陝南，沿路修理電線，剿辦土匪，保護南方之接濟，兼以防禦盤據河南之逆軍。其後，續派馮治安、韓德元兩師精兵，由陝南兼程入豫。此四萬人均西北軍精銳，而遠由綏遠長征路上打出來者。其時，吳佩孚（敗後逃至長江上游，復入豫駐鄭州）放楊森為四川督辦，于學忠為湖北督辦，及其他鎮守使多人，意圖死灰復燃，謀佔川鄂為根據地。于逆部下猶有五萬人，聯合其他灰色軍隊亦有二、三萬，據豫西南之南陽及鄂北一帶，聲勢頗大，殊為武漢之大患。且旦夕伺隙而進，南方黨軍受其牽制，斷不能輕易北伐。馮調兵數萬，躡于軍後路，明定戰略：彼進我軍亦進，彼退我軍亦退，不問勝負，惟予牽制作用。及至南軍四月出師，中原底定，而于逆卒不能危及武勝關及鄂西北諸地，免致牽動後方者，此一路軍之功為不小也。其後，于逆窮無所歸，隻身遁去；所部或遣散，或受我軍改編，亦此路軍之力焉。

在陝數月期間，尚有數事，頗足記述。一則為民眾運動之勃興。馮飽受革命化，最注重扶助農工下層工作。農民協會、婦女協會、工會等，乃應運而興。一時，陝西革命空氣，忽然緊張，民氣勃發，其濃厚程度僅亞於南方。獨惜主持者不得其人——「共產黨」與左派，犯幼稚病與南方如出一轍，故後來卒不免於停止進行。其時，共黨與左派得勢，「皇城」改名「紅城」。眼有所見，紅色標誌。耳有所聞，「國際歌」與「進行曲」。他們動輒以「革命」為口頭禪。西安幾乎真是「赤化」了。

政治工作

馮氏自五原誓師後，即厲行政治工作，務期全軍黨化。但人才缺乏，最感困難。最初只有由蘇俄隨他回國的幾個人，其中以劉伯堅（共產黨）為最著。（劉，湖北人，先留法，後留俄入東方大學。）馮即委薛篤弼為全軍政治部部長，劉為副部長代理部務。他找到共黨及左派青年多人為助。因此政治工作全操縱於共黨手上。工作人員不足，則由本軍幹部學校選出比較優越的學員，加以速成的訓練，分任工作，以應急需。其後，北京及廣東黨部俱派有人去，實力稍增，因而全軍政治訓練計畫，始略具規模，但各軍、師、旅、團、營部，俱無從派人去擔任工作也。

馮氏乃獨出心裁，運用軍事方法以推進全軍黨化、政治化的計畫，是為「寶塔式」的計畫。他在最高的尖頂上，再往下逐層逐層的推行。他個人的努力與感力實為最大，往下層由軍長師長施諸旅、團、營、連、排長，以及士兵。收效迅速，幾匪夷所思。

彼日夕演講，宣傳主義，故自幹部全體以至士兵，皆有為主義而戰之精神。人人胸前佩一白布章，上刊有「我們為取消不平等條約誓死拚命」（見上文）。

「西北軍」兵將常以各種口號，或宗旨，以紅墨印於白布小章上，各繫胸前，時有更換，是為其特色。全軍上下，均要背誦總理遺囑，而下級軍官，更要為士兵講解之。以後數月，全軍於補充、整頓、休養之外，政治工作，在軍中最為注重。獨惜人才不足，印刷品缺乏，財政拮据，事事無不棘手，但其成績亦比較大有可觀也。

當我於三月中到西安時，其他兩名「政治工作委員」郭春濤、鄧飛黃已先到了，惟共黨于永滋則始終未來。郭即奉委為政治部（第二）副部長，鄧為新成立之政治訓練班主任。其他「政治工作員」則有數人到差。其趙文炳等迂迴由外蒙前來者尚未有消息。鄧飛黃是屬所謂「新右派」的，反共最力。自始，政治部左右兩派發生磨擦，常常衝突，互相傾軋。

我初到時，身分雖本是「政治工作委員」，但受職外交處處長，而實際上則所負的是真正的政治任務，職司中央革命總部與馮軍聯絡事（已見上文），故在政治部內初未擔任各種工作，但「新右派」以我為左傾而歧視我，排擠我。共黨及左派又以我為右派，兼本身是基督徒既排擠而且攻擊我。其實我黨齡很短，黨化教育亦幼稚得很，幾乎分不出左派右派之分水線在那裡（即馮氏本人亦如此）。一次，在某一集會，我遇到一宗尷尬的事。開會時，主席要我念總理遺囑。我常常用粵語熟念，但一用國語念出，則不慣，腦與口之間，每句須由粵語翻譯國語。念到中途，忽然停滯念不下去，心裡愈張皇，愈為焦急。幾下不了臺。幸有一位「忠實同志」在身旁低聲提場乃能念完，不能稱為「背誦如流」了。

我因自知任務特殊，態度超然，不作左右袒，所以在左右夾攻之中，而共黨左派攻擊我尤烈，視我為大仇。

他們卻轉在宗教方面，與我為難，在在令我難堪。一次，在政治部開會時，由劉伯堅主席請我朗誦所選的一本小冊的一節，乃是激烈攻擊基督教、詆譭其為資本主義與帝國主義走狗、侵略先鋒，必須打倒的。我從容不迫的高聲朗誦，音韻抑揚頓挫，如讀古文。讀了一頁多，主席說：「夠了夠了。」全體鼓掌稱快。主席又問：「簡同志，您對所讀的有何感想？」我答道：「很好，很好！字字句句，我十分贊成。這確是應該打倒的基督教。」他們個個點頭微笑、揚揚得意。我續說：「不過，這不是我所信的基督教。」主席又問：「您所信的是什麼樣的基督教呢？」我再用堅強確定的話答覆：「是愛人、愛國、改造社會、拯救世界的基督教，是消滅罪惡，反對帝國主義侵略的，與節制資本主義壓迫（「民生主義」）的，是革命的、開明的、左派的基督教。恐怕您們不知道有這樣的基督教吧！」他們反受奚落，默然啞口無表示。主席勉強點點頭獰笑：「唔，這也有道理。」蓋其心知肚明，自已學識淺薄而未聞現代宗教學新思想也。這一場「舌戰群共」的小趣劇遂告結束。事後未幾，那副部長一次遇著我還問：「簡同志，您的上帝怎麼樣啊？」我答道：「我的上帝左傾了，祂是革命的。」他沒奈何，又獰笑走了。我的答語好像有褻瀆神聖之嫌，然而上帝觀是沒有絕對的，沒有亘古不變的；我的答語是根據新時代的新信仰。他們始終不能屈折我，而我以後再不受同樣的壓迫了。

一日有一位湖南「同志」（唐生智代表汪某是共黨）來與我談話回報他們說，我不夠資格加入共黨：一因我是出身生長於資產階級；次因我是不接受馬克思主義的知識分子；三因我是篤信基督的教徒云云。（那時，我還未被視為官僚階級。）其實，共黨理論，「馬克思主義」，我早已有研究，理論不通，在學術上早已成陳舊老古董，共產黨計畫與方法也不對，那配我加入？聞有一次共產黨徒集會中，有人抨擊我至烈，竟要當場離會致我於死命，卒為劉副部長勸阻。大概他們已知我是國民黨中央特派的委員，而負有特殊重要任務，況具後臺靠山頗大，頂頭上司馮總司令則對我特別友善，信任有加，所以「投鼠忌器」，不敢動手。因我立場超然，態度公正，不參預派系鬥爭，只知完成國民革命目的，堅守自己的宗教信仰而力圖團結各派與全軍共同站在革命戰線上，以故自始至終，我在馮軍中站得穩而且得完成使命，不負中央與至交之信託。

至於馮氏本人這時對於宗教的立場如何呢？他個人的信仰、操行一如往日，並未揚棄基督教，然對於全軍則因根本變質，形勢大異了。從前他善用宗教精神來訓練自己一軍，軍中有各種傳教機構、人員及活動，甚為得力。不過自遊俄歸來，全軍黨化後，以三民主義治軍施政，只由個人自由信仰宗教，不作公開的、普遍的宣傳。況其全軍本質又變為多元化，除其固有的、自己的隊伍外，尚有回教的馬鴻逵等及其他不信基督的多軍，更有蘇俄、中共與左派之激烈非宗教分子加入，萬不能像從前只注重基督教，庶免因宗教問題而惹起爭端、分裂，或糾紛。故對於宗教問題最好的，亦是唯一的辦法，是採取寬容政策，及信教自由的主張，而惟要全軍一心一德服從國民黨紀律，信行三民主義，以期完成國民革命的大業。因其政策與主張如此，所以共黨與左派也不敢公開提倡或舉行「非宗教運動」，惟對個人為難而已。我對於「西北軍」這樣的根本變質，與初時投筆從戎的動機和志願及企圖，欲以基督教真理協助馮氏救國救民的事業，未免感到失望。在粵出發時猶未知此實情，但既來了，又明瞭全軍的新形勢，惟有安之若素，另謀適應，不能勉強有所作為而自行作宗教活動，甚至不便聯絡軍中虔誠的基督徒，如張之江、尚得勝、石敬亭等等，開會談道研經，庶免蹈「小組織」之嫌，反貽反對派以口實，只是結為好友，時相會晤，互道心曲，互作精神鼓勵而已。在個人當時立場，不能自居為「宣教師」，惟有謹守「政治工作」的崗位，律己嚴正，奉公維謹，以忠勇誠篤之人格，努力為革命服務，以完成中央所付之神聖使命，冀由此表現基督精神，及基督徒人格與操守而已。幸而多得馮氏及同袍之諒解和同情，因而結交了許多共傾肺腑，共照肝膽的真心朋友。馮氏屢次在集會中，和在後來出版的著述內，稱許我以一「紈褲少年」、「大學教授」竟然能遠來投效在軍中一同吃苦努力，藉以鼓勵軍心，提高士氣。在我則真是「受寵若驚」了。

偶然興致勃發時，我又作了些文藝小品，投稿去軍中的刊物，藉以抒發個人的革命情緒，及企望提高全軍的革命精神。當時，軍中刊物有幾種。一是《革命軍人朝報》，每晨出紙一大張，是總部特設機關編印的，分派全軍，也在市上廉價出售，每份三銅元。內容多載本軍文電與消息，全國全世界重要新聞，也有文藝半版。所特異者，報紙邊旁刊有大號字粒的道德訓辭文曰：「煙酒必戒。嫖賭必戒。除去驕惰。除去奢侈，實行勤儉。為黨犧牲。國民革命。方得成功。」其次是政治部編印的《奮鬥生活》月刊，內容有言論、專載、文藝等。此外，另有《畫報》，《新中華日報》等，內容平平無足奇。我的稿件皆投「月刊」發表，算盡了政治工作人員一分責任。錄出所存似詩非詩的兩首於後。

〈怕什麼？〉（仿歐洲大戰時一首英文詩）

誓死救國的軍人！怕什麼？怕什麼？
隸於「青天白日滿地紅」旗之下，或到前線，或在後方；

如果您是留守後方，怕什麼？
設使要開到前線去了，您或要打仗，或不要；
如果不要您打仗，怕什麼？
設使要您打仗了，您或受傷，或不受傷；
如果您不受傷，怕什麼？
設使您受傷了，或是重傷，或是輕傷；
如果是輕傷，怕什麼？
設使您受重傷，或致死，或不致死；
如果不致死，怕什麼？
設使不能不死，那麼，怕也沒用了，還怕什麼？
誓死救國的革命軍人！怕什麼？怕什麼？

〈**我的墳墓**〉

我已擇定了我的葬身地兮，
是在黄河之畔，泰岱之麓，或白山黑水之間。
那是帝國主義最後的傀儡劇場兮，
又是萬惡軍閥最末一座的靠山。

願與不平等條約同時殞命兮，
誓共龜魯軍閥兮偕亡。
青山何處不可埋這幾根忠骨兮，
何必歸葬於故鄉也？
歲歲清明舉國同胞將獻鮮花於墳場兮，
比諸俎豆更馨香也。
更有萬千殉國的同志為我伴侶兮，
長眠於此，不寂寞，不淒涼。
墓地雖不及紫金山之紫與黃花岡之黃兮，
而卻與紅城之紅一色兮亦足耀乎千秋。
（按：西安原有「皇城」為遜清八旗駐防之處。于右任先生由俄歸後，改名「紅城」，亦即全軍總司令部所在地。）
也許沒有十字架矗豎於墳上兮，
但青天之上如果有天堂兮，必少不了我一分報酬。
因我的碧血與耶穌灑在「各各地」的是同其原素兮，
等是為犧牲自己救人救國而流。
墓外也許並無神道碑之高聳兮，
即有了亦不見刻上我的姓名。

然而將來國史裡「國民革命之成功」一章，即是我不朽不磨的墓碑兮，
其中「自由平等的中華民國」之名，也就是我埋沒了的姓名所有分構成。
讀史的後人將以此荒墳代表「強者犧牲促進進化」之努力兮，
那時，墳兮不荒了吧，艸兒長青！
人將見「三民主義」之終極實現兮，
全世界被壓迫者齊得解放、不平者皆得其平。
更見「青天白日滿地紅」國旗之歷時愈久而愈青愈白且愈紅兮，
嗚乎！此豈非我暫時的小生命化成永恒的大生命之結晶？

民十六、三、二八、於西安軍次

東出潼關會師中原

至十六年四月，馮與武漢革命政府合力出兵北伐、會師中原之計畫已成熟，種種軍事佈置亦已準備妥當。是時，奉軍入豫逾月，勢力雄厚，餉械充足。南軍獨力北伐有所未能，而西北軍以元氣究未恢復，獨力出關亦有不足。但兩軍齊發，一沿京漢線北上，一沿隴海線東出，定收夾擊破敵之效。政府是時委馮為國民革命軍第二集團軍總司令。馮知南軍於四月十九日誓師武漢，二十日出師，由唐生智、張發奎二氏率精銳數萬人北上。即於五月一日在西安宣誓就總司令職，旋於五日下動員令東進。而其本人則於六日到潼關指揮一切。「西北

軍」方面任前敵總指揮者，為孫良誠，副指揮為方振武、馬鴻逵二氏，而任「前敵總執法」者則為百戰老將張之江，代表總司令在前方督戰及執法。

誓師典禮是在一大廣場舉行。馮氏高站臺上，舉手宣誓。畢，復向臺下數萬民眾及兵官作長篇的演講，申明革命的宗旨。至最慷慨激昂之時，他高舉雙手向眾大聲疾呼：「如果我馮玉祥不是為救國救民，而只是為自己爭權利、搶地盤，你們那一位弟兄都可以開槍打死我。」當下全場肅靜無聲，一種莊嚴、悲壯、忠義浩然的氣象，似乎充塞天地。我當時也站在臺下，親聽此言，親睹此狀，心裡大受感動，不禁掉下淚來。馮氏言行之感動我個人以此次為最深刻，而據個人所知、所聞、所見，其公開表現自己的至善，亦以此一次為最顯著。演講畢，復有一饒有意義的民眾聯合儀式，以農、工、商、學、婦女及各界代表各一人，在臺上圍手聯成一大圓圈，表示聯合，共向馮致詞致敬，同時臺下軍樂大作。儀式既畢，馮率黨、政、軍及民眾團體領袖，舉行大規模的閱兵。所到之處，由馮領導高聲慰問：「同志們，辛苦了！」軍士則同聲回答：「為革命服務。」

進攻令既下，大軍八萬人即兼程前進，幾一日下一城。軍士徒步日行百餘里。時當盛暑，沿途跋涉自然艱苦非常。每人背負黑一包𩞄，備作三天的食糧。畢則無以補充，以運輸維艱，常有一、二日不得食者，而全軍踴躍進行。孫良誠尤為勇敢，與士兵同行，足底起泡，即以刺刀刺破，再前進。全軍跋涉千里，捱饑忍餓，屢挫頑敵，卒達目的。先是，「鎮嵩軍」劉鎮華，自陝敗退後，復據豫西一帶，由閿鄉至洛陽，均入其掌握。劉本人坐鎮陝州，張治公則據洛陽。劉曾與馮商協作並接受委任，且屢受接濟，但因懷疑太甚，不敢向前進攻。及至戰機已迫，猶徘徊坐視，蓋其決不信我軍敢冒險出潼關也。至我軍東進「推動」之，劉乃不得不棄城而去。其部下四散竄入嵩山，我軍沿途遂無障礙。

大軍分三路沿鐵路東進。至新安始遇張治公部來抵抗。交戰兩日乃下其城。我軍乘勝急進。二十五日，即攻下洛陽。張治公狼狽而逃。來洛助守之奉軍萬福麟部，經大戰數場，急撤退。前鋒遂長驅前進。於五月三十日，騎兵先鋒隊，由鄭大章統率，先入鄭州。翌日，南來之唐生智軍亦繼到。同時張發奎率第一縱隊，從右翼克復開封省城。奉軍張學良、韓麟春等，率殘兵敗將，狼狽北遁。而全豫乃告肅清。（按：馮軍騎兵旅於卅一晚到開封城外，見世日報捷電，但南軍梁壽愷部於次日晨先入城，見東電。）

河南之役，實為革史中最光榮而最沉痛的一章，足與其前攻鄂、攻贛諸役之戰功偉績先後相輝映。原來奉軍是役之作戰方略，係以全力直撲南軍，擬在最短期間沿京漢線驅之出武勝關以南，然後回隴海鐵路攻西北軍。故張學良只遣萬福麟率其衛隊三旅據守洛陽，以阻西北軍之東出，而盡揮三、四方面軍團精銳之師六、七萬人迎擊南軍。但因其看不起「南方之強」，又料不到東出之西北軍如是之多及如是之速，以致一敗塗地。攻豫之役之勝利，原素有二：一為精神的勝利；次為戰略的勝利。

曷為精神的勝利？國民革命軍飽受政治訓練，人人肯為主義犧牲，簡直不知有生死。每遇大敵當前，無論敵人炮火如何猛烈，充塞下級幹部之黃埔健兒，及指導政治工作之黨代表，以至上中級軍官，振臂一呼，口號齊喊，（補註：廣東兵將更以「××媽」三字經為最有效的作戰口號）即率隊奮勇向前衝鋒，前仆後繼，有進無退，以故無堅不克。其中，以張發奎所率之第四軍、十一軍，號稱「鐵軍」者，尤為銳不可當。敵人至一聞其名，而膽震心驚。南軍是次戰術，一與敵人接觸，放彈不到三、四粒，即行衝鋒，血肉相搏。這是北方軍人所不常用的戰術，以不肯輕於冒險犧牲也。小商河之戰，犧牲尤大。我革命軍人，喑嗚叱咤，一往無前，整排整排的戰士，血肉橫飛，倒在河裡，後隊幾至踏屍而過。奉軍氣餒，不得不敗退。此種悲壯沉痛的戰術，足為革命史之無上光榮焉。

是役也，南軍與奉軍相比，人不及其眾，械不及其精，彈不及其多，糧不及其足，而奉軍更有重砲多種，砲彈堆積如山。又有騎兵及坦克戰車等，均南軍所無者。惟南軍作戰之妙術，惟靠衝鋒；作戰之工具惟憑主義，卒以制勝。尤可笑者，奉軍雖有重砲掩護前線之步兵，然而後來簡直不敢放一砲。何則？因砲聲一響，南軍大喊幾聲「三字經」，即有數百人向著砲煙起處，拚命越過炮火線，蜂擁前進，奪其大砲。奉軍上了幾回大當，於是連炮也不敢再放了。至於奉軍如張學良、韓麟春的第三、四方面軍團，是奉軍之精銳，甚有軍事訓練。然素乏精神訓練；士兵不知主義，不知為什麼而戰。戰時軍士所倚靠者，惟在器械。及一遇不怕鎗械大砲，無視生死的革命軍人，自然不是敵手。每遇南軍一衝到前面，惟有喊「弟兄莫打」，即便雙手繳械，或跪下投降，否則棄械逃散。（奉軍散兵及部份撤退之兵，多為河南各寨村民繳械，以故河南民眾勢力極強，為日後「紅槍會」眾滋事張本。）而且軍心不振，兵無鬥志。更有甚焉者：前敵的奉軍日夜在火線拚命打仗，而其將領輩在後方日夜也拚命打麻將，打茶圍，狂賭狂嫖。如此之軍隊，與萬眾一心、甘為主義犧牲之革命軍作戰，倘仍能取勝，真是千古怪事了。

綜上觀之，則謂攻豫之勝利為精神之勝利，豈不宜乎？然而此役在京漢線大戰兩星期，南軍犧牲之人數，連傷亡共達一萬四千（見汪兆銘「報告」）。政治工作人員及黨代表等陣亡者亦四、五十名。傷亡之數，佔全軍四分之一。犧牲之鉅，比例尤甚於攻鄂、攻贛兩役。革命史最光榮的一章，是用我們武裝同志的寶血寫出的（政治工作人員一體武裝，故云）。我們後死者，其勿忘諸！（補註：以上南軍戰績，係余到鄭州後，向南軍同鄉戰友調查、採訪所得。）

是役勝利之第二原素，即是戰略之成功。西北軍兼程東出夾擊敵軍，使其首尾不能兼顧，卒至倉惶北遁。如其退兵稍遲，則前後受敵，在包圍圈內必至全軍盡墨矣。當時南軍雖屢挫奉軍於京漢線，然而精銳損失過重，補充全無，餉械子彈及一應軍用品俱乏。南軍由武漢北伐，真是「傾國之兵」，「孤注一擲」，策略極為冒險，亦極為勇敢，非戰略有萬分把握，不輕易出此。而奉軍則後方補充及接濟尚源源而來。苟南軍再獨力戰鬥，則漢之為漢，尚未可知也。而且當時湖北後方，夏斗寅變於肘腋，四川東下之師及於沙市，武漢危急萬分。北方戰事，苟再延長，結果實不堪設想。幸而西北軍依時趕到，遂奏膚功。（聞此冒險戰略係由鮑羅廷獻出，預計一個月內全軍可以在敵軍到漢之前趕回云。）而且西北軍由陝南經荊紫關而入豫之孫連仲所部數萬人，此時正含辛茹苦、挺進於崎嶇山路間，在後方牽制于學忠之逆軍及鄂北之灰色軍隊，使其不致乘虛而拊南軍之背，及與一切反革命的吳佩孚殘部相聯合，因此南軍得免後顧之憂。計孫連仲此一路軍，陣亡二千餘人。而由潼關東出之師亦陣亡數百人。今日我們追述河南戰績，當不能忽略西北軍的功勞。

至於戰略上之勝利，則是南北國民革命軍全部的勝利。張發奎率其軍隊由廣東極南之瓊崖北上，經廣東、下湖南、取湖北、克江西，一直打到河南而入開封，轉戰三千里路，沒有打過敗仗。同時，孫良誠、方振武、劉汝明等，亦率西北軍，或由南口、或由甘肅、經察哈爾、過綏遠、進甘肅、定陝西、出潼關，一直打到河南而克鄭州，亦轉戰三千里路，也沒有打過敗仗。而兩軍皆號稱「鐵軍」。一南一北，豐功偉績，遙遙相對，無獨有偶。卒之，南北二鐵軍，夾擊頑敵，會師中原，使「鬍人」（奉軍綽號「大鬍子」）不敢南下而牧馬，猗歟盛哉！此豈非革命史中足耀千秋之佳話乎？

前敵政治工作

先是，西北軍在積極準備出發東征興南方革命軍會師中原期間，政治部左右派鬥爭達到焦點，幾至貽誤軍機，而我也被捲入漩渦。其時政治部奉令組織「前敵政治工作團」，隨前敵總指揮部出發。那代部長劉伯堅堅持不設團長，而行委員制，以便操縱。馮總司令委出鄧飛黃為主任兼組織組長，我為副主任（外交處長兼職）兼總務組長，另委蒙潔義（年輕的共產黨員）為副主任兼宣傳組長。三人合組委員會商決工作進行。我不得不受命，但見在軍事行動期間的軍事機關而用委員制，必行不通，而且組織分子複雜，必互相牽掣，有礙進行，屢次表示反對，主張「團長制」。無奈勢力不敵，無法改變，雖明知效果不良，只好聽其自然發展，絕不參與私爭。原來鄧主任於數月前奉派主持一個「政治訓練班」有學員數十人，此次帶齊出發，人人彈冠相慶，準備出省做官去。「班底」既厚，共黨忌之，乃堅持委員制，另派黨員或左派分子同去，鈎心鬥角，立意與主任爭權。因見我不涉左右那派，所以也要我去作為緩衝。我明知事不可為，亦不能左右袒，也不甘作「磨心」，只好顧著自己分內的任務，盡力盡心，不理他們的爭鬥。結果：不出我所預料，團內兩派衝突，事事相左，卒至鄧無計可施，工作毫無成績。

我們隨大軍出發，每克一城則隨到那城，向民眾宣講革命宗旨。我職司總務，管理財政、糧食、行李等事務，也有多名團員為助。（其始，我想拉攏政治部中較為英勇有志的青年為助手，但一查底細，均已先被共黨選拔加入他們的「青年團」暗受訓練了。）行李輜重都雇牛車拉走，人員則步行。出了潼關，適遇馬鴻逵之弟率一旅人來。他看見我衣袋插了一枝大墨水筆，即要我送給他，而他轉贈我一匹矮馬，交易也算公平。於是我不須再受步行之苦，因我患有痔疾，每天流血不少，騎馬代步，痛苦減少。但我能騎馬而不會養馬。過了澠池，我不耐煩等候步行的團員，獨自策馬向新安進發，連跟隨我的勤務兵也留後。那時，我已「傳染」了英勇軍人的作戰心理經驗：一踏上征途，或上了戰場，便不知生死，忘卻危險，只要得勝。不過，我以粵人，又是書生，不熟人事地勢，況以沿鐵路迤東均新由我軍克復，而單人匹馬，獨自前進，真是冒極大的險。但個人懵然不知不覺，只憑滿腔革命熱忱，進行工作，庶不負任務。沿途在大路上或田野間一見有鄉民三數或群眾，即下馬向他們宣講革命宗旨，三民主義。幸而「西北軍」素得民心而極恨「鎮嵩軍」，所以到處得民眾優待、歡迎，無與我為難者。

我因毫無養馬的知識，走了半天未曾飲馬餵馬；未到新安那馬兒已渴極餓極，不能再跑了。不得已，下馬牽著，逐步逐步的進城，已是下午四、五時了。幸得人民幫忙，先為我餵馬，又為我借了一所大房子，預為團員歇宿之處。至於晚膳問題，則全城店舖館子俱關了門，全無食物可購。無已，又請他們向各人家搜購鷄蛋，全城只得二、三百枚（僅值大洋二、三元）。將屆黃昏，團員也到齊了，人人飢渴疲倦不堪。我告以無以為食，只得鷄蛋充飢。於是，借了一個大鐵鍋，先煮滾水當茶解渴，隨將鷄蛋悉數放入煮熟，每人配給三枚。尚有餘剩，又下令每人再分一枚。所餘幾枚，則盡給各勤務兵享受，人無怨言。我早年已學得行軍原則（由一美國教員曾參加歐戰者所說）：戰時，人人生命同等寶貴，同等危險；分配軍需物資，無分上官小兵，無論大小多少，務須一律平等，乃無怨言，至是實現，證明正確。誠如古語所說「不患其寡，只患不均。」食後人人辛苦了一天，攤開舖蓋於地上，倒頭便睡。

行軍時，我個人所受的痛苦，除痔瘡發作，耗費鮮血，以致身體日趨孱弱外，尚日受蚊子、蒼蠅、沙虱、臭蟲、狗蚤五種小動物之虐待，日夜苦惱不堪。加以所到所過之處，人民不講衛生，易患傳染病。團中又無醫無藥；倘不幸患病，危乎殆矣。我惟有恪守一條極簡單的衛生原則，因牢記一句俗語：「病從口入」，所以大凡未經煮熟的東西，包括茶水，概不入口；又防蒼蠅傳染病菌，食物格外注意——一端上飯菜即加以籠罩，每下箸乃打開，即開即再蓋上。但有一次，偶一不慎，染了一場大病。緣到了新安，因辛苦勞頓了整天，天氣苦熱，滿身臭汗難當，適住所天階有一個深井。我一向慣用冷水洗澡，於是在晚飯——飽吃鷄蛋之後，即從那井汲了一桶水上來沐浴。同仁苦勸我不要用冷水，我恃著年富力強，不邮忠言，如常以冷水冲洗全身，痛快得很！豈知身體孱弱，不能抵抗寒氣，登時受寒傷風，迅即患支氣管發炎病，苦上加苦，咳嗽月餘始癒。猶幸未變為肺炎。不然真的革了自己的命了。

下一站是洛陽，全團暫駐天主教堂。那堂上下內外早為敵軍毀壞，殘破不堪；聖母聖像大半碎了。我們又在堂內稍為完整的地方住宿。在那裡要等候前方軍事進展消息，方能再進。當時，為全體準備饔飧為難，乃施行臨時簡便辦法；每人每日發伙食費四角，由各人自買自吃。我自己則另作精密的、聰明的打算：聯合親近幹部四、五人，合資自行開爨，買菜燒飯，各人及勤務兵合作，而由我親自下厨做菜——正式廣東菜。那時那地，物價極廉，牛肉每斤一角，嫩鷄每隻二、三角，米麵、蔬菜、豆腐及其他食品價錢也很平，獨有鮮魚價昂不吃。早晨每人吃烤大紅薯，每隻一銅元而已。這薯紅心、多糖，一經烤熟，糖漿流出，香氣撲鼻，尤為可口，在全國他處，未之嚐也。如是，我們每餐食用豐富，享受甚奢。（勤務兵「白食」，不費一角。）同仁們偶然看見，不禁饞涎欲滴，以為我們私用公款，餐餐飽吃，而他們各人只買些零星食品自吃。後經查明實情，乃得釋然，自歎愚笨。迨欲仿行，則全團又需出發東進了。

洛陽軍次，尚有一事可述。國民革命軍總政治部鄧演達主任，一日忽到訪。他是由豫中某處繞道而來的。我於是為他配備一輛專車，偕其同到陝州謁馮氏。鄧見到我們的生活真狀，大讚「西北軍」政治工作同志之刻苦耐勞，為革命服務（曾在某刊物發表）。次日，我隨馮與他倆乘火車東行。我團員全體亦由洛陽掛車同行。其時武漢諸要員已雲集鄭州，準備與馮會晤，共商黨國大計矣。

鄭徐之會

六月七日，武漢方面之黨、政、軍要員譚延闓、汪兆銘（四月初旬由蘇俄回）、孫科、徐謙、顧孟餘、唐生智、劉興、何鍵（均唐部軍長）乘火車抵鄭州。于右任隨後亦來。共候馮氏來會商大計。馮偕鄧演達於十日才到。我與政治工作人員皆乘專車同行。抵站時，武漢要員群赴歡迎，遍視各車輛均不見馮面。俄頃間，馮衣灰色土布軍服軍帽，背土製雨傘及饅頭袋，一如全軍兵官裝束，滿臉鬍鬚，從一輛鐵篷車（小貨車）下來，慢步走至各人面前，眾始驚訝、歡呼、拱手相見。

即日，武漢人員先開準備會，邀我出席報告西北軍事政治大概。我乃簡略陳說馮軍長征、西安解圍之經過，有「這省城經八閱月長圍苦戰之後，餓莩載道，民不聊生，元氣喪盡了。」詎料譚公延闓即問我：「什麼是元氣？」我幾乎為之語塞。急忙中幸得答案：「那是指經濟生活。」隨再詳述民生苦況。會後，汪握著我手，稱許我工作成績優異。更說將來還有許多重要工作要我擔任的。這是他向許多青年同志「灌米湯」的一貫手段，我早已有所聞。當時只謙謝不敢當，卒未被其收入「轂中」為其「馬仔」（粵諺）。其最令我開心快樂的，就是孫哲生先生夫婦（同來），親帶了一箱慰勞品見贈。開箱一看，見內容皆是珍貴罐頭食品、中外水果（有花旗橙）、三砲臺香煙等、那時那地不可得的東西。無異「他鄉遇故知、久旱逢甘雨」。感謝不勝，盡情享受，簡直是得未曾有的樂事。幾個月來的勞苦已得償值了。當時，梁寒操諸舊友也同來，重聚甚歡。

由翌日上午起至十二日，眾人開聯席會議，一連兩日兩夜。結果：在政治方面，豫、陝、甘三省政府正式組成，任馮為河南主席，劉郁芬為甘肅主席，于右任為陝西主席。（其後，于不就任，乃以西北軍石敬亭代。）又設「開封政治分會」，以指導三省政治黨務，並留徐、顧二委員駐豫。在軍事方面，則改編第二集團軍（即西北軍）為七個方面軍，以孫良誠、靳雲鶚（靳原為直系吳佩孚舊部，留駐信陽，至是輸誠）、方振武、宋哲元、劉郁芬、于右任、岳維峻諸人分任總指揮。（其後于氏亦不就，乃改任石敬亭。）並撥河南舊有之軍隊數部，如梁壽鎧等，歸馮指揮。未幾，又以劉鎮華全部正式編入二集團軍，為第八方面軍。孫連仲收編于學忠等殘部，連原有之本部改編為第九方面軍。又以韓復榘本部及張聯升一軍合編為第十方面軍。綜計，馮麾下所指揮之新舊軍隊全數不下五十萬人，實為其一生統兵最多的時期。比之民國元年初任營長時增加不啻千倍。是時，夏斗寅部變起肘腋，楊森率師東下，迫近武漢，危急實甚。諸公乃令南軍全部撤退，南下迎擊之，而以全豫防地交「西北軍」負責。（其後，楊森效忠國民政府。）

到會諸公，於商定軍政大計之外，復對馮詳述共產黨之跋扈，鮑羅廷之專擅，及兩湖人民所受「幼稚病」之痛苦。其中，以徐、顧二氏及唐氏部下軍官劉興、何鍵等之言，尤為痛切。徐、顧二人，向以左傾親共著名於當時，殊不知惡共反共亦以其最先最烈，此為外間所鮮知者。（徐氏在漢且曾著《鮑羅廷罪惡之罪惡》一書以彰鮑及共黨之惡，並鄭重聲明自己不是共產黨員。）馮聞言大為動容。未幾，「西北軍」之清黨運動，即肇源於此。鄭州會議甫畢，政府諸公忽接「共產黨」陳獨秀自南方拍來緊急密電，謂馮氏已與入駐南京之蔣總司令勾結聯合，請各人速歸云云。此電大有挑撥離間作用，可以明見。次日，諸公即匆匆乘車南返武漢。此來電實為其時期政治史之重要點也。（此事外間鮮知之。）

是時，蔣總司令自從迭克閩、浙、皖、贛、蘇諸省後，大江以南全歸國民黨主政。中央黨部執監委多人，因不滿於鮑羅廷及共黨與左派之把持中央，乃於四月中旬，召開會議，在南京成立中央黨部及組織國民政府。由是與武漢方面各同志分流，演成兩相對峙之局面。然而於北伐雙方卻能取一致行動。當漢方與馮軍在西線聯絡攻奉之際，蔣總司令亦提師由東線沿津浦路北攻孫傳芳餘部，克徐州。

六月十七日，寧方諸公電約馮到徐會商大計。時，漢方諸公已南下，馮即偕何其鞏、李鳴鐘東行。出發時，頗神秘，先命隴海路局備車西去。既登車，忽發令東開。這一著，令路局機務人員不勝麻煩，多時始能東行。詎料開車未久，即有炸彈爆發。馮有驚無險，不致喪生，亦可云幸矣。雖下令嚴行查辦，終不得破獲誰是主謀人也。

十九日，馮抵徐州。寧方蔣、胡、李（煜瀛）、張（人傑）、李（烈鈞）、鈕（永建）、李（宗仁）、蔡（元培）、黃（郛）、白（崇禧）、黃（紹竑）諸公熱烈歡迎之。是為馮第二次與黨國要員正式的會晤。翌日，在會商大計時，彼此避免談及寧漢分合問題，只會商共同北伐及驅鮑清黨事。他在徐又飫聞諸同志對鮑及共黨之厭惡，與漢方多數人如出一轍。於是，一致決定去鮑、清共及貫徹北伐大計。而馮個人職位、權責及西北各省之軍政局面，仍照鄭州會議所決定，一無改變。會畢，各人均感滿意。即由蔣、馮兩總司令會銜發出聯合北伐之通電。另由馮單獨去電漢方力請去鮑，以響應寧方之主張。因寧方不便去電故也。於是各自回駕。馮回豫後，即厲行整頓軍政全部。

清黨運動

馮氏回陝數月後，早已厭惡共產黨徒在陝西各處及本軍中之胡鬧與搗亂，尤恨其「直接行動」，隨意殺人，惟格於國民黨當時聯共政策，一向隱忍不言，未便採取反共行動，以免蹈違反黨紀，甚或「反革命」之罪名。（按：當時共產黨與親共的左派，對於反共同志與一般不與同情者，均橫加以此罪名而排擠或屏黜之。）及鄭、徐會議之後始恍然明瞭共產黨禍國殃民的罪行之普遍，於是決心首先實行本軍徹底清黨運動。

他首先將軍中所有共產黨徒驅逐。清黨章程，係由徐謙手訂，由馮核准施行者。徐向有極端左派親共分子之稱，此事外間鮮知真相，故不憚煩詳述於此。緣由廣州到武漢後，徐亦日漸明見共黨之專橫兇暴，憤恨於心。馮出師至潼關，徐首先去電陳說一切。是時，馮軍中共有共黨五、六十人，幾全在政治部工作。馮下令：全軍各級政治工作人員，一體到開封受訓練及甄別，並訂定對付共黨三種辦法：一、自己報告是否共黨；二、凡是共黨，一概脫離政治部；三、如有共黨仍欲繼續國民革命工作者，須宣佈脫離共黨而誓忠於國民黨。此大概是上言徐謙所擬之章程之一部分也。令既下，首先解職者為把持全軍政治部之共黨首領劉伯堅。另有四十餘共產黨員被查出。馮派兵以專車押送漢口。其餘少數或自行離開軍隊，自覓去路，或則宣佈脫離共黨。尚有一、二人，因言行過於激烈，干犯軍紀，致被監禁者。全軍清共運動，至為徹底。（劉伯堅後來在江西山中被國軍擊斃。）

繼任政治部副部長代理部務者為郭春濤。「前敵政治工作團」即行解散。緣自鄭州勝利，南北軍會師後，主任鄧飛黃，因征途中飽受共黨之氣，憤恨至極，亟亟報復，面向馮報告那共黨小子蒙潔義等一切行動，加以妨礙進行、大誤工作之罪名。馮氏極為憤怒，立下令把蒙扣押起來，並解散該團。

馮氏又問我應如何辦理，乃聽我條陳，改組「前敵政治部」，委我為主任，權令統一，另起爐灶，積極進行工作。蒙作了階下囚多時，因犯軍法，幾被槍決。適有一天，我因事去巡視羈留所，瞥見他鐵索琅鐺，被囚獄內。一見了我，即向我哀求救他一命。因知我不涉派別，主持公道，仁愛為懷，平時對他們也不驕不諂，而且可直接向馮說話。此時向我長跽痛哭，乞我救命。我見這不是他的罪過，乃是黨派鬥爭結果，心裡不忍見那青年小子因此喪命，答應盡力而為，不能擔保成功。但我一直不敢向馮處為其說項，深恐一觸其怒反至自身難保。過了幾天，湊巧有一次我出席某種會議，有好幾位高級將領（皆與我友好者）在座，還有遠從東京來的中華基督教青年會總幹事與馮極友好的馬伯援兄也列席。我見時機已到，關於某一問題，我乘時公開懇請釋放那共黨，謂其被囚多時，已施相當懲戒，請念其年少無知，違犯紀律，情有可原。我那時戰戰兢兢，恐觸其怒，但心裡有數，知有好友多人在座，而且措詞和順，作談話式，可保無虞。當時馮作辯論式駁我說：「軍紀是軍紀，不論年長年少，違者一律要懲罰的。」他面無怒容，說話也和氣，如閒談般，算給我十分面子。我再想開聲請求，伯援兄即示以眼色，我見機知警不再發言。看馮氏情形，已心平氣和，有釋囚意，不過為著維持威權，當著眾人面前不好照准。伯援兄老且更事，明白此情，故示意教我不要衝撞，激起其怒火。過了幾天，我再向馮處保釋，一說便准。蒙出獄後，誠懇向我叩謝救命之恩，連共黨左派對我也另眼看待，真是「前倨後恭」了。我此舉別無什麼政治黨派或利己的動機，只是出於基督愛人愛敵之教與夫儒道上天好生之德之仁而已。（「前敵政治工作團」工作詳下文）

尚有一救人的小功德。當會師鄭州後，即有四位粵籍的政治工作青年女同志，全身戎裝，隨軍至鄭州，向民眾工作，熱忱服務，殊堪嘉尚。因有同鄉之誼，她們訪我幾次。但未幾有人向張之江將軍作小報告，謂她們到處宣傳打倒傳統禮教、打倒賢妻良母、提倡家庭革命，提倡婦女解放言論。張聽了，不禁勃然大怒，聲言非槍斃她們不可。其時，張膺任「全軍總執法」，在總司令以下，他的權勢地位為最高的。況其時仍在軍事時期，真不難當亂黨辦理，繩以軍法。事後，即有人通知我「總執法官」的話。「寧可信其有，不可信其無。」他真要實行，縱不至斃命，總要飽嘗鐵窗風味。我救人心切，連夜去她們寓所叩門，密告以惡消息說：「張老頭子保守性成，執法如山，不是好惹的，千萬不要冒險。」即叫她們趕快躲避大難。次日清早，再去看她們，則芳蹤已杳，不知何時往何處遁去了。

在清黨之前，有一趣事，補述於此。自馮兼任河南省政府主席，在開封就職後，我們幹部全體及政工人員都移居那裡。軍事既暫告段落，即有共黨和左派分子掀起「非教運動」，虛張聲勢。所可怪者，有一「新右派」反共最烈的高級政治部員也參加斯舉。馮得了報告，即召集政工人員幹部去總部聽訓話。一開口，他即怒氣冲冲，「面斥不雅」的說：「國民黨黨綱是宗教信仰自由的。試問：三民主義中那一篇，那一行，是反對宗教的，就本軍而論，尤其不能反對宗教，一因本軍原是全體信奉基督教的，現在仍有多人誠心信奉，萬不能排除他們。次因，現有三、四萬信回教的軍隊與本軍聯成一體了。你們必定要馬鴻逵、馬鴻賓等吃猪肉，方許他們革命嗎？真是豈有此理！胡說霸道！」他們目瞪口呆，面青唇白，一語不敢發。我在行列內聽到，自然覺得開心，但也不敢露笑容、出笑聲。於是全體散走了，而那「非教運動」也告流產了。後來我曾紀述此事，戲作幽默標題曰：「馬不吃猪。」

再憶起軍中一幽默故事有關宗教者，堪博一粲。有浦化人牧師者，久在馮軍中任傳教工作，彼此本甚相得。馮亦敬佩其人，信任有加。乃自其遊俄歸來，加入國民革命陣線後，頭腦思想，煥然一新，以三民主義為治軍之本。竟謂浦「思想陳舊，頭腦頑固」，派其去蘇俄學習，冀得新覺悟。不料那陳舊頑固的牧師到俄未幾時，一旦豁然開通，思想突變，祕密加入共產黨。回國後，復回馮軍服務，奉派主持工人運動。自分共以後，浦忽然離軍逃去，留函與馮，反大罵其「思想陳舊，頭腦頑固」不堪共事，故割席而去，並聲明所領得工運經費二千餘元，經已照數一一分派與各工友云云。馮那時啼笑皆非，頗為難過，即密派我們數人調查其事，所存款項果然分派不差。復檢查其遺留品物文件，發現其在當地及軍中擔任共黨重要職務。尤為趣而怪者，則共黨之上級幹部明白訓令其在軍中照常任牧師、努力傳教，大概是藉此以掩護其身分，遮蔽人耳目，以利地下工作之進行也。馮既明底蘊，又氣惱，又好笑，但格於公事，不得不循例辦理。過了多日，乃勉下嚴令通緝挾款潛逃之「蒲化人」歸案訊辦。然牧師本姓「浦」，何來姓「蒲」者？終以不了了之，此案以幽默始以幽默終。牧師與我因同教關係，在軍中時有往來，交情頗厚（時猶未知其為共黨）。多年後，他忽然到上海寒園訪我。故人把袂，暢敘甚歡，不涉政治黨見。他因家裡有事，請我幫忙，我亦念舊情殷，予以助力。其後，他在南京被捕，馮保釋之。

又憶起有西北同袍鄂人孟憲章，曾任馮的副秘書處長，其人文質彬彬，品行純厚，文筆敏捷，與余交好。但不知何故受嫌，在南京被捕（或涉共黨嫌疑未定），入獄多時。有「西北軍」舊人通知我。我知其為寃枉，向某方力保之，即得釋。事後多時他才知是我所為而向我道謝。

鮑羅廷過鄭州

是時，武漢方面各委員，自鄭州回來後，即發現共黨進一步圖吞併國民黨之大陰謀，因即厲行清黨運動。先是，蘇俄史太林把持之「第三國際」，為鞏固及伸張中國共黨勢力計，密令鮑羅廷等，施行下列各條：一、排去國民黨諸領袖，而代以共黨；二、編練農軍數萬人為共黨親信軍隊；三、准農民直接佔有田地。鮑固陰鷙深沉，素持穩健緩進政策，以為此數種辦法如一旦施行，適足以惹起國民黨全體之反感，必致令共黨及俄人無立足地，遂不贊成，且力主不宣佈。不意有第三國際代表印度人羅易（M.N.Roy或譯魯依），堅決主張服從「第三國際」命令，自行宣佈此密令。（其原文載蔣永敬：《鮑羅廷與武漢政權》頁三三八——三三九，傳記文學出版社版）其後，此人竟被犧牲。假如他不宣佈密令，鮑氏不至被驅逐，而國、共兩黨之關係與此後時局之變化，又不知成為如何局面了。

鮑既被逐，不敢沿長江，經南京，赴上海，只得取道豫、陝、甘，經外蒙古庫倫一途而回國。遂由漢口乘專車一列，挈所有俄人及共黨與親共死黨若干人以俱行，隨帶汽車數十輛及大量糧食。聞汽車多輛係在上海定購，皆美國貨，故美領事得事先忖測其行踪。七月廿八日過鄭州時，馮氏仍以禮待之。余當時仍任外交處處長，是總部內唯一操英語者（鄧萃英似已離去），故擔任招待及傳譯之責。馮於兩日間邀鮑晤談數次，均由余任雙方傳譯。所談諸問題，極有趣味，且饒有史料價值，茲以當時個人紀錄摘要敘述如下。

次日（廿九），第一次會晤之下，寒暄既畢，鮑先發言：「蘇俄用了三千餘萬鉅款，我個人費了多少心血精神，國民革命才有今日之成功，而今則人人皆迫我去。我失望之極，傷心之極了。」

馮答：「我國所需要的是國民革命，不是共產革命。你們在兩湖橫行無忌，使舖夥打店東，佃戶打地主，學生打師長，猶且焚殺搶掠，行同土匪。您須認罪！」

鮑言：「連您也通電驅逐我，尤令我大大的失望。大約是環境迫您，旁人勸您，說我壞話，故爾如此。」

馮答：「武漢諸同志，汪、孫、顧、徐等來此，均說您們不是。我所以發電請您回國。」

鮑言：「起初，我們對您有很大的希望，期待您入豫之後，出兵由徐州攻南京，一舉而打倒蔣介石，即推您為全國總司令。可惜我當時因病未能來鄭州晤見而勸您。而今則機會已去了。但您何故要去徐州與蔣聯合呢？」

馮答以理由甚多，請其猜猜。

鮑謂：「第一，因餉械之補充，須仰仗寧方；第二、因雜牌隊伍及山西閻錫山之牽制，使您不敢助漢攻寧。是否即此理由？」

馮答：「您所猜的都對，不過尚有一要點，您所不知。蔣已聯絡了岳維峻（舊國民軍二軍），使其攻陝，襲吾後路。我舉動稍一不慎，全軍即被截為數段，蔣已叉著我的咽喉（言下，以手作勢，自扼喉部）。我怎能不到徐州呢？」鮑乃表示了解。

翌日，鮑又謁馮，仍由余傳譯。是次談話範圍，多關於革命方法之討論——不，其實是辯論。鮑明白表示意見，主張民眾——農、工——直接行動，認為這才是徹底的革命方略。馮謂不然，駁之曰：「如果在軍閥或專制政府之下，實行祕密革命工作，則此類行動，很為合理，藉以推翻他們。然而在革命政府之下，此事可以按軌道，而且必須按軌道，否則不特社會秩序破壞，兼是自己革自己的命了。」

鮑質問其有何具體例證。馮乃一一數出陝西黨部及民眾運動之胡鬧行為，或隨意殺人，甚有持鍘刀殺人，鍘至頸上則又縮手收回，致令其人飽受驚嚇，宛轉啼號，方被害死者。

鮑乃強辯，謂：「在革命時期，過火舉動，在所難免。此輩冤死者，乃為革命不可免的犧牲；俟革命成功後，舉國將以花圈紀念之。」

馮聽了，有些兒焦急，亦有些兒忿恨，力駁云：「那是另一問題。目前最重要的問題乃是：我們承認此類行動是對抑或不對——是非問題。」

鮑又問：「黨怎麼說？」

馮答：「最可痛的就是：黨以為是對的。」

鮑似乎洋徉得意，欣然答曰：「既然黨以為是對的，那末，一定是對的了。『黨權高於一切！』我們還有什麼可說呢？」

馮高聲云：「然而並不是全黨，或大多數都說是對的，不過那是少數幾個執行委員的主張罷了。」

鮑即為之開解說：「那末，不成問題；少數應當服從多數啊。多數應懲罰那少數啊。」

馮展顏而笑，面現得了全勝的顏色，答道：「對了，對了！那大多數就是國民黨員，那少數就是共產黨員啊。」

好厲害的辯才，一步一步的緊迫，使鮑退到屋隅，無可轉身；一層一層的邏輯，使其感到理虧辭窮，辯無可辯。我那時，看他一眼，見他面色驟變蒼白，張口瞪眼，半晌不能發一言。這場雄辯，脣槍舌劍，針鋒相對，極為有趣。而稱雄逞智、縱橫一時的鮑羅廷（原是律師出身的猶太種人）竟為一個大兵出身、未曾受過學校教育的馮氏所難倒！此情此境，距今且四十餘年，仍深銘余腦中，不能忘也。

鮑既無可答辯，乃轉問馮：「然則依您的辦法，便應該怎做呢？」

馮很高興的答道：「依國民黨的辦法，即是我所主張的辦法。土豪、劣紳、貪官、污吏應由革命政府依法懲治。社會種種的腐化、惡化，或農工之不平等待遇，應由革命政府訂立法律裁制、改善或創新。如是，革命乃有進步和成功之可言，而三民主義乃可實現。例如：兵工廠如何改良？農田怎樣改革？只是立幾條法律便可施行，又何必殘民以逞呢？」

鮑駁覆謂：「如此，只是上層工作。要革命之成功，非從下層工作入手不可。」

馮則莞爾而笑，反駁曰：「中國還有宣統皇帝嗎？還有貴族嗎？還有專權獨裁的總統嗎？那真是上層階級了。我們革命黨人都是下層人物。我是泥工之子，無產階級出身。我們執掌了革命政權，訂定和厲行革命法律，以為大多數同胞謀幸福。那還不是下層工作嗎？」鮑亦無言以對。這是鮑氏在中國最後一次所打的敗仗。

馮再以謙虛態度，請教今後革命進行方略。

鮑謂：「前兩月，我很希望您攻寧倒蔣，今則沒用了。為今之計，您當急攻武漢。一得兩湖之地，即可養兵十萬，又有漢陽兵工廠以補充軍械，則國民軍（即馮軍）勢力尚可保持長久些兒。」馮聞而咋舌，支吾不答，但私謂余曰：「老鮑真兇啊！真兇啊！」（我當然不為其翻譯此話。）馮自有充分理由，決不作南攻武漢之想，惟付之一笑而已。

鮑又對馮曰：「今後中國國民革命已走入歧途。結果：全國將變成新舊、大小、南北軍閥混戰的局面。您如練有十萬精兵，加以政治訓練，而趨向正確的政治目標，必可統一中國。」

最後，鮑尚勸馮與新派革命同志，如宋慶齡、鄧演達等合作，另樹一幟。又謂彼今雖快快回俄，但如有需要，可隨時再請其來相助云云。馮均不置答。會談遂告終止。

鮑原意欲在鄭州多住幾天。但卅日黃昏，馮忽召我入總部，面諭轉知鮑限其兩小時內離鄭西去，他擔任沿途保護。隨再令副官處長許驤雲會同我辦理此事。馮突然令鮑速去，不知究因何故。我想，也許他極力避免寧、漢兩方的疑忌，所以不欲他停留多日吧。

奉令之後，我初時不知如何是好。為馮設想，明知必須用外交手段，婉轉措辭，不出惡聲，免傷「和氣」方能愜意。苦思一會，忽然眉頭一皺，計上心來。與許氏會商後，即同赴車站，登上鮑氏的專車。我對他說：「適接鐵路局來電，隴海、京漢兩鐵路（東西、南北行，鄭州為交叉點），均有列車到鄭州，而您們的列車橫亘站上，障礙交通，不便久停，可否通融？」老鮑究竟是個聰明人，聞而會意，即點頭問我：「您們要我幾時走呢？」我說：「當然愈快愈好，以便路局調度路軌。」鮑乾脆再問：「那末，一點鐘內，可以嗎？」我毫不著急的答：「不要忙，兩點鐘內吧。」鮑首肯，我完成任務。

當下，許先告辭，趕急準備鮑氏離鄭事，如關照路局，備辦禮物，報告馮氏，安排送別節目等。而我呢，則鮑似乎「依依不捨」，留我長談。當時，在車內最惹我注意者即是見有一個中年的美國女作家史特朗（Anna Louis Strong），對鮑極為恭敬，盡力巴結，至親手為他扯風扇，並表示願與其他同行人等輪班服務，自己每日扯二小時云。（其後她為共黨多寫文章，大肆宣傳。）鮑氏對著我大發牢騷，憤憤而言：「中國人個性太強：中國所最需要者乃是不自私自利、悉心為公，而肯犧牲一切的領袖。」當時，他指名謾罵，我在外交立場不便正面答覆，只是擺出學者研究的面孔和態度，含笑而當面質問他：「您如此注重精神與道德，您們的唯物主義那裡去了？」他面露苦笑而不答，卻「顧左右而言他」。

少頃，他轉把一頂「高帽」戴在我頭上，用甜言蜜語引誘我說：「您年方少壯，有學問、有大志、又能幹、大有可為，前程無限，可隨我到蘇俄去。我將造成您為中國革命領袖。」（按：「領袖！」「領袖！」當年有不少青年被共黨或左派首領慣用這種「迷湯」引入歧途。）我答道：「多謝盛意！不過我現受軍職，不能自由行動，必須請示於馮總司令，得其核准，方能奉陪。」遂暫告別。隨向馮詳細報告經過，兼及鮑之邀請赴俄事。馮答：「好呀！您就同他一齊去，沿途留心他的言論與行動，隨時給我報告；到俄後考察幾個月再回來吧！」我答以如果一定要我去，因我父母年老，身為獨子，當先回粵省親，然後再由海道赴海參崴，轉乘火車去。馮說：「那又何必多此一舉呢？」乃作罷論。我做「中國革命領袖」的機會遂斷送了，呵啊！

其實我深識鮑之為人，確有雄才大略，而陰鷙狠毒，什麼手段，對什麼人，都可用得著。我從廣州至漢口都與他打交道，作辯論。（他認為太平天國是農民革命、階級鬥爭，我則堅持研究多年的結論，那是民族、宗教、政治——三合一的革命）。他又曾與我討論革命問題，說「一個革命者不知有法律、道德、宗教，只知道革命。」但我知道「共產黨」甚至連「革命」也不知道，只知權力鬥爭而已。我有此認識何能跟他同走？

入夜後，鮑的列車升火待發。馮前在蘇俄聘來的軍事顧問，如烏斯曼諾夫、謝福林等，均隨鮑回國，預先上車。（聞鄧演達化裝機器工人，及共黨數輩均同車而去，惟未見露面。）

我隨馮氏及其他高級人員親到車站「歡送」。馮雙手遞給他一個公文大封套，內有聘請鮑為「高等顧問」的聘任書，還口口聲聲的請他以後「不遺在遠，多多指教」。隨由許驤雲送上大紅縐紗一匹，算是馮的「薄禮」。一時，軍樂大作，各人一一與鮑握手道別。機車汽笛嗚嗚，鐵輪軋軋，列車緩緩開動。鮑羅廷果然走了。

事後馮氏告我說，當鮑氏由漢赴鄭時，汪兆銘有密電與馮，請就地殺之。但馮不上當，不肯下手，並指出這是曹操假手劉表以殺禰衡，而劉表又假手黃祖殺之之手法。（此事已載馮著《我的生活》頁七〇四。）反而特派高級軍官二人同車保護鮑，直送到庫倫。鮑列車向西行，至隴海鐵路終站，乃轉乘汽車穿過大沙漠，轉乘火車回俄。事後，聞於途間有一輛汽車失事翻車，乘客與物資有損失否，則不知矣。

未幾，唐悅良來豫，馮任其為外交處處長，我調任政治部副部長兼前敵政治部主任，敘階如前。在交卸之前，我在鄭州又辦了一件小小的外交事務。有一鄭州官員與一德國人來見我。那官員控訴德人三種罪行：㈠污辱我國國旗；㈡搗亂調查工作（以中年人強報八十餘歲）；㈢侮辱辦公人員。我得悉真情，乃問德人願將此案呈報總司令，依軍法處理（那時仍是軍事時期），抑就地聽我公平的裁判。他初時很強蠻不服，但經我一提出呈報總部依軍法處理，即時屈服，願聽我裁判。我判決第一罪，應向我國旗行禮認錯；第二罪算誤會，免問；第三罪，須向該公務員行禮賠不是。他一一照辦。於是和平了結。

寧漢之間

是時，寧、漢之裂痕愈深，駸駸乎有敵對行動。馮乃表示絕對不加入黨內私爭，並力勸諸領袖顧全大局，不要決裂。其在徐州之言與前在鄭州之言正相同。緣「西北軍」遠處一隅，他於南中政治黨務未明真相。其初，以為一入豫省，即可合全黨之力，一致北伐，完成國民革命。此時黨勢至盛，駸虜震懾。張學良至派人攜親筆函來馮處求和，願以直隸及塞北三特別區（熱河、察哈爾、綏遠）讓出，而自動的退出關外。其他奉系將領，亦紛紛遣人通款。以故，六月入京之夢，當時確有實現之把握。然自寧、漢分家，各稱中央，各欲拉馮捲入漩渦；漢則令其攻寧，寧又令其攻漢。馮處其中，困難可想。馮本軍人，政治頭腦之簡單，人所共知。余嘗分析其心理與人格，輒謂其具有「單軌頭腦」，在同一時期，只會懷一種概念，走一條路線，而不能應付複雜的政治環境與多元的局面。且又為新進的黨員，故對於黨義上與法統上之事，頗不了了，甚至莫名其妙。而況主持寧、漢兩方者，多為其最友善及最相信的友人，更有「左右做人難」之感覺。再因其本身是軍人，對於政治上與理論上之是非不大注意。所斤斤注意者，惟在軍事上之利害。當時，馮軍雖多得有豫省，然而身處四戰之地，頑敵當前（奉魯軍閥），且心腹之患，處處皆是，更覺種種掣肘之苦，不能盡說，故而不能輕舉妄動。有此種種原因，馮遂決定在消極上對於黨內私爭，決不參預何方。而在積極上，則更以最誠懇之電文，及派遣代表，分赴兩方，力行促進寧、漢合一之運動。蓋苟兩方一旦開戰，以馮軍當時之勢力及地位計，不特不能出兵北伐，而且勢不得不放棄河南，復退入潼關，而寧、漢兩方恐亦保不得矣。因馮之不肯加入內戰，且於雙方意見最深之時，倡言合一，雙方均不能討好，雙方均為之失望，乃責駡交至。而馮對兩方仍盡力調解，函電盈尺也。後來大局危急，兩方均感悟，而合一之新局面卒以成功。馮氏自已也通電認罪，願受黨之裁判。

我即是當時被派赴漢之代表，猶記臨行之前，馮披肝瀝膽為我詳述其意見及解釋當前之局勢，略如上文所述。他最重視軍事形勢，以其全軍當奉魯軍之正面，如寧、漢一旦開戰，奉軍必捲土重來。他適當其衝，孤立無援，力量不足，非失敗不可。說到這裡，他忽現出至可怕、至嚴厲的態度高聲說：「到那時，如果我不退兵入陝，真是個『忘八蛋』」。但馮軍一退，寧、漢不難復被奉魯各個擊破，所謂「鷸蚌相持，漁人得利」者是。他於是提議召集「開封會議」，請雙方委員齊到，推心布腹，商討大計，以期化除成見，解決難題，復合為一，以對付共同敵人。所有各人的安全問題，由彼負責云云。余奉命至漢，分謁各委員，詳為代述意見。譚、孫、徐等委員多無異議，獨有汪兆銘、唐生智二人，極力作梗，反對合一。汪所斤斤爭持者，則武漢之「中央黨部」及「國民政府」，實由廣州中央會議決定遷來，是為合法的、正統的、最高的、尊嚴的機關，斷不能與寧方開「對等和議」以圖妥協。我代表馮氏向他解釋：「開封會議」不是官式的「對等和議」，只因危難當前，必須團結，故敦請全黨領袖，以個人資格，聚首一堂，衷誠商量解決辦法，合力北伐而已。至於黨國最高機關問題，先既由領袖們議決、遷移，自然亦可由領袖們議決再遷或再留；事由人定，總以統一不分為前提，方可合心協力大舉北伐，統一中國也。無奈他不聽忠言，執拗如故，且有「移師東防」之主張。唐生智尤為蠻橫無理，指名責罵，一味要打，無可商量，連汪兆銘也不能控制他了。（可參考徐謙：《鮑羅廷罪惡之罪惡》頁一二、一三等篠電及徐由開封發出請汪等來會議電。）余乃無功而還。馮聆余報告後，大感失望，登時變色，搖頭無語，沮喪至極。此事經過，因種種關係，余當年不能對外發表。茲補述如上，以存史實。（當時，赴寧之代表是誰？大概是李鳴鐘。調解報告如何？余不之知，但一方既不肯來，聯合會議即開不成。）

未幾，徐州已為直魯聯軍奪回。馮與寧方軍事合作，一致北伐之計畫，即於反攻徐州之役實現。但可惜寧方之主力軍則移師西向，以防武漢；北進之軍為王天培等部，餉械不足，不能取勝。馮軍東路鹿鍾麟，率兵攻至九里山，距徐州僅十里，但後方靳雲鶚之師既不肯前進，復現叛變之迹象。靳擁兵數萬，盤據豫中京漢線上十一縣；一有變動，一、二小時內即可兵臨鄭州城下切斷西北軍交通長線。後方既受此牽制，自不能前進。而直魯軍孫傳芳等，遂得長驅直下，以至浦口。功虧一簣，是誰之過？

上言靳雲鶚叛變事，今詳述之。靳本吳佩孚部下之小軍閥，為曾任北京內閣總理靳雲鵬之弟。吳倒後，無家可歸，無路可走，乃托庇於青天白日旗下。因其於討奉之役，不無微勞，國民政府乃委為第二方面軍總指揮（隸馮之第二集團軍）、河南省政府委員，後又兼民政廳長等職。馮待之亦不薄，先後曾撥付現洋五十四萬元，及軍衣、子彈、糧食無數，比待自己軍隊為優。惟靳則原是軍閥官僚，惟升官發財、佔據地盤是務，屢曾要求政府升其為第五集團軍總司令。時在武漢之政府不得已乃改調為中央直轄之第八方面軍。靳仍不滿，始終欲佔河南地盤。乃密與孫（傳芳）、張（作霖）二逆結三角同盟。其條件則孫攫蘇、浙，張（宗昌）佔山東，出兵攻豫，而以靳為內應；約定共滅西北軍後，則以豫歸靳。故靳屢抗命，不肯攻徐。以致徐州之役，功敗垂成。靳復假開拔之名，向武漢騙款三十萬元，且運動「紅槍會」眾響應。又私在總部刻「安國軍」關防，定期舉事攻西北軍。唐生智亦與之有祕密聯絡，為其後盾；假刀殺人，殊可痛恨。馮見其逆跡已彰，且為北伐之後患，乃以最敏捷之手段，於三日內調馬步兵十餘萬，四面包圍。靳所據之十一縣防地，七日間全行克復，並解散其全軍。靳前謊報軍額十二萬以騙餉械，而實不過二、三萬人。是役，除殘部一、二千人逃竄皖北，及秦德純一部始終不變外，餘悉解決，此十月中旬事也。秦氏此後正式編入第二集團軍，任軍長。其後效忠於國民政府。（數年前在臺北去世。）靳逆既平，陝西田玉潔部後亦叛變，亦為宋哲元削平，內患盡去。

未幾，寧漢合一，設在南京之中央黨部及國民政府遂得以全力聯合馮之第二集團軍，山西閻錫山之第三集團軍及廣西李宗仁之第四集團軍，定下軍略，各事準備，一致北伐，分路進行。

前敵政治部

我自從受委任前敵政治部主任後，即加緊進行組織，以期早日推進工作，因為那時南北革命軍聯合北伐，雙方已在積極準備中了。

在全軍組織中，前敵政治部自應隸屬於政治部。那時郭春濤替代了共黨劉伯堅為政治部副部長，負責主管部務。他對於我另起爐灶，在部內另設一部，十分不高興，嫉妒異常，存心破壞，一有機會便向我下手。但一時又無法變動，因這是馮總司令的命令，而且在行軍上，前敵亦應有此工作。當時，我很不容易處此。幸而名義上雖屬政治部，而實際上是直接受前敵總指揮部孫良誠統轄，專任前敵政治工作的。孫本是我的好友——前在潼關第一位歡迎我的「西北軍」將領，合作得來，所以一切進行皆很順利。總指揮部設於鄭州，我也在鄭州「中國銀行」借得後座為總部。

猶記其時「中國銀行」的總經理是北洋軍閥的小走狗，疾視革命軍。一次，請我吃晚飯，有王正廷（馮氏任其為隴海鐵路督辦）等同席。那荒唐的經理，口不擇言，竟於席上公開的說：「這次的軍事行動一失敗，國民革命便完蛋了吧！」我聽了很不高興，即時駁斥道：「那裡的話？如果這次失敗，不久又再來一次，永遠不完的，革命不至成功不止。」王氏鼓掌稱善。那傢伙很難下臺，恐再失言獲罪，轉而噤若寒蟬，忙向大家敬酒。

在我部組織之初，忽有燕京大學宗教學院畢業生湘人鄒玉階、今是學校教職員四川人胡綱、粵人饒世芬、直隸人何志新，四人聯袂迂迴經武漢來投，成為得力助手。在鄭州、開封各處又公開招得大專中學以上程度而熱心革命的青年約四十人（全男性）。於本部內分設總務、組織、宣傳三科。其餘人員分為兩大隊，隊各廿人，以蔡某及鄒玉階分任第一、第二大隊長。即加以速成訓練，俾可分途向軍隊、民眾進行工作，配合軍事行動。

湊巧部員中有一名識得施用石印的，又有一名書法甚佳的，其他也有擅寫文告的。我即購了一副石印設備（二手貨）。自己同部員趕寫、趕編、趕印各種布告、標語、文件——有韻語、有散文，出品頗多，準備散播各處。

仍在籌備期間，有美國哈佛大學政治學教授何爾康（Arthur Holcomb），遠道前來參觀本軍革命真象，也由我招待，除告以本軍革命歷史及最近活動，與陝、豫概況外，並帶引他參觀前敵政治部。我指著鈔寫及印刷宣傳文件的石印機笑對他說：「您看見我軍政治工作內部的組織和製造宣傳品的『工廠』了。」他很為滿意，以為機會難得。隨後，我動用公款，招待他吃了一頓大餐。我笑對他說：「本軍因財政支絀，厲行節約，這頓飯只是招待外國貴賓的，平常不能吃到如此盛饌。」我宗旨在宣傳革命軍的刻苦精神。他回美後，寫了一本到中國各地參觀所見的厚書，內有詳述「西北軍」的。其說及「政治部」的，竟有言，我們刻苦節約，不得飽食，乃藉招待外國來賓之機會方得吃盛饌云（大意如此）。事實確鑿，不過誤會我的動機竟以我為取巧、饕餮之流了。

籌備有日，馮總司令由開封來電，催本部早日出發，在京漢鐵路河北前線各地工作，以為大舉北伐之準備。我率全部人員整裝乘專車出發北上。八月四日（農曆七月七日），掛了我們的鐵蓬車的那列車，到了黃河鐵橋，因遇故障不能前進。我們在橋上度宿一宵。次日，方能再進。到了新鄉，我設立總部。由此，兩大隊分途開往最前線工作。

第二大隊到豫西的焦作。那裡是產煤區。當時有回民因事與漢人大起爭執，釀成風潮。我隊前去調解成功，並向本地民眾宣傳國民革命宗旨，也大受歡迎。

其時，駐河北京漢鐵路前線一帶為孫良誠部吉鴻昌師，師部即在新鄉。吉與我也結為良友，合作無間。我部與師部聯合共開一個「軍民聯歡大會」。野外築有大講壇。旗幟與標語高標，威勢煊赫。吉師兵官及民眾赴會者（這是河南人民初有之盛舉，多來趁熱鬧）集合臺下，不下三萬人。吉和我都有演講，發揮國民革命宗旨，鼓吹打倒帝國主義，抵抗日本侵略。我們又領導軍民高唱革命歌，散播傳單、文告。一時革命空氣，非常濃厚。

散會後，我們又舉行大巡行。軍民成行成列，巡遊全城大街，觀者萬人空巷，我部部員有多種表演，尤能引起民眾注意及興味。其中一項，當行出色。那是由我部員二人，喬裝紅毛長鬚、高鼻深眼、身穿西服的「帝國主義者」，另有一人衣和服。三人各人手牽一條洋狗，共二大一小。每狗穿上白背心，其上各書一人姓名「張作霖」、「張宗昌」、「張學良」。民眾一見即大呼「打倒帝國主義走狗」。這一表演之感動人心，勝似幾萬言長文，或幾小時演講。若問那三條洋狗是那裡來的，則大有來歷。原來我個人素有養狗之癖，尤愛狼狗。一到鄭州，即聞原在該處的洋教士都走了，留下大小狼狗三頭，無人餵飼，餓斃堪虞。我乘機一一收養，日飼以個人所應得而不能吃的饅頭和餘剩的殘羹冷飯（並不虛耗軍糧）。初以為投吾所好之個人玩意，後來卻想起利用牠們為我們政治工作的「走狗」。以故得此成績。那三隻畜生已成為我部有特殊功效的部員了。後聞馮總司令得知此事，不禁開顏大笑，稱讚一句：「簡同志真有辦法！」不料此事人口相傳，成為趣話，遠播至廣州。多年後，我回粵時，得見黨中元老蕭佛成翁。他還津津樂道我利用狼狗作宣傳工具的妙法，對陳濟棠將軍、鄧澤如委員等敘述。不過他加上一句：「這一來，他才免被馮總司令治以軍中養狗、破壞軍紀之罪。」

一日夜間，有部員報告，看見一人鬼鬼祟祟、縮瑟閃匿，祕密在車站各處張貼標語。我多派數人跟他前去查究，捉他回來。其人卻是我部員之一，平素對我持不友善態度的。他的詭秘行為及所貼標語引起我疑心，乃下令搜他的行李，才發現他是漏網的共產黨員，但暗投郭春濤總部，奉派來我部工作，實是來偵探我們的行動作小報告，以破壞我們組織及挑撥惡感與毀傷我個人名譽的（後事一一證實）。例如：我為訓練部員使得知「西北軍」歷史，命一位在馮軍服務多年的老同志演講，自然不能不述及基督教的影響。不料，郭即向馮報告謂我向部員「傳教」。分明是得自其人報告，歪曲事實。後經馮派員查究明白，始得無事。當下，我即扣留其人於縣署，後連行李與證據，押回總司令部「軍法處」辦理。未幾，郭即保釋之，不知所終。

熱鬧時間過了，我又派第一大隊由蔡隊長率領廿餘人，乘火車北上，到我軍之最前線——彰德，展開工作——那是真正的前敵政治工作。到後，他們也仿效著新鄉的方法，擬舉行「軍民聯歡大會」。過了幾天，我親自北上視察、督導工作進行，挈了饒世芬和一勤務兵偕行。我部員駐紮彰德城外一家教堂。其時，駐防彰德城內的是吉鴻昌師的一團，團長吳金堂。他也與我們友善合作。屬草至此，即引起我一段慘痛的、心悸的回憶，「紅槍會」之役。

「紅槍會」之役

「紅槍會」是普遍豫北愚民與歹徒的組合，遠為「白蓮教」，近為「義和團」的餘緒，一味迷信神權，不知主義或法律，或道德，到處劫掠財物、倚勢凌人、橫行霸道。人纏紅布，手執紅槍（木柄紅纓），打拳念咒，泛拜邪神，相信鎗彈不能過身。群奉地方的惡霸為魁首。其支流有所謂「扇子會」（相信以扇子往後力扇臀部、念起符咒，即可避鎗彈）及其他多種名目。其間土匪、流氓，群焉趨附，寖成地方惡勢力。彰德一帶大約有二萬眾。他們一有機可乘，即糾合匪眾，向軍隊圍擻鎗械。前月，奉軍由鄭州敗退過此，即吃了大虧，損失兵員、鎗械不少。他們既多次劫奪不少鎗彈，作惡更兇。那時，見我軍只有一團約千人駐彰，以為人少可欺，覦覬鎗械，蠢蠢欲動，時圖下手。吳金堂察覺形勢危險可慮，乃召集其首領數人於城內開會，企圖和解。那時，我已到彰，並邀我同往協助說服他們。我親見會匪魁首們數人，穿便衣，乘大轎，前後衛士多人持鎗保護，氣焰甚盛。我們懇切勸導以民族大革命宗旨，力求和平共處，相安不擾，但無結果。吳乃用電話報告新鄉吉師長。吉即令其撤退調防，將全城防務移交民團馬曉軍營長四百人負責，以為本地人擔負本地防務，斷可無虞。我軍遂於即日下午陸續登上路局準備之一列火車。吳通知我偕其同去，饒與勤務兵隨焉。匆匆間未及率領我部隊員同走（車輛亦不夠用），心中以為無事發生。至夜間約八時，吳下令開車。

詎料車頭機輪一發動，車站外即鎗聲四起。我軍已被「紅槍會」眾包圍攻擊，顯欲劫奪軍械。吳即令停車（恐前路車軌已被掘毀），下令布置防守事宜；以一營分守車站，沿東邊高牆站崗，西邊田疇空地亦據空車設崗緊守，但不許放槍還擊。餘兩營則準備會匪衝入作殊死戰。吳鎮靜勇敢，應付有方，足見訓練有素、經驗豐富。不移時，我部蔡隊長忽然率眾隊員狼狽逃入車站，幸各人仍穿軍服，向站崗兵說明來歷乃得通過。事變發生時，他們知城門緊閉，乃相率冒險逃至車站，盡遺行李於教堂。所幸沿途「紅槍會」人數寥寥，乃得通過。最不幸者，有一本地隊員躲人一家民房，即被會匪查出殺害殉職。事後查明，令我痛心不已。

至深夜，站外鎗聲斷斷續續不停。更有土砲隆隆不斷的從各方爆發，聞是「紅槍會」招集外援的訊號。可知整夜會匪越來越多。吳金堂曾高站在車篷上，用播音器大聲疾呼，苦勸他們和平共處，免起兵戎。但如必要與我軍為難，企圖繳械，誓不繳出，除非他們親自來拿，可云壯烈。整夜鎗聲、砲聲不絕。中夜後為防他們暗襲，加站雙崗，三營輪班當差。我部隊員處車輛內，不敢走動。

次晨，天甫曙，吳下令開鎗還擊。分在圍墻及站內高樓屋宇，見人便射。站外「紅槍會」麕集。一時，死傷纍纍。會眾如鳥獸散。不到半小時，車站四週，渺無人跡。我軍亦停火，見人才再射擊，而站崗如故，全日不停。同時，我軍所乘的列車，已開入站內廣場，另布陣勢。東墻如舊站崗、西面曠地以數列空車為陣，南北鐵路軌道則分設障礙物，四週設崗緊守。「紅槍會」匪不能越雷池半步。我軍兵官仍留原車，而我部員則另住一鐵篷車內。我與吳及其三營長常常聯絡，藉知實情。這一仗打得真好，可以證明馮軍訓練之優越成績。再過一天，「紅槍會」由各處紛至沓來，後聞足足有五、六萬眾，但仍沒有人敢衝入站內送死。幸而我軍子彈、糧食還可維持，尤幸有無線電機可與新鄉師部通訊無間斷，常川報告軍情及請示辦法。吉鴻昌也要報告及請示於馮總司令，方能決定戰略，只囑吳死守待援。

日間，我也幫助防守，右手持大刀（前在西安曾練過），左手握手槍（前在漢口有友人所贈的），挈饒及勤務兵四週巡邏。忽見車站入口處有一可疑的乞丐，蜷伏地上，似是聾啞的，閃閃縮縮，鬼鬼祟祟，張眼四望，不敢正視。我疑其是會匪的探子，前來偵察我軍的行動與陣勢，即喝令崗兵捕拿，交團部嚴訊（後聞被槍斃）。我無意中找到路局的「機務處」。處長梁綺濤是我同鄉，另有一名路局的醫生，也是同鄉。兩人對我非常友善，日夜敘談，又邀請我與饒同吃廣東飯。晚上，四人圍桌玩紙牌以消永夜，但談無可談，各有隱憂，面面相覷，不發一言。

是役，我最難忘的印象是偶然在車站上看見一具屍體，那是會匪不知如何混進來而被槍斃的。不是形象可怕，實是在人道上、倫理上，感覺到戰爭的殘酷性，人命的無價值，致令至高貴的人變為死狗一條。後來，又聞得軍中將領們談及戰時損失，不說喪了幾名戰士的寶貴生命，只說損失了若干支槍，若干門砲，簡直以槍砲重要性高於人命，不當人是人。我想全世界均如此，戰爭真是文明的最大罪惡。

那局勢僵持了兩天兩夜，迄無解決辦法。以彼眾我寡，不敢反攻，惟有死守待援。在新鄉的吉鴻昌得了馮氏的命令，不准其派大兵來援。因為馮不明瞭當時當地的真相和險象，不忍多派兵來援民。吉不得已，乃於夜間，與旅長張印相率領數十人，扛了機關槍四架冒險前來，解決方法。他們打聽得各處「紅槍會」仍陸續有來者，深恐再過一、二日便難逃出「人海」，非全軍盡墨不可。因之，他倆與吳熟商如何撤退。我也被邀去與吉會晤，蒙其慰勞，但不以撤兵之計見告。

堅持至第四日，早飯後，吉即率領吳團兩營及機關槍，向會眾集中地進攻，追奔逐北，大舉掃蕩。許多會匪為其殺死。其他狼突豕奔，週圍二、三十里渺無人跡。直至下午將近黃昏始收兵回車站。是夜，全軍飽食後，急急步行退兵。出發前吉才派人請我去，告訴我立刻令全隊隨軍「往北」撤退。我即回鐵篷車，令全隊人員盡棄所有，隨軍向南沿鐵路撤退。時，吉、張、吳已先走，我隊隨後。我剛才會見吉、張兩人時，見他倆和幾個兵士一一改易「紅槍會」偽裝，以備事敗逃命也。至出發前一秒鐘還告訴我「向北」退兵，真實行「兵不厭詐」，到那時還恐我們洩漏軍機哩。

我仍穿軍服，一手握手槍，一手提公文皮包（內有已撕去書皮的「文密」電碼及輕便東西）。由饒與勤務兵一左一右摻扶著我在黑夜中慢慢跟著軍隊沿鐵軌南行。曾蹉跌一次，即把皮包丟了。行不數十武，忽然東面亂鎗齊放，向我軍射來。大概有會匪偵知我軍退兵，故回頭襲擊也。我立刻伏倒在地下，即從鐵道高處滾落西邊大坑。是夜有小雨，路上坑中，皆濕滑的污泥，我滿身沾了泥漿，手槍也於斯時丟失了。幸饒仍緊緊隨著我，彼此用粵語打招呼，兩人相會，共商進行逃命善法。結果：我倆以已經與我軍脫節，又不見吉、張、吳三人，孤獨前進，危險堪虞，而且以廣東人，人地生疏，如何進行？況身穿軍服，無便衣可換，一遇會匪，生命休矣；於是決議不如退回車站，走避機務處長同鄉梁氏處，求其庇護，再圖突圍。乃爬上路軌，走回梁處。

梁氏真夠義氣，懷善心，有鄉情，樂意收容我們暫避。先叫我們改裝，給我們工友黃斜布衣褲各一襲，把我倆的軍服埋在地下。我隨即向他借用薙刀刨，把自征途出發以來所留的滿臉長短鬍鬚刮光了。面目身體全新，還我壯年的真面目。連那日夜相聚的同鄉醫生來訪也認不出來，要問我「貴姓名」。我說出真情後，四人嘻哈大笑。我私下竊自慶幸，當時留鬚的預見，果然發生救命作用，竟演出一幕「割鬚棄袍」的活劇。未幾，忽聞後門有敲門聲，梁忙去查看，回報說是我的勤務兵來找我，因當時遇伏失散後，他再不見我與饒，料想我倆必回梁處，果然被他猜中了。梁真有義俠精神，「愛屋及烏」，連他也收容了，給他改裝，但叫他躲在廚房內，不要出來與我倆會面，庶免露出破綻。

時已過了深夜，外邊軍人盡撤，整個車廠萬籟無聲，變成一個荒漠。我們四人環桌而坐，各有心事，憂悶不堪，相視無語，如楚囚相對。有頃，梁忽發言，表出隱憂，恐怕天明之後，「紅槍會」匪攻入車站來，不見軍人，即遷怒局員，大肆劫殺，必至玉石俱焚，連梁等也不可保了。那醫生也同懷此懼。當下，我為他們定計，獻議：會眾的仇敵不是鐵路人員，只是軍隊；若明晨任他們攻入來則餘怒未息，且為復仇計，自然逢人便殺，見屋便劫，全站人員無能倖免，戰爭心理如此，池魚必至遭殃；為今之計，亟應由他們連夜派出幾人代表路局，前去正式通知他們，謂全軍已撤退，車站、車廠、車輛，有何遺物，路局概不負責，切請他們自來檢查；如是他們怒氣平息，反而對路局人員表示好感，必不至騷擾各人，只顧檢拾遺物而已。他倆都以為此是萬全計策，立即施行。原來站上員工也有加入「紅槍會」的，梁乃出去找到他們幾人照吾計策辦去。他們遵命，於天未亮時通知會匪首領。久之，回來報告一切辦妥，並各持紅槍為梁守門。我們始得心安。

天才露曙光，即見會匪三、五成群，或二、三十人一股，陸續入站檢取軍人遺物，而對於路局人員、辦公室及住宅，果一概不擾，吾計得成功。不過有會匪與路局人相識者，進入梁處取茶喝。我與饒面見他們，一言不發，勉作鎮靜。我神經緊張，恐懼至極，不能再支，乃臥牀假寐，生死禍福，任其自然，幸得安渡難關。那醫生也嫌孤身寂寞，日夜都在梁處，四人一起，互相作伴，互相安慰。

第六日，局面恢復常態。我又虞久住洩露祕密，便有危險，乃向梁提議要走。他贊成，為我們雇了一輛牛車，由車伕駕駛直往新鄉，訂明車費四元。梁又慷慨借給我十大元以作路費。感激其恩義之下，我把囊中留下的一隻金錶（價值港幣逾百元）交他為質。他堅不肯收，說將來送回為難。不過，前日有人在車廠拾得我的小皮包，內有個人的石印章等瑣屑品物，他卻要留下，恐帶在身上有危險。我將各物送給他為紀念。至於手鎗則一去不還了。

翌日凌晨，我三人從正門而出，登上牛車。預約：我們冒充鐵路人員，廣東同鄉，遠由保定南下探訪他們，至是南行。我們大搖大擺，揮手高聲道別（用正粵語），讓人公開見之聞之，免致生疑。走了一天，到湯陰時已近黃昏，得聞吉鴻昌帶領大隊人馬乘火車北來勦辦，停車於站上。當時，我與饒細商已脫離虎口，可安全回去，不便再往驚動他，乃投旅店一宿。次晨，又動程。一直走了好幾天，經路程幾百里，到了衛輝，即可乘火車回新鄉本部。部員早以為我們遇難，至是熱烈歡迎，我們得慶更生，而其他隨軍突圍的部員，早已全體安全回部。我於是率全部人員回鄭州。

至是探聽是役消息，乃知吉、張、吳三人是夜率部突圍南行遇伏，隊伍衝散。有十餘兵士避入路旁村莊，被會匪繳械活埋，殉職最慘。檢閱全團，損失鎗支百餘，幸而機關鎗四挺無恙，吉犒賞每支扛鎗者百元。彰德城內民團五百，人鎗盡喪，犧牲最大。城陷匪手，遭其洗劫一空。經吉向馮總司令報告詳情後，以彰德為前線要衝，萬不能再落奉軍之手，而且會匪亦須嚴辦，以儆將來效尤，乃令吉師全部會同馬鴻逵師（內有騎兵），北上大舉勦辦。到衛輝已遭會匪抵抗，斃其多人。繼續沿鐵路衝擊，直至彰德，痛加勦辦，斃會匪千餘，克復其城，留多人駐守。其後，我再往彰德，重會梁氏，還其借款，兼謝其救助之恩。他悔恨讓我們早走一天，因吉師至後，路局工人數名也被查出鎗斃；假如我們尚在，當可藉保護我們為理由而救活之也。

在我失踪八、九日期間，馮氏屢電吉鴻昌查詢，毫無消息。總部各袍澤均以為我已遇難。適孔祥熙到鄭州訪馮，亦聞此消息，電告南京，謂余殉職。後來，我聽得一般友好有謂余「死得不值」。所謂「蓋棺論定」如此，令我太不高興了。時，馮在鄭州，我即趨謁，仍穿鐵路人員黃斜紋布衣服（未領新軍服也）。兩相握手，我報告「幾乎再不能見總司令了」，不禁淚流滿面。馮獎慰有加，稱讚我英勇冒險，真有「西北軍」的精神。我忙答：「不敢當，不敢當。不敢言勇，不知有險，只是負責盡職而已。」他既聽我大略報告經過，囑我再領軍裝，部員損失具實報告以便賠償；其殉職之一員則撫卹家屬。問及我個人有何損失。我答以除行李、手鎗、什物外尚丟了一把大鬍鬚。至是乃破涕為笑。他再令我整頓部務，再接再勵，準備大舉北伐。我即去電南京中央及廣州家中報告平安脫險以慰親友。

後來，在馮氏的《我的生活》（卅八章）有如下的記述：

自彰德等地為我們佔領，一般人民受反動宣傳，信了什麼共產公妻的謠言，以致「紅槍會」四起襲擊車站。在那邊任政治工作者為簡又文。一次在彰德工作，「紅槍會」忽起，嚇得躲入一店的錢櫃中（這是誤傳），幾乎遇害。簡先生完全學者，光明正直，熱忱不苟，而不知機巧，故遇此變。（頁七一二）

據傳聞：豫北「紅槍會」是受了其時駐軍豫南密謀倒馮之靳雲鶚的重賄，故乘機蜂起與馮軍為難者。但一查靳部不過二、三萬人，駐地非豐阜之區，連自己軍餉也不敷，要到處張羅，何來重金以賄匪耶？分明是烏合的民眾與土匪無目的之蠢動而已。

正擬整頓部務。恢復擴充，以圖再舉。詎料一向嫉忌我、排擠我的郭春濤，前已屢次造謠中傷，至是竟乘機作「落井下石」之毒手，向馮報告說，前敵「政治工作部」毫無成績，而且誣我經過大難，氣沮膽喪，已萌退志，請解散組織。馮不知底蘊，聽其一面之辭，下令取銷我部，以為北伐大業無此需要。我們出死入生，努力多時，竟有功無賞，效勞不慰，反要解散。「政治部」搞出這樣的「政治」，真有「天下烏鴉一樣黑」之慨。命令既下，我無能為力，只得遵令遣散部員，各給旅費。其由北京來投效的四人，獨留下何志新為助，餘如鄒、胡、饒三人則回去維持「今是學校」。他們乘火車南下漢口，車輛擁擠，不得座位，迫得要攀上車頂，露天坐臥；又恐車輛震動有傾跌之虞，乃各購一長大繩子綁著身體，以兩端緊繫車旁，方得放心。幸天氣已屆秋涼時節，不熱不寒，他們日以乾糧果腹，逢站飲水，乃得到漢轉輪回北京。

我與何及一勤務兵留在鄭州，聽候服務的新任命。無聊之極，日夜納悶。適遇農曆中秋佳節（九月十二日），夜不成寐，觸起離情，心有所憶，而文興詩興都見阻，不能勃發，偶然靈感一觸，起牀開了電燈，作了一闋「粵謳」，不費覓句推敲之功，信筆抒發自然情緒。原稿保留，錄之如下：

〈中秋月〉

中秋月，應要分外光明。做乜（為什麼）今夜月色朦朧看不清。
或者月宮仙子係咁（這樣）關心，憐我子影。
怕我睇見團圓明月，更觸起離情。
故此展布浮雲，遮蔽廣寒仙境。
叫我忍住相思紅淚、繼續去賦長征。

月呀，你既係咁情深，我亦深心鑒領。
唉！惟有拚命。但祝旗開必得勝！
個陣（那時）黃龍痛飲，正（才）共嬌佢步月階庭。

回粵省親

前數月，黃少谷由國民黨北京政治分會李煜瀛、李大釗等介紹到「西北軍」服務。他是湖南人。北京師範大學高材生，熱心革命，才識過人。馮氏甚為器重，委為「宣傳處」處長。這時，總部新設「內防處」，調何其鞏為處長，即以黃繼任「秘書處」處長，而以孟憲章（見上文）副之。「前敵政治部」既結束，所遺「宣傳處」處長一缺馮即委我充任。

在準備履新之際，忽接父親自廣州拍來急電，謂母親病重，著速回家。我戰戰兢兢，持電謁馮，蒙其准我請假省親，但總部需人為助，囑我快回。我留下何志新於鄭州候我，即乘火車到漢，轉輪東下。先到南京向中央述職，並分謁孫哲生部長及會見他友。因大學北伐在即，孫主張我繼續回馮處如前擔任政治工作。中央黨部發出第二次委任狀，名義如前。我即赴滬轉輪回到廣州。原來母親患胃癌重病，病入膏肓，無可救治，但又未到末期。我侍疾一月，預辦安葬後事畢，她命我移孝作忠，離家北上，繼續為國效勞；得見我一面，已償所願，囑我不必掛慮家事。我乃再行北上。

到滬時，已是十一月中旬。有幾個社團和學校，邀請我演講馮氏與「西北軍」的真相實況。講稿連續在《申報》發表。標題：〈西北軍一年來革命奮鬥史〉（十六年十一、十三——十八，原稿已佚，卅餘年後方在美國「哈佛大學」圖書館搜得複印）。又撰《我所認識的馮玉祥與西北軍》（印有單行小冊）。（上文述辭，多有採用此兩篇資料。）全國始得明瞭二年來馮軍之艱苦經驗。

有一次，「基督教青年會」美籍幹事費吳生（George Fitch）約了關懷馮氏的外國男女教士數十人開會，邀請我用英文講述馮氏最近的生活實況（講辭大略如前）。講畢，任人發問不明及懷疑各點。猶記最有趣的，是一位女教士所問：「先生說馮投歸『國民黨』，究竟是那一個『國民黨』——廣州的呢，武漢的呢，還是南京的呢？」語含諷刺。我即張目凝視著她，含笑答道：「是『中國國民黨』」。聽眾呵呵大笑，嘖嘖稱妙。那女士不服氣，再問：「先生是替馮將軍做宣傳工作的嗎？」諷刺更甚。我答：「否，否！不過我有一時期曾任過他總司令部的『外交處』處長」。聽眾又含笑以報，分明欣賞我的「外交辭令」，不失體統。

又有一人問我馮是否仍信基督教。我答：「那只有上帝知道。據我所知：他不吸煙、不飲酒，不嫖賭，不納妾，愛人仗義，生活嚴肅；我相信他仍是一個很好的基督教『美以美會』的教徒（Methodist）」。（以上所舉是該會最重要的教規，而馮也就是屬於該會的教友。）大眾也點頭微笑。不過，我亦坦白告訴他們：因馮軍不同往年，如今分子複雜，宗教多元，全軍革命化了，再不能如前之單獨大學宣揚基督教，軍中實行信仰自由原則。我未嘗欺騙他們或隱瞞事實。他個人的宗教信仰與生活的確未變質。證以多年後，他的政治思想雖有變更而自讀聖經，赴教堂守禮拜，仍如前一貫無異。（補註：甚至在有生最後一年在美旅居加州之時仍如此。）

再有一人問我：「馮是否『偽善的』——在人前則粗衣糲食，而貼身則穿珍貴的皮襖，在家食則美味珍饈？」我答：「這全是仇恨他的敵人造謠中傷的。他在軍中，常不回家。有時家眷也不在軍中。一衣一食，惟勤務兵侍候，又有王瑚等常川為伴，如何能『假裝』『作偽』而在軍中無人發覺，無人指摘？我可宣誓作證，無論平時或戰時，他的私生活確是刻苦儉樸，與士卒同甘苦的。」我也飽聽這謠言，傳播遠近，馮難以自辯。

關於馮氏「假裝」、「作偽」一點，最近有他的老舊部劉汝明在其《回憶錄》中曾言：「以我跟他幾十年的經驗說，上述的事（指在人前衣食作偽），我從來沒有見過，作做也許是作做，但是一個人幾十年如一日，能享受而不享受，不必吃苦而硬要吃苦，那麼，假的也就是真的了」（頁四八）。這是最好不過的也是最為有力的辯辭。以我從戎生活所知所聞，馮的部下暗地批評他不是之處的，倒也不少，但從未有一人以生活作偽指謫他的（上述劉汝明的評語，所謂「作做」也不過說他稍為「矯枉過正」一點而已。在我個人看來，馮是北方人，而且出身寒微，生活自然是依照北方人的習慣，一衣一食，不能驟改，勉強為之，反大不舒服，有害健康，所以他實在不能享受豪華奢侈的生活。不明這一點的人——尤其是我們生活完全不同的南方人，很容易誤會他是「作偽」、「假裝」，而實際生活實是「豪華奢侈」的了。（例如：北方人無論貧富，甚至在街頭引車賣漿者流，在冬天無不穿皮襖——至少老羊皮反穿，而在南方則惟大富大貴才穿皮襖是。）即以著者個人的切身經驗而言，從前在戎幕中，雖熱心革命，無論如何，不能跟同袍們吃粗饅首、窩窩頭，一吃便肚脹胃痛。（後來由粵北伐的廣東兵將到豫後也同有此經驗。）我每日非解私囊另買大米飯來吃不可。一有機會——時或自做機會——便要大吃雞、鴨、豬、牛，蔬菜與米飯來果腹，軍中的「革命飯」、「大鍋菜」不能一飽也。

於此，我可進一步作一「親供」。在「西北軍」先後數十萬人中，其立心、蓄意和實行如上文所述之「作偽」者，祇有孤單的、唯一的一個人：不是別人，那就是簡又文。緣我生長粵東，在北方耐寒不得。因後來初到軍中服務時，眼見全軍只穿灰布棉衣，預料在隆冬天氣中斷捱不下去。於是，趁這次請假回家之便，向父親取了一筆現款和他的短毛狐皮褸一件及頂珍貴的長毛狐皮袍一襲，然後北上。臨別時，他還似罵而非罵的教責我說：「許多人出去做官扒錢回家裡來，而你卻回家裡來扒錢和取貴重衣物出去做官！如果你不能做個廉潔的好官，真該打該摑了。」這是嚴正的家訓，永不能忘。到上海時我即以皮袍交與一家製皮衣的裁縫店，另購頂厚的灰絨為面，及藍綢為裡，由其仿製一件長到膝蓋、前有雙行鈕扣的軍服，配上大翻領。心裡計算，如果這假冒的軍服通不過，即將棉軍服拆開，取其灰布面再加上一層在灰絨皮服上。準備已妥，所以一往直前，有恃無恐。一到隆冬時，貼身穿上純羊毛衫褲，足穿頂厚的羊毛長襪（皆在滬預購的上等洋貨），再穿上短皮褸，然後套上軍中所配給的灰布面的棉軍服；一出門時更穿起自備的，「假冒的」大毛狐皮長軍衣，復戴上配給的禦寒軍帽。如此這般便安然渡過了冰雪交加的奇寒氣候。若非如此，即如每餐不吃米飯，我不能在西北從事革命。而那一襲灰色的狐皮軍衣，上自馮總司令，下至勤務兵，都給我瞞過了。馮氏或其他軍官那有這樣的、珍貴的服裝？前幾年，我到美國「耶魯大學」去治學，又復檢出這一襲四十年前的大毛狐皮舊軍衣，拿去冒充大衣，也使我渡過北美雪天冰地的奇寒天氣。妙矣哉此軍服！

因此之故，我對於馮氏私生活之儉樸，乃有上文的了解和解釋。然所最難忘者，則是有一次親耳聽到他說：「我不是不愛美衣佳餚，但全國同胞大多數是饑寒的，何忍獨自享受？要等到同胞們豐衣足食，我才一同享受。」當時我大受感動，幾乎掉下淚來。私心默想，如果這是作偽欺人的話，則九百年前曾說過「先天下之憂而憂，後天下之樂而樂」之話的北宋名臣范仲淹，當是天字第一號的「偽君子」、「假道學」了。

代理政治部部務

回到鄭州，喜見何志新還在等候著。我即赴開封謁馮銷假。會郭春濤請假南行，馮乃命我仍以副部長代理政治部部務。

十二月廿一日，總司令部舉行頒發「革命獎章」盛典。在許多位得獎的軍官佐中，我倖得與其列。馮對眾誇獎我熱忱革命的精神與功績，以一枚「革命獎章」親為我佩在襟上，並頒給「國民軍聯軍獎章執照」一張，令我感到非常的榮幸，這是幾乎以生命換來的。其辭曰：

> 溯自本軍五原誓師，努力革命工作，我武裝同志暨參贊諸員，均出生入死，黨國宣勞。前敵政治部主任簡又文，有膽有識，允武允文；富於冒險精神，努力宣傳工作。

卒使軍民水乳，收效實宏。喚醒顓蒙，厚增實力。鼓吹之功，奚讓袍澤？簡又文著給予革命獎章，以昭激勵。此照。

執照右邊印有「革命的獎章是努力革命的徽號」；左邊印有「承受革命獎章者沒有官兵階級之分」；其下由右至左橫印「國民軍是民眾的武力為中國自由獨立而奮鬥」。

未幾，在鄭州碧沙崗所建的忠烈祠舉行成立典禮。馮親到主持，我也隨去。祠內兩旁木板刻有為革命犧牲的烈士的姓名、職位。開會儀式，殊為隆重。馮作悲壯沉痛的演說，發揮革命精神，表揚先烈功績，語語感人肺腑。其間，頗為令我難堪者，則是：他忽然指著我發問：「簡又文同志，您死了之後，願姓名留下刻在這祠內不？」我在心弦震動、神經緊張之下，朗聲答：「如果將來長得與諸先烈為伍，真『受寵若驚』了」。

事畢，回到開封政治部視事。未幾，即發覺部內種種不滿意之處。一則男女部員多人，大都知識水準及工作能力極低，全無工作、無效率。男性者有十人，八人是郭的湖南同鄉，不能做事，尸位素餐而已。女性的程度也太差，「群雌粥粥」，日夜在部內鬼混胡鬧。有一處長竟與其中一人發生曖昧，夜間偷入其宿舍同睡。其他女子大不高興，群向我告發。我見事涉少將處長，也是郭之心腹，不敢獨自處置。過了幾天，幸得稍有正義感和忠於職務的科員數人，見我振作有為，力助我查明部內黑暗實情，以期切實整頓。我乃據實向馮報告，候命辦理。他生平最恨官僚作風，最惡無效率之徒，即命我實行裁員，盡量把那些工作無能、白吃軍糧之徒淘汰了。關於男女和姦事，他卻不作正面答覆，只於有意無意間，出以幽默口吻：「好呀！男同志與女同志兩相愛戀，將來多生小同志，效力革命，豈不妙哉？」我氣憤回報說：「但恐怕小同志未產生，鬧得一塌胡塗，把老同志都氣死了！」馮不禁嘻哈大笑。當時，適有老將張之江在座，一同聽了之後，也大笑起來。後來，我的話傳遍總部，人人樂道此笑柄。由是，「醜聞」變化為「艷史」、「美談」，頗有「化腐朽為神奇」之妙。何以言之？因那處長知道春光洩露，心不自安，即簽呈馮氏，請准與那女同志結婚（按照軍律，應先行申請）。馮立振筆題上四個大字「愈快愈好！」或者恐怕「小同志」真個產生出來，趕辦善後，便費事了。這場小官司分明我佔了上風，馮氏深意，不言而喻。（其後，又聽得那代部長素有「寡人之疾」，鬧了不少桃色事件，穢行昭彰。幾年後，在行政院任某部次長，乃為其同學同事向為其「死黨」之密友告發被其強佔妻子。他所倚為靠山的原是一個講道學的大員，立刻提出懲戒將其罷職，永不敘用。賦閒多年，名譽掃地，卒去北京靠攏，也鬱鬱不得志而終。）

關於裁員一事，我向部員宣布總司令的命令，擬遣散十餘人。那些湖南同志聯同來見我說：「我們遠道前來投效，一旦被裁，無家可歸，叫我們往何處去，如何生活？」我聽了動心同情，無可答覆，況他們是郭手所用的同鄉，恐開罪於他（我也習了些「官僚作風」），不便下手，乃答以「容再考慮請示。」至於那些女同志呢，毫無問題。因為總部內有幾個機構，一聞此消息，紛紛前來，調取前去，或兩人或三、四人，不到兩天全體已被分領去了，無需我下令遣散。那個奉令結婚的處長也來辭職，自請「下野」，登時走了。我隨筆下一手令「處長自請『下野』，著×科長暫代，候請總司令委人接任。」不料那處長看見那手令，乘隙反攻，持往見馮，說我：「兒戲公事。」馮又笑說：「真夠幽默！」後來，馮問我，究竟是怎麼一回事？我說是他自請「下野」，未言辭職，所以我照他所言下手令，那不是「公事」。馮有不悅之意，說：「現在大敵當前，大戰在即，你們還是因這小事屢屢來麻煩我！」言下有責備之意，但他明知那麻煩不是我惹來的。過了不久，馮忽任命那風流處長為甘肅大學校長。馮之用人行政，我最不佩服的是這一次——以一個人格如此，不學而有術，並無大學畢業的知識程度的人，任其做什麼官都可以，甚至一個販布出身的可以當大總統，惟任為大學校長，當認為是污辱神聖的重要的「最高學府」。（上述的風流官司，見馮著《我的生活》頁七三二，不過事實略有出入，但馮自己承認「可笑得很！」）

那時，馮夫人李德全已回國，寓鄭州，也有好些青年軍官隨她回來。直至多年以後，她在共黨政府任「衛生部」部長職多時，才發表她的黨齡甚老，大約在隨馮訪俄時祕密正式加入共產黨，但一向絕不表露出來，也無人懷疑她。她配合劉伯堅等擔任在馮軍的祕密工作。其對象第一當然是馮氏本人，第二是馮軍將領。她有爪牙供其使用，她弟弟李連海，即管理收發電報者，即是其一。馮堅決反共，意志不易動搖，意識形態也不容易改變。直至末年遊美也如前服膺三民主義，不肯背叛國民黨，只對中央人事上有芥蒂而已。按我個人如今臆測，李之第一步驟便是排擠馮之最親信的老幹部，如張之江、李鳴鐘等均逐漸被離間而疏遠或割席而去。然其他高級官佐自鹿鍾麟、宋哲元、劉郁芬、劉驥、孫良誠、孫連仲、劉汝明、馮治安、張自忠、韓復榘、石友三、石敬亭等等均矢忠於馮氏及中央。孫連仲之參謀長或是受了她所派的爪牙去運動加入的，故後來乃有江西孫軍投共之舉。韓、石後來之叛馮另有別的因素，木是受她運動。吉鴻昌後也投共，淵源未明。此外或有其他中下級軍官祕密受其煽動。她的地下工作真是祕密謹慎，多年來絕無人知道。

茲又憶起她屢與我談話，討論某人某事，每每發問：「那是不是革命呢？」及今回思，這就是她離間、排擠馮氏老幹部之一方法——硬把「不革命」，或「反革命」的惡名或罪名加諸其人。大概她見我有革命精神，有意拉我下水，常常誇獎我。但一知我宗旨堅定，故不上鉤，她白費了不少「米湯」。在抗戰期間，她曾和馮反目，幾要離婚，未知是否因黨見歧異之故，不敢斷定了。最後，馮之由美赴俄，當然是受她的影響為大為多。

洛陽今是學校

十七年元旦，馮在鄭州過新年，在世界文化史上，貢獻了一個獨出心裁、亘古未有的新發明。清晨，他召集全體駐鄭的兵士軍官，行賀年禮，足有二萬人強。他站在臺上演說，有云：「今日元旦，循俗例當燒串砲以誌慶祝。可是我們財政不足，而且也要節儉，不買串砲了。我們就用口大聲燒砲算了吧。來！來來來！跟著我『砰砰磅磅』……」全軍隨聲大呼十幾分鐘，砲聲由二萬多張口放出，轟天震地，真是好聽——好玩是真。他常常提倡的口號是「窮小子有窮辦法」，不錯，這是一個好例證。

那時，全黨早已團結一致，第一、二、三、四集團軍，聯合大舉北伐。二月中，蔣、馮兩總司令且結為異姓兄弟。這是我親耳聽到馬福祥所說，由他「做媒」，二人交換蘭譜的。中央與馮已有密切的聯絡，諸軍交通設備亦完密。我個人的任務似非必要，即軍中政治工作在大戰時似亦非絕對重要。計是時國民革命軍全體合算兵力超過七十萬人強，為國民黨以前得未曾有的大勢力，比之奉魯軍閥強盛得多，北伐成功可以期待。

馮軍各機構，各單位準備北伐，甚形忙碌。惟在癱瘓下的政治部整頓棘手，一事不能辦，我這代理部務的主官，簡直「尸位素餐」，又不准辭職。正在進退兩難中，郭春濤忽然從南京回來。馮初以為他不回了，有意要我幹下去，但他既歸來，只好令他回部照常任事。（其間，也許由他的「死黨」或同鄉，因我代部奉令大加整頓，故急電請他速回。）馮知我和他積不相能，恐發生衝突，即把我調開，下令仍以政治部副部長名義地位在洛陽創辦今是學校，委我為校長，隸屬駐洛之「訓練總監」。他面對我說：「請您屈就此職，但是這是為全軍官佐的子弟而設的，食宿費全免。現在我軍正要大舉北伐，與奉魯軍閥拚個你死我活，開辦此校，令全軍有子弟的皆得安心。這是很重要的後方工作，不亞於身臨前敵。所以派您去主持，當可給予全軍以極大的精神鼓舞，其功不小。」我立行答允，並答道：「我來是為工作，不是為做官；今有如此重要工作當然憚心竭力去做，以安軍心，庶不負重託。」於是交代部務，回到鄭州開始籌備，移到洛陽。

「訓練總監」石敬亭是我良友，素甚相得，以故一切進行，合作順利。在開封、鄭州、洛陽各處徵聘了教員多人，也依期來校。遠從漢口聘得一位舊友楊玉廉女士為英文教員。何志新君及舊屬與燕大門人數人分任職務。校址在洛陽西工兵房之一部。鳩工修理，不一月，各校舍包括辦公廳、課堂、宿舍、禮堂、操場等等一一完備。各種用具也造齊。馮先通電全軍將領，諭知此校之開辦，叫各人保送子女弟妹（男女同學）前來上學。我通電全軍袍澤，告以總司令創辦此校之宗旨，以勵軍心。一月之後，各方學生陸續前來，隨到隨上課。先辦各級小學，中英文課程具備。男女生分舍寄宿。各人校服、鞋襪、書籍、筆墨、文具，一應均由公款備齊分發。全校學生共約四百人。

一日清晨，天才微露曙光，我尚高臥未起。忽有校役急急忙忙的闖進臥室，呼醒我，說：「蔣、馮兩總司令來了！」我趕急起牀穿衣出迎，則見兩位已在巡行校舍，參觀設備。我趨前見軍禮，請恕不知駕到有失恭迎之罪。兩位還禮點頭微笑，問了幾句有關學校、學生的話，乃去。我偕隨來校員送出大門。我生平得親見總統蔣公的顏色只有這一次。他不憚辛勞冒險而來的精神可欽可佩。

四月中，方國民革命軍一、二集團軍分在津浦、京漢，兩鐵路與奉魯軍閥作戰時，洛陽遠在後方，本極平靜安穩。然在西工弦歌不輟間，忽發生極大的危機，似是身臨前敵。緣豫軍樊鍾秀曾與馮氏發生誤會，竟受了奉方運動，在豫南乘機竊發，響應奉軍，偷襲馮軍的後方，其眾號稱廿萬，實有五萬，分路佔據豫南各邑，又北攻鞏縣、孝義、洛陽等城。鞏縣失陷，孝義被圍，洛陽岌岌不可保。隴海鐵路交通線為之截斷。其時，洛陽只有「教導團」約五千人，另有少數他部四千人，石敬亭負責死守，而樊軍雖烏合之眾，戰鬥力弱，無如人數眾多，漫山遍野湧來，有如人海，應付不易。其軍進至距洛陽之南不遠之龍門，我校全體頓陷至為危險之境。石鎮靜處之，下令我校員生準備於必要時與軍隊退入城內，嬰城固守。他又用疑兵計：多竪軍旗，多設軍號，似有幾師人，冀嚇阻敵人，等待援軍。幸而馮總司令早已佈置周密的軍略：前線大軍應戰，留宋哲元一軍於陝西防守後方。一得緊急命令，宋即留一旅警衛西安，並留馬鴻賓部五百人防守潼關，而揮全軍趕急出關，乘火車赴援。廿八日，一到洛陽下車，即開往龍門最前線，與樊部大戰，破其二萬眾，克復偃師，餘眾潰逃。在東路則石友三軍由山東調回，克復鞏縣，解孝義圍，連下他邑。樊全軍大敗，遠遁南方。隴海全線交通恢復，各邑得安。初時，樊與李雲龍有密約，同時並舉，圖響應奉方，消滅我軍。惟因交通不便，通訊不靈，李部動作稍遲，故不及同時舉兵夾攻我軍。而宋則於一打勝仗之後，立刻回師陝西，及時趕到而解西安之圍。全軍大後方由是安定。

當時，蔣總司令與馮密定北伐軍略，係「聲西擊東」之計。由馮軍佯攻京漢線，故作種種進兵準備，以誘奉軍集中精銳大部分兵力於此西線，而第一、二集團軍，卻聯合精銳大軍乘虛由東路沿津浦線北上，直搗北京。三集閻軍則出石家庄拊奉軍之背，而以四集李軍在京漢線南為後備。中間，東路軍克濟南，而日本出兵侵魯，阻我軍北上。我軍避免與其衝突，迫得迂迴北進，過魯入直。而西路京漢線，初由數軍力戰，猶不克抵抗奉軍兇勢，乃調駐河南許昌一帶之韓復榘全軍北上增援，而由四集李軍填防。其後四集，直進至河北正定。韓軍奉令死守彰德之大河。馮嚴令「退一步者殺，進一步者亦殺」，只要握守此點以拖著奉軍重兵而利東路軍之急進。韓遵令死守。全軍倚深溝高壘及附近房舍作戰。迨各建築物悉被毀，乃潛伏戰壕內勇戰不退，日夜捱受奉軍多門大砲及飛機轟炸，死傷甚多。師長三人、旅長二人，甚至韓本人亦受傷。戰況之烈而苦，可想而知。如是者十餘天。卒至東路軍逼近京津，奉軍恐受包圍，致有被一網打盡之虞，乃於五月一日從西路撤退，全軍回奉天。（張作霖專車至皇姑屯被日人炸斃）韓至是奉令急追，連克順德、大名。六日，韓軍二萬餘人於三晝夜急行軍八百里，直薄北京。留下的奉軍盡撤。東戰場敵軍亦西退。河北、京、津悉克復。北伐大業於是完成。此國民革命軍四個集團軍聯合一體，共同建立之大功也。

七月九日，四個集團軍的總司令（閻派代表）及許多文武官吏與民眾、軍隊、社團、各界代表共數萬人，在南口開會追悼國民軍三千餘名陣亡將士，儀式隆重，由馮氏主祭，隨有各人演說，宣讀祭文等。蔣總司令歷述南口苦戰，犧牲最大，因之牽制直軍與不能南下守鄂，我北伐大軍乃能以破竹之勢，消滅反革命勢力。「是北伐成功，多賴南口死難烈士」（見李泰棻：《國民軍史稿》頁四九）。此褒功語，鄭重出自國民革命軍全軍總司令之口，則馮軍犧牲價值之重大，可確定矣。

當時，我也是參加是會之一員，大受感動，引起了自己為革命服務年餘殊為不枉之感。我是於放暑假時從洛陽請假北上視察北京的今是學校，趁機到南口赴會的。我前年被奉直軍閥壓迫通緝、逃亡而參加革命，曾立誓要盡力打倒他們。此時大有奏凱榮旋之快樂。自我離京後幸得諸友熱心毅力，捱盡窮困，維持「今是」，至為感激。至是我親自調整校務一番。一日，忽有馮總司令總部的軍需處派員前來查核賬目，令我頗覺驚奇。那查賬人翻開賬簿細查，發覺不特沒有毛病，而且得見我為校努力向親友捐款，個人也曾撥私囊有所捐助，乃滿意回去報告於馮。原來有學生等對某某教員兩人不滿，群來向我告發，請辭退之。我與學生等向來親善如家人，精誠相處，毫無隔膜。至是我答應切實調查，方取合式行動，教他們心安毋躁。後來查明真相，那兩人資格確不合水準，有失師表，即不發下年關聘。他倆先與我當面吵鬧，後逕以匿名函向馮處告我貪污，侵吞校款，故馮有派員查賬之舉（據查賬員說）。結果：反表揚我為「今是」盡心盡意、出力出財之經過，兩人真枉作小入。

尚有一幸事，我早已準備有人隨時查賬之舉，故著會計清理歷來進支數目。我何以早作準備？因在軍中時與馮閒談。無意中他給我兩課理財的善法——可云秘訣。一次，他說管理收支賬目的應養成一重要習慣：凡收入，必先收款，後記賬；凡支出，必需先記賬後付款；如此，方保無訛；否則一旦忘記，賬目便會凌亂，自出亂子了。又一次，他從反面說：「如想害某人，最好是給他管錢銀而不查看他的賬目。」其正面意義顯是教人管進支的必需日日時時記賬分明，清清楚楚，以備隨時有人來查核數目，方保無虞。馮真是細心精密的理財能手。我轉以告「今是」的收支員，故早有準備也。

在北京住了不久，暑假還未完，我忽奉到國民政府委任狀，任命為山東鹽運使。我再將校務交與教職員負責。（後來，直至初入校時最低的一級畢業高中，開校宗旨實現，我們責任已完成，因經費不敷，難以維持，乃解散。）我先回洛陽辦理那裡的「今是」交代事，乃到開封與馮辭別，即赴山東泰安接任鹽運使。從此舍軍從政，我的軍中政治工作結束，生活另起一階段。自是而後，與馮氏及馮軍也再無官式的政治上、政黨上、軍事上或教育上的關係——那關係可說是以「今是」（北京的）始，以「今是」（洛陽的）終。

附錄一　我所認識的馮玉祥與西北軍（節錄）

又文按：民國十六年秋間，自從我的「前敵政治部」解散後，即被調任總司令部宣傳處處長。還未就職，即奉到父親自廣州拍來急電，謂母病重，囑即回去。余乃請假南下省親，至十二月方回去軍部銷假。在往返經滬時，蒙文化、教育、宗教中西機構邀請演講。余特撰「我所認識的馮玉祥與西北軍」一篇到處應約。這是個人親歷、親見、親聞的事實及親身感受的印象。（其後，此篇曾印成單行本。）茲再檢閱舊作，見篇中所述有關馮氏及西北軍之事跡多已選編於本書前後各節，但個人的印象及判斷，則為當時所記，新鮮真切，尚可保留，因摘錄部分原稿以供研究吾國現代史者之資料。

馮玉祥其人

馮氏個人體格是很魁梧壯健，比常人高出一半個頭。他頭大而圓，面肥而赤，髮盡薙光，而唇上則有時留些少短鬚——少短至甚不稱身。有此強健體魄，所以他能吃苦耐勞為常人所不及。這是他天賦特厚的本錢和成功所靠的利器。

他很有天賦的才幹、聰明和智慧，而記憶力之強尤足驚人。部下團長營長的姓名品格多能清楚記得，隨時遷升調遣，甚至有熟稔各人的家世者。他的口才又極敏捷而犀利，對部眾演說滔滔不絕恒逾一二小時，而其娓娓動聽能深入士兵之心。

他賦性剛直，嫉惡如仇，言談動作常表現其富於衝動的本性，殆血性男兒也。此種品性，加以惡劣腐敗環境之重重壓迫，遂生出一種不妥協的品格，或者這正是他一生開罪多人四方樹敵之故了。在他則以為言行戇直自居諍友，而在人之不諒者便簡直以為有意挖苦刁難，罵聲「討厭鬼」了。

這樣的人又最容易養成獨立的品性。沒有人能以任何勢力屈服他於足下的。這種倔強不撓奮鬥到底、寧死不降的精神大抵是廿年來支撐西北軍的骨幹。他的思想和判斷也是獨立而不受別人支配的。在他左右的什麼人都有，人人都可以自由發表意見和條陳計畫，他也洗耳恭聽，然而他總是最後的講話者，他總是自行判斷發號施令者。看哪！那一個大軍閥大官僚沒有三兩個政客、智囊、軍師、或老夫子，常在身旁以作運籌帷幄之助？而馮向來沒有。徐謙氏為馮之熟友，有時常在其左右，惟馮待之只如老友，未必言聽計從，甚至常常與他抬槓，有時且爭持到面紅耳熱。無論軍政大事馮都是自己出主意的，這樣當然有一利一弊：弊者則以一人智力見識究屬有限，考慮偶有一失，大錯即以鑄成，或足以牽動全體和全局了；而利者則在惡劣環境中不易受人包圍、利用、愚弄、和矇騙也。

馮氏待部下極為嚴厲，人人見了他都肅然敬畏。其顏色語言稍現不滿意，人人即覺如芒刺在背，震懾不已。但是此中有一矛盾點：在一方面其威固足畏，而在他方面其德極可懷。他宅心是非常仁厚，待人誠懇，富有同情心，尤篤於眷念舊友，且善體恤人的疾苦，其待將領及士兵之行為態度及精神，真如手足子弟。部下之兒女及家室，彼亦極為注意，分設學校以教育之。對於受傷的及陣亡的戰士之撫卹、救濟及照料更無微不至。他深知官佐們的窮苦，常暗中給予他們家屬之所需。我常與跟他多年的老軍官談話，他們總覺得跟「老總」辦事，苟盡心盡力的幹下去，他不至難為人的。是以部下兵士將領們都感戴悅服，樂於死心塌地的跟從他。在其部下服務，生活苦誠苦矣，但是雖然不能至飽死，而亦斷不至餓死。人人對於他都起了一種神秘的信仰。其人格之攝力和感力竟能達到最下層之兵士，以致全軍數十萬人能團結一體，群奉馮為頭腦及中心。至其對於本軍而外的人，有許多人責罵他謂他居心險詐反覆倒戈等。然而我經過半年平心的批評的研究，乃敢下一結論：他待外人亦同本軍一樣真誠仁厚，而每次所謂險詐倒戈等事，沒有一次不是人先立意謀害他，故不得不起而自衛。嗚呼！馮不負人，人負馮耳。我昔亦曾以懷疑態度對馮，今則深明底蘊，本諸良心，不得不為其呼一聲冤矣。

馮氏之得軍心也，非徒以威嚴及仁慈，更有一大要素在焉——即是公道。軍律賞罰分明，無論官職高卑都受平等的嚴厲的軍律之裁制。若軍長師長旅長之被打軍棍，或罰跪，或記過，或釘鐐，或監禁，或撤差，是吾人所常親聞親見，不能一一數矣。（按前二者——打軍棍及罰跪——今已廢除。）但是全軍沒有人害怕將被總司令枉殺的。且馮氏用人又大公無私，宛有政治家風度，彼自定用人之標準曰：「不問其親不親，只問其賢不賢；不問其鄉不鄉，只問其能不能。」今夏其族弟某從遠道至洛陽謁見欲求一差事，馮以其碌碌無所長，始終不之見，謂「本軍只許有一個姓馮的」。

此外其能與士卒共甘苦則於其簡單質樸的生活中見之。彼日常之衣食與士兵同等，在張家口時家住泥屋，每有戰事則出居於帳棚。凡此足見平等公道之表現，而全軍因此無怨言。

對於馮氏人格之分析尚有二三點之可述。其一，馮雖剛直莊嚴，而又極為滑稽，演說中及談話中常說笑話，莊諧並雜，時惹聽眾數千人軒渠大笑，雖聽其講話至二三小時迄無倦容。其次，彼極富於感情，一有苦痛或悲哀之感觸則痛哭或流淚。不懂心理學者或以為怪為偽。其實則笑或哭或喜或怒皆同出一源——即情感是。天下之至剛者常為天下之至柔者；無他，凡情感生活有充分之發展者皆有此真情之表現，不足怪也。復次，馮氏為一個有實際頭腦的人，是一個實行家和組織者，而非理論家和玄想者。他不大理會空洞的思想和觀念，而惟注重「實事求是」和「腳踏實地」。每辦一事都有具體的計畫，按部就班，事無大小均躬行實踐，而務求成功，其意志之堅強自是其一生成功之大秘訣。從哲學上言他是一個徹底的實驗主義者。至於他一生好勤勞，愛工作，都是這品性之表現。猶記余第一次見他是於兩年前在張家口新邨內。時尚極早，余從窗外看見一高長大漢穿藍布工人衣服親到各處巡視各種土木工作。友人告余，此即邊防督辦馮玉祥將軍也。是日所巡者則為馮夫人所倡辦之婦女補習所新建之茅厕也，直至現在他自朝至夜仍勤工不輟，不肯輕廢寸陰焉。

至其個人私德則亦甚可稱述。他不吸烟，不飲酒，無惡嗜好，操守廉潔，態度謙虛，自奉極廉，生活單簡。他深信刻苦為成功的要素，但他並非以刻苦為積極的道德，不過以為全軍數十萬弟兄和全國數萬萬同胞衣食猶有不足，何忍一人獨享福樂？待弟兄們同胞們俱有福樂可享之日方是自身快樂受用之時，而且以國難方殷真心愛國者非「臥薪嘗膽」的真幹，不能有成也。（語見其講辭）以故他的生活，和士兵沒有什麼分別。由潼關往鄭州時，副官處為其預備了一輛花車，他很不滿意的說：「我的部下弟兄們都是坐貨車，何以我要坐特別好的車呢？」他的生活理想，像是希臘的斯多噶派；他訓練部下有如希臘之斯巴達人；他的治軍精神，有如英之格林威爾，而他個人私德操守直至於今日而無改。馮氏一生如此如此，其志行可謂堅苦矣。

馮之治軍並非徒靠個人之感力，每日必以救國救民之教言諄諄訓誨軍人，以故全軍都肯為國犧牲。從前每人右臂繫一圓徽章上有國民軍之口號曰：「不擾民真愛民誓死救國」。民族主義與愛國精神殆軍中最大的維繫力也，或疑其有自私自利的野心者。如果的確，則彼自己也站不住，終必被其部下打倒，因其揭出救國救民之目的訓練人，苟其部下見其所行乃自私自利而仍能服從之者精神界無此理也。嘗聞其考驗新兵時，每問：「有人要做皇帝時，你怎樣對待他？」則曰：「殺死他。」又問：「比如我馮玉祥要做皇帝，你怎樣對待我？」則答：「殺死你」。

馮氏也沒有什麼政治的野心。他向來不欲登政治舞臺把持政權，雖然從前也曾有過好機會。現在也不願幹，惟抱持訓練軍隊以救國救民之初衷，兼欲就地弄得地方好好的使人民得享福樂而已。他表示恪守黨義黨綱和黨的政策兼努力實行三民主義。除了黨的政策之外，他自己沒有什麼獨立的特殊的政治主張。他誠意盡力服從本黨及擁護國民政府。可是他卻有幾種意見。（一）全黨的統一——集中革命力量以完成國民革命，如有問題則開會解決，少數須服從多數，萬不要自行分裂；（二）建設廉潔的、公平的、真革命的中央政府以為全國的樞紐，最主要的是免除腐化、惡化及官僚化，而有一種具體的建設的建國計畫且積極實行之；（三）政治建設須為大多數人謀最大的幸福，尤注重被壓迫階級之解放及其生活之改善；（四）關於外交，他悉聽中央主持，並無局部的對外行動和主張。惟以國民資格及一個革命者之地位，他盡力謀取消不平等條約，並誓率全軍努力奮鬥拚命犧牲以求其實現；（五）至對於革命方法，他最反對無紀律的暴民殘殺及社會自殺的行動，而主張由革命政府假法律手續以改善一切不良現象而實現三民主義。此外他亦曾表示盼望國民黨及全國人分辨清楚孰是軍閥孰是真革命者，而不要盡罵一切軍人都是萬惡軍閥。這樣的表示大約因為其全軍數十萬赤心救國的健兒在饑寒交迫中經年吃苦奮鬥革命，而有許多地方仍不為同志同胞們諒解之故。

馮是一個革命者。有人罵他是慣於倒戈的；帝國主義者罵他為無信義、慣賣友的；若一般奴氣深重的更罵他是賣主求榮、大逆不道的奸賊了。然在一般抱愛國主義者站在三民主義的立場上來評判他，都以為馮氏近十餘年偉大驚人的舉動無不是他富而烈的革命性之充分表現，即使脫去帝國主義色彩而愛公理無偏見的外國人也有同樣的見解。是功是罪，那全看批判者戴著什麼眼鏡來觀察罷。

由以上的敘述看來，馮之革命性實有社會經濟之背景。他出身寒微，未受高等教育，一身一家飽受經濟壓迫，且處於其環境中而為其所深識的人們都是饑寒交迫顛連無告者。他剛直勇俠的品性和力爭上游的大志既不容其受此惡環境惡命運之征服和軟化，則由對社會的不滿意而至於反抗正是自然結果，此即革命的種子也。後來馮身處於萬惡叢集的北京軍政界，目睹官僚軍閥淫惡驕奢的生活及種種禍國殃民的行為，他的革命性更得刺激而發達了。而其所信之基督教中善惡不兩立及犧牲救人等教義亦適於此時發展於其人格，而助其革命性之發達。凡此皆是其革命性的背景。

西北軍之特點

我們要知道西北軍是完全由馮氏隻手所造成的，經有廿年的歷史，自有堅固的團體、整個的系統，因而發展了好幾種特性，今分條略述之。

一、紀律森嚴：「寧餓死不奪民食，寧凍死不佔民房」，就是該軍的格言，且能心口如一，言行一致，故無論到那裡，真是秋毫無犯，鷄犬不驚，因而甚得民心，為民眾所歡迎。每遇撤防他調，老百姓處處無不攀轅痛哭，如喪考妣，如失靠山，確能實行「不擾民，真愛民」的口號。駐在北京三年，絕無欺負百姓的事情發生，只有百姓欺騙他們罷。大概有些奸商小販，知道他們買東西是不能講價的，便故意要貴些。兵士如果和他爭價，便犯了強買強賣之嫌，恐怕要軍法從事了。張垣退師時，窮百姓還在車站搶他們的東西，兵士觀之相顧而笑也。「國民軍是老百姓的軍隊」，這是軍中最新的口號，也是該軍實在的性質。

二、作戰勇敢：「戰時如猛虎，平時如綿羊」，也是該軍的口號。一到戰爭的時候，官長士兵都像生龍活虎般。現在前線作戰者均如一群下山猛虎，其戰績不能一一詳述矣。每遇作戰時，軍長師長常有身臨前線上開槍的，因此馮每於作戰時反要下令不許各上級軍官身赴前線，因為恐怕他們過於勇敢冒險犧牲而置部眾於危險的緣故。奉軍是很怕國民軍的，叫他們做「老綿羊」，因國民軍冬天反穿老羊皮之故。一聽得「老綿羊」來了，奉軍便有些膽震心驚了。西北軍中最精銳的一部是大刀隊。隊中每一個兵有一桿長槍，一桿自來得手槍（駁壳），和一柄大刀。臨敵的時候，三件東西先後施用，嗚喑叱咤，所向無前，沒有能抵擋得住的。大刀到處，但見血肉亂飛，屍橫遍野，真是無堅不摧，無敵不克。全軍每師每旅都有大刀隊。隊兵挑選極嚴，訓練極苦，刀法皆中國武術也。從前作戰時每兵臂上佩一皮章，上書：『我們作戰，先用子彈；子彈完了用刺刀；刺刀鈍了，用槍頭；搶頭破了，用拳頭；拳頭打壞，用口咬。』故所部官兵，勇猛異常，只有戰死，沒有降敵的。且常常以少勝多，轉敗為勝，均勇敢所致也。這一次與奉魯軍鬬作殊死戰，因子彈缺乏，故常於黑夜衝鋒，惟賴白刃橫飛血肉相搏之戰術，卒殲滅頑敵，亦可謂悲壯矣。

三、忍苦耐勞：以西北軍與南方軍比較，大抵南軍輕捷靈巧，精神活潑，而西北軍則能忍耐勞苦，作戰持久，故各有所長。馮軍每天操練數小時，晴雨寒暑，都無間斷。此外又加以種種武術及運動，真真磨練到銅筋鐵骨。兵官們每天只食兩頓黑饅頭，行軍時每人背一糧袋，預備多日之食品。在盛暑時饅頭為汗所淹每至發臭，而兵士也一樣的吃。常時千里行軍，一兩天沒得吃沒得睡，他們也能一樣作戰，如馬鴻逵軍及吉鴻昌師此次出關即受此苦。去年夏間，第五旅由寧夏往救蘭州，於八日間走路千二百里，又第二師手槍團（即大刀隊）赴隴東作戰時，每人身負軍器雜物共六十四斤，而竟於廿四小時內跑二百四十里路。這可見西北軍能耐勞吃苦之斑斑了。

四、質樸不華：該軍官長士兵，幾已忘記了發餉是什麼一回事。別的軍隊，不發餉三個月，便要嘩變，可是馮軍三年無餉發，也沒有什麼怨言。在西安時，官長每月只准借生活費十元，士兵折半。到豫後官長准借廿元，省政府委員以至軍師長俱一律如此。最近官長每月只准借菜錢六元，兵士三元，全軍一律如此。每天的伙食，也惡劣異常，軍中說是吃「革命飯」。所穿的衣服，官長士兵都是灰布。馮總司令一衣一食，也與軍士同等。因此部下都覺得很平等，大家心悅誠服，毫無怨言。軍官士兵待人接物，很為友愛和平，遇事謙厚實在，力戒虛浮奢侈驕傲等惡習。這不能不歸功於馮總司令個人人格之感力及歷年基督教精神薰陶之效力了。

五、溫良純潔：該軍因注重精神的訓練及道德的教育，故知道與人民平等，並能努力為社會服務，崇尚清潔的生活。某政治家說：「勇敢溫良，該軍兼而有之。」這的確是真的。派來跟我的一個傳令兵，他也曾身經大戰三次，殺過敵人無數，但有一次我叫他去宰一隻雞，他拿起刀便戰慄起來不敢下手。他說：「這雞是沒有罪的，我怎忍殺牠呢？」國民軍的真精神，都表現出來了。一個人要他又勇敢又溫良，是很難兼備的，因兩種德性似乎是相反的，惟該軍可以受之無愧。每開差到各地，隨處修橋整路。疏河掘溝，掃街洗路，為農人闢地耕田及助其開耕收割等，地方人民，感德不少。從前在京有貧血的病人要注射人血才能救他，官兵們數百人爭相輸血。馮氏亦嘗親自為部下輸血。前年在北京時據協和醫院的美國醫生說，國民軍患花柳病的數目在世界軍隊比例最少。有此清潔的軍隊亦為吾國之一點光榮也。

六、好學不倦：馮氏一生苦志求學，已見前文。他一做官即以其經驗訓練部下，所以歷來西北軍中普通教育幾與軍事教育齊其地位。一般新兵大多數是由農田間來，知識都是落後，但一入伍即無異進了學校，強迫研究各種功課。日間習兵操及上課，夜間則自習寫字之時也。雖在戎馬倥傯之中，而弦歌之聲，不絕於耳。軍營中教育制度好像學校一般，分班教授，秩序井然。所部將官，除少數人是國內外陸軍大學畢業者之外，大多數是在該軍行伍出身的。大概兵士或下級官佐中之聰明勤力及有成績者則選入教導團，上中級軍官則入軍官學校或高級戰術研究班，或送往外國留學。各受過相當訓練之後，復按級遞升。現在馮所部軍長師長等都有陸軍大學畢業的程度，旅團營長等至少有中學畢業程度。這都是在軍中研究和實習而得的。國內外陸軍大學畢業之參謀多兼任教官。而且軍中素重精神教育，凡長官均時時向部眾講話，諄諄教誨如父兄之於子弟。十餘年前馮即親手編定精神教育書以為課本。前時更以基督教倫理及精神訓練全軍。以故愛人、救國、犧牲、清潔之訓皆該軍之精神教育之要素。今則努力以黨義為訓練之資矣。馮氏之與西北軍非徒是個人感情之結合抑亦精神主義之大結合，故團結力量顛仆不破也。

七、組織嚴密：在別的軍隊，軍長所任用的師長，多是自己的私人，師長所任用的旅長，也要是自己的心腹，旅長以下的團長，團長以下的營長，大都如是。惟馮軍則不然，全軍官長，自高級至下級，升降調委之權完全操於總司令一人之手，故全軍成為整個的團體，令出必行，且又能互相監督，受軍職者對於上級官長只認職不認人，不能有倒戈之事。西北軍招兵的方法，也是與別軍不同的。各軍師旅長，不能直接去招兵，也不能隨便收編。比方一軍有三師，損失了兩師，所存的一師就和別軍合併而已，不能隨時隨地補充，師旅以下均如此。招兵之事，是由總司令部特設機關而分區徵募，故全軍士兵也是分期入伍，班次井然。新兵之訓練亦由總部派高級軍官司其事。馮對於此事最為重視，無論軍事如何忙碌必撥冗常來講演考驗，親自教育。新兵訓練成軍之後，復由總部委出上中下級軍官。所以全軍組織統一，上級的命令可以貫徹達到下級，即如馮的人格之感力一般。下級官兵也能夠明瞭上級的意思，努力奉行。全軍之組織行動即是一副機器。某外人稱馮氏為革命家、教育家、軍事家而且兼是一個大組織家，確有據也。吾極望此種極有效能的軍隊組織能普及於全國之軍隊；「一切威權屬於黨」，則軍閥制度可打破矣。馮亦必樂將其一生治軍之經驗心得貢獻於中國軍制之改造也。

西北軍之弱點

以上是說該軍的優點，但如果祇有優點，沒有弱點，恐怕沒有此理，而且又何以解釋昨年之大敗於張吳之手呢？這一定是有原因的，我現在還要講講他的弱點。

一、地位不好：西北的地位，是由馮自己選擇的。民國十三年「首都革命」班師回京後，政府任他揀選一處駐兵的地方——地盤，原本他可以要武漢或江蘇等富饒之地，但他卻選擇察哈爾、綏遠、甘肅等荒漠窮苦區域，因為那區域能夠養成兵官刻苦的生活、耐勞的習慣，不過交通很不便利，接濟運輸，常感困難，地方又極瘦瘠，收入極少，土產除了糧食之外樣樣俱乏，政府又沒有接濟，因此發展的機會很小。一遇強敵久困所以吃虧了。

二、樹敵太多：俗語說得好，「好人難做」，因馮立志要做好人，真心愛國，頭角太露，又因其賦性戇直不肯巴結、討好、逢迎，所以常常受人們妒忌和陷害，及討人厭。一般帝國主義者和軍閥，尤其想消滅他的勢力。去年張吳等寧蠲棄前嫌，聯合攻之。帝國主義者反對他尤為厲害，上次與奉軍大戰時，列強通牒，即所以阻礙其軍事發展。馮率其西北軍雖不屈不撓始終奮鬥，然敵人太多難以應付，故卒有去年大敗也，今則與南北之國民革命軍聯合一致共倒奉魯。形勢一反去年，又不能作同日語矣。

三、人才缺乏：全軍官佐，都是相從日久，其中雖有國內外大學畢業專才參贊戎機，勞績殊偉，然而將領之大多數是出身行伍的，如有缺額，類皆由下級升上，不必外求，故全軍團結的精神固很充足，但外間的優秀人才，不易吸收。一旦有新領土或擴充勢力即苦感人才缺乏。此是「自內生長」（INGROWTH）的弊病，然而中國社會不良，所謂優秀人才，未必靠得住，即靠得住亦未必能在西北軍吃苦耐勞者。馮氏寧取其可靠者，故雖經過去年大敗後之流離喪失而全軍仍得結合一體再起奮鬥。嗚呼，馮氏之用心亦良苦矣。（全軍將領們都極憎厭「政客」，視如蛇蠍，亦利害兼有也。）

四、政治失敗：馮自己究是軍事家，而非政治家，且向以為軍人不應干涉政治，軍隊應受政府指揮，自己的目的只是練兵救國，因此向來沒有獨立的政治主張，故人們覺得他宗旨無定。但自己既沒有確定的政治概念，而事實上又不能不與政治有關係，因此常要靠別人或擁別人執政，一旦擁戴非人，政治即失敗而軍事亦連帶而失敗。間嘗論之，西北軍一向只是一種戰鬥的勢力（武力）而非一種政治的及社會的勢力。亦無政治力及社會力為之推動，為之指導，及為之後盾。結果，彼雖常有好目的好理想而前進則無正確的路途，在社會亦無穩固的基礎，只是孤軍奮鬥於混沌的時局，其能達到目的及完成理想者幾希。

附錄二　關於馮玉祥之死

關於馮氏死事，有兩種流行的、歧異的說法。一是遭意外被焚而致命的。據其夫人李德全事後函告友人的一封公開信（無日期）縷述當時情形云：

「先夫是在九月一日，在蘇聯輪船『波必達』號航行於黑海時，突然失火而殉難的。……

「在船上，每夜有蘇聯影片放映，他總是鼓勵孩子們不要錯過一張片子。影片的內容，就常常成為我們第二天吃早餐時的談話資料。

真是不幸之至，在我們要到達目的地的前一天，一個管理電影片的船員，因為把膠片捲得太快了，就突然起了火，無法救熄。先夫和我衝出了房艙，但艙外已經是一片火焰與烟氣了。我的臉部立即灼傷，我們又趕快回到房艙裡，被烟所窒息而暈倒在地板上。後來我從窗洞中，被救到了救生艇上，可是先夫因心臟衰弱，就與世長辭了。」（見《紀念冊》頁一九）。

李女士運其屍體遺灰回北平後，亦曾公開宣布其去世情形，大致與上函雷同。（曾在香港某左派日報發表，惜忘記日期及文辭。）此說，據同時在場、同時受傷者之人證，言之鑿鑿，誠大有可能。然因其在蘇俄船上突然而死，且死得離奇，所以早就引起許多人的疑惑，以為他實是被蘇俄蓄意謀害者。在劉著（頁一五八）據一位從美回國的友人說：

「馮到美國第二年，被中共和蘇俄所派的人包圍，設好圈套，說請他先到莫斯科看看，再送他回國。三十七年秋馮上了圈套，便在乘俄輪去俄途中被害。據這位朋友說：『這是史大林有計畫的害馮。因馮在民國十五年，曾騙了許多，槍彈，又殺了一個俄國顧問。史魔早想害馮，苦無機會；這回既把馮套住，如到莫斯科始下手，恐會引起國際間的指責。史不會放馮回國，也不會願他進莫斯科；就計畫好當輪船一到俄國領海邊，即用毒瓦斯把馮毒死；向外宣布是燒死的。』」

另據一說，謂當時電影膠片失火，在場觀者紛紛逃避，皆慶得生。惟馮氏端坐椅上不能起來，動彈不得，致當場殞命。顯見其坐椅預先安置電流，及時有人發電，故馮氏不能離座云。說者又言此是據當時生還者傳出的消息云。（以上係一位寅兄於一九七一年由臺灣來港過訪時談話所述，謂親聞自當年與馮等同船者所說的。）

再有一說大略如下：馮氏在美初欲回香港與李濟琛一致行動，繼因在美的蘇俄特工造謠警告他說國民黨已派人行刺他，回港不安全，不如乘俄船直航到俄境繞道回國。馮氏信之乃舉家成行。迨到了俄領海岸，於夜間放映自製的生活電影片。馮氏與女兒並肩坐第一排，影片忽失火。馮夫人李德全未在場，但，一聞火警急趨入室，「即聞到極濃厚的毒瓦斯氣味」。她救出女兒，幸暈而復甦。迨再去看馮氏，則船上俄人告已經抬下小艇，往岸上醫院急救。旋說馮氏以受驚過度，心臟衰竭而死。「她認定謀殺者是把毒氣暗置於馮的坐椅底下，及時引發，立刻使馮窒息斃命的。」至究竟是何方（蘇俄或中共）因何故害死他的，則無人說出來。（上據「馬五先生」——即雷嘯岑：《政海人物面面觀》，載香港《大人》月刊，一九七二年三月第廿三期頁四五，云係「據李德全事後私下對其女婿敘述……實係預定的謀殺計畫。」「這些內幕是十餘年前有位西北軍的老友，從北平來到香港，向筆者說出的。」（按：這分明是第四手資料，）內容與上陳之說又有出入。

以上兩說皆有可能。如果被害之說可信，則主謀者必是蓄意害死他全家的，因為李夫人當場受傷而其一個女兒也同父親一齊遇難。李夫人及其他同行者之不死是僥倖的。至關於李夫人之報告，則懷疑者因她早年隨馮氏赴俄時，已祕密加入共產黨，受蘇俄與中共之支配，埋伏在馮軍工作，對於此事當然蓄意歪曲事實，為蘇俄諱，所以她的「人證」是未可盡信的。

抑有進者，如其確被毒殺，則主謀和行兇者，當非中共。一因當時中共尚無這些適當人物在美布置，除非由李德全親與俄人布置一切，但這幻想更過分，全無一點迹象，遑問憑據？次因中共當時正要歡迎馮氏回來，即如歡迎李濟琛、宋慶齡女士等，凡國民黨軍政要人均極力拉其「靠攏」，以壯聲威及藉以號召其舊部投效，無加害之理也。

綜合以上直到執筆時的資料，吾人站在科學的歷史立場，據「史識」和「史德」說句公平話：因當時真相難明，確鑿證據未有，礙難肯定那一說是對的。然憑個人理性的推測，他是死於意外的成分多於死於被謀殺的。因為中共不至主謀，已見上文。蘇俄也無充分可信的動機去害死他。第一，因他從前所得蘇俄的助力實是少數；多數的軍械是備足價錢買來的，所以並非欺騙行為。第二，反俄、清共、驅鮑，是整個國民黨共同的行動，不能由他個人負責。第三，蘇俄那時以全力助中共赤化中國，自然要助其拉攏馮氏夫婦。第四，殺俄顧問事前所未聞；縱為事實，必因有罪經軍法處決，且多年往事，那能成仇？第五，如要謀殺他，何以不就在渡大西洋中間實行？拋擲其屍實行海葬，便一了百了，毫無後患；但反而謀殺之於已入蘇俄領海，又要抬之上岸，送往醫院，大起嫌疑，留下痕跡，其謀也忒笨了；蘇俄恐不至行此下策。

綜合以上研究，站在現代歷史家立場而下結論，總因真實的、直接的資料不足，種種推想，難作定論。究其極，我個人最高限度，只可認為於「斧聲燭影」的千古疑案外，又增多一宗而已。

第三部
《宦海飄流二十年》

引言

自從民國十七年夏間，國民革命軍克復北京（旋改稱北平）、北伐成功之後，我前奉中央任命之西北軍政治工作委員的職責，任務已完成，而為革命服務、為個人雪憤的志願也得償。本來不俟中央黨部免職，或自己辭職，即已當然的自動的解職了。當時，我從洛陽今是學校請假回北平，稍事休養。原擬長期留居，卸下戎裝，還我初服，一面主辦北平今是學校，一面繼續治學，或再擁皐比，實行曾國藩名句：「上策屯耕在硯田」。同時，則等候機會再次赴美深造，考取哲學博士學位，冀造成自己為一個真正的學者。詎料不能如願；國家之宣召與義務之鞭策，又驅迫我置身政界，偶遇時勢有令我在主觀、客觀條件下不由自決，欲罷不能，而舍軍從政者。

一旦改入仕途，以後整二十年的黃金時間都貢獻於國家。雖然無時無地或能忘卻了教育與學術，每於政治生活之外，自行盡力幹些文化事業，不過只可算是副業，而正規的主要的職務仍是在政治圈內。平常人都說「宦海浮沉」，可是老實言之，我在仕途中，一向只是浮在水面，未嘗沉過。其間，雖有時在過渡時期賦閒數月，但只是暫時停滯行動，不算沉在水底。然而在這大動亂時代中，我好像是駕了一葉扁舟，蕩漾於大洋上，時常遇著狂風暴雨、巨浪洪濤之打擊，不容我自由自主的操舵駛向所志願要到的目的地，只是一任風吹浪捲，飄流於洋海中，每次所到達的岸不是我所要登的「彼岸」。如是者整二十年——由民十七冬到卅八春（一九二八——四九），其後終能脫離宦海，還我自由而努力屯耕硯田。

這篇，算是我這一時期的生活《回憶錄》，將那二十年間所經歷的舊事，大致依編年體，有時依紀事體，約略書出。全篇以所任的官職為經，而以從政餘事隨時隨地的工作為緯，把零星瑣屑的所歷、所見、所聞之事蹟，編成有系統的敘述，各有分題。這固可為個人多方面的生活留下鴻爪遺痕——一種紀念，但其中亦有不少事實是人所鮮知的，而與國家、社會有關的，則作為現代史料看以備將來治史者之採用亦無不可。

無論那個人，生活在世上幾十年，所歷、所見、所聞，必不勝之多。倘若好歹、美醜、善惡、優劣不分，一一寫將出來，真恐怕「罄南山之竹」不克盡其辭。寫將出來，也於己、於人、於史料，極屬無謂。而況歹的、醜的、惡的、劣的成分太多了，亦忒普遍了，何時代、何國家、何社會無之？例如：貪污、淫穢、盜劫……等等黑暗、卑劣、腐化、醜聞，概是大同小異，不足為奇，值不得詳細書出，更不欲暴露內容以污吾筆。再舉一具體實例：從前有一甚負時望的文人，作了一首七律詩（載《逸經》第三期，民廿五、五、五）其辭曰：

失題　無序　缺註　佚名

幾見文人不愛錢。權門奔競八行箋。
青衣事上腰彎甚。綠帽升官貌泰然。
趨避劇憐同兎鼠。攘爭堪笑似蛇鱣，
官場怪狀今逾昔。待起南亭作續篇。

敬謝不敏，我不能亦不願做「南亭亭長」（李伯元），本篇尤其不是《官場現形記》續篇。詩中所暗指的事實，我未嘗不隱約知之，恕難一一加注釋。縱然不是為隱惡揚善、稍積陰德，也屬無價值之舉，不欲耗費工夫、精神與紙張了。所以劃定範圍，定立圭臬，只是有關自己、有利人家、有益世道、有　史料、至少有多少趣味、可博一粲者，才寫出來。既是《回憶錄》性質，全篇當然是「自我中心」的，但因訓練所得，修養所及、人格攸關，不敢誇張，只是據事直書，務存客觀的真實。

回憶那二十年間，滄桑屢變，憂患迭經，在個人雖可云「官運亨通」，無往而不順利，但所任官職，俱非由個人鑽營干進而來，無一例外的得自風雲際會中，無意的、湊巧的、自然的或被動的偶遇。獨有最後一次，辭官歸隱，脫離軍政界一切關係，純是出於個人自由自動的堅決獨斷，良心所安，志向所在，從不後悔。本篇所記，就是到那時為止。

中華民國六十一年八月於九龍猛進書屋

山東鹽運使

時在民國十七年（一九二八）初秋間，我仍在北平休息。由南口參加「西北軍陣亡將士追悼會」歸來後，一日上午，我偶想起西北軍袍澤方振武（叔平）將軍患病在協和醫院（P. U. M. C.）留醫。我即去看他。迨一到詢問處探聽，則其人已痊癒出院了，不禁悵然而退。詎料一到大門，湊巧得很，卻遇到孔祥熙老學長迎面進來。（孔是美國奧伯林〔Oberlin〕

大學第一位中國畢業生，彼此同門，早已相熟。）他似很喜歡的見到我。彼此打招呼後，他拉著我的手說：「我有重要事和您說，隨我來。」不由分說，即把臂偕我同入該院接待處對坐。我問他有什麼指教。他說：「我想保薦您去山東當鹽運使。因為那邊山東主席孫良誠和財政部長宋子文鬧得很不好，兩下不接送公文。」我即婉辭，恐怕不能幹。他續說：「無論如何您得要去，因為兩人如此鬧下去，非弄到西北軍和中央發生衝突不可。您是中央派去馮（玉祥）軍的，與他們將領孫良誠等很熟，自容易做排難解紛的和事老。」我推辭說，恐怕馮總司令不許可。他又很有把握的說：「馮氏和中央兩邊我自然一一疏通請您放心，為大局計，無論如何，您總要去！」我仍不答應，因作官非我的本志，再三推卻，他不續說，起來走了。

我回家後，將所歷置之度外，也未告訴別人。不料過了幾天天津《大公報》晨刊突然刊出一條新聞，標題大字「簡又文做官」，報導財政部已發表我為山東鹽運使。在我，前因有孔氏之談話，固非突如其來的消息，但對於親友、社會，真是新聞了。午間，有一位廣東同鄉，身穿藍布長袍，手提公事皮包前來見我，先向我賀喜，隨說是從南京奉財政部命把委任狀及一包文件親自送來給我的，不過火車快到站時出了毛病，不能走動；他不能久待，先乘人力窣入城來見我，把行李文件，俱留車內，俟下午修復再去取來。言談間，他口如懸河，講出西北軍將領張之江等在南京的生活如何如何，並歷歷數出他們怎樣不滿意，皆令人足信者。他又自道身世，早年參加革命，頭部受傷（言下垂頭指出傷痕給我看）。談了多時——入題了——他說匆匆離車。身邊未備現金，請我借他多少零用錢，以資急用，下午再來償還。當時，我似吃了迷藥，信其所言，即拔囊付與銀幣伍拾大圓。再談一回他鄭重告辭。他一出門，我即醒悟上當了，遇騙了。次日，還有一封信來多謝，公文改由他人送來，並說有要公即須南返，他日再會。自是去如黃鶴。我呢，可以套用句俗語：「未去做官，先刁五十。」

未幾，真的委任狀來了。我縝密沉思，仍無意去的。再過幾天馮總司令有電報催促我趕快上任。因令我考慮。雖然中央任命的西北軍政治工作委員名義去了與任務完了，然這一新任務，據孔氏所說，是調解宋子文與孫良誠的糾紛，進一步說可說是調和中央與馮軍的關係，使不至擴大事件，影響全局。從這角度看來，那是為國家、為政府和為馮軍的重要服務。既然馮有電來催，自然有些重要原因要我前去，義不容辭的。況那時「今是」未開學，在北平無事可做，新工作未開始，只管去山東走一趟，完成這新任務，亦屬應該。而且洛陽「今是」校務也應予交代，於是仍然本著革命愛國的熱忱，賈其餘勇，準備赴任。

聽到這消息而最高興的是適由南洋回粵的先父寅初公。他半生離家鄉、別妻兒，遠去南洋經商營業，（許多華僑都是如此。）全力供給我在粵垣攻讀，留學美國，務期造成我為一個出類拔萃的人才，為國家社會服務，為父母家族揚名。如今見我居然做了官，不以我為「不肖」（不能「克紹箕裘」也。），適符素願。親友踵門道賀「封翁」，稱為「老太爺」，他不禁撚髭微笑，承認這「豚兒」稍有出色，不枉多年心血栽培，即夕大讌親朋，筵開數席，以誌喜慶。這是前一輩老人「封建頭腦」的想法做法，怎能怪他？但可惜先慈早逝兩年，不能親與家中盛典而已。而我呢，時刻不能忘記上次回粵省親臨別時，他責我要做個廉潔好官的懍懍庭訓，更加努力，黽勉從政以免辱沒家聲，及自污人格，與自毀歷史。

然而我對於那新職，除了「山東鹽運使」的官銜外，一無所知。不，後來查明我連那官銜的知識也錯了：原來全銜應是「山東都轉鹽運使司鹽運使」，屬下職員稱呼「司長」，而非「運使」這也是省內的正印高級官，前清官階從三品，民國簡任三級。至於任內政務，所幹的是什麼，完全不知，對於鹽務的知識更一些不懂。但那時，又不能不去，當即積極準備。我對於普通行政方面自有把握。對於業務上、技術上，我雖不知道，卻知道可以物色知道的幹才為助。當即有友人介紹一位同鄉楊其觀（字子遠）與我結識。他為人文學甚優，很能幹，也有從政經驗，尤其對於財政鹽政有專門知識，是時適賦閒在北平，正合式我所要的人。於是親去拜訪，敬聘為助，請其任秘書長，並加以「顧問」尊號，用示敬意。他早聞我虛名與經驗，以為我在政界大有前途，欣然應允。並由他介紹一位專辦公文的斲輪老手、前清茂才林汝魁（字策六）為文案。得此二人為助，自信可以擔任那職，不虞隕越，乃無憂矣。楊還提出好主意，擬與林二人先去泰安（時，日軍仍據濟南，山東省政府臨時設治於泰安且津浦路也不通車。）先事查察運使內一切真相，以準備我一履新即可應付裕如。我當然贊成，立贈旅費，約定十日內在泰安相會。

於是我把「今是」校務，交托同事們代理。二、三日後即乘車南下。過鄭州後轉到洛陽，謁見訓練總監石敬亭交代那裡的「今是」校務。石一見了我，即似乎怪責我不繼續辦理自己內行的教育事業，而去做官。我答，這是孔祥熙與宋子文商妥委任、由總司令去電催我前去，不由我自主的。他早已知道此事經過，即派校員接管校務，又召集全校員生為我開歡送會。在他的惜別演辭中，他故意調侃我，問學生道：「看哪！你們校長是個學者教育家，他會賣鹽嗎？」可是那幾百個真正可愛的「尊師重道」的小弟弟和小妹妹，齊聲答道：「會的！」石總監弄巧反拙，自討沒趣，莫奈其何，只有苦笑再說一聲「哥哥行不得！」珍重與我話別。

石敬亭真心誠意的捨不得我去。他衷誠的說，他得我幫忙很多，因為我在他的「訓練總監」部內，著實做了不少真正的軍中政治工作，幫助他對他屬下的教導團及駐洛部隊施以政治訓練。例如：每星期一紀念週，要我報告國家世界大事；時時講演；把「不平等條約」的歷史，內容與意義，簡單編寫一小冊；一次，又把他所得到土耳其革命領袖《凱末爾傳》縮寫一小冊以利便兵官讀閱。後兩種皆複印分發全軍。他還有許多有關文事方面要我為助的。彼此水乳交融，合作半載，而今一旦分手，能不依依？

我與何志新及挈一勤務兵乘車到開封謁馮。他一見了我，即怪責我為何遲遲不去山東上任。「他們那裡急需你去哩！」他說。我答以要把北平、洛陽「今是」兩校交代清楚，自己也準備一下，所以現在才能成行。他諄諄囑咐說：「孫良誠和宋子文鬧得很不好，兩人都難以下臺。孔祥熙來電說明要您去調解。孫是頂好的人——忠誠能幹，不過行政經驗少，願您好好的、多多的幫他的忙；為中央，為本軍，都有益處，尤其不致令他有隕越之虞。」我答：「少雲（孫良誠字）兄與我誼屬同袍，情同兄弟（這是真話，我與他一向很友好，在前敵政治部時，我倆通電報，均以兄弟相稱呼。），自然願盡心盡力幫助他成功。不過，此時不同往日，現在他是省政府主席，我的官職是中央直轄，系統不同；他的政事，我不便越俎代庖，除非他不恥下問，肯開聲特別要我幫忙，才敢以友誼關係助他一臂。」馮答：「您只管去，我自然給他去電要他向您請教的。」這一交代是對於我的新任務很重要的一著。

我由開封乘車到徐州轉車北上到泰安。楊、林二人，即來接我，把調查和準備事項一一報告清楚，使我對任內公務也得了概括的觀念。即往拜會代理司長魏宗晉。他歷來是馮氏最得力、最信任的軍需處處長，現任山東西北銀行總經理兼山東財政廳廳長。他見了我來，即表現出一些倨傲態度，大言不慚的說：「不是總司令有電來催辦交代，您休想接任。」我答覆他的荒唐言說：「不是總司令屢次催我，誰要來這兒？」針鋒相對，他不得不強作笑臉相待。

原來那老魏的話也有些來歷。自北伐成功之後，孫良誠以軍務羈身，未能即來接山東省政府主席的任，乃由石敬亭暫代。那時，財政部派了盧小嘉（皖系軍閥盧永祥之子。）來當山東鹽運使。石敬亭一聞他來了，即對省府屬員開玩笑的說：「好了！這濶少公子哥兒來了，我們可以綁一個小票！」此話竟傳到他耳朵裡。第二天，他便乘車走了，不敢接任。由是以魏兼代。可見當時山東政治混亂狀況，中央機構與省府機構及軍事組織，他們劃分不開；以為鹽運使為軍隊籌款機關。因此孫良誠接任後即與財政部長宋子文發生不愉快的糾紛。

魏親來辦交代，我即接印就職，時在十月下旬。運使署向民間租用一大公館。接事甫畢，忽有一在署裡當差的老漢拿了一張佈告就職的長條，進入辦公署，發問：「請示司長：這就職佈告之末司長大名下，要不要蓋章？」我初入仕途，怎知道要不要？但又不能露出馬腳，以貽「外行」之誚。當即揮手叫他走說：「這小事去問秘書長」。他碰了一釘，還要去問。楊當即反問：「你在這衙門當了幾年差？」他答：「好多年了。」楊用手向桌子一拍，大罵：「混蛋，你當了這差恁久，還不知要不要蓋印嗎？是不是要來考老子？」那傢伙再碰此大釘，垂頭喪氣的說：「是、是、那就不用蓋了。」後來楊告訴我：做大官者，例有三印，㈠是正印，大凡公文必要蓋上在國號之下、年期之上；㈡官章，約寸許了方；凡送與平行或不同系統的機構的公文要蓋上；㈢個人私章，上呈主管機關公文須蓋上。至於下行公事則一概不蓋章。這是我初次為官所得的第一課教訓。

事後，那管庶務的，又來問我：上任庶務移交時，連一小布袋的木刻圖章也交來，內有紙店、雜貨店、印刷等商號圖章，問我怎辦。我又怎曉得？即請楊來問明，他解釋：這是政界慣例，因每一機關都有收入支出的預算。職員薪俸、辦公費、什費等每月均有固定的額，進支帳目要依期繳呈中央審計處，核對無訛，乃得通過。各圖章是前數任機關所刻，為報銷用的，一任一任的傳下來，照用可也。倘不照用而改用「真實」的，倒引起審計處職員懷疑是新刻成的，以為作弊；一旦斥駁複核，麻煩便來了；如有餘款未用完，也須照數呈報清完；若照「真實」數目呈報，令審核員看見不對，又惹麻煩了。這實是一種政界的「包辦制度」。我與庶務員恍然明白。他自然接收了小袋圖章，以後照樣使用，以免麻煩。傳統制度如此，我豈欲貪污哉？審計處又派了一位稽核員駐署辦公。凡進支數目，均須經他審核過。他是同鄉，性情溫和，彼此公事公辦，合作無間，所以一往順利。

是日，「東綱公所」的董事們請晚宴。山東的鹽務，向由鹽商們組織的「東綱公所」包辦。全省共有四場。由其向各鹽場收生鹽，然後由公所繳稅與運使署。各鹽場則由運使派員去任「鹽知事」，管理行政、造鹽、放鹽、緝私等事務。當時，日軍猶據山東大半省。泰安的省政府只轄卅餘縣，約省區三分之一，而鹽場只有一處很小而出產不多的。其他三場已不在省政府治下，但該公所仍有辦法去收鹽運鹽，照常繳稅。楊其觀很有本領，調查全省實況清清楚楚；最握要的是把公所的董事們聯絡得好，拉緊這繩子，所以我以後施政、籌款，關係既好，有求必應，從容不迫，順利得很。席上他們歡迎我，照例有人演說。我的答辭，只泛泛而言，不著邊際，並不露出我不懂鹽務的缺點，而且我還大膽向他們提出整頓、改革和創新的主張，以期鹽務發達，於民、於商、於國皆有裨益。我所提出的創新計畫即是以魯省出產的粗黑生鹽，製造精鹽，細白精裝，媲美外國產品，當可推銷全國，其利無窮。我非發空論，確有此企圖和計畫。不過，五日京兆，在任時間無多，未能開首施行。我還用幽默語調，居然與他們認為「半同鄉」——廣東與山東。在他們會心的微笑中，我已博得他們友誼合作的好感，大有影響於將來的行政了。

就職後，屬員們在署內遍貼標語誌慶，紅紅綠綠，五色繽紛，各寫上「名句」頗為熱鬧可觀。其至為滑稽，令人忍俊難禁者則公厠內貼上「剔除中飽」、「涓滴歸公」兩條，最為貼切，真夠幽默！

署內職員，我只帶來楊、林、何（志新）三人。楊任顧問兼秘書長，林任文書科長，何任庶務科長兼監印。後有同鄉張景星（軍次西安時所認識的。）遠路來投，也任科長。其餘均舊任留下的。我查考他們的資歷，發現有四人是國立鹽務專校畢業出身的，多年未得升遷。為獎勵及培育行政專才計，我立把他們升級，鼓勵他們努力辦公一番。

我念念不忘我的特殊任務——調解財政部與省政府的糾紛。一到泰安我即向各方面調查清楚，方進行調和。原來財政部派了一人到泰安任印花稅局局長，以涉嫌貪污，被孫良誠捉到痛腳，即派員去逮捕他。他卻聞風先遁，只留下一個當會計的廣東青年在局內，即被拿下。孫令交軍部而又不審問，事隔一個多月。因此宋部長大不高興，在公文上與孫衝突起來，循至彼此不交公事，事情鬧成僵局。經我查得真相，實是孫之過。他是西北軍後起的第一大將，歷由綏遠率部經甘肅解西安之長圍，復東出潼關，與國民革命軍會師鄭州，克復河南，繼而於大舉北伐在豫東之役，及在津浦線與第一集團軍比肩作戰，經魯到直，卒使北伐成功。在幾千里長征中，他一直任前敵總指揮，勳蹟彪炳，允稱功首。所以平、津既定，中央即任命他為魯省主席以酬其功，他本性忠誠正直，智勇雙全，真心愛國愛民，並無私人權利之欲。不過，他毫無政治經驗，缺乏政治頭腦，當了省主席還是以帶兵治軍的辦法和手段來行政，所以不無可彈。（後來任魯主席的韓復榘比他更甚。）他最痛恨貪官污吏和政治腐化。一知道那局長有貪污行為，即勃然大怒，以為革命政府應廉潔愛民，那能容許貪官污吏？所以一怒衝動之下，立下逮捕令。他未想到那是中央直轄的機關與職官，不受省政府尤其軍部統治的。如此亂政，宋部長當然不悅，但又莫奈伊何，只有與其斷絕關係，成為僵局。所以孔祥熙最初對我說恐兩方愈鬧愈糟，影響到馮與中央的關係。馮也未嘗不知真相，但直接斥責孫良誠又恐傷感情，難於去電干涉。所以臨別時託我力助他，也有此背景。

我既知實情，即赴省府會見孫。彼此老友——北伐時，系統上，他還是我的老長官，對我很好。隔別數月，再得重聚自然悅樂。寒暄已畢，他很客氣的說：「總司令早有電來說您要來這裡幫忙，彼此袍澤之誼，手足之親，心腹之交，務要時時指教，以匡不逮。」我答：「那裡話？主席太客氣、太謙虛了。如認為個人有能助力之處，雖然彼此行政系統不同，自當樂於效命，定然本著昔日共患難、同生死的精神，盡其所知所能，不辭勞苦，勉力成全您的大事業，庶不負心腹之託。」他很開心，暢談下去。我見時機已到，先叩問他與財政部的糾紛。一提起來那案，他無名火陡升起來，拍案大罵貪官污吏，非一一槍斃不可。「乂文老弟，您說對不對？」我順著他的感情答道：「革命政府不能容許貪污，非要嚴懲不可。」讓他先行發洩了胸中的怒火與不平之氣。「對了，對了，我們出生入死，努力革命，都是為著打倒貪官污吏，建設廉潔政府。這些壞蛋，必須嚴辦。」言下，火已下、氣已順。我乘勢說下去：「少雲兄，您說的是革命宗旨，政治原則，都是對的。不過，辦法上，手續上，應當考慮，務期順理成章，方不致混亂。比如：那稅局是直屬中央財政部的，與省府及軍部並無關係，若越軌去干涉懲戒那局長，恐怕不合手續，惹起糾紛，對不對？」他登時啞口無言，面有赧色。這是孫良誠可愛的一點，頭腦還清明，肯納善言。即反問：「依您意見，現在應該怎辦以打破僵局？」我說：「容易的很，所謂解鈴還須繫鈴人，那傢伙既是財部派來，即由省府將全案始末貪污證據，送交財部請其依法辦理，嚴懲貪污，以肅官箴而伸國紀。豈不是一乾二淨，了結全案？誠如此，主席與財部雙方都可下場，更令總司令與中央不生誤會。」一提起他忠心對象馮總司令，他更馴服如羔羊，即回答：「那是好辦法，不過誤會已發生，此時去公文不便，還是請老弟勞駕親身去南京一次。向財部解釋誤會，好不好？」我見調解成功已有百分之五十的把握，即答：「當然願意效勞，期望大事化小，小事化無。」

我見他心頭的憤怒消去，精神的緊張也鬆了。當即握手而別。

次日，我乘車到南京。先謁孫科、孔祥熙兩部長（各長何部，忘記。）。與孔談話，特別報告宋、孫交惡事詳情；此來特為兩人調解，即遵照他在北京所交托的任務；並說孫良誠已知錯誤，請其向宋部長先為之容，以便明日晉謁，代表孫當面疏通。孔答允即做。翌日，我即去見宋。他早已得孔通知來意，一見了我，即大罵孫之糊塗，並說：「如果那稅局長是『俏皮』，應通知我，自然會懲戒他。」我答：「這點孫已知一時錯誤，特派我親來道歉。」並解釋：「孫是忠勇軍人，行政手續不大熟悉，最惡貪污，所以一時氣憤，越軌而行，但動機原是好的。請部長見諒。」宋怒乃稍霽：「那局長我自然會懲辦的，叫孫良誠以後少管不屬他範圍的事。」退後，我又往拜見財部的鹽務署署長鄒琳（也是同鄉。）以便聯絡。

我回泰安向孫報告經過，說：「宋已諒解主席的苦心；關於那貪污的局長，宋已允依法懲辦，以伸國法。」孫聽了，如釋重負，忙向我多謝。一場風波，片言了結。不過，餘波還未了。過了兩天，忽有兩同鄉，一老一少，來見我。那少的是我幼年在粵垣嶺南學校的同學。他說他的弟弟年約廿餘歲的青年，隨那印花局長來魯任會計，被孫主席扣留多時，性命堪虞，請我推屋烏之愛營救他。我說他是在軍部扣留，不容易辦。他父子倆苦口哀聲的懇求說：「只有您一人可以援手。」言下流淚，幾乎要下跪。我見那確是冤獄，又因學誼關係，當即允盡力，但不能擔保成功。他倆再三懇求而去。我隨入省府再見孫，問及那小子。孫說押在軍法處。我說：「請施以審訊，有罪則罰，無罪當釋。」孫即下手令，著軍法處提訊，秉公處置。我見第一步已成功，即進一步親往見那軍法處處長，原是熟人，易於講話，向他說明此案經過，並由財政部長答應直接懲戒。那小子代人受過，有罪無罪也應了結此案，請他們秉公辦理。再過兩天，經該處審判無罪釋放，他父子三人親到我處多謝救命之恩乃南返。臨別，我奉告那小子，你年紀還少，應多讀書；宦途嶮巇，以後不要再跟人去做官了。

以後，我既來之則安之，既做了運使，就當盡心盡力辦理鹽政，便專心致志的去幹。記憶所及，做了幾件事，可以自慰的。

一、當時，山東政治組織，鹽政方面仍沿清制設有「運同」，雖未委人來充，但制度名義仍有。我見這是駢枝機關，無設立之必要。為統一全省鹽務行政，及為國庫節省開銷，此缺應裁去。上呈財部，即得鹽務署來文照辦，且嘉許興利革弊之績。

二、鹽務署來文催交借外國款項以鹽稅抵押之款二萬元。我見是中央命令，分應繳交，即照數匯去。下次，我再入京見了鄒署長，他面有喜色的歡迎還嘉獎我說：「您是頭一個和獨一個遵令繳款的。辦得真好！」我謙謝之下他還加一句：「想不到在馮總司令治下的省分，竟有款匯來中央，真識大體！」我答：「署長豈不知我是中央簡任的，不是馮氏委派的嗎？」由此結為好朋友。

三、所收鹽稅，大部為孫軍部借用，由孫部軍需處開給收據，算向中央借用，事前當得中央許可的。

四、對於鹽務行政上，如產鹽、放鹽、運輸、收稅等技術上問題，與「東綱公所」董事們，和衷共濟，切實合作，皆商議得好成績，著手改善，於國、於民、於商、皆有利益，毋庸細說。

五、為舉行緝私計，我組織鹽警隊，一大隊，共百五十人，物色得一退役軍官為大隊長，下有三分隊，由孫部領了槍枝，實行職務。出隊幾次，捕獲鹽梟，送法庭治罪。走私偷運之風乃戢。

六、當時，山東有「鹽務稽核分所」之設。雖有華人主政，仍由外人把持，在日人佔據下之濟南辦公。意欲侵佔運使職權，直接收稅。我絲毫不苟且讓步。對其遞來公文有「事關公家收入，貴司想不介意」之語。我則一力駁覆，親在回文加上「事關本署職權與國家稅收，萬不能假借，本司最所介意」字樣。以後無下文。運使行使職權如恒。

除了以上幾項犖犖大端，尚記將過新年時，「東綱公所」送來厚禮大洋二萬元。這是向來循例的餽贈。我不知如何是好，忙向楊顧問詢問。他說：「你的官職是用革命血汗博得的，基礎穩固，前途無限，萬不能稍涉貪污以毀前程。凡盜用公款，或勒索賄賂，切不可做，但這是循例送禮，不妨受之。」我仍恐涉嫌貪污，不受。但該公所不肯收回。卒之，彼此協商，由該公所將原款捐贈北平今是學校以維持教育，如是三方面皆得滿意。是時「今是」經費已到了山窮水盡之際，得此大量捐款挹注，方得維持下去。我於是為辦學而做官，稍得自慰。後來，我去任後，政府派員查「東綱」的賬，將歷年例送與各運使的數目與收受者姓名開列公布。在我任內名下餽贈如前，但其下加注「捐贈北平今是學校」一行（天津《大公報》詳細刊出。）。我看了深自慶幸未收入私囊，否則雖罄西江之水難洗不潔之名了。

一寫到「今是」便令我想起，那時孫良誠忽然請我在泰安也開辦「山東今是學校」一所，以教育軍官佐子弟，悉照洛陽辦法。時馮氏在開封另辦「今是」，中學程度。我一見又有興學開校機會，「見獵心喜」，自然高興，一力擔承。即由其「副官處」籌備校舍，購置用具，而由我任校長。我因公務過忙，不暇分身以全時間從事，乃派出前在北平「今是」任職而隨我來魯之何志新出任副校長，代理校務。學校不多時即正式成立，收容軍官佐子女弟妹。是為繼北平、洛陽、開封而開辦之第四間「今是」。

那時，忽有頗令我頭痛難辦的事發生。緣自從我就任運使之後，從前在西北軍所主持的前敵政治部屬員，一聞老上司有官做，紛紛前來投效，有遠從北平、河北、陝西、河南而來者。我前已用了三幾人，在署內任科員。至是陸續前來者幾二十人，而空缺只尚有數個，真有「僧多粥少」之概。他們患難相從，情誼猶在，而今好意遠道來投，萬難拒絕，但如何安置又是大問題。卒之，想出辦法，坦白誠懇對他們說出真相：署裡用人有定額，不敷分配，而今只有空缺數個，只有將各缺每月薪額平均分配，每人願意留下的每月暫發生活費二、三十元，不足則由我個人的公費內開支。一俟將來接收全省各鹽場，到時用人必多，再酌量分別任用。他們也無異議，難關於是渡過。那時我才了解「官僚」之所以成「僚」，大有原因在焉。

有暇時，遊泰山、看古蹟，曾登玉皇頂度宿，破曉看日出。又曾訪刻在半山石上的「經石峪」（俗讀音「浴」）欣賞摩崖佛經，購了搨本多份，歷年分贈各方。（最後一份年前贈與香港大學博物館。）我曾集碑字成一聯曰：「虛心有福，　欲則剛」。（上聯是耶穌基督登山寶訓「八福」之首。）

到了十八年春間，接收濟南之事發生，孫良誠又要我幫忙。先是，自十七年夏，我國民革命軍北伐之役，因師到濟南被日軍阻止前進。蔣、馮兩總司令，為完成北伐大業計，忍辱不與計較，不沿津浦鐵路而迂迴繞過濟南繼續北上。卒於五月克定河北、平津，完成革命大業。日軍在魯不敢再來干涉，莫奈我何。我方既得全勝，日方亦謀退軍。

是時，山東形勢：日軍佔據由青島沿膠濟鐵路以至濟南省城。山東省政府設臨時省治於泰安。膠東一帶尚有舊魯軍劉珍年部（所謂「雜牌軍」），但名義上已歸順革命軍。魯省政府所轄地區僅三十餘縣，不過全省三分之一而已。春間，國民政府外交部部長王正廷即加緊進行交涉。至是年三月，交涉就緒，日方允於五月初可完全離魯。至於接收濟南及全省之事則由軍政主腦孫良誠負責。其間，技術上、手續上種種措施，應與日方有詳細的規定。彼此函電磋商當不便。孫乃請我親自到京代表他與王磋商具體辦法，如接收時間、地點、兵力、程序等等細節，一一明文訂定。孫究是軍人，一旦揮兵接收，當然採軍事行動，謹慎從事，小心進行，以免有隕越之虞。因此我要來往三次，然後商定：㈠準四月十六日上午某時，日軍開始退出濟南；㈡孫軍提早集中城外車站，到時日軍從一城門退出，孫軍前線即隨進城，亦步亦趨；㈢至日軍從他門完全退出後，孫軍即控制全城，接收各機關及公物；㈣以後日軍乘車去青島登艦回國。孫究是久歷戎行的老將，凡出兵必十分謹慎，作周密的軍事準備；預定先鋒入城即留大隊扼守城門，然後軍隊陸續魚貫而進。更為預防萬一計，以大軍留駐城外；如前鋒入城一旦不妥即事攻城。迨日軍盡退，全軍既控制全城，孫軍亦步步為營，隨後接防。計畫商定後，孫即著手準備實行；在軍事上調動隊伍，在政治上指導所屬各機關準備隨去接收。我運使署亦作同樣的準備。

關於接收的軍政費，開支頗鉅，中央不能補助分文，孫須自行籌措。但軍方經費拮据，財廳收入不足，西北銀行存款也有限，無從撥款。在指定接收前幾日開會，我也列席。提到指日接收全省問題，人人高興，眉飛色舞，但一提出籌款問題則人人蹙額皺眉毫無辦法，個個搖首，面面相覷，正所謂「司農仰屋」。我以事關收復國土大事，豈可不盡棉力？當即自告奮勇，願於三日內籌款十萬元為接收用。到會者鼓掌稱讚。孫良誠也著實開心，拍我肩背加以讚揚。

我回署即與楊商議，此事重要，不能不盡力籌措。楊著實費苦心思量辦法，只有向「東綱公所」入手，告以用途，接收全省鹽場後，於他們的業務及全省民生皆有裨益，復責以愛國大義，不容他們不努力。結果：如願以償，大洋十萬依期送到孫部軍需處。我也以為國家、為山東、為馮軍，都盡了一點責任為慰。

到了四月十五日，泰安內之省政府及軍部人員，人人準備停當，準於明晨乘車北上濟南。事前，我派員祕密先去，與該處運使署人員接洽，商定接收事宜。是日，我與本署大部人員準備與孫軍同去。孫要我與他同車，以便到時遇有與外人交涉事，得我為助。我自然樂為效力。於是軍政界人人束裝待發。詎料是日，孫忽接外交部拍來急電著於十六日不要到濟南；接收之事須與日方商洽改期辦理。到時當另行電告。這一來，好像一個轟天雷當場令泰安全體人員失色，十分掃興，亦莫名其妙，宛似發了一場大夢。

延至廿四日，中央再來電，令孫良誠準備接收濟南。到了廿六日，我晨起時，忽覺全城寂然，再不見一個西北軍踪跡。西北銀行也關上大門。分明孫已率全軍連夜撤走了。我一時頓感惶惑，忙入省政府探聽。據留下的人員說孫於昨日電請辭職，確已帶領全軍走了；省府主席職務留交省政府委員呂秀文代理。呂亦西北軍將領，惟所部非馮軍嫡系，北伐時也曾在前線作戰立功，故得任省府委員。是時，他只統率少數民兵警衛地方，我與他不大相熟。當時與他會見，只說了幾句普通客套語。他表示「政局如何，聽候中央解決。」我又聽到孫軍留後的一、二人員說：孫以為我是中央所簡任的官吏與西北軍無大關係，所以不通知我同走。

我確是中央派去的，但孔祥熙最初保薦我的主因是為孫良誠與財政部，即是西北軍與國民政府居間之緩衝與調和者。如今任務已完，而孫軍又忽然調走，我情知大局已起變化，但不知內容，不明真相。我之去留，便成問題。雖然我可自信宋、孔等不至罷免我的官職，而今後再留任，將感無意義，只是為做官而做官不是我的宗旨。所以我當機立決，先行去電財部請假，職務交楊秘書長代理。次日晨，即挈勤務兵帶齊行李，乘車北上（那時津浦鐵路早已通車直到北平）。

這是一場大風波，我初次為官，只得半年，即被吹動而飄流到無涯無岸、前路渺渺茫茫之境地。關於全省鹽政，我僅僅摸熟門徑，初有興味，懷抱改革創新的大計畫（如開廠製造精鹽，加緊緝私等），卻無由得實現。惟念自接任以來，雖無大貢獻，但也算為國家、為山東盡了一點力；半年時間，未算完全枉費。然而宦海生活的滋味也得初嘗了。

若問余「有何所得？」則答有、有、有——巧聯一副，聊以自娛：「割鬚棄袍」於彰德。（曩在西北軍時「紅槍會」一段事。）「封金掛印」於泰安。（運使署還留下大洋萬餘元。）

魯豫陝之變局

我回到北平，即在「今是」住下，不能說「天涯飄泊我無家」了。不過，對於魯省軍政變化，莫名其妙。為探知真相，我次日即乘平漢車南下鄭州，轉入陝西。那時馮已駐節華陰縣。沿途軍隊雲集軍車踴躋。孫良誠、劉汝明等部已開回，駐陝州至潼關一帶，還絡繹有回軍的。看那形勢，又不似打仗的樣子。

我見了馮，他現出很嚴肅、很沉靜的意態。循例歡迎外，他對我說：「本軍現正處極危險的形勢中，不難會召覆滅之禍。」我又不便詳問。祇在一破廟歇下，打開舖蓋，在神龕前地上而睡。真湊巧！老友訓練總監石敬亭也睡在那廟中。再得相見自然歡敘契濶。我問他軍政局面形勢，他含糊不答，只誇獎以我的身分、地位，居然肯再來，甚且席地而臥，究竟所為何來？我沿用「國民軍」通用的問答語說：「為革命服務。」再告訴他我很關心全軍的前途和局面的變化。他答：且住幾天，慢慢便知真相。

那時，韓復榘到了。他自馮入京任職，即奉令代理河南省政府主席。未幾，馮保薦他真除，同時韓手下仍統一個方面大軍數萬人。他驍勇善戰，在北伐之役功勳卓著，在全軍地位甚高，僅次於鹿鍾麟、宋哲元、劉郁芬、孫良誠（是時老將張之江，李鳴鐘已退役，在南京）。論馮的愛將，孫良誠第一，他算第二，所以得任豫省主席。此次他也奉命將全軍撤退至洛陽以西豫西一帶，而孑身到華陰謁馮。他不明白馮的軍事計畫，一得知要再西退入陝，即表示困難。因陝甘乃貧瘠之地，給養不足，奚能容全軍數十萬人生存？況心理上，全軍將士剛由西北饑寒貧困之區打出中原，給養稍裕，無人願再退入那苦地死地。如為政治新環境所迫，則人人皆甘願拼命再幹，上前打出生路，有進無退，死裡求生。及馮再嚴令他顧全團體，遵命再退，他即獻出進攻大計畫，拍起胸膛，包打下武漢；請纓自將十萬人，沿平漢路南下，並願立軍令狀：如不成功，則受死刑。他另主張以孫良誠將十萬人，沿津浦路直攻南京；復以石友三統十萬精銳之師分駐鄭州至徐州隴海路一帶，為孫、韓、東西兩路的總預備隊；最後則留宋哲元、劉郁芬等大軍在豫陝，嚴行監視晉方及其他武力。如此必獲全勝。

馮聞而瞪目咋舌，以為此計冒險太甚。他自有成竹在胸，不肯從之，反而疾言厲色，嚴令其顧全團體，服從命令。韓倔強性成，不如孫良誠、劉汝明之盲從遵令，氣憤憤地反問：「前者，由蘇俄回五原之時，全軍經南口新敗之後，只剩下殘部數萬在綏遠、甘肅，而且裝備不全，軍費不足，何以當時肯冒險死拼，勇猛前進，卒成大功？而今則擁兵數十萬，十倍於昔，鎗砲軍械，均全國無匹，何以卻不進攻而反要退守？」馮答他兩個「何以」問題說：「從前我是個窮光蛋，只剩些少本錢，故不得不孤注一擲以博大利；如今已贏了許多利錢，不能不慎重將事，穩健進行，豈能再作傾囊的賭博呢？只有實行計策萬全，萬分穩健的軍略而已。」韓無話可說，甚至欲改駐全部於平漢路鄭州以西，由洛陽至南陽一帶而不再入陝，也不許。他乃知不能挽回成命，即悵悵返陝州。（按：以上所述，係日後余過濟南訪韓時——他繼任魯省政府主席——敘及舊事，他親口對我津津細說當年經過的詳情，並毫不自諱的承認當時的行動，殊非受了南京方面的運動而背叛馮氏，只因為環境所迫，無路可走，為自求生路計，不得不歸順中央而已。）當時，韓非先受中央運動而叛馮，其言可信。因為他先確遵馮令西退，況時間忽促，變化突起，那有先受運動的時間和機會？徒因馮不從其計，不能自行其道，故爾作離心的、獨立的行動而已。但事後得受中央上賞則必然的事。（按：另據《劉汝明回憶錄》頁九八，敘及當時韓由華陰回陝州遇著他，也說因經濟原因而脫離，但未有提及韓對馮誓死包打漢口之事。想劉始終也不知其內幕實如上述。）

韓返陝州，即夕矯令開車，盡將原帶來之全軍出發東向。部將與他軍猶以為他奉令開動出戰也。比馮聞訊，知其叛去，急令孫良誠以全力追擊。孫遵令乘火車緊追。會龐炳勳由鄭州西撤至鞏縣，馮又電令攔截韓之去路。於是孫、龐兩軍東西夾攻。韓軍列車不能開動，亦不及準備應戰，全軍乃潰逃。孫即收納其殘部及得獲軍械不少。韓匆匆間只帶得數千人南入嵩山，迂迴而返開封，仍行使省主席職權而輸誠中央，並加緊招募新兵以恢復實力。

當時，石友三全軍尚在豫南之南陽，奉馮令退至鄭州，而馬鴻逵亦由魯西退豫。韓約二人一致行動。於是，馮驟失去不下十萬人，約佔全軍嫡系三分之一，比之作戰大敗損失尤重。原來，孫、韓、石三部實為馮軍最精銳之師。戰時，孫常任前敵，逢攻必克，馮稱之為「鐵軍」。韓、石二部則為全軍最慓悍、最驍勇善戰之師，常留在後方作預備隊。一遇前線各方面有困難，馮即指揮這兩個犀利無匹的鐵錐向前敵兇猛衝擊，幾戰無不勝者。惟馬鴻逵則原非嫡系，所部不多不強，得失無大關係。今回，三人相將叛去，是馮統兵以來第一次大厄，不獨精銳喪失，而且全軍第一次分化，團體破裂，軍心搖動，影響全軍前途之重大不可以言喻，而馮氏一生事業之大崩潰亦肇端於此，固不特是役「大策略」為之粉碎而已。亦無怪其一聞此噩耗，有如天崩地裂，不禁腦裂心碎了。過不了幾天，一日黎明，天猶未破曉，馮突挈數衛士，乘汽車離華陰，至潼關風陵渡口，過黃河赴晉，留下命令，全軍交宋哲元主持。時，宋與劉郁芬猶未起床，聞訊立行追去，不及穿衣履也。迨趕至渡口，則馮已過河去了。馮既抵太原，閻款待之於北邊晉祠小村，遂在此暫作寓公。事後，余向軍部各方面仔細調查，乃得洞明是役全部真相。但欲透切了解，當先明事前之軍政背景——由因而知果。

先是，當十七年夏，北伐成功之後，八月間馮赴南京出席中央黨部二屆五中全會。下旬返豫。十月，國民政府改組，蔣公任主席，為享有實權之國家元首。馮任國民政府委員、行政院副院長並兼軍政部部長。中央酬庸報功，待之可謂不薄。但馮意不在政治地位，而注重保持軍權。十八年一月「編遣會議」開幕，遵照中央會議決定之平等原則，每集團軍保留廿萬人。他即表示不滿。提倡是議者為陰謀政客楊永泰（粵，茂名人）。他原屬國民黨，前在粵任財政廳長，勾結桂系莫榮新等反對國父，迫使離粵，又嗾使莫捕殺民黨華僑記者陳耿夫。後，到北京任參議院議員，極力運動賄選議長不成（見馮自由《革命逸史》）。經「首都革命」及國民革命之後，他潦倒不堪。乃於北伐成功之後，看穿中央急切謀軍政統一，緊縮財政，即殫思竭慮撰成「削藩論」，附有實施計畫，由其舊時政友介紹獻策干進，簡直視國父信徒三民主義之同志、國民革命之元勳、黨國之棟柱為「藩鎮」，「群雄」為「軍閥」，務要一一削弱。真是謬論、邪說，卒至殃黨禍國，誠為罪魁。因是在「編遣會議」首先提出，二集馮軍要裁去廿餘萬人，即全軍過半數；四集李軍可以保留原額，而三集閻軍原不足此額，反而可擴充；至一集則何應欽宣布自有編遣計畫。

馮表示反對，特別提出編遣兩大原則：㈠裁弱留強；㈡裁無功留有功，更明白指出一集應先裁去陸續收編之南北殘敗之兵。由是發生意見。會後，馮亦盡力遵行編遣計畫，連日發電裁去八、九師，縮編全軍為十二師。但有一天忽然中止，因編遣費無著，又因諸將士共患難、同生死多年，奮鬥革命，勞苦功高，何忍再下手遣散？是故縮編之令，從未能徹底實行。「編遣會議」為期一月，草草結束，效果不大，只依原先決議案，設五個編遣區，南京、武漢、太原、開封、瀋陽（時，張學良已有默契歸順中央，但仍未易幟），徐圖實施而已。彼此仍未公開決裂，而日後之大禍，蓋種因於此矣。

此後，馮即稱病不出，軍政部交鹿鍾麟代理。未幾，閻錫山先脫身回晉。一日，馮忽然祕密離京渡江，遄程返豫。這一去無異「猛虎歸山」，天下從此多事矣。

跟著，外交部與日人商訂接收濟南，已定於四月十六日，由孫良誠派兵前去（見上文）。但是時，中央已以全力對付武漢之四集軍。四月四日，李宗仁等離鄂南返，中央軍得提前結束西面軍事，由是可以集中力量應付魯局，因而有十五日改期接收之命令。這一下，竟成為日後中央與二集衝突之導火線。

四月下旬，中央對魯局重新布置已妥，重令孫接收濟南——但僅是濟南。同時另派他軍接收魯東青島一帶，並令方振武軍由河北赴魯。其他在魯之雜牌隊伍又準備發難與孫軍為難。當時，孫軍只有四萬人，而可能為敵之軍不下六萬，中央且可陸續派兵北上。如其不遵命，妄事抵抗，無異使二集全軍與中央開戰。但馮氏並未有在魯作戰之準備。駐魯兵力，已苦感不足，而全軍防線太長，首尾難顧。尤足顧慮者，則模稜兩可之閻錫山在後方河北、山西牽制著；苟其服從中央則二集軍將受南北夾攻、中部被截斷之極不利的形勢中。所以於四月下旬忽電孫良誠放棄魯省，全軍西撤，並令豫主席韓復榘率全軍及其他魯豫所屬各軍照樣撤退。（以後事見上文）當時，不特孫、韓等將領，就是中央及全國都莫名其妙，不知道他要幹什麼。

至於是役之「大策略」，則自北伐成功之後，馮以防地分配問題已對中央有些芥蒂。他仍赴南京開會。於「編遣會議」後裂痕愈深，彼此疑忌，誠信未孚。他更氣忿不平，以為中央有惡意對他全軍而他也不忍下手，對所決議之編遣計畫實行。迨接收山東問題發生，他更覺中央對他不利，恐為四集之續，即急撤兵。在他初意，對中央政策不服氣則有之，但確無意用兵，絕無準備，尤其不願在同黨內起「兄弟鬩牆」之爭。雖然他打出「護黨救國軍」的旗號，但確無意反黨叛國、興師開戰以打誰倒誰，只不過於功高賞薄，編遣不公，心懷怨望，故有此舉。（當時全國只有四集李軍響應他，但不久即失敗。）

原來馮與總參謀長劉驥等三數人（或有石敬亭在內），為穩健安全計，當時所採用的是一種消極的抵抗的「大策略」。其戰略，一言以蔽之，即是「不戰而屈人之兵」。那即是集中全軍四十餘萬人於陝西，以全力壓迫閻錫山，要其公開表示合作。閻在北方一旦贊成，則南方與李宗仁聯絡起來，三個集團一致行動，對中央威脅抗議，實行「兵諫」。這一強大陣線，莫之能禦。中央非軟化而改變政策不可。然而軍事政治之發展，內外分子複雜，變化離奇莫測，往往有出人意料之外者。馮之策略不可謂不高，施行不可謂不慎。但因過於縝密，只由他與三數人操縱之於內，強令全軍撤退而連自己最高級、最親信的愛將，如孫、韓等也不密告，只要盲從，有如從前之用兵，而不知此時軍心已變，不能再吃苦，遂致發生內部巨變。倘預先示以機密，則智珠在握，穩操勝券，韓自然服從而不叛去。據後來某老幹部對西著者薛立敦（James Sheridan英文馮傳著者）云，如無韓、石之叛變，馮必能取勝云。是役也，馮軍不要打中央，獨韓要打中央，但因馮始終不肯打中央，韓反對不成而叛去，轉而投歸中央。馮本要「不戰而屈人之兵」；結果，卻屈了自己，損失多員猛將、十萬雄兵與兩省地盤。全軍防地回復到「國民軍」前時東出潼關的區域，更減去綏遠。真是政治舞臺上得未曾見之最大的一齣滑稽劇。

余初時，原欲調查真相後，力盡義務，為中央、為馮軍擬親到南京向各大員請求努力設法和解，防止戰禍，安定大局。但局面突然變化如此，無能為力，廢然而去。向宋哲元辭別時，蒙他贈以旅費。過了風陵渡，遇到符國符寅兄乘汽車由太原來，即囑託原車司機送我到太原去。

我從太原再乘車北上去晉祠謁馮。本想安慰他一番，但不知說什麼好。他那時傷心之極，恐說話不對反觸起他的苦痛。只有隨便閒談，行若無事，不作緊張語。他覺得在大旋地覆、事業失敗中，仍有故人來看他，使他在冷酷的世界中仍有些溫暖的人情味。那時，他獨居那裡，行動自由，並非囚禁，但亦不外出。閻待之不薄。馮自有無線電臺可與外方聯絡通消息。賓客來看他，也不禁阻。手下仍有多少隨從人員。太原設有辦事處。他在此閉門思過（用兵錯誤也），韜光養晦，且努力自修求學。

當時，我見他方踞案讀書，左手持《陸宣公奏議》，右手持梁啟超的一本學術講演集。他問我這兩本書如何？我心裡想，在軍政界，我是他下屬，但在學術界那就不同了。當下，既承下問，便毫不客氣、不自卑，用大學教授身分的辭語和態度答他：「雖然好學不倦，手不釋卷，而求學不得正當方法，不循正當軌道，將上下千餘年兩家的著作同時並讀，縱是讀書萬卷，拉雜堆塞腦中，也是無益的事。」他甚為驚愕，問我要用什麼方法，循什麼軌道，才是正當的，和有益的。我答以科學的求學方法，最重要的是分範圍、循次序、有系統，並須有專門學者名師指導，方得實益。我再補上一句：以他的好學苦心，加以個人政治、社會，以及人生的各種經驗，配合中國的經書，如得有教授指導研究專門書籍，凡習一科，有如初學英文一般，必從ABC開首循序而進，由淺入深，則一、二年的工夫可抵得大學裡三、四年的課程。他似乎恍然覺悟，對我說：這是頭一次有大學教授指導他求學的方法；對我的勸導完全接受，十分感謝。即日去電北平，採購政治、社會、經濟各種大學教科書。未幾，專聘某某學者前去授課。行之未幾，功效立見。此後，繼續聘專門人士講學，努力自修，知識日增，不同往日之「吳下阿蒙」了。馮氏於每次失敗蹉跌後，不灰心、不喪志、更積極修養，以求再舉，這是他人格最可取之處。我尚寫給他一篇長逾千言的「簽呈」，對於他的生活、態度、思想等等作耿耿忠誠的勸諫。他收讀了，也表示接受，但不知究有效力否耳。

我回到北平，安居主理「今是」校務。泰安「東綱公所」的捐款，尚足以維持經費。教職員待遇得以提高。那時，方振武已奉中央命帶兵接收濟南，任省主席。運使各人員也遷到濟南原署辦公。我見時勢與環境以及人事，皆已變化，而個人對中央（初由孔祥熙轉達的）的任務已完成了。況個人政治興味不濃，向無「官癮」，不再繼棧，即去函楊秘書長代向中央辭職，準備交代與新任運使，並將個人所未收應收之薪俸公費分給遠道由南北各地前來投效的屬員為遣散費。自此之後，我在宦海飄流的第一風波即安然渡過了。

至於馮軍那方面，據說，在七月初，中央與馮已達到協議和平解決：中央進攻之軍停止，允撥所欠軍費，先發三百萬元，另給馮出國旅費廿萬元（他不去，當未收到）；二集軍全部仍舊，轉歸鹿鍾麟統率；陝、甘、寧、青四省主席如舊不動。七月五日，中央取消通緝馮之前令。八月間，前隨馮離京之鹿鍾麟、唐悅良（外交次長），均回原職，薛篤弼且膺任衛生部長。一場軍政大變動，於是平靜了。

國民軍再生

中華民國真是多難之邦！軍政大局，一波才平、一波又起。十八年夏間，馮氏遷居山西河邊村，雄心未嘗稍息，只是靜以待動，不斷的與閻錫山及各方接洽通電以圖再次大舉。秋間，運動成熟，又發生一次大軍事行動。會其時，汪兆銘所領導之「改組派」公開與中央破裂。九月十七日，張發奎舉兵於南方，進圖廣州。中央急調兵應付。馮即乘機發動。先於十月十日，由「國民軍」將領廿七人聯名通電，推戴馮、閻二人領導全軍反抗中央。於是，全國震驚，南北雙方內戰同時爆發了。

中央對「國民軍」再下令進攻，揮兵北上。下半月，河南發生劇戰，但不在隴海路沿線，而卻在洛陽之東方及南方一帶半圓形中。正在兩軍相持不分勝負的僵局中，戰場忽發生莫名其妙的變化：——十一月下旬並未戰敗的「國民軍」全部忽然退師，再西入陝境。雙方軍事行動，遂告結束。是役也，一始一終，亦同上役之充滿神秘性，宜乎外間之不能了解真相。當時我蟄居北平，對此當然如在悶葫蘆中，又無法探聽真消息。

至是年暮冬，馮忽派陳國榘（原北平「今是」職員，往投馮任秘書）來見我，謂是役馮受了極大的委曲，寃情莫訴；託我體念前誼，設法將此役經過詳情公布全國、全世界。我答以是役經過始末，連自己也不知道；縱然知道寫出來也不會發生效力，非要靠外人不可；如同意，我當向此方面進行，以盡義務再行幫忙。他相信我，請我斟酌辦理，務期達到目的，然後走了。我知道馮於是役必有十分難言之隱、十分難過之處，所以那樣懇切要我幫忙。為友誼上的服務，也是為滿足自己的好奇心要知道內幕真相，即盡力進行。

我不耽誤光陰，立刻去找到一位素所相識的英國駐平特約訪員田伯烈（Timperley）告以是役經過，離奇晦隱，舉世不知，我有門路可以令他採訪新聞作精彩的特寫，報告全世，問他願意幹否。他當然樂於答應。我請他邀約多幾位記者、訪員同去山西訪馮，使多人作證，則事實不容否認；一應費用由我擔負。他贊成，即約得倫敦《泰晤士報》代表麥登納（Macdonald）及其他三、四位英美記者，由我購備火車票，親自陪同他們到山西太原。臨行，尚有美國公使館軍事參贊丹尼少校（Major Denny）加入。既至太原，我即在馮的辦事處與河邊村馮寓陳國榘聯絡。馮得報告，立派汽車接我們全體到他那裡。至則親自歡迎，隨開談話會。室內設長桌，馮與陳坐在一端，我與各外賓在他端。陳為馮翻譯外人所問所言，我為外人翻譯馮之答語。關於此役之原原本本一切詳情。談話經過很長時間，各外人一一以英文速記法記錄全部問答。我前已調查清楚是役背景，茲先行敘述，後乃及是役經過。

先是，自上次「護黨救國」之役因韓、石之叛而致失敗後，馮退居山西。雖屢與閻酌商大計，閻惟虛與委蛇，依違兩方，不著邊際，久無效果。蓋閻當時處境自有困難。其本心對於中央之措施原亦多所不滿，亦久遭疑忌。一向賴有馮軍在魯、豫居中緩衝，故尚不至直接受到中央之裁制與衝擊。但倘馮軍一旦消滅，則彼將無力抵抗，復無援助，成為孤軍，其亡當可立待。是故其懼怕馮氏之心理，遠不如懼怕中央之甚。所以乘馮失敗西退，亟挾其餘軍以自重。當時遷馮於河邊村，優待更甚，無異蓄有一頭猛虎以威脅中央。一俟迫不得已、時機成熟之際，即實行放虎出籠，使其出面出手打擊中央，而自居幕後要手段，操縱一切，以期有利於自己。會九月中，「改組派」在粵稱兵（見上文），中央忙於應付，這正是北方響應同時夾攻之無尚機會，於是乘時策動，乃有此役之發生。（以下據馮當時對外人自述之大略。）

當是年農曆中秋之夜，即民國十八年九月十七日，亦即粵方舉兵之日——閻忽訪馮，相與詳談，大罵中央之不是，聲言這正是積極反抗的時機，極力慫恿馮興兵再舉，自願衷誠合作，負責一切供應。在前一役，馮之不向南進攻，多因顧慮閻在後方牽制，今驟聞此堅決的表示，正中其懷，真是夢寐以求的，以為疇昔所定的「大策略」此時卒成功了。當即首肯，大計乃定。繼又商及舉兵之軍號問題。閻主張毋需另行巧立名目；昔年「國民軍」之傳統名號，聲威猶在，號召有力，索性復用之可矣。馮向來重實輕名，又即允焉。因一時不察，遂中了閻的奸計。

當下，馮以智珠在握，劍及履及，立電豫、陝方面宋哲元、劉郁芬等剋期舉事。（按：查石敬亭實是當時傳達此命令之人，見後註。）乃有十月十日各將領聯名通電之「哀的美敦書」發出。戰事隨起。殊不知閻真的一條「兩頭蛇」，擺下這條毒計，一方面暗中接受中央任命之「陸海空軍副總司令」，他方面又煽動馮出兵，給予接濟，假其手以打擊中央。同時，他卻以「國民軍」之軍事機密時向中央報告，以故馮軍在豫作戰為難，終歸失敗。（以上是馮氏述略。參看〈石敬亭自訂年譜〉選載《傳記文學》一二二期〈宋哲元與七七抗戰〉頁十中，石自承語。）

繼而我又在太原向馮軍高級幹部探聽是役戰事之經過。當戰事展開時，中央軍緊守隴海路線而不取攻勢，但另派徐源泉（原魯直軍，北伐時戰敗投降者）等在左翼猛攻洛陽東南之禹州、登封等縣。時，宋哲元任「國民軍」總司令，坐鎮洛陽，指揮戰事，而南路前線則由孫良誠在登封力戰。據說，前在「西北軍」任參謀長之曹浩森，是時已在中央軍任高級參謀，盡將馮軍之強點及弱點，一一暴露，而提供具體辦法，避強攻弱，故中央軍於是役頗佔上風。例如：馮軍之特效戰術是於夜間「摸營」；兵士右手執大刀，左手提短鎗，偷劫敵營，當者披靡。但在是役，由曹獻計，中央軍紮營處，於夜間遍樹火把，徹夜遍地光明，大刀隊一前進即被射死，無所施其技。孫遭強敵，作戰吃力，不易取勝，但雙方仍相持不下。不料宋哲元在全軍資望尚淺，非主帥才，措置失宜，故爾僨事。在劇戰中，他不知得到什麼情報，忽對孫大起疑心，誤信其叛變，深恐洛陽不穩，忽遽西退。而孫在前方驟失去後方總部的聯絡及接濟，莫明其故，亦不得不引退，以免孤軍陷敵。因此，前方後方之「國民軍」一律撤退，復入潼關。而中央則由於亟須趕急應付粵局，亦不事窮追，任其入陝。於是，這場大戰，過了無幾時，突然間又在出人意料的神秘氣氛中結束了。一說謂宋哲元當時實中了反間之計，一時失察，倉卒急退，遂影響全局云。此亦大有可能為是役失敗之最大原因。其中之複雜詳細情形，則不之知矣。

當我與各外國記者回北平後（獨有丹尼少校取道大同北返），翌日，平津各西報均刊出此特殊採訪的頭號新聞。同時，拍電歐美發表。此役真相始末乃大白於天下。哄動全國全世。閻知之，使人登報否認。次日，幾位外國記者又聯同駁覆，並以幾個人速記原文為證。閻方再發稿否認，但至入夜，又收回原稿，以後不敢再事答辯，惟默然啞忍而已。馮知其事，心裡覺得寃情得白，吐了一口惡氣，怡然自樂。不過，閻極憤其暴露內情，十分難過，即時加緊約束其在河邊村之活動，如取銷其自由收發無線電之權利等是。然亦不敢難為過甚，蓋馮仍大有餘力，足以供其利用於將來，故仍如前之挾以自重，加緊對付中央也。未幾，馬伯援兄由晉到北平過訪，告訴我當各西報發表那新聞而閻加以限制活動時，馮處全體人員，連薛篤弼在內，都咒罵我之大不是，闖下禍來。及馬入見，問馮究竟。馮欣然翹起大拇指說「簡又文做得好呀！」馬出來告訴他們，那是馮密令我做的而表示十分滿意，眾乃釋然。

尚有餘波足述者。過了不久到年杪，我丁父憂。在整備行裝南返奔喪期間，馮已知道，又趕派陳國樑攜親筆函來弔唁，並轉達他的意見，請我於南下路過京滬，仍以前任中央特派「政治工作委員」資格，將是役的經過始末對中央要員陳述。我是時雖無職責，不過受了重託又答應了再為友誼上助力，使中央知道內容，責有攸歸，也是好事。十九年一月，過滬時，遍謁孫、孔等中央大員。真出我意外的是：每見一人，不須我提到馮氏即先開口問我「那究竟是什麼的一回事？」可見是役忽起忽滅，內幕神秘，中央確無人知道。我於是乘機將到晉所聞的真情，一五一十的細述。他們乃恍然大悟，都憐惜馮氏天真笨拙，上了大當，大罵閻之毒辣陰險、煽動內戰為老奸巨猾之尤。我見中樞要員已得真消息，自然展轉傳遍國民政府當局，算是第一手資料，足與西報所載，兩相符合，不容不信，毋需再入京，特別宣傳，稍露痕跡。其後，在另一場合，閻與中央公開決裂時，中央明令通緝之，所宣布之罪狀有謂北方內戰，皆由其蓄意醞釀，幕後煽動，實為罪之魁云。

「擴大會議」與「中原大戰」

民國十九年春，我在廣州料理家事既畢，即挈十齡兒子與一侄子回到北平。那時，大局風平浪靜，我居家守制，從事辦學、治學、講學，安居樂業，不預外事。子侄等則入小學讀書。我特聘了一位蒙古的武師趙教頭，教他們於課餘學習武術。趙教頭授以一套一套的拳腳工夫，只注重姿勢、方式，而不要他們用力使勁，免礙發育，法至得也。我也乘機多學些拳術及練大刀——雙手的與單手的。從戎歸來，才練武功，難免「賊過興刀」之誚了。未幾，我獨出心裁，特別定製一枝全鋼的手杖，重十餘斤，即以刀法操練，略為變化，甚為合用。以後隨身緊執，走遍南北，以作自衛武器，無人察覺，但始終未嘗實用之。

未幾，北方軍政局面又有新醞釀——「擴大會議」與「中原大戰」為本年發生之最大事件，亦民國建立後最不幸的大禍。我於是役只是袖手旁觀，沒有參加，毫無關係。不過，像這樣猛烈兇暴的巨大風潮，其「風尾」所及，勢難免波及個人，致令我受其影響而再迫我飄流於宦海中。（以下資料係個人觀察與採訪所得，世所鮮知，應作詳記。）

先是「國民軍」在豫既屢失敗，「改組派」在粵亦一事無成。中央因此得傾全力以收拾北方癱瘓之局。於是三集團閻錫山乃直接當其衝，不得不居主動，為首作軍政活動以圖自保。他極力拉攏國民黨各派各系，謀大團結以對抗中央。一時，河北、山西道上，太原、晉祠之間，冠蓋雲集，各方使者、風雲人物，絡繹不絕。凡歷年來全國全黨之不滿於中央者，無論從前意見或同或異，非親自命駕北上，則紛紛各派代表來與閻接洽，如「改組派」之汪兆銘、陳公博等，與「西山會議派」鄒魯等及其他失意分子（當時包括馮玉祥，張學良亦答允參加是役）。其在南方，除廣東陳銘樞等擁護中央外，敗退回桂之四集軍李宗仁等亦遙為響應，派代表北上。閻居然成為這新運動之中心人物——「盟主」，執反動派之牛耳。馮退居配角，不過潛力具在，陝、甘仍有重兵，故各方仍看重之。彼與閻雖仍不無芥蒂於心。其部下尤為憤激，至三月初宋哲元、孫良誠等痛恨上次被閻出賣，至欲揮戈攻晉。不過，事過情遷，此刻二集、三集患難與共，同仇敵愾，甘願釋嫌，合作奮鬥，以圖共存。此時各派各軍大有聯合共進之趨勢也。

馮軍此時，大有「群龍無首」之概。宋哲元、劉郁芬之聲望才幹，難當主帥。馮乃令蟄居天津之鹿鍾麟，祕密回陝。鹿喬裝勤務小兵，隨某要員汽車經大同至馮處，密商大計畢，即乘原車南下渡河入陝，奉馮命統率全軍。宋劉等拱手相讓，唯命是聽，不移時，整頓各部，提高士氣，昔日「國民軍」雄姿威勢，再次恢復，靜待後命矣。

在政治方面，二月十日、廿一日馮與汪先後通電攻擊中央。三月，閻先取行動，接收晉、平各中央機關，繳中央軍械，封閉黨報。十五日，閻、馮兩軍將領聯合通電，攻擊中央，擁戴閻為「中華民國陸海空軍總司令」。馮、李、張（學良）副之。孫良誠、吉鴻昌等隨即揮軍東攻開封。四月一日、閻、馮、李就總副司令職，惟張無明顯表示。晉軍則開入魯，馮軍仍在豫，兩路作戰。五日，中央下討伐令，調兵應付，但在前線仍取守勢。此即所謂「中原大戰」——民國以來最大的慘劇開始了。

當時，北方的軍事計畫，以李宗仁為「第一方面軍總司令」，由桂北攻湘鄂。馮為「第二方面軍總司令」，由陝攻豫。閻自兼「第三方面軍總司令」，指揮河北、山東戰事。石友三（前曾一度與唐生智聯合反中央，失敗後北退）為「第四方面軍總司令」，由豫攻魯。李宗仁、黃紹竑等聯合留桂之粵軍張發奎部，傾全省之兵，冒險北上，以與閻、馮相呼應，並自求生路，計畫與馮軍會師中原。倘其計劃得實現，則中央危矣。詎料李軍前鋒已過岳州在入鄂途中，粵方忽以陳銘樞軍蔣光鼐、蔡廷鍇兩師北上，佔領湖南衡陽，切斷李軍後方聯絡補充線。李不得不撤退南歸應付危局。於是會師中原計畫失敗，致影響「中原大戰」全局之勝負不少。

延至七月中，「擴大會議」在北平開會。八月下旬，各派共同組織「國民政府」，擁閻為主席，馮、汪、鄒、陳等為委員。十九年九月九日上午九時，閻就主席職。時則馮已赴豫親自督戰矣。主席登壇後，忽有中央軍飛機翺翔空際，向故宮三海投下炸彈，有一枚正中中海之「懷仁堂」前，隆然巨聲，當場震醒「閻主席」的好夢。未幾，即匆匆離平回晉去。說者謂其就職時日不吉，「四九三六著，走為上著」，非走不可。此當時流行的幽默，可博一粲。

七、八月間，魯、豫兩戰場均有劇戰。三方各集中精銳作殊死戰，故傷亡甚多。至八月初，晉軍一敗塗地，山東盡喪，不堪再戰。中央軍於是得傾陸軍空軍全力集中豫省以對付馮軍。其後攻鄭州者為陳銘樞之第四軍，最為得力。

時，蔣總司令之總部設在開封東蘭封車站。離站不遠為飛機場，航空司令為粵人張惠長。一夜，飛機場突受「國民軍」騎兵千人襲擊，蓋以中央飛機，每投擲炸彈，驚散馬群，故最恨之。是夜，因謀報復，突襲機場，毫無抵抗，毀去所停之機。張急匿避，始得倖免。騎兵得手後，轉馳往蘭封猛攻車站。時，站上防守虛空，總司令部只得衛兵百人而已。蔣公駐列車上，勢極危險。平常軍隊凡遇夜襲者，多不還火，免露虛實，但是時侍從於總部內之高級參謀陳調元，卻主張還火庶免坐以待斃。此兵法虛虛實實之妙算也。乃下令全部衛兵佈車站，密密射擊。攻軍皆騎兵，果以為車站有大部軍力，防備周密，否則不至還火，又在夜間不便大舉進攻，即行退卻。總部遂獲安全。（此事，於多年後余由雙方友人之躬預其役者口述，兩相符合，可信為真實。）

然而此役大戰之勝負，不決於疆場，卻決於壇坫上外交手腕之間。方豫省大戰時，中央代表吳鐵城等在瀋陽與張學良磋商合作事，吳挈其擅長交際、善於辭令之愛妾及大量金錢與俱。二人施用濶綽的、巧滑的外交手段週旋於奉軍「少帥」夫婦與高級文武幹部間，大奏奇效。同時，閻、馮亦派代表薛篤弼、賈景德二人到瀋極力運動。無如囊慳術拙，與吳比較，在在相形見絀，居於下風。雙方均予張學良以特高位置，優異條件，拉其加入陣線。一向，張學良站在中立立場，無露骨表示左袒那方，然以其時形勢論，奉軍勢力充沛，實居舉足輕重之地位。吳氏來後，不久即獲得好感。其間尤有決定性作用者，則張對中央雖仍有不愜意之處，然對馮卻有不共戴天的世仇，而絕對不能與其攜手合作者。況堂堂國民政府，名正言順，所給條件與地位價值比較上當然引人入勝。其決定歸順中央實自然之理。其實，早於十八年五月間，張已與奉軍將領有公開反對馮氏政策之表示。至是年，更於九月十八日發出通電，主張國家問題，當由中央政府依合法程序解決之。是無異正式加入中央陣線以反對閻、馮之表示也。發電未幾，隨即派大軍入關。晉軍無能抵抗，遂任其連佔天津、北平以及河北全省。時，閻已再到平，見大勢已去，於奉軍開到之前，通電辭職，復退回太原。九月廿二日，北平晉軍撤退。前二年，晉軍以國民政府名義佔領舊都，今則奉軍亦以國民政府名義入據焉。「擴大會議」及其所組織之「國民政府」自然瓦解。

至於豫方軍事之結束，亦不決於疆場上之戰爭，而決於馮氏麾下另一部之叛變。一日，馮在總部忽接方在前線作戰之軍長吉鴻昌電話，說：「總司令，對不住，我走了。」緣中央如馮舊部李鳴鐘與吉感情素洽，乃著其往豫運動吉來歸，予以鉅款，果然馬到成功。吉本馮部後起之驍將，戰功卓著，惟性情暴戾難馴，至是叛馮而去。其部下梁冠英、張印相兩師隨焉。當下，馮怒擲電話，氣憤之極，恍如昔年韓復榘、石友三等叛變悲劇之重演，全線崩潰在即，大勢已去，束手無策以挽回敗局。於是，懸崖勒馬，即由鄭州渡河，挈少數衛隊，由新鄉經焦作西行復入山西。鄭州隨為陳銘樞軍攻下。馮氏餘軍則盡退陝西、山西。戰事遂告結束。此次豫戰，實為歷來內戰之最劇烈者，尤甚於前年豫東與奉魯軍作戰之役。中央軍之最精銳部隊，如馮軼裴軍及十九路軍陳銘樞部等，皆參與。馮方亦盡以所餘留之精兵出戰。雙方紀律均優，鬥志均旺，屢作殊死戰，以故傷亡皆極慘重，國力削弱不少，傷亡數十萬（一說七十萬）至為可痛可惜也已。

方馮入晉時，有駐豫北之孫連仲、張維璽等部欲追隨。馮卻之，轉令其投歸中央，以後服從蔣總司令的命令，為國效勞。孫唯唯諾諾遵命而退。其後果然向中央報告云：「奉馮總司令命前來投順。」蔣公素知其忠勇可靠，即收編之。以後，孫矢忠中央，服從命令，始終不渝，亦可紀也。假使當年在「編遣會議」時，馮不須盃酒而自釋兵權，能對全軍部下作此言，又何至有以後屢次之內戰，而致發生民國空前之慘劇？

馮既抵太原，閻優待之。其陝、豫餘部宋哲元、劉汝明、過之綱等數萬人相率入晉，均由商震奉閻令善為安置，擔負一切給養。閻能善待戰友於失敗患難之時，亦算難得，可稍贖前愆了。其後，中央改編駐晉馮部為廿九軍分兩個師，以宋哲元、劉汝明為正副軍長，馮治安、張自忠（由河南入晉）分任師長，由中央發餉。此軍在運城、陽原等處一住三年，乃奉令駐北平，應付日軍之侵略，成為國家之干城焉。

關於「擴大會議」之結束，汪去國，閻往大連，而馮則留在晉，居汾陽（在太原西南），得中央寬厚待遇，大概是念其完成革命之前功也。此後，馮的生命又進入另一階段

——最末期。他直接率一枝龐大的軍隊，可說是私人性質的軍隊，這一時期已告完畢了。經他一手訓練，多年指揮的各部尚留有不少（至少十萬，迄無確數），分駐各省，皆直接歸中央改編、給養和指揮。「十六混成旅」也、「第十一師」也、「國民軍」也、「西北軍」也、「第二集團軍」也，一律成為歷史的名號。馮氏一生的事業，告一段落，然而仍未結束。在以後最末的十八年間，他的生活，時靜時動，其與中央的關係也是時合時分，都隨時局之變化與個人的反應而定。

「擴大會議」之後，上文已言與我絕無關係。而到末期不免影響於我個人，一為經濟的，一為政治的。緣自該「會議」崩倒，所謂「樹倒猢猻散」。一時，各方「從龍之士」紛紛散走。屬粵省之各方各派者已一、二百人。其中有不少我所認識者。一日，有某舊同學夫婦來借款，又要我為其買車票，所費不下百金。我一想，這樣繼續下去，人人以我為卸任鹽運使必囊括多金，礙於鄉情、友誼，難以推卻，但又怎能應付？計唯有出之一走。於是即赴天津暫避其鋒。其尤令我尷尬難應付者則為政治問題。因當初我是受中央委任－前後兩次－到馮軍任政治工作委員，今雖去職卸責，而雙方竟發生大戰。縱然我始終沒有參加而難免「附逆」之嫌，又不便作公開聲明、自白之舉。則將來立身處世，前途不得安定；若謬然逃去躲避起來，則嫌疑更大了。而況，以後北平在中央與奉方控制下，很容易惹起當權者之誤會，一不明白我個人的來歷和從軍的原委，不難視我為「西北軍餘孽」。那時，生命之安全尤可慮了。自己三思，復與至友商量，卒之為當前環境所迫，為自拔自救之計，一俟風平浪靜，大局安定，不得不拋書卷、捨筆硯，再度跳入宦海中。

鐵道部參事

二十年一月，在決定行止之後，我先揮函與南京孫哲生先生——時任行政院鐵道部部長，請示今後出處問題，並表示欲得出洋深造的機會。蒙其覆函著我即到寧面談。我乃將校務家務，交摯友代辦，孑身至南京謁孫先生。他欣然歡迎我回到他的政治的「老家」來。

我與孫先生有多重的親誼——黨誼（先父寅初公係中國同盟會會員，蒙國父任為南洋籌餉專員），世誼（後來有四代交誼，他的四代，我的三代），學誼（美國哥倫比亞先後同門），公誼（黨政我屬他門下），且有通家之誼（曾為其公子家庭教師）。說到政治上的關係，我是在民國十一年（一九二二）討陳（炯明）之役開始追隨他奔走革命的，迄今（民六一）足有五十年的歷史了。回憶當年陳叛變於廣州，遣其部將葉舉、洪兆麟以重兵圍攻國父在粵秀山的總統府，國父倉皇蒙塵之滬。民黨領袖等分頭努力運動，亟圖反攻復興。哲生先生奉命偕妹倩戴恩賽博士在香港得殷商楊西巖、伍學幌等傾家助軍餉，因得成事。我之追隨效勞即在此時。未幾時民黨巨子葉夏聲（競生）遠自雲南回粵，復冒險西上，竭力運動滇軍張開儒、楊希閔、范石生及桂軍劉震寰、沈鴻英等熱忱響應，會盟於廣西平南之白馬墟，組織滇桂討逆聯軍，張為總司令，葉任參謀長。全軍經梧州沿西江東下，與粵北伐軍聯合總攻。陳逆兵敗，遁惠州。（後由蔣公介石消滅之。）十二月十五日，粵省克復，再為國民革命之基地。時，哲生先生已赴滬，常與陳友仁、李錦綸等同遊，余亦叨陪焉。翌年二月，國父再返粵主持革命運動。哲生先生隨至，亦復任廣州市長。（以上紀事詳看葉夏聲著：《國

父民初革命紀略》，頁一三七以下）

沈鴻英原出身綠林，受撫改編為桂軍一部。有兵萬數千人，至無紀律。初曾加入滇桂軍之盟，攻粵不無勞績。顧粵局已定，則無明顯的擁護革命的表示，駐兵於會城近郊石井一帶，似獨樹一幟，虎視眈眈，鼾睡榻側，態度曖昧，行動堪虞。粵中當局均視為眼中釘，但苦不得妥善穩當辦法以處置之。有主張軍事解決者。獨哲生先生力排眾議，堅主撫綏，以免重起戰禍而削弱革命力量及荼毒地方。即有質問者曰：「但是沈極強悍，不識主義，不從理性，不受命令，又如何進行？」哲生先生乃再進言，願身入虎穴，招其來歸。眾皆壯其志，但以其安全為慮，僉以為此行冒險性太大，凶多吉少，徒「送羊入虎口」而於事無補，白供犧牲而已。獨有國父嘉獎之，許其前去。國父祇以國事為先為重從不以所生獨子之安危為慮，真偉人也。而哲生先生亦以身許國，不惜犧牲一己，可謂「虎父無犬子。」二人之英勇精神，大足示範後人，此革命史中所宜大書特書者也。

哲生先生輕車減從，只挈隨員馬超俊一人同行。既抵沈軍總部，通傳後，鴻英出人意表，親出歡迎，並以盛大的、隆重的儀禮接待專使，賓主言笑甚歡。沈固江湖豪客之流，以義氣為重。乃傾心布腹對來使云：「我與賢喬梓素昧生平，但中山先生肯遣其獨子前來此地會我，是看得起我，還看重了我也。而先生也肯隻身來此，是相信我也。給我沈某人如此大體面，令我不勝感服。如不竭誠擁護，真不是個人了。自此之後，我只有絕對服從中山先生之命令，實行他的主義，為革命事業努力而已。」哲生先生終能完成使命而歸。黨中前輩對之亦敬重有加。

那時，我方在上海「中華基督教青年協會」任編輯部幹事。忽於一日得接孫市長自粵垣來電，邀我回去任教育局局長。適我在「青年協會」做事不得意，即乘機辭職南返。方擬就局長職，而先父在滬突患重病，急電召我。於是又辭去而回滬侍養。此行雖未就職，但已正式成為孫先生的門下士了。其後，於十三年春我北上在燕京大學任教席。當國父在北平病革時，我也去拜候過他，承命寫了一篇文章代他辯白有關宗教問題有些讀者對他的誤會。直至十五年秋，我因祕密參加革命運動，致被奉魯軍閥通緝，乃離平回粵。蒙哲生先生力為保薦，得中央黨部任命為西北軍政治工作委員（看前著《西北從軍記》）。我與孫先生的關係淵源如此，所以這一回由北平到京，回到他那裡，實是與回到「老家」無異。

我謁見他之後，陳明來意。他說，我來得真湊巧合時。因為戴傳賢（季陶）先生——時任考試院院長，要到美國去，需要一名隨員任翻譯，問我願去不。我喜出望外的立即答應了，以為可以有機會再留美。經其介紹見了戴氏之後，遂定議。戴氏囑我快領護照，備行裝，月內啟程。我即著手準備，先回北平交代「今是」校務，挈子姪至滬，打發姪兒回粵而留下兒子在上海「嶺南」分校就讀，作寄宿生。準備停當，隨時可啟程。

在這等候出國期間，我與京滬舊友歡敘。人人待我如故，當我回到老家一般。有一位「老大哥」坦白地告訴我：「北方之變，我們很為您耽憂。我到天津時（當偵查特務也），特派人（是我老同學）時時跟踪。您的一言一動均注意。後來查實您的確沒有『附逆』，我們才放心。」我答：「我是中央派去任政治工作的，本來不屬於那一派、那一系的人。」他再說：「好了。好了！如今您在孫先生大旗掩護下，大可以高枕無憂了！」我氣憤憤的回答：「說什麼『掩護』、『無憂』？您早知道我原來就是孫先生的門下士，後來經他向中央保薦我到『西北軍』任政治工作；如今任務完畢。前由這裡去，今回這裡來，豈不是自然順理成章的事嗎？」他乃無話可說，相視微笑。兩不介意，復為「老弟兄」如故。

豈料過了些時間，戴氏忽中止出洋之舉。我頗感失望。似白白歡喜一場，又做了一個留美之夢。問我此行何所得——兩套新製的、上好的、時款的呢絨西服。

孫先生既知遊美事不成，即對我說：「您既然回來了，就留在這裡幫忙罷。」我斯時無別路可走，「既來之，則安之」。一口答應。那時，他欲任我為該部的總務司司長。我以人地生疏，事務不熟，恐不勝任。他乃改任我為參事，我即就職，而另以梁寒操（均默）兄長總務司。

鐵道部組織，部長（特任）下，有政務次長、常務次長二人（簡任一級）。任職者先後有王徵（文伯，旋退休）、黎照寰（耀生，旋出任交通大學校長）、黃漢樑（閩人，專門經濟學，曾任上海閩人及菲律賓華僑所設之和豐銀行總經理）（以上三人均孫之留美同學）、連聲海（粵人，老民黨，擅書文，精刻印，曾任國府印鑄局局長，「中華民國」國璽是他的鐵筆傑作）。下分總務等司，另有參事四人（均簡任級），有鐵路專家關賡麟、關均笙等三人（均「交通系」舊人）；而我真門外漢。但我的特別事務不是有關鐵路的職責而是「參」部長的機要「事」，差不多等於部長的機要秘書。各司下分科辦事，均無可敘述。外放者，有全國各大小鐵路的局長和「交大」。部中同事，不少舊友，要以寒操兄志同道合，相交最久、最莫逆，為道義之交。彼此共傾肺腑，相約以古純臣風度力佐孫先生為國服務，以後常合作共進，相得無間。所謂「得一知己，可以無憾」是矣。這次，我不能再赴美，而又在宦海中飄流——第二次做官，在國民政府任職。

當時鐵道部在南京一幅寬廣多畝的曠地，建築官舍幾座，有辦公大樓、部長官邸、簡任官房舍、職員大宿舍等等，外觀皆作宮殿式，內室則全西化，極為壯麗，為南京各公署之冠。官舍建在四旁，中為大曠地草場，廣植花樹，似一公園。又有運動場，為職員休憩、散步、運動、練武之用。我分配得官舍一幢，時在門前練大刀、習拳術。

我在部中所得印象最深者，即是組織之緊密、事務之效率與上下人員辦公處事之認真與嚴整。自部長以下，除星期休假外，大小職員每日依時上班下班。每人各在辦公室內埋頭工作，各有專責，秩序井井有條，如一副大機器，毫無歷來衙門惡習、官樣文章。有外人前去參觀者，無不嘖嘖稱善。謂宛似外國的大銀行、大公司一般。這可表現孫部長治事行政之能幹和精神。我很樂觀的想法即是：如果全國軍政公署機關均如此，我國的政治將革新了、將媲美外國了。

孫部長每隔一、二星期與夫人到上海私邸渡週末，以調劑其繁忙的生活。孫公館最初是在法租界莫利愛路，是一幢小型的花園洋房。這是他一生最初自置的產業，也有其來歷的。外間至今仍有人不明他的操守，誤以為他是個貪官污吏，前在廣州市長任內括了許多資財，卸任到滬時乃購此私產，更引此為貪污的證據。這真是冤枉的流言。我追隨他多年，他的財產的來源都一一清楚明白的。至今我已離開他門下，不再做官廿餘年了，無所求於他，但迫於正義私情，不能不為他表白一下，以存公道直道，庶免使他的人格有白圭之玷。原來他自民國六年由美畢業回國，先任國父的大元帥府秘書。越二年，改任參議院（時在粵開會）林森議長的秘書。十年，初任廣州市市長。翌年，遇陳炯明叛變，隻身避難香江，分文沒有，要向工商銀行行長程天斗借款為用。隨在香港負責籌款靖難。十二年秋，驅陳成功後，回粵復任市長。那時，軍用浩繁，大元帥府財政拮据，乃令廣東財政廳廳長梅光培及孫市長每人每日繳餉三萬元。兩機關為接濟大軍，不得不竭力張羅，以維持革命運動。當時，緊急籌款辦法之一，即是變賣公產官產。舉凡全市內外之非持有正式契據之私人地產或樓房，如廟宇、沿江碼頭、或拆城餘地，一概查明充公變賣，如是始得稍舒財政困難。因此之故，一時流言四起，均埋怨市府與財廳括削民脂民膏以飽私囊，不啻怨聲載道。竟有黨內同志也有不明真相，責罵備致者。甚至追隨國父革命甚久之李海雲老同志且親到帥府「告御狀」，控訴孫市長之貪婪聚財。後來，據國父侍衛長馬湘言：「當時哲公方任市政廳長，以賣官產而濟大元帥府軍糈，奉令日須籌繳三萬元，急如星火，而市民歸僑，每有不明底蘊，或別有會心，藉口詆譭公賣官產自肥。眾口鑠金，又無從據實置辯。一日，李海雲入見，以流言轉告國父。在言談中亦頗不以哲公所為為然。國父聞而笑道：『廣州駐軍數萬，餉源只靠廣州籌措；外地各軍，就地收餉，阻截解省。幾萬軍食，試問從何而來？只靠廣州一隅而已。哲生每日必需繳餉數萬，以資維持，正日為籌餉而焦急。別人不知，猶有可說。你何能憑此道聽塗說而厚誣他？』」（上見蕭次尹來函。另由陳崇興教授云，上述此事前曾親聞其令先叔陳少白先生言之。當時市府力籌軍餉之經過，參看孫科：〈廣州市政憶述〉，載《廣東文獻季刊》三期。又：我家在廣州開有一熟藥店名「橘香齋」也被查出後座接近城墻根處，侵佔公地，要補價千餘元。其時，我適在粵，親自辦理手續，因洞知實情及為接濟革命軍用計，並無怨言。）

以上所述，與孫先生個人的財產很有關係。緣當時有明文規定：凡財廳與市府變賣官產所得，抽出十分一為獎金（花紅），由兩機關上下官員平均分配。所以孫市長也「分得一杯羹」——大約有幾萬元。後來，他在上海定居，法租界的洋房就是用這款買來的私人產業。（當時，上海租界房地價還不昂；三、二萬元便可買得一幢花園小洋房。十年後，我在上海公共租界西部自構斑園，連地皮及二層樓大洋房，也不過共費四萬元而已。）其後，法租界房地價漲了，他把舊房子賣得善價。即將此款另在西郊哥林比亞路公共租界新闢荒地（價格廉），另買一大幅以建新居。後來，又得其學友黃漢樑為其經營投資事業，頗有所獲。抗戰時，先生挈眷去香港即以餘款在淺水灣購入一所洋樓。但因家庭經濟日漸拮据，即將此洋樓押給英國銀行，得港幣十六萬元。最後，連這產業也賣了。全家去美國的旅費也不足，是由國民政府向他購買全部私人藏書——各省通志，給他一筆現款，才能成行。在美僑居數年，經濟日緊一日，經營事業也無成，還欠了一筆巨債。民五三年秋，我去耶魯大學治學時，曾去訪他倆伉儷，蒙招待一宿，因此洞知其經濟甚窘。孫夫人至向我垂淚訴苦。前數年，他倆回臺灣，定必是由政府資助的，否則仍有「哥哥行不得」之嘆了。此外，他再無私財，無私產了。至於南京中山陵側有「慕廬」小房一幢，原是當年政府造陵時，特別構此以為國父後人廬墓之所，那當然是屬孫家的產業，但現在有等於無了。我與孫先生結識五十年，相知不算不深，今為主持公道，保存真實起見，可以說一句：他一生操守廉潔，不忝所生。

現在回述是年（民二十）的大事，到了春夏之後，大事發生了，而我也被捲入漩渦中。先是，立法院院長胡漢民先生幽居於南京湯山，失去自由。一般同情者，尤其粵方中執委與軍政大員，奔走駭汗，竭力營救；結果：醞釀巨變。孫先生也是其中有關係者之一。其時，孫夫人有恙，在滬私邸休養，他由京回來陪著她。他看見大局風雲變色，急於斡旋，以期和平，乃決定回京，力謀請求恢復胡先生自由，至不憚以己身為質。此其愛黨、愛國、愛友、義氣凌霄之作風也。但夫人苦尼其行。他堅持要去。我們追隨他的幾個人，也勸其慎思，以免增加夫人之憂慮，至病狀加重。一日，共同午膳後，我忍不住多說了幾句話：「部長一個『孫』字，力量重大於十萬雄師，可以平衡兩方，真是一身繫天下之安危：千金之弩，豈宜輕發？請三思而後行，務期於大局有濟，庶和平實現。」他登時義憤填胸，斥責我說：「這事不要你管！」我也不屈，侃侃再陳下情，答道：「部長委我作『參事』。如今有關於一國一家的大事，此而不參，所參何事？」這更如火上加油，惹起他怒氣上騰，拍案大喝。氣憤的離桌上樓去了。夫人益為驚惶失措，但仍聽理性指揮，轉勸我們此時在他盛怒之下勿再激起他的「無明火」，請大家從長計議，俟機再行婉言勸諫。

入夜，孔祥熙親來勸駕及迎駕，謂花車已備，親陪入京。孫先生當時意志游移不定，乃約王寵惠、馬超俊兩人同來共商行止。談了許久，也不得要領，兩人辭別。那時已是十時左右，開車期迫近，孔一再敦促。我們在幕後的幾人，有余銘、陳劍如、陳君樸等細語密商，以這是有關全國但也是有關全家的大事，應請夫人參加協同解決。乃由侍從二人以籐椅從樓上將夫人抬下來。直入客廳。她扶病出現，身穿睡袍，散髮垂肩，面色蒼白，口手震顫，雙目暗淡，似有淚痕，病態嚴重，一望瞭然，活現全身神經緊張至極度。孫先生忙起迎，殷殷問下樓何事。她即表出心病癥結所在，戰戰兢兢的說：「我不想您回京，要留下看顧我。您答應嗎？」先生明見形勢緊張，一去恐生不測，不假思索即朗聲答：「我決不去了。您不用耽心，請上樓好好的休息吧。」先生向來誠實，言無虛偽，一諾千金，夫人深信不疑。至是始得安心，復由侍從抬回樓上去。當她突然扶病入客廳時，孔氏當場變色，明知迎駕計畫觸了地雷了。及聞孫先生的諾言，確知無望，即起立握手，一聲「再見」，告辭而去。一場小風波乃告平靜。

「非常會議」

孫先生根本是一個「和平主義者」（自承語見《八十述略》頁二一），尤其不贊成內戰。凡有可致黨國和平之處，他無不盡力以赴（屢見下文）。一次在談話中，曾向我表示：他是個建設家而非煽動家；他不能亦不願做什麼反抗運動的領導者。對於這次的風潮，在他的地位和身分言，頗有「左右做人難」之苦。其時，南方與寧方兩面的同志，裂痕愈深，瀕於破裂。在寧方，以中央黨部及國民政府所在，根基固穩固不宜亦不易動搖，但在南方則有相當數量的中央執監委為領導，尤其得有暹羅、南洋、美洲各地華僑之擁護，在黨內部的力量也相當之重厚，更有兩粵的雄師為後盾，其勢亦不可侮。如果內訌爆發，當然是黨國之大禍，姑不論孰負。孫先生當時處境困難，但既決不回京，乃轉思回粵，蓋其動機以為與南方諸領袖有黨誼、鄉誼、世誼的關係，且得南中同志之愛戴，進行調和的努力，較有把握；若回京則加重壓力於南方，裂痕恐將愈深而致和平更難實現。況夫人健康欠佳，相將回粵休息，一轉空氣和環境，也是為公為私，計至得焉。於是實行祕密乘輪南下。（其中經過頗為曲折微妙，不及細述。）

一日下午，陳君樸兄到我寓所，轉囑我收拾行李，在房間等候消息，萬勿離開。我問他往那裡去。他答，不要多問，只須等候他再來。我無奈只有關閉自己於斗室，束裝以待，時作瞌睡，寸步不離。一直等到翌晨上午四時左右，他果再來，偕我同去江干一碼頭，送我下輪船，囑我不要說話，天明便知分曉，他便走了。我所得的奇異印象是：整個碼頭上，平常熙熙攘攘，人來人往的，那時卻寂然無閒雜人等，可想見此布置之周密。

天破曉了，輪船機動啟程。我從容起來到餐廳早膳。只見孫先生伉儷、陳友仁、余銘等（另有女護士一人看顧夫人），已在座進食。彼此圍坐相視而笑，莫逆於心。乃知陳君樸、陳劍如二人留滬辦事，有祕密電臺為通訊工具。連聲海、梁寒操兩人留京主持鐵道部等。其後，聽說自孫先生離滬的消息傳出，全盤的股票市價大跌，因是京、粵局勢益陷於風雨飄搖中；人心惶惶，恐生巨變也。這可反映孫先生當時確有舉足輕重之潛力焉。

在航行兩天期間，清閒無事。有人動議向海員租賃一副麻將牌來玩玩，以消遣無聊的日子。夫人慫恿孫先生入局遣興。但是他從未玩過麻將，至對於一切賭具他都無興味，只嗜讀書閱報。當下，有人從旁指導他如何打法。不料一圍還未完，他不耐煩，把牌一推，說：「不幹了！誰有工夫來等候出牌？」離座後，他還是翻開書卷細讀。

輪船到了九龍，孫先生與我們在多人熱烈歡迎護送下先入一大旅館休息。奇事出現了！

在蹐蹐蹌蹌前來拜訪的貴賓中，忽然有由蘇俄（？）歸來不久的汪兆銘出現。他對孫先生懇切表示，今後共站一戰線上同進退。這回他的投機真巧妙，莫能預測，居然肯與粵方極右派、一向為死敵的中委們合作。那時，粵方圖謀大舉，當然來者不拒，愈多愈好。我們於是緊隨孫先生一干人等乘特備的專車到廣州，汪亦與焉。

在粵的中委、將領及元老多人，其表表者有蕭佛成（暹羅僑領）、鄧澤如（南洋僑領）、鄒魯（？）古應芬（湘勤，前國府文官處處長）、陳濟棠（伯南，粵軍總司令，時陳銘樞在京滬間，亦同粵方一致行動）、陳策（籌碩，海軍司令）、張惠長（空軍司令）、唐紹儀（少川，元老）及其他執監委、華僑代表、廣西與他省軍政黨代表重要人物等等。陣容甚盛，尤其有中監委多人，有彈劾糾正中執委之權。他們得孫先生南歸，號召有力，視為至寶，奉為領袖。斯時，汪兆銘不露圭角，但唯唯諾諾，與各人禮貌週旋，相處甚歡；雖然別有會心，左右殊途，如今卻肯精誠團結、合作共進，以全力營救胡先生及對付寧方為總目標。

他們立開中執委「非常會議」，決另組織「中央黨部」，電邀梁寒操南來任秘書長。他們又另行建立「國民政府」，行委員制，以陳融（顒庵）為秘書長。我被任為秘書之一。他們甚欲多得北方軍政要員加入以壯陣容，並列馮玉祥的名。因為我曾在馮軍任政治工作委員，有人意欲我代表他出席。但我為保全我個人道德人格之完整，受了良心理性之驅策，堅辭不應，因為我在馮軍的政治工作任務早已完結，與馮的政治關係亦早已脫離，此時未奉明文，那敢「冒充」他的代表以自貽伊戚呢？未幾，馮派唐悅良來粵觀察，亦未代表其列名。後來，局面迅速變化，唐也北返。

「中央黨部」開設了，黨務積極進行，趕速召集各方的代表大會。又發行《中央周刊》，以王崑崙任總編輯。「國民政府」則只設兩部——「財政部」以鄧召蔭為部長，及「外交部」以陳友仁為部長。陳不識華文，一切文電俱靠一秘書為他翻譯，竟上其大當。因為那傢伙靠不住，見利忘義，偷將密碼電本賣給寧方派來的密使，所以粵方對外關係之一切機密，全部洩露。（看下文）

這「非常」的黨政組織成立後，與海內外各方函電交馳，並與寧方作「電文戰」。然而雙方均無立意及準備作用兵之計畫。孫先生自始即堅決反對武力解決，聲言「投鼠忌器」，而寧方亦不約而同，以「投鼠忌器」為理由而不致引起「蕭牆之禍」。

時，孫先生家居東堤的「葵園」（借用的）。我也同住那裡。自居一室，日夜為其收發及翻譯電報，時或起草文電，每日工作十餘小時。此外又須為他接待賓客及辦理其他機要事務。過了多時，局勢稍為鬆弛，孫家遷居二沙頭一小嶼上。我的工作也日漸減少，另居東山一層樓。未幾，我得機會變換工作，另就他職。（詳下節）

在這期間，有一特別秘聞，外間鮮有人知道的：那就是汪兆銘密謀毒殺蔣公一事。不知道他從那裡找到一個老嫗。她是粵人，自稱侍候蔣夫人多年，為其最親信的女僕。據說，蔣公每晚就寢前，必吃一燕窩羹，均由她親手燉製和供奉的。現時請假南歸，蔣夫人命其隨時回去侍候。汪信以為真，即遣人向其運動，著其回京謀殺蔣公。她一口答應，乃先給她三千元，另給她頂毒的毒藥一小包，訂明事成後再有重賞，囑其即日就道。過了兩天，她果然走了。但等候多日，杳無消息，而蔣公一直生活、辦公如恒。那老嫗與三千金去如黃鶴，不復歸來。

〔附言〕書至此，忽憶起在我們離滬前（忘卻時間）亦曾有一件謀刺蔣公的離奇案發生；事與本文無關，但頗有趣而且也是同上題目，故附筆記之。有上海粵幫黑社會人物顏啟漢者，受了某方主使，謀入京行刺蔣公，先收二萬元，事成再收三萬。方擬密謀進行，適我「嶺南」舊同學呂信之君入京謁見蔣公，經滬時得聞其事，乃往警備司令楊虎處告密。呂君於清末加入中國同盟會，努力革命。辛亥革命成功後，在粵連任軍政要職，後解甲歸田。旋改隸革命元勳「四大寇」之一尢烈所創立之「至公黨」，為柱石之一。尢歿後，繼任該黨領袖，在海內外擁有部分勢力。至是，方擬入京與國民黨協商密切聯絡合作事。在滬亦與黑社會「三合會」中人有聯繫，故得知顏之祕密，乃向楊處告發。迨楊虎偵查顏之行徑，知其匿居法租界，平素無惡不作，但不能在租界內逮捕之。遂設巧計，與粵籍某富商相約，由其出帖邀顏於某日到北四川路一家粵菜館晚宴。顏以大有體面，不虞其他，果依時赴讌。該菜館地位特殊，前門在北四川路租界，後門卻通華界。屆時，俟顏一由前門入，楊即揮預伏在後門外之武士擁入捕之，連夜解京訊辦。在京諸位粵籍大員，如胡漢民院長（時未赴湯山）等聞訊相商。查悉顏於民四年在盤據東粵之龍濟光部下任統領，為最兇酷殘暴之「四大天王」之魁首。其時，龍週旋於討袁獨立派之官紳名流間。一日，假意召開會議於海珠（珠江上一小島）。到會者，有梁啟超代表徐勤、湯覺頓、廣州商會會長岑伯著、商會秘書長李戒欺（即李務滋軍長之父）、警察廳長王廣齡等多人。顏忽率武裝死士入，親自開鎗亂射。徐、湯，得其庇護逃脫，李以機警匿伏桌下亦得倖免。餘如岑、王等數人死之。是為「海珠慘案」。至是，胡等商討結果：不欲以謀弒元首案興大獄，冀免株連生事，只以海珠兇殺舊案，已足置之於法。執法者無異議，顏遂明正典刑，鎗決。（以上經過係其後呂君親口告我的。）

無何，非常會議更召集「代表大會」於廣州。一時，海外華僑，各省同志，紛紛報到，聲勢甚盛。大會揭幕後，古氏患牙疾中毒去世，全體哀悼，而進行如故。結果：選出新中央執監委員若干人。陳濟棠見孫、汪兩人屬下無一在預選名單內，以為不對，提筆親加梁寒操、曾仲鳴兩名於單內，乃獲選。孫先生早於選舉事淡然處之，絕不為門下士爭取黨中地位，絕無意樹立私人勢力，可以明見。

在這期間，寧方中央仍以政治策略應付粵局，不作用兵計。所派赴香港策劃進行者，即陰謀政客楊永泰。以其熟悉粵中情形及人物，且詭計多端，謀略非凡，自是上選。當時有人獻計於南京當局，以胡、汪二人，積不相能，一左一右，兩不竝立。胡幽居南京，故汪乘機回粵活動。若胡一旦恢復自由而南歸，則汪必去而粵局瓦解矣。聞獻計之策士即楊也。未幾，胡果得離京之滬，而粵方以救胡目的已達，反抗意志即鬆弛了。加以汪聞胡不久南旋，勢難相處，不安於心。於是「非常會議」果然根本動搖。

會九月十八日，日軍侵佔東三省，外患孔亟而黨國分裂，如何應付？至是，寧、粵兩方同志均有大覺悟，大難當前，國亡無日，非實行精誠團結，共禦外侮，不克有濟。孫先生尤率先一力主張立即互相商議解決之方，以貫徹其和平主張。汪見胡已離京，他脫穎而出，再作活動的時機到了，也極力贊成。眾人乃推他兩人為代表，赴滬與寧方代表商議。汪先曾與胡一度見面，握手言歡。彼此說了幾句閒話又握手言別。以後參商如故，永不再見了。胡先生旋歸粵，多居香港。以憂憤成疾，患血壓過高重症。未幾，在廣州於與友人下棋時，猝然逝世。

附錄：九一八一役祕史

袁頭祕史

昔在南京時，張學良嘗以東北一段祕史告人，轉述如下。當日軍攻陷瀋陽後，其酋本莊繁直入張氏內室搜索，獲得美國製造最新式的大保險箱一個。意以為其內容非珍貴寶物即重要文件。亟欲啟視，但無法打開。乃不得不運回東京，廣召名匠，卒將其門鑿開。迨一觀內容，卻是空空如也，一無所有。最後在小抽屜內，只見有袁頭銀幣一枚。真幽默可笑！本莊繁固莫名其妙，其實當時天下間，只有張學良與其妻于鳳至兩人心知其秘。原來這一枚銀幣實與張氏一門身家性命至有關係的。緣自奉軍「老帥」張作霖在皇姑屯被日軍炸斃之後，東三省軍權即盡落在楊宇霆掌握中，徒因封建傳統關係，一時不能不奉學良為「少帥」。學良不特徒擁虛名，而且深識前途危險萬分。於是日夜與其妻密議：如不去楊將必被其攘奪帥座，取己而代；但楊實權在握，爪牙遍全軍，如處置不善，萬一失敗，將召殺身滅門大禍。

夫妻日夜徬徨，不知所措，竟至抱頭痛哭，而問題迫切，又不容緩圖。於毫無辦法中，學良卒想起不如請命於先「大元帥」，於是在家祕密設張作霖靈位，焚香燃燭，夫妻誠懇跪拜禱告，仰祈英靈指示進行吉凶，即以銀幣一枚為卜：如大事可行則袁頭向上。禱畢，學良將銀幣向上一抛，落地有聲。夫妻倆戰戰兢兢的察看，袁頭果向上也，兩心稍慰，而身體卻戰慄不已，不敢決定。乃照樣再卜，袁頭亦向上。二人仍不敢決。又卜一次——巧極了——袁頭亦向上。三卜三勝，學良乃偕妻泥首拜謝，深信老父在天之靈啟示成功，呵護進行，於是下大決心，毫不猶豫，設計殺楊。一舉而得手，卒盡收軍權焉。本莊繁所獲保險箱內之銀幣，即當時問卜所用而事後由張學良敬慎保藏以留紀念者。

這時在廣州有一段小插曲，頗為有趣。在孫先生決意赴滬後忽有阻力發生。他的母親——國父元配盧太夫人不許他去；理由是上帝在聖經默示的。太夫人篤信基督教；凡事悉遵依上帝在聖經所命而行，這次亦然。孫先生事親最孝。太夫人一向安居澳門，有其婿戴恩賽博士及次女侍養。孫先生夫婦不時迎接她到南京，菽水承歡，樂敘天倫。這時，她也到廣州。一聞其愛兒要北上的消息，即堅決反對，啼啼哭哭，力尼其行。孫先生本擅辯才，登壇演說，議論滔滔，一、二小時不絕。但慈親之命卻不敢違，反而訥訥不能出一言，其窘可知。於是要我助他向太夫人善為說辭，去勸服她。我奉命向「阿婆」（我們對太夫人的尊稱）叩問上帝之命出處如何。她說，她看到《新約》「雅各書」第四章某節，所言皆不祥語，此行定卜凶多吉少，故而不許他去。我即翻閱聖經那章那節，隨即向她解釋說：「阿婆誤會了，聖保羅在經文所咒罵的是羅馬當時一般奸黨佞臣、貪官污吏、禍國殃民的壞傢伙。哲生兄為官清正，公忠體國，經文斷不是指他的，請阿婆放心，又何必憂慮呢：況且而今國家發生大事，經歷大難，非要他出來主持不可，這正是國父在天之靈所要他去做的。」她聽了這番話，無言可答，心中似乎開解了，即說：「既是如此，去就去吧！」孫先生於是安然就道。

時，吳鐵城任上海特別市市長。歡迎孫、汪二人到滬後，他即遞交他倆一小包東西，說：「送兩位一份特別禮物，現在我們無用了。」拆開一看則是前由陳友仁秘書處以重價買來的密碼電本也。兩人固尷尬不堪，而吳則嘻哈大笑。吳之器度與作風有如此者！

汪一到上海，立即與宋子文聯絡，蓋已準備入京代替胡之地位了。雙方代表會商和平條件，均甚滿意。孫先生遄程回粵報告會商經過，冀各同志一致同意寧、粵團結復合為一體。無奈仍有一、二人作梗，孫先生發脾氣了，一怒之下，聲言不幹不理，即赴香港。粵方同志大多數恐從此大局癱瘓，禍無寧日，愈久愈難解決，終非黨國之福，於是派員赴港，請他回來，一致通過大聯合的議案。和平既得實現，他又立赴滬，和議乃得成功。這一次，我也隨駕北上，佐理機要事。他們決定的計畫主要之點是寧、粵雙方的黨政機關改組，復合為一；粵方「代表大會」所選出的中委與寧方所選出的合併起來成整個的大團體，無分彼此。

這時，汪又不滿意，另出新花樣，他見新舊中委中，他的「改組派」所佔席位無多，又無法改選，乃在上海「大世界」劇場召開「他們的」代表大會，選出十名，要求加入聯合的大團體內。寧、粵兩方見幾經波折，和議才有成，統一在即，不因此節外生枝的小故，障凝全黨全國的大團結，則又格外遷就，連滬方所選出的代表也一併納入「中央委員」組織之中。一切問題，由是迎刃而解。那時，有一副幽默對聯出現：「豈有秘書稱筍任（因某機關發出公文，「簡任」筆誤作「筍任」），居然中委出恩科。」下聯蓋指「大世界」選出之十名，「承恩」被接受加入「中委」之列也。如此妙聯，大足為這一場大風波之點綴，烏可不傳？

各大問題，如「水到渠成」，一一解決了，於是新的局面揭幕。蔣公為促進黨國和平統一計，下野離京，回浙江故鄉。國民政府改組。雙方同志一致內定選任孫先生為行政院院長。其時，陳銘樞統率廣東的十九路軍駐防京滬一帶，支持此新局面最力。年杪，他親到滬歡迎孫先生、鄒魯等要員入京。我也同車前去。猶記當時國民政府主席問題，人選還未有決定。有人主張以某院長任之，但又有人反對，以其過去某種色彩太濃，恐不孚人望。彼此以至公至誠之心互相討論，結果：一致推戴年高德劭、全體敬仰的林森（子超）先生任主席，全局乃定。以後，中央黨部和國民政府又以新局面出現了。

尚有餘波足述者，則當時粵桂方面的中委們改組「西南政務會議」，又有「西南政治分會」統轄粵、桂兩省。名義上，黨國雖復統一，實際上這是半獨立的機構。為適應當前環境計，中央不得不從權設此，亦可見他們謀國之忠心苦心了。多時後，這組織才徹底取銷。

官上加官

初，在由滬赴港航程中，我一次與孫哲生先生在船面聊天，順口說：「廣東政治，有許多不滿人意之處。部長此行，可乘機整頓一下，以慰民望。」詎料他登時翻臉瞪目，面斥不雅道：「我此行以國事為重，豈能涉及鄉土政治？」我為之語塞。子輿氏所謂「先立大體」，雖從心學出發，但施於孫先生之言，可以觀其志。自廣州的「國民政府」成立後，第一號任命狀即是簡任孫先生為「廣東省長」，由專差送到「葵園」。先生一看見大封皮字樣，不肯接收，退回原件。且對我們說：「我們這回南返，不是與同鄉同志爭官奪職，卻是為全國大局努力，所以『省長』絕對不幹，以免惹起誤會或糾紛。」意志堅決，雖經多人幾次勸駕，也不能動搖。各元老、各同志對於他愈為欽佩，都說他清高立身，公忠體國，有乃父風。於是省主席一職，以廣州市長林雲陔升任，而以市「工務局」局長程天固繼任市長。

程真會做官！他極力拉攏孫先生，請我當「社會局」局長。我婉辭，說：「我隨孫先生回來，任務是幫助他，那能離開？」他堅決要我助他一臂，逕向孫先生要求。先生說：「可是可以，不過人家歷任簡任級的官，那能要他降級屈就？」（那時，廣州仍是普通市，隸省政府：局長是薦任級。）程不肯罷手，另想出巧妙辦法：先提出我為省政府委員（簡任三級），再由這底缺兼任「社會局」事，那便解決了。孫先生也同意。及我一再推辭，他又發怒了，責備我說：「這裡現在事務不多，你出去為社會造福，為桑梓服務，豈不應該嗎？」我無可再辭。於是，突然於無意中做了三料的官——國府秘書、省委員、市局長。這是我踏入仕途第三、四、五次所任的官職。

八月二十七日，我就任「社會局」局長。市長親來監督，黨政委員、親友多人，到場觀禮。我坦白宣言：「不是自己要來的，只是上峯責備我為桑梓服務，故而接事。廣州是我的家鄉，生於斯、長於斯、家宅、父母墳墓，都在於斯，今得此機會能為大眾謀幸福，自然樂於效勞，義不容辭。」我再申言：「這不是個人私事，也非個人棉薄之力所能濟事。還望全市人民群策群力，以民主精神合作共進，才能期望有成。」

那時的「社會局」真是「聲名狼藉」，全市鄙棄，因為前任局長伍伯良醫師，原是前國會議員、民黨巨子、於民初為袁世凱捕殺的烈士伍漢持醫師之子。人格與學識俱甚好，但出任「社會局」，對於興利除弊事宜，尤其施行西洋公共衛生事業，操之過切，立惹起「不願受官管」而頭腦頑固、習慣保守的粵市一部分人士之反感，尤其對於施行取締中醫中藥一事，大受攻擊。忽然間有謠言發生，傳說他曾到一家古董店欲買一尊玉佛，因議價不遂，乃乘機偷去云云。一時，報章出現醜聞，市民笑罵。他辯無可辯，乃不安於位而辭職。真是「眾口鑠金」，幾乎把他的人格、名譽與前程斷送了。就在這最惡劣的環境和時勢下，我為繼任人，頗難入手。幸而先父生前在廣州與友開設了一家熟藥舖——「橘香齋」——以出品「甘露茶」馳名海內外。因此全市的中醫中藥會認我為「行家」，首先開全體大會歡迎我，要我發表對於中醫中藥的意見，其實立意在率先對我表示好感，冀緩和我實施取締的政策。我乃籠統發言，謂醫藥無中西畛域，總以救人生命為共同目的。「醫者父母心」是中外相同的宗旨。吾國醫藥，自神農至今已有數千年歷史，自有其內在的傳統的價值。方今仍有全國幾億人靠其治病，何可驟廢？亦無人、無法可廢。既然各位認我為「行家」，我尤其不贊成。但在科學昌明時代，西醫西藥日趨發達，而中醫中藥比較落後，亦無可諱言。如不趕急迎頭趕上，與時俱進，研究改良，當不俟官廳取締，自然歸於淘汰。所以我懇請全行、全市人士急急覺悟，積極進行研究改良。我為公為私，願為此大事業效勞做一個「馬前卒」。這番說話，將敵對「社會局」的心理，完全變為友善的、合作的、建設的態度和努力。演辭一經發表，知道我推進社會事業的政策，注重積極的革命，而非消極的除舊或驟行打破傳統，由是逐漸挽回全市人民對「社會局」之好感，對於日後之工作進展，衷誠合作，順利有成。

其次，我又紛向全市各大社團、各大會、民眾團體聯絡，分日親去拜訪，徵求他們領導者的意見，切求民隱，以除隔膜而利進行。又舉行各界招待會，設茶點款接各代表，誠心徵求及交換意見，甚有成效。由是贏得全市報、工、商各界之贊助，宛似官民合作的機構。那時，「社會局」設在「崇正善堂」，地方深濶，房廳甚多，辦公而外足供平常二、三百人集會之用。

關於施政方面，我先事內部改組，以得有健全的組織為要。設秘書長一人，下分四課：㈠總務（秘書長兼課長），㈡社會行政，㈢社會幸福，㈣社會教育。全局內外事務與工作，包括無遺了。然後訂定進行計畫，提交「市政會議」討論通過，指撥全部經費，進行事事如意，略述如下：

我每星期必到省府出席「省政會議」。遇有要務隨時入府。每日，均到局辦公。任秘書長兼總務課長的是曾任嶺南大學的中文系陳仲偉教授。他擅文學，富才幹，尤其誠實可靠，佐我臂，非常得力。我身兼兩職，但照例不能領雙俸，乃只領省委的俸而蒙市長核准留局長薪為局用。我將這份薪額之半數捐與「貧民教養院」，半數分別津貼局員。

關於社會行政方面，辦理全市社團註冊，監督公立社團及掖助其發展（曾取締假冒「南海紅十字會」名義勸捐騙財者），倡辦市民「消費合作社」（可惜籌辦未成功），奉令整理各善堂產業（事體重大方著手而未能進展），調解工商業糾紛及勞資爭執。另設幾個特別委員會，辦理取締電影、戲劇、歌曲（禁止演出誨淫誨盜，導人迷信，與有乖道德原則者），檢查全市出版物（此是奉上峯嚴命辦理，頗受新聞界之反對），提倡國貨並設立「國貨陳列所」（詳後）。各委員會由本局主持而遍請有關係之工、商、黨、政、學、軍、警、各界派代表任委員，以協力合作及分負責任。

關於提倡國貨運動，我很努力進行，而賴市「總商會」及「婦女提倡國貨會」為主要團體成員，由委員會決議開設「國貨陳列所」於市「城隍廟」，必須封閉全廟（佔地很廣）乃克有成。但其中最大的困難乃是：一向由司祝每年納貲萬元以充「廣府中學」經費；屬省府管轄。當時，我與市長幾經商討，煞費經營，得其同意，乃由市府呈請省府核辦。在「省政會議」提出此案時，也討論多時，僉以在革命政府治下不能靠愚民迷信而辦教育以貽羞全省，卒由「財政廳」廳長答應由該廳另行撥款充該校經費，乃得通過將全廟劃歸市府處理。於是進行順利。但社會上仍有少數人反對。其尤力者則為一般在廟內靠星相占卜為業及幾個「神棍」等之專憑愚民漁利者。猶記當時竟有「神棍」三人，冒用「闔府公民全體代表」名義，引古代迷信典禮為辭以卑鄙手段攻擊我個人及致函恫嚇威脅，要求取消此案。我親筆草駁覆誡諭一文以明大義，及申明政策。辭曰：

「自府制廢後，闔府公民名義，已無根據，乃竟敢冒稱代表，詭名陳辭，本無批答之必要。惟事關愚民迷信，情雖可原，理所必闢。自中華民國成立，此種典禮，已奉令廢止，則

『城隍廟』自不應存留。而且廣州城墻，久已拆去。隍既無矣，神何有焉？況此案經省、市政府議決，本局惟有奉令執行，罔恤其他。須知：本局長許身黨國，祇知為革命而奮鬥、而犧牲，於槍林彈雨中，出生入死者，歷有年所。兇頑如北洋軍閥，尚敢與之抗戰。無稽之恐嚇，豈復置懷？至謂禍延後嗣，倘使果有其神，且果為聰明正直之神，豈能如爾等之狹隘無理，至累及妻孥，以圖報私怨耶？真不值一笑！今者，『城隍廟』釘封後，除三數『神棍』外，市民莫不稱快，何全體譁然之有？事關改建古廟以提倡國貨，實救國要圖，亦施政急務，凡我全省全市人民，當同心支持全力贊助，以期成功。爾等冥頑不靈，為私忘公，竟敢投函恫嚇，實為廣州市民之玷，可痛亦良可惜！特斥！」

詎料該「神棍」等心仍不息，欲賄我數千金以求翻案，繼則請願報效鉅款，以求領得神像神印，移置郊外設臨時廟宇供奉，以繼續其愚民牟利之私圖。（俗人迷信，以城隍印可以闢邪治鬼，凡求領鈐印一紙須納費一元數角，是利之所在。）我一概嚴行拒絕，雷厲風行，實施政策，急將神像貽贈「嶺南大學博物館」陳列，又將有歷史性之長方鉅型鐵爐捐贈「青年會」。（多年後該會轉獻於「廣東文獻館」公開陳列。）凡此所以保存宗教文獻古蹟，並所以杜絕「神棍」「復辟」之企圖。至其銅印則交「委員會」保管，因使用年代已久，印文磨光，一字不存。（後經該委員會公決贈與我個人留為紀念。但未幾我即離粵北上，尋而辭職。銅印尚未到手而繼任人來函索回。我即由滬函令局員之留辦交代者追回原物，一併移交，以清手續。）「國貨陳列館」由委員會同人努力經營，未幾即成立開幕。多年古廟，另有新氣象、新意義。闢除舊迷信，建設新事業，此為我任內最為棘手難辦而也是最為痛快得意的事。

公益事業是為全社會謀幸福，尤其實施救濟所需者，當然是「社會局」的重要事業。原有「貧民教養院」一所，共收容名額三千二百，內分三組，救濟對象完全不同，工作性質互異。於是劃分為三院，各自獨立。㈠「貧民教養院」一仍舊貫，收養市內無業遊民、乞丐及赤貧無靠者，供食供宿，共八百餘人。各受專門工藝教育，以為自立謀生之道。一時，全市乞丐為之絕跡。㈡「安老院」，收容無依無靠之老年男婦千四百餘人，使食宿有著，不愁孤苦而安度暮年。㈢「健濟院」，收容盲啞殘疾者千人。以上三院共有名額四千，比前擴充八百名。每月經費均由市府撥出。

此外，又開辦「平民宮」二所。一為掌粵軍政之陳濟棠將軍捐建，一為本局自辦。各有臥室四百，以最廉租值分租與平民居住。每室每月只收租金八角。各設管理專員，由局支薪，而每所內水電工役雜費等則由租金支付，收支相抵。所內設有食堂（伙食自備）、閱書報室、沐浴室、療養室、遊戲場等等健康、娛樂設備。兩所附近地方又開辦「平民學校」，各有學生百餘人。

救濟計畫又創辦頗具規模之「平民贈醫施藥處」。第一處設在本局後座餘屋，寬敞適用，有門適通長堤馬路，交通方便。負責者有專聘西醫一、助理一、護士二、司藥一，繼設第二處於河南。計畫中擬全市共設六處，另設「平民婦女留產所。」經費均由市府撥足。當時，或有以不設中醫為不平等而質問者，則答以廣州向有九大善堂，積貯大量善款，專司施贈中醫中藥。（尚憶前清時代各善堂尚聘專員按期宣講康熙「聖諭」以感化人心。）惟西醫西藥之贈施則一無設備，故有此施設，非偏袒也。兩處開辦後，遠近平民病者紛至沓來，「其門如市」。司事者日夜劬勞，為人服務，殊無倦容，至為難得。無幾時，全市社會人士均同聲歌頌感謝市政府之大德。本局不敢邀功，以故程市長、各局長與全市府同寅均覺與奮有榮焉。由是，全市人民轉信本局為一龐大的、有規模的、有計畫的「慈善機關」，比之以往之聲譽完全改變矣。

廣州有一社會弊害，即是一般瞽姬的痛苦生活。有些失德男婦以賤價購買瞽目女童，教以樂曲。一到十歲以上即迫使在街頭賣唱，徹夜不休。年及笄則迫使賣淫，時施虐待，視為「搖錢樹」，慘無人道。我立意救濟，曾派局員調查實況，以便訂定新計畫。但未成事即去任矣。所幸者，在我任內並無特殊的天災人禍發生。不然，全體局員均需出動作緊急救濟工作了。

關於社會教育，原由「教育局」擔任的。後「市政會議」討論，僉以兩局同時舉辦，恐工作重複而複雜，亦不經濟。乃由「教育局」局長陸幼剛動議：「教育局」專司學校教育事宜，而由「社會局」負責辦理社會教育，行政系統乃得改進。故本局增設「社會教育課」專司其事，由市府指撥的款作事業費。

移風易俗，為社會教育之要務。工作開始未久，全市大街小巷即遍貼實際生活上所應興應革之要點，出以粵土語，一新耳目，振奮人心。於改革舊俗，提倡美德，不無影響。其最令人注意，可云「膾炙人口」者（見當時各報宣傳文字），即是在全市公共汽車上皆貼有「文明社會嘅（的）人應對老弱讓座」，收效最宏，寖成禮讓風氣，且對老弱起了同情。凡此皆自置石印機在局內自印者。竊以為「標語政策」未嘗不可行，只要言之有物，適合對象（民眾觀者），切中肯綮，針對毛病而且文字淺白，意義明顯，措辭得力，便生預期之效能，此我個人「經驗之談」也。其他工作，尚有推行識字運動、增進婦孺幸福（特設委員會與當時「婦女救濟會」合作）、編印《社會週報》、勸導兒童勿吸紙烟、勿入戲院觀劇等項。不過，我個人向來就是一個大戲迷。舉凡話劇、電影、粵劇（鑼鼓大戲），無不愛好。年青時，屢屢「粉墨登場」；甚至粵劇居然也曾出演過，且大唱「左撇」。我深信戲劇在社會教育方面，至為重要，因此親自努力作改良運動，以期有裨於世道人心，移風易俗。曾以留美時所看過而受感下淚的、提倡孝道的電影名劇《過山記》（Over the Hill）劇情，對當時攝製電影的先導者故友羅明佑君申說，慫恿其改編拍攝粵語片。他果照辦，拍成一部《慈母淚》。在廣州出演時，由我親自臨場，詳細介紹其歷史、內容及意義，要以提倡孝道為主題，並引「樹欲靜而風不息，子欲養而親不在」名句，以資警惕。這片中人生問題，饒有人情味，編、導、表演，俱臻上乘，所以甚得歡迎，多年未已，獲利甚豐。我尤其注意於改良粵劇。當時，故名丑廖俠懷編演荊軻刺秦皇故事，劇名《火燒阿房宮》。我去看了回來，覺其提倡忠孝節義，主題純正，演唱皆佳，乃力為揄揚，親書七字橫額，長達數丈，高懸臺上，以資鼓勵，一經品題，這劇特殊收得（劇壇術語，賣座旺也）。連演多天，場場滿座，得獲厚利，連前一、二年所虧之本也賺回來了。繼之，我又以南明忠烈愛國詩人鄺露（湛若）的悲壯事蹟編成全部粵劇，戲軌（即劇名）為《天上玉麒麟》，由廖自撰詞曲（此非我所長），在廣州各處出演，亦大受歡迎。是劇表彰鄉邦文獻，發揚中國文化，頗得時賢稱許。（全城達官貴人文教人士均蒙光顧。）由此可見如真有改之而良的劇本，不愁沒人來看也。我又與其他名伶有密切聯絡。方擬繼續多編新劇分交他們出演，可惜時不我與。不久，我即離粵北上了。

於此，附記一小插曲。先父去世，留下多少遺產，我提出十萬元來在新會故鄉創「寅初學校」以為紀念。又捐出江門墟自置舖業一座以為基金。本來若在廣州建校，使先德聲名更得顯揚，但尋思故鄉是「三家村」，附近皆貧苦鄉農，無良好教育，尤乏現代校舍；捨虛名不談，為切中實用、造益貧苦兒童計，自宜建校於此。乃由族人親自購料監工建造校舍。在粵垣購料數萬元運回，先事得粵政府嘉獎，知會粵海關特准免稅放行，減輕建築費。迨一座四層樓校舍到期落成，復由省會聘請教員回鄉主持，於是週圍三十里內的兒童都來就學，共有學生四百餘人。而校門上署額刻石者為馮玉祥將軍之墨寶也。我原擬回鄉（因在省垣生長從未回過本鄉）親自主持開幕典禮，但又因匆匆離粵未成行焉。

我在「社會局」任局長至十二月八日，即隨孫哲生先生赴滬，佐其辦公。此行初係請假性質，由陳秘書長代拆代行。至下年春，我由滬電粵，先辭去「省政府委員」一職。無何，劉紀文繼任市長，原邀我留任「社會局」。但我見粵中政局已起變化，人事更新，環境不同，進行不易，一並辭去。在任僅約半年，即又在宦海中飄流到別處去了。

新任局長為故友詹菊似君。接任後，有一趣事發生。因我在局不領薪（見上文），後任辦收支者，亦照樣支付以半數捐贈「貧民教養院」，以半數津貼局員，致令詹局長「枵腹從公」者久之。迨察知前任真情乃矯正之。此則我任內之幽默的尾聲也。

于役南北

二十年底，寧、粵雙方合一會議既成功，新政府成立。我隨哲生先生入京。由滬開車時，新聞記者多人擁入車廂，要打聽新任各部長是誰。不得答案，眾來問我。我推不知。眾不肯走，堅問誰長外交，死纏著我，不能脫身。當下，心生一計，朗聲答道：「好吧！把確實消息告訴諸君吧！新任外交部部長——不是我。」各人乃一笑而散。我始得解圍。此「幽默」救急之功也。

廿一年元旦，孫先生就行政院院長職。陳銘樞擁護最力，以十九路軍全部駐京滬一帶，自任京滬衛戍司令。這是新政府唯一可靠之武力，藉以支撐全局者。他本人自兼四部長。陳友仁任外交部部長。李錦綸副之。李，本紐約華裔，母德種美國人。懂粵語，亦識華文。自幼抱愛祖國思想，在神學校畢業，立志為同胞服務。回粵任基督教之「培正中學」校長。孫先生素與其為至交，邀其為助。葉恭綽任鐵道部部長，連聲海仍任次長。最難人選者為財政部。宋子文不肯合作，且有三個月內新政府必倒臺之預言，戒其屬員不要參加。孫先生就職之前，孔祥熙夫人致與英文函云：孔願任財政部部長。先生即答應之，準備提出。詎料就職日清晨，孔夫人又來一英文專函，聲言孔決不幹。（此兩函，余在孫公館——即鐵道部長官邸——均讀之。）這一來，遂致令孫先生全部計畫與步驟凌亂了。在半小時內，張惶急切，何能物色適當人選？臨時乃以鐵道部政務次長黃漢樑署理。黃自知不勝大任，力辭不獲，甚至痛哭哀求，亦不得准。迫不得已卒於臨時毫無準備間勉強隨院長就任。行政院新內閣於是產生。黃，原是上海「和豐銀行」（閩人與菲律濱華僑所開辦者，規模不大。）的總經理，在財政界究竟聲望不隆，何能與孔、宋相匹？他赴滬勉力籌得多少現金回來，「杯水車薪」，不到幾天就用完了，無能維持下去，而軍、政兩方面在在需財。這是新內閣所面對的最大的困難問題。

孫先生在就職前，已命我設法邀請馮玉祥將軍來京，共謀國是。我即找到他在京的親信幹部李炘（顯堂），由我親筆揮函致馮申明孫院長慇慇歡迎之至意，請其命駕即來。李持函北上，到泰山迎駕。過兩天馮果率屬員衛士等抵京，暫寓鐵道部一所洋房。孫院長與我均熱忱歡迎。是夕，院長命我拿大洋三萬元前去交馮，以備費用。馮十分興奮，感謝之餘，他還出以幽默口吻說：「看啊！馮玉祥受賄了！不過，這是國父哲嗣哲生院長的厚賜，卻之不恭。」收了現款，他立刻將全數分給隨來各員及衛士等，自己分文不取。過了幾天，他到上海一行，備受各機關團體、學生歡迎。吳鐵城市長親到車站接駕。馮每日到各處歡迎會演說。興盡返京。

在南京新政府這邊，由林主席、孫院長、陳銘樞、李烈鈞、汪兆銘、馮玉祥等，組成最高的特別委員會，主持全國軍政大事。一切漸上軌道，各員誠信相孚，合作無間，果然朝氣勃勃，生氣騰騰，前途大有光明氣象。

當時，許多舊友都有新任命，惟我獨無。（不過，我前在鐵道部的參事底缺還未開除，還由連聲海補發離京期間的薪俸。）一夕，孫院長安慰我說：「您不必急於做官。我們自己人，想您也不在乎此。只管仍舊幫我辦事，將來定然有好處的。」我固不敢以「大樹將軍」

自居，但卻無、也不必有「冠蓋滿京華，斯人獨憔悴」之感，因為我一向立志不在做官，只在服務。他隨即表示，因我在北方多年，人地相熟，有意派我到北方去與北方各軍將領聯絡，宣布新政府德意。我欣然應命，次日成行，並邀舊同袍、「老行尊」、熟悉北方人事禮俗的李炘為伴，靠他介紹及指導一切。孫院長又有親筆簽名的致候各將領的書翰多封，交我攜去。

到北平後，我由李引導，分別拜會宋哲元、秦德純、孫殿英等多位高級軍官，親遞孫院長的私函，並代表其拳拳致候之至意，又解釋新政府成立之經過。各人均感盛意，極為興奮，一致擁護，並備回函答謝。我又在東安市場一家粵菜館設了一席最豐富的粵菜——魚翅、燕窩、鮑魚、炸子雞、海鮮（魚）等大宴他們。其間令我——「廣東佬」——最駭異者，當大盆燕窩一端上來，即由宋開首，一一舉盃向主人致敬致謝，鄭重聲言「太客氣了！」初時，我不明為什麼禮貌如此隆重。後經李炘向我解釋：北方讌客，以「燕席」為至貴至珍的筵席，比之魚翅為尤甚，只是招待特別貴賓才設的；體面堂皇，莫此為甚，所以他們特別鄭重致謝。至是我才得多學了一節禮儀。席間，賓主把盞暢敘甚為歡洽，友情洋溢。我再代表孫院長表示敬仰之意。乘機用一貫的「大華烈士」幽默作風，特對孫殿英說：「孫院長前偶聞謠傳將軍降敵，他即表示不信。」問其何以然，則答：「最大的理由是：姓孫的無『降將軍』。」言下，大眾鼓掌，嘻哈大笑，孫尤樂不可支。我專提及他出來而不及一一讚頌其他諸人，大有「雍齒且侯」之用意，以其出身土匪，幾經蛻變，終歸馮玉祥的西北軍，聲名地位均較他將為低也。於是大家痛痛快快，共浮大白而散。（按：其後，孫殿英抗日抗共，果表現英雄本色，盡力作戰，最後被共軍攻破所守的城，成為俘虜；他即伺隙從城墻上跳下城濠自殺以殉。收場忠烈悲壯，氣節凜然。姓孫的真無『降將軍』之言應驗了。但這是否果因前在席上我所傳達孫院長一言褒獎之感召力所致，則不敢妄斷了。）北平公畢，我又偕李炘往天津代孫院長訪候蟄居是處之鹿鍾麟及其他一二人。任務完成，乃南返。

我公畢回京，則新政府已遇到絕大危機，搖搖欲墜了。緣財政部既無法多籌軍政費而駐江、浙一帶之中央直接統率的各軍，紛紛索餉，難以應付。繼而各將領公開表示反對新政府。擁蔣公復職。當此千鈞一髮之際，陳銘樞忽然軟化了，冷冷的、輕輕的聲言：「究竟有兵力較多較強的，講話較有力些。」大廈之支，全靠他的一木。馮氏未嘗不欲召集舊部一致擁護，奈所餘各軍分駐北方，鞭長莫及，集中不易，而況在此環境下究聽命調動否，是大問題。且危機孔亟，時間上亦不許可。如今唯一所靠的陳軍已經動搖，則大廈不傾，其可得乎？當下，孫院長與其他一、二要員驟聞陳之聲言（馮氏未之知），無異「釜底抽薪」，自行拆臺，如冷水澆背，無能為力，新政府成立僅廿餘日，遂即開始解體。真可謂「一言喪閣。」一月廿五日，孫院長突然離京赴滬，未及向各同寅一一道別。余隨同前去。他旋即辭職。

孫先生命我設法向馮氏解釋一切困難。我於廿七日到法界李鳴鐘寓所找著馮氏舊部屬。時有鄧哲熙在焉。他勸我即宜返京向馮解釋明白，並與我偕行。我倆即日乘下午班火車到寧。當馮初聞孫先生離職，似在悶葫蘆中，莫名其妙，頗怪其突然不顧而去。經我詳細報告及解釋，他乃洞明真相，了解孫先生的苦衷，而釋然於心。既知大勢如此，狂瀾莫挽，旋亦採取一致行動，渡江北上回泰山去。

真奇極巧極，我不知為什麼的，似有特殊靈感，於廿七日夜間一見馮氏之後，即回鐵道部寓所匆忙收拾所遺行李，乘夜車趕回上海。次日，廿八日夜間，上海日軍即開始襲擊車站，交通斷絕了。十九路軍警衛有責，起而英勇抗戰。相持多日，日夜槍砲連天。日間，我到孫公館共同討論與聞各消息。入夜，租界戒嚴，我困處旅店苦悶不堪。我生平嗜好只吸香煙，絕不飲酒。有一夜，無聊特甚，忽然妙想天開，借酒解憂，破天荒的叫侍役取了一小瓶啤酒，獨斟獨酌。未完半瓶，忽然玉山頹倒，不省人事。過了不知多少時間，才醒過來，乃知暈倒厠所中。爬起來，倒身臥榻，鼾然熟睡。再醒時已日上三竿了。這是我一生獨一次醉酒經驗，不可不記。受了教訓以後，無論在什麼宴會或場合，酒不沾唇，只是「舉盃為號」而已。

滬戰停後，孫先生堅辭，國民政府又改組。林主席留任。汪兆銘繼任行政院長。馮玉祥特任為內政部部長，再應召入京，一住兩月，不能安，仍回泰山隱居。而蔣公則為黨政各方一致推戴，東山復出，復任軍事委員會委員長。中央又有一番新氣象。

在這期間，我孑身流寓滬上，時到孫先生公館請益，但職業無著，迭遭家變，成為一個無家的流浪漢，又染重病，多時始癒。屢次因公因私，跋涉四方，舟車勞頓，真成為一個「東西南北人」。有時晨早睡醒，自己要騷首自問現在身在什麼地方。到了年底，更有喪明之痛，我兒因染了腥紅熱毒症，不治去世，年僅十二。繼而家變迭興，心靈大受痛創。一身厄運重重，至斯已極，幾乎盡失了人生樂趣而萌短見。我面臨這絕大的考驗，認為是對我一生所學、所信、所志的大挑戰，亟亟在苦海中尋求自救自拔的法門。終因多年的宗教信仰、重生的大希望、樂觀的人生觀、不挽不屈的倔強性，與夫自信、自貴、自憐、自惜、不甘墮落的自尊心，不忍白白埋葬了自己，辜負了自己。只有本著奮鬥忍苦的精神，期望將來可以發展自己的才能與抱負的機會。卒能在宦海而陷入的苦海中不至沉淪而捱過了厄難而得新生命。我先後做了兩首詩，表現這切身的心靈大經驗，辭曰：

生命元來一戰場。投降妥協抑奮鬥。
撫吾靈劍謝吾神。頭可斷而不可叩。

家破人亡本甚哀。東南風起笑顏開。
不疑宇宙非吾友。為信冬殘春又來。

立法委員

俗云：「守得雲開見月明」。那日子果來臨了。我得救了！我有新生命了！廿二年一月，孫先生到南京就任立法院院長。我奉簡任為立法委員之一。這是我飄流宦海第六次，也是最末一次的官職。一直連任十三年之久。

國民政府立法院是根據國父五權憲法施行立法權的重要機構。初任院長的胡漢民先生既去職回粵，此時由哲生先生繼任，邵元冲仍任副院長。（後來，邵在「西安事變」時殉難，乃由葉楚傖繼任。）兩職位均由中央委員會「選任」。全院立法委員名額九十九人；秘書處、編譯處各設處長一；以上均簡任一級。另有簡任秘書數人。其下分科辦公。孫院長就任後，遴選委員九十人（多是前胡氏任內留任者）。梁寒操任秘書處處長。謝保樵任編譯處處長。溫雄飛等任簡任秘書。一次，孫院長偶然興致勃勃的說：「在國民政府下各機構中，簡任官最多的算是立法院。」殊足自豪。

立法委員之人選是不容易的事，煞費苦心。第一，全國各省、各特區以及華僑，俱要有人參加，邊疆區域至少一人。（記得一趣事：西藏代表原名「棍卻仲尼」。戴傳賢院長初接見他，以為其名有侮辱孔聖之嫌，乃為之改作「貢卻仲尼」。此後遂以此名行。）第二，男性自居多數，女性亦有學識豐富者數名，代表女界，如李大超夫人王孝英女士、陶玄等是。第三，最要者是羅致各方面的專家，如財政有馬寅初，外交有傅秉常等，刑法有趙琛等，軍事有陳肇英、何遂等，經濟有吳尚鷹等，勞工有馬超俊等。第四，各派各系也有代表，如「改組派」之林柏生、馮玉祥軍之鄧哲熙。其他各界各業均有專家代表，均一時上選，可以說立法院真是全國英才的集中地，濟濟多士，薈萃一堂，竊以為比之由普通民選議員組成的「議會」優越更加一等。故大有成績，而為中華民國奠定立國基礎。

院長下分設幾個常務委員會，如法制、經濟、財政、外交、軍事等。委員長與委員由院長派充。立法程序，凡各項的法律，先行分派與有關的委員會起草，交與秘書處，乃編排次序，提交全體委員會討論，三讀通過，再呈報國民政府公佈施行。此外另設幾個特別委員會，指定起草特別法案，如商法、勞工法、刑法等。其最為重要者則為特別中之尤為特別的，則是憲法委員會，由院長自兼委員長，另有二人副之，指派立法委員中有專門學識者四十餘人為委員。《刑法》與《憲法》為孫院長任內最艱辛、最偉大的成績。經過無數次的起草會及全體大會討論才通過完成。（《民法》經於前任胡院長任內完成。）

立法院院址在太平天國翼王石達開的王府，後歸李鴻章，卒給予其婿張佩綸，人稱「張園」。園址寬敞，有房屋多間足供辦公及職員宿舍之用。內有大堂為全體委員開大會之處。園內還有美麗幽雅的花園，廣植奇花異卉，尤以瓊花一株最為名貴。

委員全體大會，逢星期五日上午舉行一次。各常務委員委員會，則分由負責人召集，多於同日下午或次日舉行，亦有臨時召集者。開大會前，預由秘書處油印議程及討論草案先行分派各委員預先研究，準備討論。孫院長逢開會必出席主持。（按我所記憶，於我任期間他在重慶時只因公缺席一次，由葉副院長代主席。）孫院長真是一個飽受民主政治訓練的好主席。每開大會，他提出當天程序中的議案後，即任由各委員起立發言，以舉手先後為序。如有多人同時舉手，乃由其施行主席權指定次序。發言者自由表示意見，長短不拘，次數多少亦無限。意見相異者則自由辯論，秩序井然不紊。主席壇側，有秘書處處長坐位，每次開會由其宣讀議程。其旁則坐有速記員二人，凡各人發言均由其臨時速記，會後謄正存案。最難能可貴而足資取法者，則主席院長對各提案，從不提出個人意見以影響、指導或轉移各委員的主張。但於議案提出討論偶遇複雜或困難情形時，乃由他解釋、澄清，以便繼續討論。直至再無人發言，討論終結，然後付諸表決以多數舉手通過，乃正式成為法律。有時，一條重要問題需要經過多次大會討論才能付表決。（例如：刑法草案中關於「有夫之婦與人通姦」一條，連續開會數星期方通過。全部新刑法先由起草委員開會一百五十餘次，乃將草案提交大會，討論無數次，辯論至為劇烈。看《逸經》九期拙著關於上條討論事。）至於《憲法》之起草及討論為期更長，不及記了。以上的立法程序最能表出民主政治的精神，為民國定立建國的法治基礎，足以垂範後世，而值得大書特書者。

院中規定，凡開大會，每委員每月得請假一次。缺席超過一次者，月俸照扣。所得之款，指撥為院內圖書室購買參考書之用。至為得計，人無怨言。一次《逸經》關於福建客族問題之糾紛及討論，我無意中在院內圖書室竟找得一部福建《雲霄廳志》，內容載有不少有關本題資料，致令我可作有根據的學術性的答覆。藏書價值之高可想而知。

至於院內各同寅之趣事，花花絮絮，記不勝記，僅述其尤者數則如下。各委員之來歷、個性、才學、思想、方言（都用國語，但南腔北腔，或雜以土音），既不一致，表現自異。有幾位「三緘其口」，凡開會未嘗起立發言者。亦有每逢開會，無論什麼議案，必照例發言者，好像未經他表示意見，則該議案不能成為法律。最有趣者，有幾次討論尋常法律既畢，有一位每開會必發言而尚未發者，竟起立聲明「本席對這議案並無意見。」有時，主席院長於必要時解釋議案，澄清難題，以便依次討論（見上文），本來不需表決可否者，但也有人起立說：「本席對院長的意見完全贊成。」又有數位「辯才無礙」的「能言之士」，發言最多，每每議論滔滔不絕，聲音洪亮，詞鋒凌厲，吐沫橫飛。記得當時王崑崙同寅當場吟了一首七絕紀其事云：「開會欣逢王老琪，綿蠻不克盡其詞。蔡璋速記無從記，咬斷洋鉛筆一支。」這成為開會時的自然習慣——如遇會期過長（有時達三、四小時）而凡對某一議案不感興味而又不甘寂寞無聊靜坐而待者，則有詩人墨客，即席賦詩、作對、繪畫，互相傳閱，以振起同寅精神，增高議場興味。其中不少幽默之作。除上錄王君一首外，我也曾作了一首打油詩以答某君者，詞曰：「相交十載算深知，猶未知君會作詩。可惜詩筒傳到手，會場正是戒嚴（鹽）時」（時方討論「戒嚴法」）。其他趣事、歪詩、妙聯尚多，不及備錄矣。

但有一事不可不補錄。有一位來自邊區的同寅，初憑人介紹遠道來京，欲謀一小差事，謁見胡前院長。湊巧胡正要物色一位該區代表的委員，即以其人任之。他一直留任多年，至孫院長任內如故，真「幸運兒」也。其人非常誠篤儉樸，有彬彬君子之風。歷年開會只穿一襲藍布長袍馬褂，未嘗易服。平素夫妻兩口子食住樸素，絕少應酬，生活簡單；每月薪俸數百元，大半留下，儲蓄數年，居然自購小房，成小康之家。我甚欽佩其人，故樂為之記，惜忘其姓名了。

梁寒操兄是立法院之「無形的」功臣，對於全院、院長及國事有大貢獻。除以秘書處處長處理院中內務外，其最重大的任務乃是為院長之「諍臣」與對外之緩衝。孫院長賦性剛直，有時對人對事發言激昂，則有賴梁為之斡旋。例如：一次在中央某會中與國民政府文官長古應芬辯論起來，致引誤會。古氣忿不過，即日乘車離京赴滬。梁乃向院長婉諫，對待元老前輩應和緩一點，免令其難過，似宜去函道歉，免生芥蒂。風浪一平靜，院長受良知與理性之驅迫，即乘下班車赴滬，親到古寓道歉，誤會冰釋，兩人和好如初，此一事也。又：蔣公有知人之明，夙知孫院長性情剛烈，語言率直，為避免衝突計，每有關於立法事務，必先召梁詳細說明，俾先轉達，婉商妥善辦法，然後咨文立法院，果然事事順利，進行無礙，而兩公感情亦得相安。其與他機關關係亦如此，於國事大有裨益。此吾所稱為梁之「無形的」功績也。

獨有一例外，為余所不能忘者。財政部突發行無數法幣，流通全國。事前既未與立法院接洽，事後多時始來文請追認。立法院委員大會曾以此案提出討論。眾論紛紜，辯論逾一小時，迄無解決。最後，有一委員發言：「此種幣制未經本院通過發行，何得稱為『法幣』？此實是『非法的幣制』，本院何能追認？來文置之不理可也。」眾委員一致鼓掌稱善，遂將議案取消。

立法院給我一個永不磨滅的好印象；就是：自院長以下全體同寅，皆友善和藹、和顏悅色、彬彬有禮的君子，不特相見相聚時親愛如家人，就是在大會或小組討論時，彼此自由發言或辯論皆溫和誠懇，各本愛國的、尊法的、客觀的、無我的精神與態度、互相尊敬，而絕無傲謾暴戾、是己非人、固執己見的表示，只共抱一心一德為國為民造成適合的至上的法律之宗旨。當然有時因意見不同而發生雄辯，其實應說是透切討論，而非意氣用事，為個人私見而爭鬥，更無私人愛惡情感混雜其間。凡有議案，經多數通過後，人人服從，再無異議，個人感情上更無芥蒂了。記得一次大會中，有兩位委員——一南人、一北人，討論一議案，因語言不達，而座位又距離頗遠，忽大起爭執，彼此面紅耳熱，似乎對罵，更磨拳擦掌，幾乎相鬥到不可收拾的田地。旋經第三者挺身出來解圍，察其原因，殆由一方用了一句不大好聽的話，對方誤會以為是罵他個人，故而怒火冲冲，相罵起來，經這「魯仲連」苦口婆心、義務排解之後，兩人恍然覺悟彼此誤會之所在，意氣乃渙然冰釋，一場爭吵，化為無事，彼此反大笑起來。散會後兩人猶且趨前各各道歉，握手言歡。當下連我這個曾經從戎的「半老粗」也大受感動。竊以為如果全國的軍政要人都有這種精神，豈不是省了許多是非、糾紛和爭鬥？

業餘的工作

廿二年一月，我膺任國民政府立法院立法委員。老實說，官階雖崇高，我卻不以為樂而以為苦。何則？第一，我個人所賦的品性，喜歡獨自工作、自由、自動、自思想、自研究、自創作、自寫作、生平最怕開會，逢開會我必「呆若木雞」，毫無表情，尤不能適意，愈人多就愈不感興味的，苦況愈甚。其次，立法院大會小會只於星期五日開會半日或一日。其餘六日無所事事，公務不夠忙，也不夠閒，不知如何是好。一時無法適應這新環境，不慣度過這新生活，又不能另作他圖，所以視同雞肋。其三，這幾年來，我奔走東西南北，生活不安定，時有公務私事，或縈迴腦際，或牽纏身體活動，不慣寂靜。又有喪明之痛，家難迭興，心靈苦痛難堪。然自受任立法委員後，在茫茫「宦海」中既「飄流」到這個大島上，工作雖非從心所欲，不符素志，也無可奈何，只有來則安之，自尋安居樂業之道。我因南京政治氣氛過於濃厚，不喜歡受其籠罩，寧願獨居上海旅舍，逢開會之日乃晉京。

湊巧那時，友人邵洵美、林語堂等主辦提倡幽默的半月刊——《論語》，邀我撰稿。為減除心靈痛若、消解憂悶及銷磨無聊的時間計，乃將從前在西北軍中，其後並及南北軍政社會聞人間，所聞所知的有趣味、堪發笑的故事逸聞一則一則的寫下來，署「大華烈士」筆名（此俄語即「同志」，曩在軍中通常以此互相稱呼）。篇名〈西北風〉，繼以〈東南風〉。果得接受發表，並蒙各方讀者欣賞，頗覺興高采烈。時有一位大漫畫家汪子美，畫了一張「八仙過海圖」，將在《論語》發表作品最多者八人，擬作「論語八仙」，共乘一舟在大海中飄流。以林語堂當呂洞賓，其他則有老舍（舒舍予）之李鐵拐，周作人之張果老，俞平伯之藍采和，豐子愷之漢鍾離，郁達夫之韓湘子，姚穎之何仙姑（立法委員王漱芳夫人）。我亦忝與其列當曹國舅。八人中我獨居官，比擬尚非不倫，不過殊非「國舅」而已。一笑！（看廿八期，五知：〈新舊八仙考〉）

我孤僻性成，不喜亦不善應酬；凡有聚眾最多之場合，我愈覺孤寂。我尤其不喜歡開會，凡大會小會討論問題均不感興味，且以為苦事。但造化作弄人，偏偏要把我飄流到並無公務只是開會的大機構十三年長，寧非天下之大滑稽！所以我只有靠「管城子」為伴，亂寫一通，孤芳自賞。久而久之，不甘寂寞與沈淪，誓與苦難作戰，為生存而奮鬥。是年，頻頻往來香港、廣州、星加坡、上海之間，為著整理遺產，也圖謀重組家庭，以度新生命。

廿三年春我與楊玉仙女士結婚。她是香港基督教女青年會幹事，並在滬西自構「斑園」。以「斑」名園者，先室名「玉仙」、長女名「華玉」雙「玉」之間有「文」在焉也。自作聰明，貽笑大方矣。以後再生育兒女，果得家庭之樂，而集中精神力量從事業餘的文化工作，以償夙願。從前寄存北平燕大圖書館及他處之中西書籍文物，一概移滬，集中寒園，開始從新努力於筆墨生涯，研究學術。除到立法院開會外，每星期有五、六日完全是我自己的時間，暢所欲寫欲為，星期日也不休息。

會《論語》因事停刊，我與「良友圖書公司」商議創辦《人間世》半月刊。我任社長，林語堂任總編輯，徐訏（時剛由北大畢業，後來成為名小說家）、陶亢德二人佐編。四月五日創刊號出版，以提倡抒發性靈之小品文為號召，風行海內外，頗受歡迎。我仍繼續寫有趣怡情的文字發表。其中一篇在香港竟發生一些影響，暴露初期以至當時層出不窮的、不通不雅的「香港地中文」，如「公眾四方街」（Public Square Street）、「街市街」（Market Street）。其最令人捧腹者則為公共汽車站有高豎大字中英文圓牌，上有中文譯文曰：「如要停車乃可在此。」後來，林語堂因事到港，偶在一個場合向港當局指出此「不通的」字句，笑口揶揄「香港地中文」。未幾，果發生效力，各牌改寫「喚停站」。（這仍須解釋：凡車輛過此，如有「喚停」則停，無則不停也，但比前較為通順了。）是則「幽默」亦未嘗無補於社會文化改進也。

《人間世》出版了若干期，又因編輯部與發行部雙方意見不合，終於停辦了。林語堂乃自起爐灶與陶亢德等另辦《宇宙風》半月刊，繼續提倡小品文作風。由陶開設「人間書屋」為發行機關，大受社會歡迎。由是引起我蠢蠢欲動，自樹一幟的野心。

是年，上海文藝界同仁組織「中國文藝界協會」。斯時，我已進入文藝界，結識了不少新文友。也加入為發起人之一。開會時，參加者逾百人。我惟赴諸如此類的會不厭悶，非自我矛盾也，性相近也。當中，余致簡略妙趣之辭云：「『中國』，我贊成的；『文藝界』，我贊成的；『協會』，我贊成的。化零為整，三合一，所以我對於『中國文藝界協會』是極端贊成的。」不脫幽默口吻，表現「大華烈士」本色，頗得同仁們欣賞。隨而我極力推翻自古傳統的「文人相輕」的說法，而主張「文人相重」，以為既為「文人」，自然各有所長，但亦不免各有所短；我們既然聯合起來，組織「協會」，應該尊重他人之所長與自己之所長等量齊觀，而共略其所短，各各表現其「天才」，互相切磋琢磨，彼此相得益彰，不必互相標榜，也不應互相嫉忌；如是文藝學術才有進步，人我均沾利益，如三光日夜併麗於中天，而使「中國文藝界」大放異彩。開會結果：我被選為常務委員兼主席。

遷入斑園之後，書籍文物一概集中於圖書室，既得「安居」，自然「樂業」，於是日夜埋頭工作，頗有「書城權作小諸侯」之樂。主要工作是太平天國史之研究。時往蒐購中西文籍及太平遺物（如錢幣、公據等），所得頗豐。又曾回粵偕數友親往花縣洪秀全故鄉觀察形勢、遺跡與採訪史料。繼則遍訪洪氏遺裔及故舊，記錄零碎遺聞，所得史料益富，皆為日後撰著太平史之上乘資料。回滬後，將所獲新史料一一整理編訂。又從事翻譯英文太平史料數種，包括燕大洪煨蓮教授付來之韓山文教士的《太平天國起義記》後由燕大以中英文合璧付印）。我第一本太平史《太平天國雜記》，內有譯著多篇，於民廿四年由商務印書館出版。

同年，於從政、譯作之餘，我又有機會致力於社會服務。這也是我甚感興味，視為個人應盡的義務。其時，有租界內之外國的洋行、機關、商行——如電燈局、煤汽局、電話局、英文《大陸晚報》、友邦銀行及其他大商行、大銀行，合共捐貲大洋百萬元，興辦平民福利事業，委托上海市政府辦理。吳市長鐵城乃委交財政局長蔡增基主持其事。當下，組織一個「平民福利事業委員會」，聘秘書長俞鴻鈞、衛生局長李廷安、曹炎申、「救世軍」主任德比（Derby英人），某西女士等為委員，我亦與焉。我介紹廣州基督教青年會幹事李應林為總幹事。我兼任「訓練組」主任，有英女士為助，計畫訓練幹事四十名分負各部門工作。當即照計畫於市郊興建平民村四處。共有小平房約六百幢，均照特別圖則新建，非常適用，各以廉價租賃與平民居住，受惠者萬數千人。有總管理處，由李總幹事主管。每村分派曾受訓練之人員負責管理。各村注重清潔衛生，分建游泳池、運動場、娛樂所、合作社、雜貨店及其他商店，對於村民福利事業應有盡有。中外遊客參觀者，莫不嘖嘖稱善，許為至有意義的嘉惠平民之建設事業。以我個人觀察而論，這是吳鐵城在上海市長任內最善最大的政績。

《逸經》的歷史

我在立法院業餘時間，日漸展開知識文化的活動。本來，我是專門研究哲學、宗教、社會等學科的。後漸注重歷史，尤嗜掌故之學。個性、自幼即有發表慾，好舞文弄墨，投稿各報。又有「辦報癮」。在小學時即糾集同學數人，自編自寫壁報，以提倡革命為宗旨，張貼校墻，自署筆名曰「興漢劍生郎」。及在嶺南中學則創辦《嶺南青年報》周刊，為該校期刊之嚆矢。留美時期，除常投稿到三藩市的革命刊物《少年中國晨報》鼓吹反袁世凱運動外，又在芝加哥「中國基督教青年會」以油墨刊印《紅三角》月刊。回國後，初在上海「中華基督教青年協會」佐編《青年進步》月刊。又返粵與同道數人創辦《盡言週刊》，由梁寒操兄任總編輯。我回滬後常撰文付回發表。在北平任職燕大時則常投稿與《京報》、《晨報》及周作人主編的《語絲》，發表〈太平天國文學之麟爪〉，因而引起羅爾綱、謝興堯等幾位青年學員對於太平史發生興趣，以後數十年繼續研究，各有成就。又與教會同道合辦《真理》周刊，及《生命》月刊。在西北軍時，也有稿件投到軍中刊物。自從定居上海後，與文藝界人士接觸最多，文興愈濃（見上節）。因見林語堂等另辦《人間世》，不期而然的引起我的辦報「老癮」。自忖把立法委員的月俸拿出來維持一刊物，儘可夠用，興致既勃發，經濟又有著落，於是即行著手。那是廿五年一月初的事。

凡辦期刊，總要有獨立個性，不能人有我有，毫無一貫宗旨與特異性質。（例如：《傳記文學》，自標一格，文風一致，是很好的例證，非溢美也。）我心目中所要辦的是專重文史的半月刊，相信海內外知識界必有與同嗜焉者，當能暢銷。但內容水準要提高，文章要充實，要兼具益智與怡情兩大條件——即要有學術性及可讀性兩美具備。定名為《逸經》。這是大有出處的：「漢時，經書之出自屋壁，未置博士肄習者，稱『逸經』」（見《辭海》）。我堅信以吾國文化歷史久遠，資料之豐富無盡藏，人才之興盛無量數，如能有善法蒐集與羅致，有集中的發表機關，有系統的編印，定受歡迎，定卜成功。於是念頭突起，自豎新幟於文化界。

此舉並非憑我個人隻手來辦——雖然自我倡導，自任社長，還賴眾檠共支，得力於幾位良友為助。最先，我邀請曩在北京認識的謝興堯南來任總編輯。他字五知，四川射洪人，畢業北大，專門歷史，文筆流暢。又邀老友陸丹林為副。他是廣東三水人，編輯報刊的斲輪老手，熟識文藝書畫界人士，拉稿最長。又有李應林，美國奧伯林大學畢業（任平民福利工作，見上文），胡肇椿，燕大畢業，專長考古學（粵人，後任上海博物館長），明耀五（雲南人，良友畫報助理編輯）。社址——編輯與發行兩部俱在寒園，闢專室二為辦公處。另有事務員若干人。每晨共同工作，並同在舍下午膳，發行方面，長期定閱由本社自辦，海內外零售則由陶亢德之「人間書屋」任總經銷，與其《人間世》雙管齊下，駕輕就熟。而且陶持穩健政策，不事憑空寄報與各處代理者，每期必收現款。如肯多寄，當可推銷數萬分，但報費收不到，還要自付郵費，豈非不值得？因他數目清楚，每期有款交來，故得以維持、週轉，經濟可獨立。但我一開始便宣布不為牟利、不怕虧本，負責財政，因為志在「過癮」與闡揚文化而不在私利，宗旨如此，所以放膽發展。

《逸經》標出「文史」兩字，但解釋不是狹義的而是廣義的。所謂「文」不僅是文學而是文化，範圍廣濶，包括典籍、小說、藝術、音樂、戲劇、散文、詩詞歌賦等等部門。而「史」則包括掌故、考古、逸聞、祕史、野乘、趣話（幽默故事）、歷史考證等等。所以我明定宗旨在供　讀者以高尚雅潔而興味濃厚，同時既可消閒復能益智的讀品，並圖貢獻於文學、史學、社會學者以翔實可靠的參考資料。務期開卷有益、掩卷有味。文體則長短不拘。語文並用，莊諧雜出，雅俗共賞。取材則中西並集，今古盡收，譯作皆有，小大悉備。尤要者內容不尚清談，不發空論，必求言中有物，華而且實，使能篇篇可讀，期期可傳。

我將這園地公開了，敦請全國文化界人士自由投稿，自由發展，做成為全國文人合作的刊物。果然同聲相應的文人，參加合作者林林總總，不可勝數，佳妙文章，紛紛寄到，不及一一備錄。對於一般投稿的文友，我們很尊重他們的善意和協作。為表示謝忱，奉以當時最高標準的稿酬（每千字大洋五元）。我定下一條鐵的規律：凡來稿一經發表，隨即郵寄稿費，我並公開聲明，如收到發表文稿之一期三日內稿酬未到，請即直接致函「社長」個人詢問，這是出版界破天荒的創舉。（每期印刷費也是一出版即照付，從不拖欠。）雖然有許多文友毫不介意於這區區報酬，但其中也有些經濟不大充裕的，於業餘寫稿，多得三數十元為補助費，不無少補，生活便輕鬆了。有幾位長期投稿者，有時偶遇急需，即來函預借稿費，以濟燃眉。本著合作性質，互助精神，與「文人相重」的宗旨（我所高倡的，見前文），彼此誠信相孚合作無間。凡有求必應；由會計部特別為每人開一來往帳，預支稿費，逐期扣除，各付清單。另有一特別事可記者，有一二文友，相約每期稿酬不要付去，只在本社開一「戶口」，每期為其進入若干，而每當其有特別需要，如購買什物或為細君脂粉費之用，則托我們代辦代寄，照數開支，甚得便利，我們便兼作文友的服務處了。也有一二位不要稿費的，那就是馮玉祥；他為《逸經》寫了不少好文章，分文不取。另有一位全部義務作者，那就是「社長」。有一事深印我心版的：梁寒操寅兄，用「伏龍」筆名為創刊號寫了一篇〈談林子超先生〉（時任國民政府主席）。我到京時，親手送上稿費，他笑容滿面的伸手接收，朗聲說：「多謝！」難道他貪取這區區之數嗎？不，不，不！因為那篇是他嘔心嘔血寫出的，居然「文章有價」，所以他樂於收取了。這大概是文士心理。

不過，大凡關於《逸經》與各文友的經濟事務，我一概交與會計主任或庶務主任辦理，由其與文友們直接通訊。本人則常常與各位保持文字之緣，與道義之交，故從不牽涉到經濟問題也。這也是我們的一貫作風——保持清潔高雅的友誼而不染「銅臭」吧，任您說！

廿五年三月五日，《逸經》創刊特大號出版了，內容六十餘版。封面用大紅厚紙，上印金字招牌《逸經》兩大字，是集「石門頌」的。初印一萬本，迅即售完，翻版四、五次。宗旨、性質與內容，如上述，果不出我們所料——引人入勝，銷路日增。除國內各省區——遠至雲南、四川、南洋、美洲、歐洲各國俱有定購。歐美大學圖書館，美國國會圖書館也長期訂購，殆視為學術性的期刊。（猶記多年後「美國圖書館」東方部主任胡讜Arthur W. Hummel在港與我會面，一聞我名即說我是《逸經》社長。）以後，每期零售銷至二萬餘，長期定戶增至六千。另裝合訂本，每八期一冊（實數忘記，總有二千以上）增加編印全冊目錄。

《逸經》每逢月之五日、二十日出版，自始至終，未曾脫期過。這由於編輯同仁之努力及印刷人（新會同鄉陳君亦熱心文化事業者）之合作。而最大的原因則由於全國文化界同人，如嚮斯應，不吝寄投佳作（有遠由川、滇、黔、邊省寄來者）。所以佳稿「堆積如山」，一年也用不完，甚至無法珍藏，至要特製一個抽屜特多的大櫃，將稿件分類貯藏。一見有特殊傑作，或長篇，或例稿，則先付印刷公司排字，隨時有三、五期的排稿，任由選用，酌量分配，故便於依期印行。原擬隔數期出一特大號，但因稿擠之故，無法疏通，亦無以對熱心贊助的文人，惟有加增特大號，每隔一期即出版一次。通常每期四十版，特大號倍之。但因「供」與「求」之需要，不惜工本，加多篇幅，有時特大號增至百版，而佳稿仍愈來愈多，頗難應付。

至於賣價，固定每期零售一角，特大號二角。長期訂閱全年一元，郵費在內。後加刊特大號定戶亦不加價。總之，《逸經》文稿豐富，人才齊備，聲譽鵲起，銷路大增，而經濟方面則資本充足，報費收齊，又有幾頁廣告費以資彌補，所以稿費、印刷費、郵費、員工薪金與一應雜費均可應付，既不為牟利，也不至虧本，興之所至，隨便加多篇幅，改善內容，對內只求自己進步，對外則務要讀者及文友滿意。在我個人來說，可謂「過透癮」了。有一天，立法院副院長葉楚傖先生曾發表一句評語：「簡又文辦『逸經』越來越起勁兒啊！」可謂知音。

《逸經》的外相、內容，也自備一格。封面兩色。《逸經》名字一色，或橫或直，其他色印圖案畫，或書畫傑作。內容，第一版之上欄（約三分一地位）印刊名、地址、員工姓名等，所謂「版權頁」。其下則印本期目錄。這也在中國刊物中自備新格，仿自外國期刊。每篇文章先刊出作者姓名，其下乃及篇名，行底印頁數。如此辦法，因我揣摩一般讀者心理（至少是我自己的）注意作者是誰人，多於文章的題目。這實是「重人主義」，甚合邏輯的。國內期刊，很少採用這系統，不知何故。背版則為「逸話」是介紹本期著者的文章而算為本社要講的話。我與主編人輪班執筆，每人隔一期作一次。這也許是別開生面的。跟著便是作家的洋洋大文了。最後幾頁有小說——短篇或長篇，或譯或著，壓軸的幽默小品趣話，如「東南風」、「陰陽風」之類，都由「大華烈士」負責，有時自撰，有時邀請天下幽默同道寫稿，收獲甚豐。這無異是吃完山珍海錯的盛饌後，嘗嘗甜品、水菓，大有補助消化之功。

廿五年杪，謝興堯以體弱多病，上海生活復不慣，編輯工作繁劇辭職北返，從廿二期起乃由陸丹林繼任。趁機又將《逸經》內容大加改良。其至具特色者，則凡各類文稿標題上均冠以集碑帖字製小型鋅版刊出，倍增雅致；如「逸經」、「文學」、「建國史實」、「今代史料」、「太平文獻」、「藝林」、「考據」、「詩詞」、「人志」、「特寫」、「紀遊」、「小說」、「掌故」、「秘聞」、「史乘」等是也。其間，好文章愈來愈多，真美不勝收。

因有些文章主題大致相同而內容各異的，我們乃彙編在同一期發表，作為「特輯」。計曾出過的「特輯」有如送林語堂赴美講學（十一期）、祝國父誕辰（十九期）、光緒皇帝（廿九期）。尚編有蘇曼殊一輯未及刊行。

《逸經》傑出的作者與精彩的文章，實在太多了，不能盡行舉列。茲略列舉其有特殊意義者。第一位投稿者，胡懷琛教授，字寄塵，在大學教國文，詩文俱優。他親自承認偽造太平天國文士黃公俊其人其詩，以提倡革命。他所寫的是〈李太白的國籍問題〉（一期）又有〈李白通突厥文及其他〉（十一期）（尚有其他多篇茲不錄）。據他考證，「李白是突厥化的中國人」。

自李白問題提出後，即有「幽谷」撰了一篇〈李太白——中國人乎？突厥人乎？〉（十七期）旁徵博引，結論：「李白是中國化的突厥人」，恰與上言胡文相反。他指出李作〈上雲樂〉中詠及景教的經典和典禮「彌撒或聖餐」，又名其二子曰「明月奴」、與「頗黎」（景教聖餐所用之盃）。但其相貌與才學（能題月支書，能草和番書），兼遠溯其家世，乃斷定如上。其說頗有力。另有〈李太白——唐朝的大政治家〉一篇，（卅一期），足證明作者對李白有深邃的研究。不圖他的文章竟引出美國學術界一則趣聞。多年前，哈佛大學有一名美籍的中國歷史研究生，選了李白為博士論文題目，即引「幽谷」的文章斷定其為突厥人。但他的導師卻以為證據不足，否定其博士學位資格，致令那學員飲恨終身。（幽谷另有其他撰著）。

「幽谷」何如人也？他是上海聖公會的董健吾牧師。他自然熟識景教經典儀禮，又於中國文學史學研究甚精。而且頭腦開明，富有愛國心和革命性。曾投馮玉祥的西北軍任傳教工作。因其思想亦屬激烈急進之流——左傾，（未必是共產黨員，但與共黨接近），與當時在軍中的浦化人與余心清同被稱為「赤色三牧師」。時，我亦在軍中，故認識之。後來，彼此離軍居滬，亦時相過從，蒙其介紹收得太平文物——銅錢、公據多種。一日，他突來寒園，與我商量可否收養毛澤東兩個幼子兼送其入學校，改姓換名，冒充我的親族。事卒無成。我知道他與共黨幹部有來往，因想起紅軍由江西竄到延安的過程，外間鮮有得知其詳，乃與其商量可否採集資料特寫一篇關於是役的史實，在《逸經》發表。他沉思一會兒，即說有辦法，容徐圖之。再過一個時期，他拿了〈紅軍二萬五千里西引記〉數萬言，附行軍地圖來「繳卷」，並說這是由特別源頭，遠從延安寄來的行軍日記而編成的，都是真真實實的史料，據事直書，不加評論，與不用「長征」字樣，以免妨礙發表。他並假託為從剿共與共黨雙方所認識的朋友採訪而來的消息，以資掩護。末了，他還報導紅軍所走的路程真確數字是一萬八千八百八十八里，所云「二萬五千里」是誇張的。我認為這是一篇純然報導這役的史實的好文章，毫無政治黨派作用或關係，而極有文獻價值，可供研究現代中國史的上乘資料，所以亟為發表（卅三、卅四期）。《逸經》聲譽益隆。我們自詡為對史學界又一小貢獻。

關於共黨人物、事蹟與文章，我們尚有其他的多篇。來稿最多的是楊幸之，多署筆名

「柳雲」（也與共黨無關的）。他原是在福建某軍任政治工作員，身預剿共之役，所以資料是直接源頭，可信可貴。他最大的收穫是共黨首領瞿秋白在閩被捕受死刑前，於獄中自寫一長篇〈多餘的話〉——實是「懺悔錄」。楊君鈔得一份，改用「雪華」筆名最初錄寄《宇宙風》。詎料該刊主辦人陶亢德不敢刊出。我一聞其事，即盡力爭取，卒落在我們手中，即分期發表（十七期以下）一字不易。這又是一篇大有文獻價值的文章，聳動文藝界、史學界多年。直至最近香港還有雜誌翻印。惟有共黨幹部大為不悅，瞿妻楊之華則妄說是我們偽造的冀為瞿辯護。共黨還指名誣我是「國民黨的文藝特務」焉。真實經過如上所述，不足置辯也。直至共黨「文化革命」時期，這篇文章竟引起軒然大波，直信其出自瞿手筆，指為投降國民黨的「叛徒」甚至挖其墳墓，實行「鞭屍」之刑。這是根據極可靠的消息的。

自從創刊號以來由始至終為《逸經》寫稿的兩故友。一為馮自由，從他自身的經歷與見聞及其在民初「稽勳局」局長任內而彙集的資料，分段寫《革命逸史》（後刊單行本），發揚初期的革命史蹟至有價值。次為故兩廣監察使劉成禺（禺生），每期寫《洪憲紀事詩本事注》，每事做七絕詩一首，加以註釋，附有珍貴圖片，專記袁世凱竊國稱帝事。詩文俱佳，或有批評為事蹟容有傳聞、未得翔實者。此則留待史家之精確考證，不能贊一辭，所得而言者，上兩種連載稿，實為《逸經》臺柱，富有掌故價值的文章，增光不淺，而故友之慷慨大力支持尤感激靡暨焉。

尚有其他用別號或筆名投稿的文友，幾人原姓名列後（其餘多有未知或偶忘者）。「五知」為謝興堯之號（見多期）。「謝剛主」即謝國楨（一期）。〈國民軍首都革命紀實〉

原係馮玉祥向我面述經過，寫成後交其修正發表，署名「璧樹」：「璧」，英文拼音作big大也，即「大樹將軍」之義（十六期）。小說署名「味橄」者，為錢歌川（十一期等）。「老舍」原舒舍予，人所共知。「老向」為王向宸（廿四期）。「大厂居士」即易孺。「自在」即陸丹林。「憾廬」為林語堂之兄，後主辦《人間世》。「廖蘋庵」即廖平子。鄭繼成：〈我殺死國賊張宗昌之經過〉（七期頁四一）言有義士願變賣家產以助其打官司之曹中直，即是常投稿之「曹芥初」。「哀靈」即吳宗慈（十三期）「建華」即馮自由之號（十六期）。「尊穎」即立法委員張西曼（廿八、卅三期）。譯〈林語堂自傳〉（十七、十八期）及其他散文，署「工爻」者，則「又文」二字上下拆開復拼合為此筆名之「戲筆」也。

《逸經》特闢「太平文獻」一門，差不多每期均有太平天國史料刊出，自詡為特色之一。因為我專門研究太平史，多方蒐集史料、文物，深恐汲深綆短，獨力不濟，最初創辦《逸經》的一大宗旨，就是借此刊物作為吸引全國讀者將所珍藏或發掘所得的太平史料投寄發表，公開貢獻於國內外史學界，也便於個人研究之「私圖」。拙著〈遊洪秀全故鄉所得到的太平天國新史料〉（二期）即「拋磚引玉」的第一篇。當時頗得史學同仁推重，羅爾綱至許為足與司馬遷的《史記》媲美（原函已寄贈耶魯大學圖書館）。以後，果得如響斯應，各方投寄珍貴文件甚多。其最重要者有如曹墅居譯〈英國政府藍皮書中之太平天國史料〉（四、五、七期）胡友棠錄之〈干王洪仁玕親筆供詞〉（廿期，由江西南昌付來）。其尤可寶者，則「北平圖書館」之王重民將其在英國劍橋大學珍藏之太平官書十一種及文件多種影片惠贈。皆在國內失傳者。我們乃將〈太平天日〉，干王洪仁玕之〈資政新篇〉及〈軍次實錄〉等重行排印（十三期以下，十七期以下，廿八期以下，卅三期等）。我也將個人譯著多篇公諸同文研究。其餘不及備錄。許多都是初次在國內流傳者。這是《逸經》之獨特的貢獻。

我於「東南風」編著之外，尚「巧立名目」別創「陰陽風」一門，紀述奇聞、逸史、怪事，時或紓發個人的「心聲」，這是《逸經》破例的議論或感想的文字。其中有一篇〈不算舊帳論〉，是由我心靈發出之最沉痛、最懇切的呼聲、哀鳴，（十一期），但恐多數讀者「只作秋風過耳邊」（鄭板橋句），無補於修、齊、治、平之道耳。

《逸經》辦得愈「起勁」，我的野心亦日熾一時，有意開辦一間「五經書局」，另創辦「不經」（幽默輕鬆性質的），「女兒經」（專門有關婦女的），「生意經」（商業經濟的），和「正經」（研究道德、倫理、宗教、哲學的）。詎料天不從願，時不我與，至民廿六年夏，日軍寇滬。八月五日《逸經》出至卅五期迫要停辦了。（時我在香港休假。）其卅六期則已有排稿校正送來，但未付印。此排稿只得數份，其後陸丹林來港交我一份，戰時留在寒園被白蟻蛀食了。丹林所存的一份，聞年前已為「北京圖書館」取去。玆悉「傳記文學社」也得一份是為「碩果僅存」之一本，彌足珍貴。

至於《逸經》所積存未用的餘稿，也由丹林裝置於一大木箱運到香港，無地可藏，只得向民家租賃一室貯之。迨日軍陷港之前，該處居民紛紛將「危險」文物或焚燬或拋棄於馬路口，以免惹禍上身。《逸經》這箱珍貴的存稿也被棄置於路邊，不知所終。這就結束了《逸經》一年有半的歷史。

抗戰時期

民國廿五年暮冬，蔣委員長被困於西安。我無辜受了一場虛驚。緣次日，上海《新聞晚報》忽登出頭條新聞電報，報導那事變是由「東北軍少壯派簡又文等」所主動的。不由我不大吃一驚。當時，我正在上海一家俱樂部吃晚飯。家人急以電話報訊（我還未看到該報）切請我在外暫避，不要回家，庶免危險。我檢閱那離奇新聞，乃親筆揮函該報，聲明從未與「東北軍」發生關係，務請更正，隨即派專人送去。是夜，不敢回家。次日，該報晨刊即行更正原來昨夜的消息是「東北軍少壯派苗又文等一字之差，幾乎殃及池魚。寃情既白，我乃回家。但昨夜的錯誤消息已傳播海外，辯不勝辯」之誤。，只好安之若素。不久，真相大白，謠言自息。

明年，廿六年，我繼續任立委，辦《逸經》。中間，曾到嘉興、常熟、蘇州、杭州，各處訪碑——太平石刻，到處蒐羅太平文物，居家則日夜研讀太平史籍，撰譯文稿，主持《逸經》社務，又須交際應酬。興致愈濃郁，工作愈忙碌，夜以繼日，每天工作十餘小時，冀彌補多年從軍從政、學殖荒落之缺憾。那時，我年方過四十，身體壯健，精神充沛，加以興之所至，樂此不疲。無奈身體心靈與神經系統，均受自然界規律之限制的。任你是鐵硯，也會磨穿。如是的勤勞生活過了一年，我身心有些支持不住；失眠、暈眩、不思進食，體力日弱，而且精神漸頹，終日奄奄欲睡，執筆不能寫作，思想不能貫注，我心裡自知是竟然患上精神衰弱病。捱至夏間，頂不住了，急圖自我治療，遂決定暫捨工作，從事休息。當於六月下旬，向立法院請假，挈妻兒到香港九龍渡假。每日，與家人到海灘游泳戲水，多吃就地購買、當場自烹的海鮮——魚、蝦、蟹及青菜等營養品。果然不出十日，霍然病癒，精神恢復，身體如前「壯健如牛」（引宋子文一次自豪語）。

七月七日，蘆溝橋大變發生，日軍繼續寇境。立法院定期召集全體委員大會，決定對日抗戰，有特電來召我。當於八月十三日，乘義大利郵船回滬。詎料抵滬時，我軍與日寇已展開劇戰。船到吳淞口，得聞砲聲隆隆，滿天黑煙可睹，戰況至烈。郵船除有水艇駛來補充食水外，乘客不能登陸。呆等了數天，戰事仍烈。原船乃啟碇，載各乘客折回香港。但免費多坐了七八天船，並不是舒服的享受。因船艙所藏食糧幾盡了，只剩下牛肉一味。每天三頓牛扒，日日如是，連吃了廿幾個牛扒，厭乎不厭？

回港九後，我又定購飛機票，謀經滬回京開會。不料到期狂風暴雨疾作，飛機改期飛行。而立法院開會之期已過了。我乃留在九龍。聞是機後來北飛，中途在潮汕遇險。我未乘去，得免遭難，可云幸矣。以後便與立法院及首都失了聯絡。於宦海飄流中，我竟在這「文化荒島」——常稱「文化沙漠」居留了四年餘。

我初時以為戰事可在短期內結束。但抗戰形勢，日趨惡化。南京淪陷後，國軍撤退，國都西遷，我無法北返。中間，內子曾冒險乘輪到滬一次，將家中什物及藏書運回九龍。一家暫在此作寓公，寄居楊夫人父母家中，以候機會。旋購置「寅圃」以安頓家人，於廿七年三月五日遷入。三月五日為我有生以來最多紀念性質的日子。先於廿三年，我與楊氏夫人在滬結婚於是日。廿五年，所創辦的《逸經》創刊號出版於是日。如今「寅圃」——「進伙大吉」於是日。同日，患了肺炎重病入醫院療治之小兒幼文，病癒出院。回抵新居，即聞外舅楊紫雲老先生彌留病榻，勢已危殆。適我繼母郭氏由廣州來共慶新居進伙，急忙中將兒女及家事交其看顧。我倆夫妻趕回楊家，及時送終。而巧中尤巧者則我在港創辦之《大風》期刊亦適於是日誕生，出版第一期。

《大風》之創辦

先是，陸丹林在滬結束《逸經》後，將所有存稿一大箱親自運至香港，亟謀復刊。適主持《宇宙風》之陶亢德（其時林語堂旅美）亦南來。彼此會商，以兩刊不便各自出版，不如聯合起來共辦一新旬刊。議成，命名《大風》，兩字集東坡帖而成。先由我墊出繳付香港政府保證金三千元，其餘開辦費兩社分擔。我之所以決不復辦《逸經》，良以其水準高，特色著，而各文友則分處天涯海角，無由聯絡；若水準降低，改變性質恐惹《逸經》讀者之失望。因為《大風》是文藝綜合的性質，宗旨在鼓吹抗日「作戰到底」，內容雖也有文史作品——多半由《逸經》存稿取用，然為應付時勢迫切的要求，擔負抗戰部分的責任，自然要刊出適應的文章、小品和圖畫。所以我在民廿七年三月五日創刊號「發刊辭」鄭重申明此宗旨，並殿以四句：

《大風》起兮雲飛揚。雲蔽日兮日無光。
仁風所及兮世界清涼。全民努力兮守四方。

在神聖的民族戰爭中，我們不能身臨前線、執戈抗敵，無可奈何，只有在大後方執筆從事，稍盡「文章報國」的責任，以鼓吹「抗戰到底」為宗旨。

《大風》的組織，由我與林語堂同任社長，而陶、陸二人則分負編輯發行之責。那時，違難海隅的文友也不少。經此振臂一呼，響應者眾，新稿舊稿（《逸經》留下的），佳作甚多。馮自由是時也居九龍，每期連續以《革命逸史》投來。我也將或譯或撰的太平史稿付刊。其餘文藝、雜俎，應有盡有，頗足引人入勝。當時，我們所對抗的大敵有三：一日寇，二反對黨，三汪偽政權。每期的文章或插圖、小品，均有對付這三大對象的作品。我有一篇：〈我為什麼不跟老汪走？〉（四六期）及一幅「隔岸觀火圖」（由我命意葉因泉繪，九六期）頗發生如所期望的特效。這刊物居然一枝獨秀，適應時勢需要，銷路甚廣，南中國兩粵（猶未失陷）、南洋、美洲各地一紙風行。每期出至萬餘冊。但是不幸日寇南侵，國土日蹙，銷路日縮。一自廣州淪陷，只餘港九、海外可以推銷，經濟日形支絀。「宇宙風社」即退股不再合作，只由我個人獨力支撐下去改為半月刊。中間，停版數期。幸得良朋數輩捐助印刷費，乃再行面世。後來，「中國文化協進會」成立，理事會公決與我們聯合主辦。因得繼續維持。直至民三十年十二月八日，日寇突襲港九，《大風》不得不停版，於是月五日出至一〇二期為止。所有存稿俱與《逸經》存稿一併被毀了。

「香港青年救護團」

當南京失守後，戰火蔓延至長江一帶。在香港九龍的愛國人士，慷慨激昂，咸願擔負一分救國責任。會孫哲生院長夫人陳淑英女士擧家留港，即由其倡議，與公子治平、治強，發動組織「港九青年救護團」，旨在派遣醫藥隊赴前方急救我軍傷兵。振臂一呼，男女青年響應者二、三百人。其中以故伍朝樞（梯雲）先生之三位女公子及一姓馬的三位女士等贊助最為熱烈。國父侄孫（孫眉公裔孫）滿及我個人均參加。公推「理事會」主持團務，由我擔任總務組主任。各團員分頭募捐，成績美滿。於是即行組織「第一救護隊」，聘請醫生一任隊長，另聘助理一，女護士一，司藥一，庶務一，及隊員十餘，共約二十人，特備旗幟、制服、針藥、醫具、救傷床等一應俱備。在最短促時間出發。初擬由治平君領隊先行，適因身體不適未果。其時，粵漢鐵路猶通車，全隊由廣州乘火車北行至武漢，乃東趨至前線工作。計全隊連設備、薪津及雜費共需港幣約二萬元。

在港九後方的團員，見一擧成功，已著效力，乃愈為興奮，繼續籌款、組織。籌款方法，多向個人或團體募捐，曾擧行舞會、餐會、演劇等，方式甚多，所得共約港幣十餘萬元（時值百餘二百萬元）。總計前後派出五隊。至武漢失陷，交通阻滯，各隊多撤回，但仍有留在軍中服務不停者。這「救護團」的活動，一年有餘，然後結束（有「總報告」刊印），足為大戰期間留下一頁史蹟。

國民黨港澳灣總支部

廿七年冬十月廣州失陷。我仍暫留港。迨國民政府遷都重慶後，我於翌年三月由九龍飛去，仍回立法院供職。其時，中央黨部計畫改組「香港支部」擬派某中委為主任委員。我聞而起疑，因本愛黨愛國熱忱，向立法院葉楚傖副院長（係中央要員與當局關係密切者）陳述芻蕘之見。以國土大半淪陷，避難港九者多人，而因交通關係此地已成南方重鎮，敵人在此活動不遺餘力，非有重要的、能幹的大員坐鎮是處，主持黨務，不能為功。乃請其將鄙見轉達。他甚韙吾議。未幾，中央黨部果改組港支部為「港、澳、灣總支部」——包括香港、九龍、澳門、廣州灣各地，特派吳鐵城為主任委員，陳策、俞鴻鈞、陳素（無那）、歐陽駒、區芳浦、陳劍如、高廷梓，及我為執行委員，由高兼任書記長。局面渙然一新，組織擴大，陣容強盛，經費充足，能力充沛。我留陪都一個時期，先飛回港，預作佈置。

七月，「總支部」成立，在港島「亞細亞行」租賃一層大樓為辦公處。其時，我國雖與英為同盟戰友，而黨務仍未能公開活動，只於門外掛上「榮記」招牌，偽裝商行，內有數十人分科辦事，統由吳主委主持。先在香港、九龍，分設兩「分部」，繼派員到澳門及廣州灣兩地分設「分部」。

總部黨務，由各執委分別擔任一方面的工作。我所任的是文化方面。其他有商界、報界、工界、教育界、外交界等。海軍中將陳策實際上是國民政府特派駐港的軍事代表。但他的身分與任務極端祕密。全港中外人士知道的，除他自己之外，只有香港總督與駐港英軍總司令二人，恐怕連吳鐵城也未之知。陳策在「亞細亞行」內自設辦公處，標出「華記」偽裝的招牌。有徐亨中校等為佐。後來，至民二九年吳奉調回陪都，即由陳繼任主委，各執委如舊。總部而外，另有祕密無線電臺，藏在一民家，專任與中央電訊。後為內奸告密，被港當局封閉，主持人幾罹大罪。另有祕密小機關在另一民間，專辦及收藏密件。各執委時常開會。開會時間、地點，均極祕密；依時各員分頭前來集合，共同晚膳，報告事務及商議進行。有好多次在寒園舉行，以地僻人靜，不易洩露也。

業務展開，一時現出蓬勃氣象。新招黨員萬數千人，各分小組受黨義訓練。又有人滲入工、商、學，各團體活動，爭取領導權。其最著者則協助香港大學學生爭回共黨所把持的「學生聯合會」。當時中央派員到港辦《國民日報》以為全黨喉舌及宣傳機關。舉凡一切活動均以敵、奸、偽三者為奮鬥的對象。惜乎內部自有派系鬥爭的裂痕，以至成績尚未達到最完滿的階段。

約在同一時期，「青年團」也在港成立。主持人為劉世達。我也被聘為幹部之一，協力共進（活動略）。港九戰役發生，黨部、團部，同時結束。

在這時期，有一特殊事件發生。一日，港方警務處突接祕密情報，謂有「藍衣社」首領乘坐某公司某班飛機到港。當即多派警員在機場等候。等到那班機來時，將一名乘客押解而去。其人非他，正是吾國軍事委員會調查統計局（簡稱「軍統局」）戴笠（雨農）局長。原來外人對於此局向不了解其性質與任務，多誤稱為「藍衣社」，比之「青紅幫」、「三合會」等專幹兇暴事的祕密社會，不容在港活動。當下，即有人報告陳策。陳立向港方交涉，說明戴局長在政府的地位，戰時的任務與功績，及與蔣委員長的關係。英國與我國是抗戰同盟，今有此舉，錯誤實大。港方立刻釋放，誠懇道歉。一恢復自由，戴即在百餘萬僑民中絕了蹤跡，不知在什麼時候，用什麼方法，往什麼地方走了。可謂「神龍見首不見尾！」隨後，那警務處負責人飛往重慶，名為調查防空洞之建築，聞實則向我政府正式道歉云。

中國文化協進會

當我被黨部推舉負責文化方面工作時，即謀組織外圍團體，始能便於活動。民二八初秋，乃邀集文化界領袖之志同道合者十一人倡議，組織「中國文化協進會」，繼由文化界中堅多人為發起人。得有百一十餘人贊成。旋在香港政府立案。九月十七日，會員二百餘人，開成立大會，通過組織章程，選出第一屆理事廿七人，內有香港大學中文系教授許地山，嶺南大學（由粵垣遷來暫借港大校舍開課）校長李應林、廣東大學校長陳炳權、英文《天下》月刊（由粵遷來復版）總編輯溫源寧、國畫名家鮑少游、音樂名家伍伯就，電影製作人羅明佑、《大風》總編輯陸丹林、話劇領導人胡春冰，及其他報界、粵劇界領導人物及我個人。差不多港九的文化界領袖都在內，陣容甚盛，足以壓倒敵黨。

「理事會」採委員制，互推九人為常務委員，我被舉為主任委員。會務分七部主持，曰：總務、財務、組織、出版、服務、宣傳、聯誼。經費每月由總支部撥款二百元，事業費另行籌募。推「大風社」陸丹林兼秘書，另聘幹事。會址即在該社內，初為一層舊洋樓，後遷往新建之「陸佑行」兩座，面積頗廣，足以發展。

關於事業之推進，另組各委員會羅致多人分別主持。工作大略如下。

出版事業㈠有「文化通訊」無定期刊，注重本會會務及事業之報導，及全國文化界之活動報告。免費贈送。㈡有「文化界」注重文化批評、學術研究、文化問題之討論等。在《國民日報》附刊，兩週一次。㈢《大風》半月刊，與「逸經社」合辦，聯合組「管理委員會」

主持（見上文）。

「文化座談會」定時舉行，邀請有關專題之名家參加討論、研究。與會者興致濃厚熱烈。

「藝術觀賓會」由本會聯合中英、中美、文化協會主辦，每隔一、二月開會一次，假港大「馮平山圖書館」舉行。會期共一、二天，公開展覽各藏家珍品，由本會編印目錄及說明書。此舉對於中外人士闡揚中國文化之優良藝術品，收效至宏。

巡迴演講邀約學者專家，自定題目講稿，由本會分別介紹與各大、中學校及團體演講，成績美滿。

「新音樂運動」舉辦抗戰建國歌詠比賽，及「音樂欣賞會」發行特刊。又舉行「新音樂講座」三期，由專家主持，每期參加者百餘人。

「藝術運動」不時公開開「藝術研究會」討論及研究中西美術，由名家主持。播揚藝術知識，引起藝術欣賞。又與各藝術團體合作共進，舉行學生美術比賽。

「戲劇運動」推進新劇，改良粵劇，鼓勵愛國劇本之演出，與粵劇泰斗及該行之「八和會館」合作，話劇比賽有九個劇團參加。

蘇俄藝展蘇俄開辦「中國藝術展覽會」，由吳主委交託本會辦理，我總其成。徵集及採購各種藝術品數百件，內繪畫百餘幀，裝箱寄去。無下文。

聯誼工作新會址廳房寬敞可容會員百人會談、休息、習作及開各種集會之用。會員常有聚餐會，聯絡友誼。又與全國文藝界、文化界、中西團體密切聯誼，推進全港文化運動。

文化講座三個月一期，分科開講，各由名家擔任。每期學員百餘人，成為大學級校外課程，收效遠大。專聘藝術家趙世銘主辦。每期每學員只須繳雜費三、四元。由第二期起分甲乙兩組，課程不同：（甲）文學研究，（乙）社會科學。多增科目，擴充學額。由第四期起，又增丙組，文學專修，共開辦四期，與本會同時結束。學員自組織學會，舉行各種社交活動。

「廣東文物展覽會」本會最為重大而最饒意義的工作，乃是此一展覽會。以居留港九者什九皆粵人，另有外省人士不少，又在國難抗戰時期，故高標宗旨曰：「研究鄉邦文化，發揚民族精神」。籌備委員九十四人，推葉恭綽為主委，分九組辦事。本地人士及粵省軍政大員均有捐助，故經費足用。籌備數月，於民廿九年一月廿二日，假港大「馮平山圖書館」開幕。出品者一百五十餘人，展出者共二千餘件。出品分圖像、金石、書畫、手蹟、典籍、志乘、文具、器用、古蹟、製作、太平天國文物、革命文獻等十二類。先行編印「出品目錄」附載各文物作家傳略，成一小冊。參觀者免費入場，每日凡數千人至逾萬以上，以地窄人稠，擁擠異常，至需常關閉大門，鵠立門外者須輪班進入。會期五日，復延期展出部分精品三日。綜計參觀者達五萬人以上。全港各大報均發行特刊，廣事宣揚，成效益著。可算是廣東——不特香港——空前絕後的（到現在為止）鄉邦文物展覽會。

在會期中復徵集學生論文，以「參觀廣東文物展覽會述評」為題。收到九十四篇，聘請名學者評定等第，取錄十名，分贈獎金。此舉益使「展覽會」對學生印象更深。

「廣東文物」專集展覽會閉幕後，為存留迹象以便深切研究參考計，另編印此專集，由我主編將重要出品製圖刊出，共約五百幅。另廣徵專家撰著論文，分門別類，共成十卷，訂裝三巨冊，內容都百餘萬言，成為研究廣東文化至有用的參考書。初定價全集售六元，會員折半，以印行不多，迄今則每集非千、數百元不可得矣。

「廣東叢書」本會另一鉅大工作為編印「廣東叢書」，對於發揚鄉邦文化大有效力。先組委員會，由葉恭綽任主委，聘藏書家版本專家多人為委員，余任總務。會商幾次，確定書目，精選版本，與商務印書館訂約由其出版。計在港刊出兩集。（抗戰勝利後在粵垣刊出第三集）

取締小報其時，香港小報（又稱「蚊子報」）每有登載淫穢小說或文章，黃色毒素，貽害社會。一日，我讌會港政府一要員於家中，有李應林（嶺大校長）、甘介侯（外交家）等陪客。飯後我們聚談於花園，乘機將淫穢小報的流毒向其陳說，蒙其允諾設法取締。他隨後即轉達此意見於主管機關。結果：五家小報被停刊，為社會及文化造福不淺。此舉只求得實際效果，一向不公開發表，免招惹無謂的是非，或部分人的反感也。

以上為本會成立兩年多的工作大要（根據個人所存之報告書）。至民卅年十二月初旬，日軍攻港，全部工作停止，會務結束。淪陷前後，會所及「大風社」所有品物俱為工役及漢奸陳天龍盜劫一空。

我為「中國文化協進會」殫心竭力，義務工作，自始至終，兩年有餘。所得的償值，在個人方面，獲益最多。一則對於廣東文獻的研究之興味與學識大增，由此以後餘生都集中精神才力於此。二則那時廣東書畫運來香港者不少，我乘機廣事選收購入，兼收並蓄，因此寒園藏品日益增加，足為我研究文獻的資料。至於在公事的方面，所得的只有吳前主任委員的一句話：「您是真幹的啊！」（似乎只是駭異，還未至於疑問，真意莫解。）

日軍襲九港

三十年十二月八日星期一，約在上午七時三刻，我在九龍家內猶高臥未起，忽有飛機多架翺翔空際。軋軋之聲把我吵醒了。初猶以為是駐港英空軍練習而已。旋知是日本軍機來襲，忽感覺到日本已向英美進攻，大戰不可免，而香港九龍頓然變成孤島；百六十餘萬同胞皆陷重圍中，莫能逃脫。一時，神經麻木了，不能言語，不能思想，簡直全身癱瘓了。尤其想起個人本身在政府與黨團中均有職責，平素言行，以反日抗戰著；日軍攻入，必難倖免被害，心裡不禁張惶，但無法可施，不能自救，亦不能保存家人安全。因此由張惶而起大恐慌。勉強起床，呆坐如木鷄，盥漱飲食事也不之顧。

及知全面戰事爆發，先與家人撿點家中存糧，只剩米七十餘斤，而全家十餘口，斷不能維持多天，頗為恐慌。及一點現金則是月月初有家用數百元。湊巧前夜有友人交還夙債數百元。尤為幸極巧極者，幼兒上月出生，消息透露，連日友人陳策將軍等紛致賀儀，共得九百餘金。余原擬在國難期間，不事張揚，不設彌月喜筵待客，只將各禮金加以自己撥囊合成二千元，統捐獻出來為飛機救國金。不料星期六下午及星期日，銀行休息，故留款在家俟星期一日方去捐出。今猝遇大變，全家現金僅得此數。即遣家人四出購買糧食，物價已飛漲，所得亦無多。出門與戚友閒談，大家都以英軍早已築有鞏固的防禦工事，又有陸軍萬餘，飛機、魚雷亦復不少，相信必能固守三個月，至少一個月，等候援軍，港九只在被圍中而已。

當時，港政府已下令禁止人民由九龍渡海過去香港；凡欲渡過者須到半島酒店領許可證，但由港方來九龍則不禁。余無心到港方，且信在九龍較為安全，事後證明決斷不錯。我只用電話令「中國文化協進會」兩雜役將余留在會內之書畫什物一概攜帶來家。其大件笨重者則留會內，全部損失不少。其最可惜者則有粵東畫壇祭酒溫其球的精品大小卅餘幅，原為準備開溫氏作品展覽會者，全部被一雜役偷去，至今不知下落。其他書畫文件損失亦復不少。

未幾，驚聞老友九龍青年會幹事趙甘霖君遇難（昔在芝加哥同學）。他家居九龍欽州街一層樓上，日機第一枚炸彈即命中該樓，全家數小兒女均斃命，獨一長女早晨上學得慶生存，是為港九之役首先殉難的犧牲者。又聞啟德飛機場中彈甚多，民航機盡毀。附近人民死亡不少。生存者紛紛逃避。有戚屬男女數人，倉忙逃至余宅，不能不收容，因此負擔愈重。終日空襲警報連發，日機屢來襲，出門不得。全家老幼在樓下，驚惶萬分，如待死之囚，余食不下咽，憂慮至甚，但亦無法可施，只有靜待天命而已。

入夜，全不燃燈。闔家上床早睡。至十時，忽聞警報，老幼皆大恐慌。旋見有機飛來，張紅綠燈，知是我方民航機到而英軍誤會故發警報也。後乃聞此是我方特派來接中英軍事聯絡員到韶關者。鄭介民將軍及英方有人乘此機去。陳策將軍向寓九龍，八日晨，一聞警即渡海至港。他是國民政府駐港軍事代表，又任黨部主任委員。當即策動同志及義勇同仁協助港方防守及保護社會人民安全。（事詳其報告，載《掌故》月刊四期、《廣東文獻季刊》四期，茲不贅。）

當時，消息不靈，謠言百出，有謂國軍助戰、英軍能守者。實則英軍與日軍未嘗不開戰，但人少力弱，節節敗退，九龍前線莫之能守。次日晨，又有空襲警報。日軍轟炸機整日來襲多次。遠見被炸區濃煙冒起，數日如是。人心驚惶萬分。漸聞砲聲，大概是英軍在九龍放出者。隨而炮聲鎗聲漸密，知英軍已退至大埔抗戰矣。

九龍戰事初興時，粵省大員在南雄曾於夜間派一民航機到九龍。兩地相距不遠，計程兩小時可來回。預擬一夜走四、五次，將留港之軍、政、黨人員接去。不料第一次到時，聞即為某權貴夫人倚勢霸佔了，全機只載她和膩友某夫人及兩女傭，不許他人登上。開機後，又不照原定計畫，到南雄即回接他人，只迫令直開重慶。所以當夜不能再次到港，以後又不能來了。方振武即於開機前知其事而趕到機場，但被屏不得登。其後，他步行往新界欲回廣州，中途遇難而死，真慘事也。

十一日，終日聞空襲警報多次。有時，警報放而敵機不來。有時，則敵機去後始聞警報呼呼聲響。英軍高射砲聲亦漸不可聞矣。三日來，未見敵機被毀者。與家人圍坐如楚囚相對，如待判死刑之犯人。只有居於近鄰之孫仲瑛（璞）時來閒談，亦惟徒呼荷荷，彼此束手無策。家中傭僕四出購買糧食。米店一概關門，只可以高價買得罐頭食品少許。

傳聞國軍已開到深圳（華英地區交界點）。其實，駐韶關之余漢謀將軍確電令大軍從日軍後方進攻，沿廣九鐵路東進，不過因交通不便，運輸為難，故終不能趕到，而前鋒則已抵樟木頭矣。（此後來余親聞余將軍言）。

下午，英軍確從前線撤退，有退至大埔道者。旋而警察亦罷崗撤退。九龍全區遂陷於無治狀態。處處爛蒽地痞蠭起，到處聯群搶劫，逐家搜劫金錢衣物。至四、五時，電力停發，全九龍復陷入黑暗世界。忽接楊詠裳女同志來電話，告以日軍快到，各處賊匪搶劫，勸我急避，並告我以其住址，如有必要可到彼處躲避云云，紅顏知己，至為可感。

將屆黃昏，寒園「花王」（園丁）賴昭忽來家裡告訴我，大事不好，英軍已退，日軍快來。他知我厠身黨政，必為日軍緝害對象，堅邀我到他家暫避。我與家人商議，不假思索，即離家隨其出亡。徒步過界限街時，頭上氈帽，被人搶了（俗稱「射盔」）。幸而囊中有些現金未被搜去，但目睹歹徒聲勢洶洶，逢人截劫，已如驚弓之鳥。初時，我原欲到親友家中躲避，奈均被主人婉拒。因為我與黨政界的密切關係，目標過大，為日軍所必欲得之人，如被發覺，他們定必全家遭殃。際此生死關頭，也難怪他們，殆非「世態炎涼」之儔也。

不得已仍隨賴昭到他家內，他甘願收容我，真可謂「仗義惟憑屠狗輩」了。他住在鴨寮街某號租了一層樓，夫妻同居，另有房間及床位分租與勞工界數人，比之「貧民窟」較優一等。其中有一姓劉的工友者是賴昭的至友——「死黨」。賴昭交託他盡心盡力照顧、保護我。適有一學生回新界家中，余乃入住其房間，驚魂稍定。他夫婦宰了所飼的鴿子數隻來招待我，食宿無憂，安全亦無慮。後來我一一補償他的供應費用。

晚飯後，同居的工友們各到房與我聊天，談論外間秩序大亂事。我身穿了工人服裝，滿口講的是下層階級的市井語，但無論如何裝飾，談吐總不像個粗魯工人。況於無意中，把在家中帶來的「加力克」名貴香煙拿出來自抽和分饗來客。由是露出馬腳。儘管賴昭撒謊說我是他的遠親，他們漸漸懷疑我是他的東翁。

我們在室內坐談時，聽到街外人頭洶湧，一隊一隊的地痞打家劫舍，各人大呼「勝利，勝利」的口號。幸而賴昭的家未蒙光顧，但各工友已準備刀棍木器，武力抵抗。事後才知一夜之間黑社會某會某黨等紛起糾黨行劫，無數人喪失了人性和道義，連平日安份守己、操業正當的也聯群或隨眾去做「勝利友」。九龍區稍有資產的樓宇無不被他們洗劫一空，有些被劫三、四次的。後來又聞最幸運和最機警的是我一位姓曾的舊同學，向業西醫。是夜一知亂事真相，即改換粗工衣服，率家人翻箱倒篋，棄置舊衣物於室內，一有「勝利友」來即自行高呼「勝利」，自作搶劫狀。後來者不得不引退。如是騙走了幾夥歹徒，全家僥倖得保。

中夜，在街外「勝利」聲、吵鬧叫嚷聲中，我勉強和衣而臥，但何能入寐？心中腦中不期而幻想到九龍塘全區被劫，尤其吾家受害之慘，全家老幼驚險，財物書籍文物盡受損失，不禁惶惶恐懼，神經緊張達到極點，心腦如受利刃刺割，身體忽覺奇冷，蓋上厚棉被仍全身震顫。我叫賴昭再拿一張棉被來，還是覺冷，震慄不已。成語有云：「不寒而慄」。心理影響身體故也。這是我有生以來獨次的經驗。起坐抽煙，再難成寐，一夜失眠，勉強捱至曙光微現。

九龍淪陷

十二日清晨，日軍佔領整個九龍半島，在大路交叉處各有軍人站崗，持鎗吆喝，聲音洪亮，大逞威風，驅逐行人。我伸頭向大路一觀，親見一短服工人的衣袋掛了金鍊，囊有金錶，自炫其「勝利」贓物。但不旋踵即被隨後兩人以暴力搶去。「請看劫人者，人亦劫其人」，可為此詠。大概諸如此類的事情，不知發生了多少，真成為野獸社會。但大致上日軍勢力所及之處，劫風漸戢，「勝利」不聞。我又親見日軍開鎗射死幾名男女，包括一個懷孕的婦人。

天既大白，我央求賴昭冒險回家中看看情形。他不避辛苦，果然去了。越時回報，全區及吾家倖得保全。心始稍安。詳詢昨夜情況，乃知夜間曾有二、三十人劫了一輛載客的空汽車（巴士），駛到吾宅後街，欲向某一富家洗劫。不料主人是國軍舊軍官沈某，家藏獵鎗一桿。當即向歹徒開鎗發射。鎗聲一響，暴徒如鳥獸散去，留下汽車也不要了。當時由余內弟楊福安（亦居於附近）緊急向鄰近各家提議合力自衛：每家至少出一壯丁，或主人、或工友，各持竹木硬物鐵器聯合把守進入九龍塘兩要道之入口處。人人以自家性命關係，群焉響應。一時糾集二、三十人。列隊出發。旋而愈聚愈多，分別扼守兩路，兼事巡邏。人人持「武器」在手，準備拒敵。此舉果然大奏奇效。有兩三幫歹徒謀入區行劫者，一見防備勢力巨大，知不可侮，登時退卻。吾家無事，只是人人憂慮戰慄而已。

但我個人卻受了重大損失——「不戢自焚」。緣先室恐怕日軍來搜捕我；如檢獲與抗日有關文件，將必貽禍全家。即於倉猝間把我無數文件，連歷年照像冊、自訂年譜以及幾種文稿，盡付一炬。燒了數小時，火仍未熄。此中有一幽默：燕京大學門人大畫家司徒喬，早年曾以竹簽為我速寫真像，卻得保留，以其不甚似我，日軍縱得之亦無從認識我的真面目也。

家人知我得安全躲避，自然安心。將我的幾件衣服、日用品和家中剩下來的「加力克」香煙幾罐統交賴昭帶回。我日夜藏身賴家，不敢出門。日間同居各人出門活動，惟賴妻與老劉留下。劉真夠義氣，負責衛護我寸步不離。過了三天，他忽聞同居工人喁喁細語，似乎明知我是賴昭的東翁，起了歹意，互商用奸詐手段敲我一筆鉅款。當夜，他即密告賴昭，以為此地危險不宜久居。賴韙其言，連夜與我密商，翌晨祕密出走。

次日十六日凌晨，趁同居者猶未起床，賴昭與我偷偷的出門，逃出危險地。但前路茫茫，沿途敵軍把守，我將安往？在無主意中，忽然想起那楊詠裳女同志——即是在先日危急時用電話向我通訊的——她先曾應允助我，幸而依稀還記得她給我的住址——荔支角道某號。我即與賴徒步前往按址訪尋，果然得見她在那裡她胞嬸的家中。她一家人——長男和一雙小兒女都在那裡躲避。她迎我入室，認我為親戚。湊巧那宅中有一空房，我立刻拿出十元現洋為租金。主人那時正苦經濟缺乏，伸手收下。由是我得定居。賴昭又回我家將多些衣物拿來，向家人報告消息。先室當時很鎮定、有智慧，囑咐賴昭不要告訴她，我現在和將來的住址，因恐怕日軍通緝我，強迫她說出來；如果她確不知情，無論如何，便不能洩露，只是告訴家裡一、二工友，以便利交通。後來證明這真是智慧的辦法。安頓後，驚魂稍定，我即與楊女士磋商今後避難之方，她義俠為懷、勇敢成性，不愧女中丈夫，矢口答應一力庇護我，無論境遇如何。我問她存有現金多少。她答，只得港幣八十元。我即對她說：「好吧！您關照我的生命安全，我也關照您一家四口的經濟安全。那八十元，您封存不動，以後生活費全由我負責。」協議既定，我更安心暫行住下。以後她每天為我做飯、洗衣。真是患難知己！

入夜後，又有地痞敲門，意圖行劫。幸而楊的妹丈足智多謀，早已用白紙一方上書「□□堂」，蓋上臨時自刻的印章，假冒黑社會名堂，貼在門上。每遇歹徒敲門，即自內高呼名堂，聲言受了「大集廣」大哥（黑社會頭目）保護的。眾不敢犯，各自散去。我們在室內，不禁提心吊膽，準備大難將臨了。

每日夜間，英日兩軍隔海炮戰。隆隆嗚嗚之聲不絕，也令我們心寒，無可奈何，惟有束手待斃。幸而炮彈未炸及此樓。最危險的一次是有一彈落在附近馬路上，距離不遠。

廿五日，港政府向日軍投降了。（兩方戰況及傷亡人數，我不大知道，看陳策報告。）說者謂「香」字為「一十八日」四字構成，而香港則於被襲十八日失守，可謂極巧的字識。我們匿居如前。（傳聞事前英首相邱吉爾電令放棄香港，謂失之於日軍，將來可望收回，若為中國軍救援則永不能恢復云。）

日間，全宅男女老幼靜坐閒談，如楚囚對泣，毫無生人樂趣，真不知死所。過了幾天，九龍社會稍現安定之象。然而宅主人對我之身分漸起懷疑，恐怕日軍搜捕出來惹禍上身，乃示意楊女士不能再招待我了。無奈，我們只有遷出。適樓上一伙人家離去，只留婦孺數人在內。我們又以數元賃了一空房暫住。於此，生活稍為舒適。不過，另有一小災難。緣前在賴昭家暫避時，床褥棉被不潔，惹了一身虱子，奇癢難堪。連楊的小女也惹了上身。於是要把全身內外衣服放在大鍋裡沸水煮之，然後除了此患。

是時，百物騰貴，糧食尤甚。我們要遣楊的大兒出外買糧。因經濟恐慌，許多人都把餘剩糧食品在街上做小飯。有些瓜菜魚肉是鄉人從九龍新界遠挑出來發賣的。一次，我們買了一斤青菜，回來稱一稱，卻是二斤，大概初出來賣物的姑娘不識計算，稱錯了。又一次，我們買了一斤白麵粉回來煮食，久煮不成一麵。我吃了一口，其苦難堪。楊迫她小女吃了一碗，立刻患肚瀉。細驗之，原來是蘇打粉，人家誤作麵粉出賣。我們糧快絕了。楊去買了幾餅花生麩回來。那是炸油的渣滓，粗礪色黑，是作餵豬或種植肥料用的。煮爛之後，大家齊食，極難下咽。我吃了，喉病腹痛。隨後，賴昭來看我，見此情形，回家報告。先室乃以白米一小包交其帶回來。楊讓我吃稀飯。她們仍吃花生麩。那時，九龍幾乎人人捱飢，糧食全缺。其時，一般飢民，又發明了一種「神仙糕」，係用麵粉白米等食料和以鹺水，蒸熟發大，略似「鹼水粽子」可以裹腹，聊以代飯，總比花生麩較易吞下。總之，凡可入口的東西，無物不食——只未聞食人肉而已。

是時，不特糧食缺乏，連燃料也無來源。一般人家俱以各種木器作柴用，木箱、木櫃、木桌、木椅、甚至木床、更甚至上等貴重的以黑木油木製的傢私，一律焚燒。我們所睡的木板床也燒了，只有「打地鋪」——席地而睡。恐慌心情未已也。「米珠薪桂」的成語，至是乃能從實際經驗了解其意義。

夜間，迭有日軍叫門，欲闖入來，非姦即盜，惡意可知。當時，附近一帶居民，守望相助。一遇日軍入室逞兇，即各以洗臉盆，或鐵鍋，作報警鑼用。無論日夜，一家鑼響，家家響應。遍地鑼聲，竟能治標於一時，把日兵嚇走。日軍除普通軍人野蠻殘酷、姦淫劫掠外，尤以來自其本土三島外各藩屬之入伍者，更為兇暴。此凡是港九的難民皆知者。

為解決人民生活問題計，日軍佔領港九未幾即盡量疏散居民，廣發離境證。所以不少人扶老攜幼由新界陸路或沙頭角，各歸廣州或鄉間。先室與同宗的基督教友黃華霖夫婦，友誼素篤。黃太太不時到家中探訪。談及我的行藏，黃太太願意力助我脫離虎口。她家在西洋菜街某號四樓，其小叔黃蒲霖一家則居三樓。會蒲霖已挈家人疏散回東莞故鄉，她即來通知先室示意請我移居該處，以俟脫身機會。先室著賴昭傳訊。我當時困處一隅，束手無策，只有聽命。於民卅一年一月廿五日，偕楊女士全家遷居該處。

沿途見有大車多輛滿載婦女，是漢奸們代日軍徵集的「花姑娘」，送去軍營作慰勞品，如此稍能遏止到處強姦之患。事後，探知有不少婦女甘願與日軍官姘居者，蓋為解決生活問題計也。

我與楊約，假作一家人——她為妻，子女三人。湊巧她仍保存與經已離異的前夫早年的結婚證。我乃改用其姓名。然而這一來，名義上我成為一個多妻主義者了。原來她故夫是桂省軍人，故鄉已有元配，後來粵復娶楊作「平妻」。一時，令我頗覺尷尬，但患難之間，靠此掩護，難全小節了。由是更得安居，暫享「家室」之樂。日夜仍匿居室內，不敢出門半步。時或上天臺轉往黃華霖夫婦處閒談，商量脫險事。楊與長子日間出門買菜買什物。幸而囊金未盡，尚可維持生活。我們得要十分儉樸不敢多用分文，不敢吃奢華東西。記得我所吃最廉最多的是以賤價在市上買的大堆牛骨，歸而敲碎湯熇，骨髓富有營養質，骨旁薄肉，慢慢拆出來用鼓油一炒，還是下飯美味。比較上在這裡我得了安全感，因為這是九龍中區的一層樓，而日軍數萬人中無一人認識我的；縱有幾個漢奸識得我，未必隨同日軍來搜捕我，除非家人出賣我而告密，但這是不必憂慮的。所以我立意以生命來與日軍賭一賭：如果他們有辦法搜捕我，我即以身殉。事前我已與先室私下議決：我曾任國家的高級職官，斷無降敵之理，此吾國傳統文化之要道——慎保名節。同時，我知道，自己是在港九黨部主持文化抗敵的中堅分子，日軍與漢奸必欲得我而甘心；縱使我屈膝乞降，亦萬無生理。意志既決，先室也受了感動，以為我一向做高官，享厚祿，萬不能失節，自應「臨難毋苟免」。夫妻諒解，我便安之若素。

到了十四日那天上午，我的災難臨頭了。早飯吃完，忽聞敲門聲急，現出日人聲音，我知是日軍來了，即趕急叫楊女士挈兒女上天臺暫避以免無辜受株連。我毫不慌張，把門打開，即有一日軍下級軍官——想是憲兵隊的，帶了兩名日軍闖進來。一見了我，似乎嫌我應門過遲，伸出巨靈之掌，一連給我三個耳光，撻撻有聲。無端捱此摑刑，這是我有生以來所受到獨一的、最大的恥辱，永不忘記。幸而我見沒有中國人同來，日人不認識我，稍覺安心。日軍登即施行搜查，翻箱倒篋，細搜全房，——大概是特來搜查軍械的。最後在臥室看見一鐵製的中型保險箱（粵語稱「鐵夾萬」），示意要鑰匙，我擺手表示無有。軍官即拔出佩身刺刀，強行撬開，不料一時傷手，鮮血流出。那時真是我最危險的關頭；他不難因開箱不得，傷手失意，順手一刀向我身上刺過來，我便一命休矣。幸而他未用刀，反而示意叫我取布裹傷。我即從鋪床的白布撕了一塊給他。隨而請他到廳中，我用鉛筆寫字傳達意見：「這房不是我的」，並伸手指著主人黃氏高懸壁上的大照像，再寫「是他的，已走了。」那時，楊與兒女們見無事也下樓入室。日軍官見無兇器，也搜不出什麼違禁品。而我蓄髮留鬚，身穿長袍，宛然一個老翁，且有妻子兒女，直是良民家庭，斷非兇漢歹徒，亦不似抗日分子，竟悄然走了。一場有驚有險而無災無難的小劫乃倖得渡過。

至於家中的狀況，也有驚險的經過，由家人陸續傳訊給我。先是，在十二日日軍佔領九龍後，即派一小隊入駐九龍塘區。黃昏時，天氣寒冽，日軍分向各家借用氈子，每家一條，聲明將必歸還。（後來絕無其事。）次日，又要各家借出樓下一層為兵士駐紮用，盡驅住戶人家上二樓。適余繼母在樓上窗門伸首外望，看見鄰近數家男女，扶老攜幼，各持包裹，愴惶在街上出走。她為好奇心發問：「您們為什麼這樣狼狽出走？往那裡去？」他們答：「『蘿蔔頭』（一般民眾背地稱呼日軍的綽號，譏其專吃蘿蔔也。）驅逐我們出來，霸佔房屋。我們無家可歸了。」繼母頓起慈悲之心，即招待他們入我家住下，共約廿餘人，均在客廳、餐廳、地上安頓下來。未幾，日軍又到對門陳家佔住了。主人即與他們交涉，願讓出全宅上下兩層給他們，條件是要求准許陳家人等遷到我家而不來佔住我家。蓋不欲與日軍同住一處，免被擾也。日軍官答應了，於是陳家又遷入。我家登時成為小避難所，容納數十人。未幾，仍有日軍闖入，意欲霸佔，但軍官在樓下樓上巡視一番，親見男女老幼，擠擁不堪，所有廳房臥室都塞滿了人，如罐頭沙甸魚般。他搖頭表示此宅不能駐軍，即率部兵走了。不圖，因繼母與先室一念之仁，捨己助人，而自己先受其益，全家不致被擾。道德因果律又得一例證。

先室於照顧家人兒女及鄰居暫住者外，復本睦鄰仁人之義，盡力援助其他鄰人。隔壁鄰家一孕婦，中夜要分娩，急切間請不到醫生。先室竟自告奮勇，從竹林中踰牆到她家裡為她接生，母子得安全，以後彼此互助更切。她又時要步行遠道，或渡海到香港，到處籌劃接濟家用。出生逾月之幼嬰更需要罐頭牛奶，張羅不易。家人生活真是淡泊得很，多吃鹹菜，少有生油肉食，幸而尚有白米，但每日兩頓飯，要限制兒女每人只可吃兩碗。於是，各兒女之較長的，每頓必要自已端飯，滿載碗上高了一倍。時時仍喊「肚餓了！」真可憐！

「蘿蔔頭」到處逞兇殘虐，發揮獸性，遍地皆然。但如天之幸，九龍塘區比較上較為寧靜，人民遭殃者較少。駐該區的軍官還組織救濟會，徵聘地方幾位老成有德望的長者出來主持，直接間接上，於居民大有助益。其間，有軍官名櫻木者，來自東京附近之名古屋（似是辦軍需的佐級官），為人具有愛心仁術，文化水準也相當的高，能講英語，待人民仁厚，執行紀律甚嚴，以故屬下兵官不敢放恣無忌。尤可紀者，他對我家人特別友好。緣在一日到訪吾家，一見先室，即表示和藹可親，如孩子對母親依依不捨的態度。據其自述云，他母親是一個虔誠的基督徒，慈祥仁厚，而先室則一模一樣的十分與她相像，故一見即想起自己母親，竭誠優待吾家，藉以表示其孝親之私情云。他又酷愛書畫，尊崇中國文化。看見寒園涼亭內懸有匾額「春來」二字，題有拙作二句「不疑宇宙非吾友，為信冬殘春又來」（徐季龍謙所書），更極端欣賞。比知我的身世和學業，又表示敬意，只可惜我失蹤，不獲見面。先室乃檢出家藏居古泉（廉）所繪的一張花鳥圖為贈。他欣然接受，常來吾家，且與小兒女嬉戲，又分給他們糖果食品。一次有一暴兵闖進來，意圖不軌，竟被他驅逐而去。由是我家倖得保全。不過，不數月，他即被調回國去，聞是繼任其父所遺之議員一缺。他表示反對侵華戰爭，但忠心愛國，如有必要，將不惜犧牲生命以報國家、報天皇云。這是一個出色的日本軍人，可惜我沒有機會結識這是敵是友的特出人物。

在日軍襲擊之前，日軍已祕密賄買漢奸多人，為其走狗，分別任地下工作。淪陷後，此輩公開活動，有所謂「特別偵緝」（「特偵」），遍地為虎作倀，助紂為虐，出賣民族，殘害同胞。其兇暴尤甚於日軍，真罪大惡極。香港失守後，即有某某父子二人偕同一翻譯員（其子與翻譯皆余舊同學）渡海至吾家搜捕一向居停吾家之嶺南大學校長李應林與我兩人。既不得，乃退走。彼輩被迫前來，尚屬可恕。惟有舊同學化名陳天龍者（即搜劫「中國文化協進會」者，見前文）於二月一日（在上文所述憲兵到我寓所搜索之前兩星期），竟公然帶領幾名嘍囉來逮捕我。及不得我，乃捕先室到憲兵部去，嚴行訊問我的行踪。那軍官打開公案抽屜，抽出一張名單，上列黨部各人名，主委陳策、書記長高廷梓領先（兩人俱不在港，一突圍、一赴渝），第三名就是我。其餘委員一一在內（並將葉恭綽誤列入）。先室堅稱不知，只說九龍失陷前我已離家渡海往香港去了。現在全家無主、老幼饑餓，還請求「皇軍」憲兵力助將我尋回來。軍官無法可施，見她語氣誠懇和態度溫和——其實她確未知我的藏身處，所言是真話足以置信，反而把那漢奸大罵一頓，斥其情報錯誤。先室一連被扣留了五天，天天審訊，仍不得要領。卒於五日乃被釋放。臨走時，她還力邀「皇軍」幫忙尋夫。軍官答允彼此互助合作，分路尋覓；誰先得我消息，即向對方報告，先室蹣跚回家，闔宅大喜，然已吃驚不少了。事後多日，她在路上偶遇那軍官乘汽車迎面而來，仍認得她。一見她躑躅街頭，即停車跳下來。先室知其來意，先發制人，搶著急問：「先生，是否尋得我丈夫？」（當時日軍官已趕快學講粵語。）他答未有，彼此仍要盡力合作，乃乘車去。

當先室被捕後，一般親友均為她及全家人等的安全而耽憂。至是紛紛前來苦勸她把我獻出以紓家難。她牢記前與我相訂的神聖盟約，堅決拒絕，寧死不肯賣夫求生。眾仍糾纏不已，苦口相勸。她立施妙計：取決於上帝。乃誠心禱告求神指示，即隨手掀開「聖經」。原來所展讀者乃舊約「詩篇」的一章，上有「勿以羔羊送入獅口」之句。她即朗聲宣言：「對了對了！上帝默示，絕不能獻出丈夫」。未幾，招待我藏身的黃太太也前來相勸，經先室曉以大義，謂要保存我的名節為至要，絕對不能要我投降敵軍的。黃太太深明大義，也表同情，回家後，祕密對我說明談話經過，稱許我夫妻的忠心勇氣，同意以我之身分絕對不能降敵，並再表示盡力助我逃出虎口。夫妻二人積極進行助我逃生計畫。

失守後的香港

是役也，日本調動陸軍兩個師團，軍艦飛機無數，力戰十八日，才攻佔九港。所納代價，死二、三千人，傷數千（六千至九千），然後佔領半島及港島。在戰史上，固是勝利，而在戰略上，縱然不是錯誤，卻是愚笨的。何以言之？因自日軍佔領華南後，港九已成孤島，英軍駐防者僅一萬一千餘人，飛機軍艦極少，況英倫、印度、星加坡援軍無能來助；如日軍捨此而攻佔星加坡、馬來半島，進佔泰國、越南，則香港不戰自降，又何必動用如許大軍，作如許犧牲？而且所得之九港已成殘廢半死之市。於日本無多大利益，實不值得。至於英軍傷亡四、五千人（戰死約千人強），中國同胞被殺者不計其數，更是無辜枉死的了。

日軍指揮官是酒井隆中將（前與谷壽夫攻佔南京屠殺同胞四十萬人，全城婦女俱被污辱）。自十二月廿五日下午四時港督楊慕琦正式投降後，全港陷入軍治——實是無治，不是軍政——狀態。獸軍與漢奸、匪徒，各自活動，殘弱人民，姦淫擄掠，無惡不作，罄南山之竹不足以盡數其罪惡。全城財富，幾為獸軍搜劫一空。除入室公然搜劫外，所有銀行保險庫俱被封閉，一一迫開，盡掠所存金銀珠寶財帛而去。所搜括得鑽石珍寶財物，總數超過十億日圓（伸算現在港幣百億元）。我家有一保險箱在某銀行。幸而先室機警，事先得一能說日語的親戚，一同渡海，到該行晤見守軍，由親戚施計使其背著保險箱談話，先室急用靈敏手段開箱取回所存首飾等物，徜徉而去，幸無損失。

直至翌年二月下旬，東京所委派的香港總督磯谷廉介中將方來視事，即在英國的滙豐銀行十五樓開府辦公。此後，稍有軍政出現。他也採用「以華治華政策」，迫令一般從前英人所用的縉紳名流出任什麼會的人員以資維持。當時，有人私贈一諧聯譏之云：「另有一番新局面，依然幾個舊東西」，殊可發噱。（聞爵紳何東先事知幾，遷家澳門，勝利後方回港，故始終不受驚擾云。）

文化教育界人士，無論那黨那派，紛紛逃亡了。其有因經濟或他種困難欲走不得者迫要留下。亦有各派之甘願為敵走狗、為虎作倀者，乘勢大出鋒頭，為敵效力。事前，預有「漢奸」為敵調查全九港文化界人物，名冊厚逾半尺，相片履歷俱齊，大可「按圖索驥」。其走不出者皆為網羅。同時，屬汪偽政權的廣東教育廳長林某等，又派員來港強拉人回粵做走狗，成立「中日文化協會」。日方「興亞報道部」則另組織「東亞文化協會」，以所拉得的文教界三、四流「人渣」張某、江某、葉某主持其事，極力排斥汪逆卵翼下之「中日文化協會」。日方的會，規模很大，開辦費軍票五萬元，經常費每月二萬。無恥、無行，或無食的文藝人士，盡入囊中，「彈冠相慶」。其曾留學東瀛，或識日文日語者，更為吃香，紛紛任敵人通事、翻譯。凡參與斯會者皆得領取一定額的米糧（日軍搜括屯積的）——真是「為五斗米折腰」了。我最抱憾者，則是所主辦的《大風》主編陸丹林，也無依無食，被飢餓強迫「落水」，為其中廿餘個理事之一。後來，卒被他走脫，回國向黨部具「悔過書」，得免追究。不過，留港者好境不常。自磯谷廉介接任總督後，懷柔文教人士的政策一變。經費斷絕，會務停頓，那當會計的自己要掏腰包墊出二千餘元來。維持不久，竟似「樹倒猢猻散」，群焉各遯了。

其時，有幾家報館，向日方運動得以復刊，但所載無非有利日軍的新聞，言論不通。全報內容多係由「興亞」機關送來的稿。

在文化其他方面，名家私人收藏的書畫書籍，不知被敵軍劫奪了多少。而拙藏全部一無損失，真如天之幸也。「香港大學」與「嶺南大學」其他大學與各中小學俱停辦了。港大之「馮平山圖書館」改名為「香港圖書館」。凡劫奪所得均加入其中。最可惜者，「北平圖書館」寄存善本書多箱於港大該館者，原已裝妥準備運出。但主事人忽接電令，各書概要一一加印，耽誤月餘，致盡為日軍掠去。至於一並寄存該館之漢木簡居延筆，是吾國文化瑰寶，幸早已運出。（又有數箱珍本書寄存「東亞銀行」庫房，幸未被搜去。勝利後中央杭立武君託我收回運往南京。）

政治上，全市分區而治，各派名流主持。此舉於恢復秩序，維持治安，照顧民生，比之無治狀態，不無益處。對於我個人則有所不幸者，主持西區石塘咀——娼寮區——之主任人姓名與我的相似。日軍廣播臺竟公開播出我是主任。國內友人接訊均以為我降敵為奸了。後來，我回陪都，猶見笑於同寅，尤甚者則譏誚我竟為此區之頭子——大龜公。其時，當然辯無可辯。獨有至友溫源寧兄於脫險回國後，替我作消極的辯護，謂起碼無一人於九港淪陷後曾見過我，或得知我的消息。這沉默的證據很有力量。又有黨部同志沈哲臣兄更謂以我平素之人格、宗旨與志節來判斷，我斷無失節辱身降敵為奸之理。兩兄真是知己，令我一生感激。其後，我也脫險回國，說明所歷，真相大白。

九港之役，朋友遇難殉身者，我所知者有數人。趙甘霖在九龍被第一次日機投彈炸死，方振武步行由深圳回內地中途殉難已見上文。以下數人略記其死事。

立法院同寅林庚白，向有性感詩人之譽，常自炫相術精而靈，謂早年曾預知廖仲愷必死於非命（後果在廣州因黨派之爭被刺斃命）。他於民三十年在重慶自己看相，預測生命有險，乃與夫人多方設法到香港，寓於九龍尖沙咀區，以為易地避難計。豈料日軍佔領後無幾日，他獨自下樓搜買糧食。時適施行戒嚴令，滿街日軍站崗。一見他出來，即行射死大道中，多時後才得草草殮葬。相術竟靈驗了。

粵劇界著名編劇作曲家麥嘯霞，於日軍襲港時由原居遷往香港半山區羅便臣道，中彈斃命。（未知是飛機炸彈抑砲彈。）遺著有《廣東戲劇史略》長篇（載《廣東文物》卷八）。

九龍塘有一林姓鄰人，於半島失陷前舉家多口移居香港藍塘道某紳家中，以為較安全。詎料日軍登陸先經此道，聞此處有人聲，入室亂槍一一射死。某紳於事前知警遷避得倖免。

其最悲壯可紀者為名記者李健兒，筆名「黑翁」。賦性正直敢言，文筆雄奇，著作甚富，在粵港報壇允稱巨子。香港失陷之日，彼呼叫若狂，突走上「香港大酒店」頂樓，縱身躍下大道中而死。遺著〈陳子壯年譜〉、〈黑旗將軍劉永福〉、〈廣東兩畫人——黎簡與居廉〉，（載《廣東文物》卷七、卷八）。

陳策族叔陳滌被捕，受灌水毒刑，因傷致命。

又有謝奮程、汪仲長、鄒越及石壽頤，四位是為日軍慘殺之交通部駐香港專家，死事均甚慘烈。（見羅香林文，載香港《掌故》月刊十九期，民六二年三月）其他遇難者未詳。

英軍方面，以本國大軍方在歐苦戰，其駐九港防軍多由加拿大調來。兵員每每是臨時招募，多市井之徒，既乏訓練，尤無作戰經驗，故戰鬥力不強，無可諱言。惟各統兵官則正規軍出身，作戰殊英勇。其最得人欽敬者為加軍指揮官勞森准將（Brig Lawson）。自九龍戰敗撤退港島後，即率殘部防守西線。及港督下令投降後，竟單人獨鎗闖入日軍陣地，手殪數人。最後，乃從容戰死於亂槍下。勇烈無匹，真是役中之英雄，值得為之大書特書者。（勞森死事參看《掌故》四期編者岳騫篇，頁二）（其他被殺者不知凡幾，無可計算。）

同寅中，其幸得脫身者，輒有戲劇化的經驗。

第一名最幸運者，不能不算是孫院長哲生。他在九港戰役發生之前經歷了兩次大險。先於民廿七年（一九三八）九月間，他訪俄經港歸國，在港小住，定期某日早晨乘飛機「重慶」號赴漢口。隨員梁寒操等數人與偕。不料其祕密行期為當時尚未露面之大漢奸粵人彭某多方偵知，密報日方。日軍即依期派海軍戰鬥機截襲之。上午清晨，孫即由「半島酒店」動程赴啟德飛機場，但「重慶」號原定八時起飛，孫到時，見一切未準備，不耐煩呆候，大發脾氣，立駕車回該酒店，先用早膳。將屆八時，隨員屢促駕再赴機場。詎料孫氣憤未平，遲遲不行。直至過了八時，才從容不迫的到場。而機場方面，是早飛行程序，原定「重慶」號八時起飛往漢口。屆時，仍未見孫院長駕到。主事人只好稍為延期等候，卻令次一班西飛昆明之「桂林」號先行起飛。時，日海軍機已在洋面靜候。一知八時有機起飛，以為是孫所乘者，即行追逐襲擊。迫在中山縣江心降落，復以機關鎗密集掃射。乘客與全體飛行人員，悉數斃命。是機乘客共十三人，只一名劉姓者得慶生還。迨孫偕梁等乘「重慶」號繼後起飛安抵漢口，下午始知其險，係由日方廣播，原欲迫降而生擒之以雪恨，或別有企圖。其得免於難，誠大幸也。（按：是次獨一生還之劉某，上海人，余亦識之。事後對人言當時之經過謂彼素不善游泳，來港不久。曾到淺水灣海灘試泳一次。有人教以浮水術，亦僅試學一次。不意「桂林」號降落時，彼最先跳入江中，本能上即施展新學之浮水術，果不沉下，水流湍急，冲往下游，因得免槍彈，卒獲救云。亦可謂奇巧矣。信筆並述所聞。）

孫院長第二幸脫之大險即日本大軍襲擊九港之前。時在十月間，在陪都請假到港休息，與家人團聚。但因立法院有重要法案，電促回都，故提前於十一月下旬離港。抵重慶後僅十日而港九被襲。倘其留港則以目標過大，地位甚尊，能否逃出虎口，誠未可必；倘其被捕，則不堪設想矣。然其家人——陳淑英夫人及兒女等均留港，不免受驚。港島陷後，夫人化裝，由友人介紹挈兒女躲避於名伶文武生白玉堂家，雖有驚而無險。未幾卒能混過日軍搜查，得友人照拂，護送至廣洲灣轉入廣西回陪都。

第二位幸運者，當推「福將」李福林（登同）將軍。他原出身綠林，有民族思想，早加入中國同盟會，積極參加革命。粵反正後，所部稱「福軍」，駐防河南，保衛地方，平靖內亂，屢建功績。其為人具有忠肝義膽，服從中央，始終不變。解職後，在九龍新界購地多畝，建「康樂園」，廣植時花鮮果，大有收穫。數年前日軍圖粵，知其仍擁有潛力，賄以重賂，使運動海陸軍為內應。將軍卻到粵垣，向余漢謀將軍報告此事，問如何處置。余答以不妨將計就計，佯為答應，收其鉅貲，約其來攻，預約虎門要塞司令陳策等依計行事。日軍不虞其詐，果以海軍駛入珠江，即中了計而吃大虧，因此恨將軍入骨。是役，突然攻襲九龍，首先到「康樂園」捕之以洩忿，不料撲了一個空。原來十二月八日（星期一）之前，國父前衛士隊長黃惠龍剛去世，七日出殯。李將軍以多年袍澤厚誼，特由新界出來執紼，親送下葬。禮畢，已近黃昏，乃決在市內停宿一宵，次日方從容回去。詎料次日晨，日軍即來襲，故得倖免。隨渡海至香港。自有三山五嶽人馬接應及護送其離港回國。

陳策與徐亨之經歷詳載拙著〈策叔突圍記〉（《掌故》四期，《廣東文獻》二卷一期）。兩君的夫人也先後脫險歸國。當時，陳濟棠將軍（時早已釋兵權）也被困於香港。後來，幾經波折、危難，始得安全逃出（見《傳記文學》第十四卷第三期及《廣東文獻》三期陳遺著〈香港脫險記〉）。

梁寒操夫人黎劍虹女士，先躲避友人家，後經廣西，乘飛機到重慶，是為香港失守後第一位到達陪都的婦人。（上文所述某權貴夫人於九龍失陷前先到不計。）當時，西報記者多人亟向她採訪九港攻守消息。她因此得了美幣百元的酬金。

同寅中溫源寧兄先化裝躲藏友人家。來是宅暫避者眾，女多於男數倍，相約假作大家庭為名以資掩護。乃將各婦女名義上分配各男子，人得數妻。溫竟分得四名。事後，他向我取笑：我名義上成為雙妻之夫，猶不及他之多。他久患胃病，食慾不振，但在此患難期間少吃肉類，又無膏油，多吃蔬菜白飯，反而胃口大開，胃病全癒了。後隨人步行入內地，面留鬍鬚，手持竹杖，走路蹣跚，身形瘦削。途遇日軍，卻憐他老弱難支，饗以餅餌，卒脫險歸國。

「嶺南大學」於廣州失守後，遷至香港。由「港大」借予課室設備，得以復課。校長李應林則由我招待在我家住宿。九龍戰事發生，他即離去，安排「嶺南」大中學校務。淪陷後，他忽回來檢拾衣物，準備由陸路突圍。先室助其部署行裝，得了一條數尺高的竹竿，將他的國幣數百元填塞竹竿中空處，作為遠行手杖，計至得也。李乃由一原籍東莞之同事，導其沿九廣鐵路返其故鄉。過深圳出關時，不料守關日軍檢查行李後，什麼東西不取，偏要了他的竹杖以為驅毆難民之用。李不敢爭持，由是失了國幣，全靠其同事支持，幾經艱苦，得達到韶關。

同寅陳劍如先躲在一印度人家，冒充工人，本甚安全。不過主人是信奉回教的，不吃豬肉，每日均吃羊肉。陳甚以為苦，輒於夜間偷出宅外，獨到街上「大牌檔」去大吃豬肉以裹腹，亦趣聞也。後卒脫險歸國。（其他軍、政、黨及文教界同仁之得離港者尚夥，所知無多，不能細述。）

聞有一位女性「紅花俠」，仗義救人，獨自來往九港及內地，接濟及援助許多聞人間道回國，功德不少，義俠可佩。惜忘其姓名，未能傳此女英雄。

其以智計脫身者則為葉恭綽。他家居九龍尖沙咀區。九龍失守，他自知不能免，乃想得急計。先在廳堂前，設佛像神座，供奉以清香紅燭，案上陳佛經、桌前置拜氈。又急寫手書數封。未幾，日軍憲兵果來搜捕。一見他在佛像前跪拜誦經，軍官也向佛像致敬禮。試搜其書桌，則見桌上置有尚未封口的書翰數件，上各書致日本軍政大員者，如某大將、某相、某某等。軍官展視，皆友善致候語，並稱讚「皇軍」之英勇。軍官乃與攀談，透過翻譯，知其與日本各大員有深交而無從通候。軍官即自薦，將其書翰呈交軍部代為分送。由是對葉表示善意，敬禮有加，且配給糧食，任其居家。其後乃以日艦送其赴滬。

另一同寅，自有脫身巧計，港島失守後，他跑到一間天主教堂，央求外籍神父的庇護，果蒙收容。他不惜放棄前所皈依的「基督教」（「改正宗」）轉奉天主教（「羅馬宗」）由神父偕其向日方自首，也許親具「悔過書」。卒得安全。其後離港回渝。

其他軍、政、黨要員及社會名流、工商文教領袖，被搜捕幽禁於「香港大酒店」者多人。所知者有顏惠慶、許崇智、陳友仁、鄭洪年、陳維周（濟棠兄）、李思浩、徐康侯、唐壽民等等，待遇還不算薄。鄭洪年自告奮勇，自誇身分，聲言有把握運動中日和平，待遇特優。許崇智本留日習軍事學，後任粵軍總司令。解職後，蟄居港島。日人令其對民眾各界廣播日本恩德，勸人歸服。演辭當然由日方寫出交其照讀。讀畢，許氏加插一句「交代（交給）我講的話講完了」。心迹不白自白。後來，被禁諸人，一體以軍機或日輪送往上海去。陳友仁曾任外交部長，以激烈剛直聞於時，有「鐵腕外交家」之譽。是役，自始即不肯屈服於強敵。其在上海，日人多方誘降，恩威並施，終不低頭，反與軍方作雄辯，獻出「滙豐銀行」儲蓄摺，僅得萬餘元。日方莫奈其何，反敬佩此中華民國的「硬漢」。

補錄本篇之十，遺漏一重大事，茲補述於後：

廿二年三月，日軍陷熱河，入察哈爾。蟄居泰山之馮玉祥忽潛赴張家口。五月廿六日，組成「察哈爾抗日同盟軍」。有舊屬方振武，吉鴻昌等及其他雜牌軍投效。人數僅得十二萬，槍支八萬。下月，乘日軍撤退，揮兵驅逐滿洲偽軍，收復多倫、察北。但以兵少、槍缺、無餉，勢難持久，尤慮日軍大舉反攻。而中央則以其揭櫫抗日救國，不便公然下令討伐。況駐北方之宋哲元等軍，皆馮舊部，亦不願進攻。雙方難於下場，成為僵持之局。至七月間，馮去電旅滬之薛篤弼及我，謂亟欲結束軍事，特託我二人請孫院長幫忙斡旋，務期和平了結云。我乃向孫代達馮意，請作調人，致實現和平，實國家之幸，孫首肯，即赴廬山謁蔣公，提出和平解決之至簡單辦法：雙方罷兵，馮自動下野，中央不究既往。蔣公同意。我得孫院長示知，亟告薛，轉電馮氏。八月六日，馮果通電，以抗日之舉已完成一段落，即日結束軍事。隨將察省軍政權交宋哲元，下野回泰山隱居焉。此孫院長片言息兵又一次促成和平之偉績也。（此役經過外間鮮知，即孫著《八十述略》亦不提及，殆不欲自炫其功也。）

虎口逃生

民卅年三月八日，我於自己幽禁自己在黃氏內室四十七天後，終於脫離苦難的九港而回到自由的祖國。

先是，當日軍佔領九港後，即盡量疏散居民，逃出者無數。我未嘗不蠢蠢欲動，急於脫離虎口。但因內地人地生疏，前路杳茫，往何處去？依靠誰人？既無嚮導，又乏伴旅，而自己亦不敢露面出門，尋覓生路，真束手無策，惟有靜以待動，等候機會而已。幸而先室最關懷我的安全，早與黃華霖太太密商「大計」。黃氏故鄉在東莞，距九龍不過數十里，尚未在日軍佔領範圍內。她慷慨籌謀我出亡及安頓我居停於她的祖居，只要我們耐心等候著。我們得此消息，自然安心。

在這期間我忽患了虛弱暈眩之病。先室又為我暗約世交關肇頤醫師來診視。經他詳細檢驗之後，斷定無大病，只是營養不足，缺乏運動，與精神過度緊張所致。我們又安心了。先室還教我每天黃昏後在天臺上舉行千步運動。日間，由女傭背負小兒來看我。最後，臨出亡之前，她和繼母也來看我一次，這是兩月餘第一次相會，她也瘦削了許多了——當然的。同時，這也是分別前最後一次的會面，少不得涕淚縱橫，依依難捨。我只有多多拜煩她獨自負責照顧家庭兒女，原諒我孑身出亡。她深明大義，機警能幹，勇敢鎮靜，囑我不必躭憂，她自會應付環境。

她加緊為我準備出亡——衣物、舖蓋、國幣等，尤要者為我縫了一套用土布製的衣褲。黃太太也為我領了一張出境證——填上「黃華添」假姓名，冒充她丈夫黃華霖的兄弟。原來她丈夫也是準備護導我出亡，兼負責將來招待我在他故鄉祖居的。其餘一切人事與行程，全部手續均由黃太太安排妥當。

我對於楊詠裳女士的幫忙庇護，十分感激，向她千多謝，萬多謝，只表示可惜不能偕她、她們四人，一同出走。她也諒解，決先留下，隨回粵垣變賣舊宅，然後入桂。我盡將身上所留港幣給她，連她原有的八十元也有百餘金，足為回粵之用了。

出發之日——三月八日——華霖偕我步行至一汽車公司，乘坐一輛開篷的運貨大車，前往元朗，每人車費十元。隨由元朗，「搭單車」（附坐腳踏車之後）東趨沙頭角，費用也是每人十元（表示謝意，由我請客代付。）到達那裡一家旅館則見賴昭與老劉已將我的行李——兩個帆布袋挑來，在那裏等候著。另有嚮導李某及黃家親戚婦女二人，又雇了為我肩挑行李的壯漢——一行人等都是黃太太組織安排與我為伴同行的。他們凌晨會齊，由另一大路步行至此，比較路程近些，所以先到。也恐怕我與華霖兄不能多走遠路，所以安排著我們另乘貨車，轉腳踏車。真的細心之極，無微不至，沒齒難忘大德。

在旅店一宿，次日清晨起來就道。賴昭、老劉自行回報家人。我們一行人，由李作嚮導，先擬沿鐵路直入東莞。但到過關時，有日軍攔截，檢查行李，把我的幾件稍好的衣服強取去。李見前途有日兵，以為此路不安全，當即折回，再由山路前去。這行程一變，把我害得要命。出發不久，先過田疇，即遭遇一個日軍官，帶領幾名兵士攔住去路。一手執著我的土布衣服。我忙拿出出境證，上寫「黃華添，商人」。他一看叫聲「商人」。我答是「商人」。他向我猙獰一笑，似乎懷疑。當下，我心裡害怕至極，但表面不得不勉作鎮靜狀，使出生平演劇伎倆，勉強也報以一笑——笑得真苦。幸而那軍官不再追究，全體乃得繼續前進。

行行重行行，不久，艱難來了。前面臨著大山。隨眾上登，不移時已覺辛苦異常。同行者皆東莞「客家人」，慣於負重擔，走山路。那時，男女飛跑上山，各肩挑行李。我手扶杖與華霖比肩而行，已落後了。上到山頂，方擬穿過一道窄小山坳，忽有日軍二人攔路，檢查各人一切行李。最後，搜到我的，將頂好的西裝、內衣、襯衣、羊毛襪等劫去。這還未了，他手撫棉被，覺有硬物，撕開一看，原來是國幣數百元。他開顏一笑又置入囊中，幸而我早有防備，昨宵在旅店時先將二百元藏之足下襪底未被搜出。總計我先後損失財物數千元。搜劫完了，方擬前進，不料一名日兵獸性發作，將一名同行的閨女強拉下山而去。我們不敢抵抗，一路只沉默無言，替那閨女叫冤。走了不久，到了一所空房歇息。過了廿分鐘左右，那被拉去的閨女忽然彳亍大步回來，行若無事的歸了隊，還肩挑她的行李，與眾前進。我們一言不發，免令她羞恥難堪。事後，有同行的婦人，祕密詢問她的經過。轉向我們報告「無事，無事！」原來那急色兒圖姦不成，無功而退，乃放她走了。可云天幸！

我們復起行。未幾見路旁有一茶寮。眾皆買茶止渴，獨我一口不敢飲，寧捱渴前進，蓋恐茶水不潔有害也。到了山麓，忽見一人，穿了畢挺西服，踞坐案側，旁有一荷長鎗者拱衛之。他攔阻難民過路，要搜行李，其實卻奪現款，衣物不要。自云是「汪政權」派來的，不知真偽，只好任他搜索，一無所得，乃克續行。但有一人攜了一年約四、五歲的男童，被其攔住去路，指斥他拐賣小童，不許行，分明借題勒索。小童哭訴不是被拐，因家中無食要餓死了，父母迫而任他帶走。我們不管閒事，自己趲路，那小童究竟如何不知道了。我心裡只有嘆息。生逢亂世，人命賤於狗！

斯時，我饑渴疲乏實在支持不住，走不動了。但仍不能不跟隨在後，一步一拐的前進。走路不到十分鐘，又要坐下歇息。華霖兄始終陪著。如是如是，一直至黃昏將近，乃到了老李本村家中。倒頭躺下如半死的行屍。老李即煮了一大鍋黃梅湯給我們喝。我一連飲了十幾碗，渴還未止。全身僵了，腰痛腿硬，尤甚者右足一趾甲竟破了，流出鮮血。止血之後，乃換內服，羊毛內衣內褲，已為臭汗濕透了。又不敢洗澡，恐患傷風也。老李招待一頓豐富的晚膳。既畢，即上床睡覺，準備明早再起行到黃家。我本是文弱書生，不慣步行，而且前後幽禁自己兩月有餘，營養不足，身體虛弱暈眩之病還未痊癒。如何能走幾十里路？（聞連上落高山總有七八十里。）差幸不能也能，居然捱到第一站。

這李村離黃家村子約卅里。幸次日連下大雨兩天，我們多得休息。第三日，天晴。我對老李說，實在寸步難行，請他代打轎來。他說有辦法，即把長竹槓兩枝繫在一木椅兩旁，另雇強健村婦二名為轎夫，定價卅元。這是我一生獨一次坐在婦人肩上——嬰孩時當然不算，真是堂堂大丈夫的羞恥事，但又無可奈何，只有「行權」坐上去。出門不數十武，瞥見有彪形大漢在前頭。嚮導老李立下令全體向後轉，退回家中，說那幾名似是強盜，不如穩健展期。卒於次日——三月十二日，如前出發，老李、華霖兄及肩挑行李者，一行四眾，於下午安全到達清溪、河百橋黃家。我乃安心下轎。停在這第二站。老李至是時始知我是國府官員。

華霖兄招待我於家中之砲樓上，兩榻相對，無話不談，倒不寂寞。日間與他全家同食——他令弟蒲霖兄嫂在內。我們時到附近的墟裡吃點心粉麵。生活舒適。一住十餘天，我又急於起程到曲江去。蒲霖兄及另有一杜姓朋友也要同行，那時我囊金用完，旅費無著。幸由杜君介紹往見其至親徐國卿君（原嶺南大學同門），得其慷慨貸以國幣千元，聲言到了曲江還給杜君便得。四月二日，我們動程。那嚮導老李也趕來引路兼任我的義務護從。此地去惠州數十里，他們為我雇了腳踏車兩輛，老李和我搭車尾先行，黃杜兩君押著行李徒步東進。我們乘車的每上山坡則下車步行，下坡時仍上車，倒不覺苦。不移時即到，先往一禮拜堂歇下，黃、杜兩君黃昏前才到。於入惠州城之前，在路上遇見荷鎗站崗的士兵。我一見國軍，即眉飛色舞，的確開心。由他盤問，知是由香港逃出的難民，不過他不特不表同情，或致歡迎，反而冷冷的奚落我們說：「你們在香港享福也享夠了，應該也受些折磨啊！」何異一盆冷水澆背！再靜心反想一下，他的話是對的。

四日，我偕黃、杜一行三人，趁渡船沿西江上龍川。水淺沙湧，渡船不時擱淺，有時用人佚在岸邊以長繩牽著慢慢前進，多天才到。在龍川城內，得遊由中原南來，開疆闢土、繼任囂（音敖）任南海尉、後自稱「南越武王」的趙佗古廟。在患難中仍引起思古的幽情，調劑一下旅途的苦悶。於此，龍川縣長以電話給曲江李主席漢魂報告我由香港逃出，到了此地。李主席當即派了一輛「救濟委員會」的燒木炭的大汽車來接我們。附車同行者塞滿車廂。沿途過山過嶺，山路狹窄，臨時木橋，一見頗有險象，但無數載重大車都通過了。

於此，附帶說明救濟難民的工作。那會的委員會主任是故許世英。他組織周密，現款充足，糧食亦豐，由曲江沿途至惠州皆分站派員接濟難民。我們由惠州至龍川路程多日，每天每人都領得救濟金廿元。我們愈遠走，行囊愈豐足，不需再掏自己腰包作旅費。許多同患難者，也得叨實惠，是仁政也。

十七日入夜始到曲江。向守城人表露身分始得入城。進了賓館歇下，先還了杜君介紹借得之千元，乃向他倆握別，由此分手了。

湊巧得很，在那旅館中忽遇著老友李應林。他由九龍逃亡至此已月餘。兩人相逢，恍如隔世。他招待我在他室中，聯床話舊。翌晨起來，他說我整夜夢囈喃喃，不知說什麼，有時疾呼大叫，把他嘈醒。可見我驚魂猶未定，兩個多月的艱苦危險生活，影響心理，至是乃發作也。李君留在曲江，招納嶺南流亡，得軍政教會人士力助，居然恢復嶺大於附近地方，直至勝利乃遷回廣州，完成抗戰時期一種奇蹟。後來他去電陪都邀請我回去教授哲學。可惜我職務羈身，不能應命。

次日，我去拜會李主席漢魂。他歡迎之下，拈一拈我的土布衣裳，笑說：「這成什麼樣子？趕快換去罷。」隨即贈以旅費千元。別後，我又去拜會綏靖主任余漢謀將軍。他詢問九港戰況。我為之詳細報告。他說，自聞日軍襲九龍即發緊急電檄調張瑞貴等三個精銳之師疾馳赴援，並乘機反攻廣州。徒因各軍分馳各地，交通不便，大砲輜重尤不易運輸，所以進展遲緩。然主力已於十二月下旬進至惠州鎮龍，而前鋒則已到達廣九鐵路之樟木頭站，距九龍深圳僅數站耳。最初他原意至新年才進攻九龍，但因港方屢電告急，故再頒緊急軍令，著大軍於元旦前透入。預計十二月廿七、八日，便可與日軍後防接觸，把他們九龍半島的後路堵塞；日軍後無退路，只有逃上軍艦撤退。可惜英軍在港不能多守三天，廿五日投降。以故勞師無功，全軍撤退。他又有馬來亞地圖一張，懸在壁上，以小旗表示日軍進展路程，每日走一定的哩數，預料某日可佔星加坡。至時果然。

即日，我在廣播電臺播音，傳達我已脫險平安到了曲江的消息，使親友安心。（後聞我留在九龍的家人也知道了。）我又急託省政府去電重慶立法院報告我脫險消息有「匿避兩月餘，幸保全清白之身為國效命」之語。旋得孫院長覆電嘉慰，並命速回渝復職。

我在曲江迎賓館住下稍事休息，補充衣物。每日不免與相識重逢的舊友敘談或酬酢。一日，有友人邀約在一艇上晚膳。原來曲江的北江上有許多客艇，各有專名，非妓船也。其招待過客，等於旅店，而清潔幽靜及方便經濟則過之，兼供酒菜飯食。在此宴客及住宿者多人。那天，我們的客艇，命名「轉秀」。我們人人絞盡腦汁，總想不出那雅名的來歷、出典。真是「考老子」了。我乃向艇主珠娘查問。原來那艇是姊妹兩人所置設的，一名「阿轉」，一名「阿秀」。我們不禁大笑。另有一艇，初名「秀琴」，有一「名士」替其署額橫書「秀琴客艇」四大字。但若有掃興者從左讀便成了「艇客禽獸」了。惡名一傳，無人光顧，不得不另改別名，捨舊從新。

過了幾天，我乘火車經衡陽赴桂林。至則蒙黃主席旭初慇勤招待。在「樂群社」特闢一室為我居住及寫作之所。他採及虛聲，即表示專誠請我留在廣西搜集及整理太平天國史料，乃知廣西人士對於太平革命非常重視以為是一省的光榮。那是自然的。我怦怦心動，覺得這是絕好的機會，親赴各邑作調查、觀察、採訪的第一手工作，可以完成我研究太平史的學術事業。不過，當下我回答，必需先到重慶，過幾個月方能再來報命，他也首肯。他又以旅費為贈。繼而我又分到各軍政界人士拜候。有一點令我驚愕的；即是：無論見了什麼人，未講了幾句話，即提到太平天國，跟著就問我關於流行的兩齣太平史劇如何。我答以未曾看過不能答覆。他們無一例外的，都咒罵歐陽予倩的《忠王李秀成》和陽翰笙的《天國春秋》，說他們詆譭先烈，污蔑桂人，殊不可忍，然而他們又不知如何駁覆，所以人人都請我執筆批判是非，以為先烈，為廣西，爭回名譽。

我即找得那兩劇本仔細研究。趁旅居有暇，草成一篇劇評，交那裡的《大公報》發表。我不作文藝批評，只從歷史事實上著筆。篇內關於歐陽的一本，有幾處錯誤，一一改正。他在桂林也接受了，立刻照改。其末一幕，我提出意見，加插民眾憤恨漢奸之出賣民族、向清軍告密，因而李秀成被捕殺，乃將漢奸打死。觀眾看了此結果，皆大歡喜，掌聲呼聲雷動。改良成功了。惟有陽的一本則完全歪曲史實，不明真相，把北王描寫得太奸，東王太忠。我認為無可救藥，不能改善的，因為主題錯了，史實錯了。全桂人士，看了此篇，都非常開心，認為我替他們出了一口氣。

不過，這篇劇評未幾即引起一段黨政上的趣事。因這篇經過貴陽、重慶的報章轉載，重慶中央黨部竟向編者陽翰笙開刀。緣這劇本曾經中央某部通過頒予文藝獎金。但即有中委提出抗議說，劇本原是含有極濃厚的左傾色彩，把北王韋昌輝代表國民黨，東王楊秀清代表共產黨。劇內描寫北王異常貪污兇殘，無惡不作，而將精忠正直、為國為民的東王刺死了，兩相傾軋的結果便召了亡國之痛。如將兩人名號改作兩黨名義則全本主題是左袒共黨的說話，迂迴宣傳，影響人心。所敘事實也有不少錯誤那報告人說，人家如此毒罵我們而竟受獎，豈不是天下之大笑話？主事人明知錯誤，但無法翻案，又不知如何批駁，只好將此案擱置不發出獎金。會我的劇評發表了，他們一看即嘖嘖稱善，隨根據我所提出歪曲史實為理由將獎金取銷了。如此後果，大出我始料所及，所以我大有「伯仁由我而死」之感。

我的劇評發表後，有一位素不相識的湘潭文友田翠竹（勁）忽遠道來會，與我結交，並贈七律一首，其辭曰：

寰宇驚傳班馬名。廟堂況復一官清。

蘭舟渡海經離亂。史筆如椽紀太平。
壯士五年留血跡。流鶯三月播詩聲。
相逢何必曾相識。話到香江百感生。

我的詩興，竟被引起，即步元韻奉和云：

頻年誤我在虛名。猶幸是非看得清。
大節無虧官可去（九港失守後余匿居未出，中央恐余陷敵，名器為所假借，乃免余「立法委員」職。追脫險後，孫院長即電諭回院服務恢復原職）。自由雖復恨難平（家人仍羈留九龍被敵軍監視）。
追懷瞿相精忠範（南明總督瞿式耜矢忠於永歷帝，殉國桂林）。欲播洪王革命聲。
發闡潛幽倘如願。文章報國一書生。（擬秋後再來桂調查太平軍史蹟及搜集、整理史料。）

客寓無聊，我天天到「省立圖書館」，翻閱省志、縣志兼及各縣「修志局」稿件，復向各方人士採訪遺聞軼事，得獲太平史料不少，也作為我不久將大舉整理、編撰史稿之準備焉。

立法院復職

延至五月六日，我始購得機票，直飛重慶。臨走時，尚有一趣事發生。我的襟弟鄺森持夫婦先我從九龍出走。先室將我幾件多餘的夏威夷襯衣贈給他。至是，與我相會，見我的襯衣盡被日軍劫去，不易補購，又將原贈他的幾件還給我，無異儘先代我帶來。不圖小小衣物，也有「因果」、「報應」！

這是戰時我到陪都的第二次，地方頗熟。即挽了一袋——兩袋減而為一——乘手車到某街「蔭盧」，找到陳策將軍。他是香港黨部主任，又離機場不遠，故先向他報到。那時，他與幾位同志，如陳素（無那）等，及隨從人員數人共住該盧。當下即熱忱歡迎，招待我在三樓，供應食宿，又有同伴。鄰居更有同志多人，時相過從，不愁寂寞。不過我行李蕭條，用具不敷。幸得先室一位女友程太太聞聲前來探視，憐我「寒陳」，贈我蚊帳、被枕等應用品。猶記我所睡的竹床長僅及身，闊不過二呎，睡眠當不大舒服。重慶從來老鼠為患，滿街滿屋大小老鼠橫行無忌。某夜，一足伸出帳外，竟被大鼠咬了足趾一口，鮮血淋漓，痛楚難堪，驚醒大叫，把同居者也驚醒，聞知實情，眾皆大笑。尤可記者，陳將軍的衛士，老老實實的對我說：「恐怕您沒有洗腳吧！」此真幽默也。

抵渝後之次日，我即去拜見孫院長及夫人。蒙其厚待。問知九港失陷後的概況及我匿居與逃出之經過，即以溫語嘉奬，並面諭仍回立法委員原任。

次日，我又去拜候孔祥熙（似是財政部長）。他是我的老學長，也是頭一次推（薦）我入宦海的，昔在燕豫、滬京，常常會晤。此次去拜會他，自然是禮所當然的。當日，我上午八時便到他公館——是第一個拜訪的客人。但未蒙傳見。我只有安心等候。隨後陸續而來者不下二、三十人，也一一蒙傳見。惟有我向隅坐候，一直呆呆的等到過了十二時，客人都見完了，都走光了。最後，才得傳見。一見了我即問：「你來了嗎？有什麼事？」我答：「是的，由香港逃難出來。此來無事，只是問候部長而已。」我倆再交換了幾句不著邊際的問話，不到兩分鐘，我便告辭。這是我在宦海二十年中，獨一次而一生不忘的經歷——坐了四小時的「冷板欖」！後來，孔的屬下——是他的門生，也是我的故友——私下老實的告訴我說：「孔部長不喜歡您，因嫌您太激烈。」我心裡自有答話：他不夠我這樣子的「激烈」。職是之故，無論他步步高升到什麼長，我一向未嘗向他求過官職。

當時的立法院是在重慶郊外數十里的北碚。臨時租賃一大祠堂為院址。另設辦事處於城內。立法委員數十人，分居城內外。每逢星期五，上午九時如常開會。院方特備燒木炭的大汽車，專司運輸及迎送各委員之用。每星期五早晨七時在辦事處開車，九時前到達。車內設木板座位四行，每行可坐十人。在城內的委員們先事報到，領取坐位號碼，先到者先得位。後到者額滿見遺，則須長途站立在兩行中間之空隙了。所以我們戲呼他們為「立委」。

我的寓所離辦事處頗遠。逢會期便要清晨五時起床，坐人力車一小時才到。報名後即在附近小食店，喝豆漿、吃油條作早餐——同寅皆如此。趕到北碚開會後，即由院方供應午膳一頓。所吃的是赤色「三寶飯」。何為「三寶」？飯內兼有動（蛀蟲）、植（稗）、礦（沙石），三種異質也。下飯的菜，多是翡翠（青菜）白玉（豆腐），夾著猪肉幾片，大概要「福爾摩斯」來才能檢查——偵探——出來。戰時，物資缺乏，立法院經費無多，誰能發怨言呢？那幾盆菜還勉強可以下咽，惟有那有赤色有雜質的飯真難入口了。我於是以後每逢開會必於先日夜間預買麵包——黑黃色的，半磅，隨帶在身以替代那飯。多年來我想寫一篇半紀事、半小說文章，命題曰「半磅麵包」。後來一想這題目在嚴格科學上，那是不對：那重量未必「半磅」——七折八扣，那質素也未必是「麵包」——麵粉加上雜質，所以不能完稿。然而那總比「三寶飯」好吃一點。以上略紀數事，可作戰時生活概況的鳥瞰。至於一切院務，均與在南京時無異。孫院長於每次開會時，依期蒞院主持。

如無小組「委員會」開會，我們即於當日下午乘原車回市。但如有小組召集會議，則於下午開會。畢則步行到離院不遠之北碚鎮一旅館投宿。晚飯同吃，飯金分攤。次日，上午乃乘車回市。那時，馮玉祥氏方在那裡附近的歌樂山寄寓。我嘗去拜訪他，告以九港的消息。他對於陳策將軍脫險的英勇義俠，非常佩服，翹起兩大拇指，稱他為「雙料英雄」。其後兩人結為朋友。

記得有位立委同寅因生活程度過高而薪俸不足以養家，以至營養不足，全家羸弱生病。幸有一義僕想出妙計，替主人解決生計。他向主人討了國幣千元，每晨三時起來，走到多里路外的村鎮，買幾斤猪肉回市，以時價出售；每日既有溢利可圖，又留下一斤猪肉供養主人全家。於是生活問題得完滿解決。忠義如此，可紀也。

其時，重慶天氣甚熱。我在「蔭廬」整天整夜要赤體搖扇，還不能耐。夜後，偶或出門訪友。日間幸有陳素（無那）等閒談、唱和，以消遣無聊的光陰。有時興致勃發，我便開喉高歌粵曲，藉以娛己，亦以娛人。無那兄贈以七絕一首云：

〈聽簡大放歌「楚項別姬」〉

念家山破淚霑襟。夷甫真應罪陸沉。
伏櫪誰諳神驥志。嘘雲還托老龍吟。

我也步元韻奉和云：

憂時淚共濕衣襟。如此神州豈遂沉。
不信強權勝公理。安心且聽大風吟。

拙作鄙俚，殊非「佳什」，但卻可反映當年上下一心，抗戰到底的心理和生活。那時人人同仇敵愾，鬥志極強，堅信勝利快臨，無論什麼苦都吃之如飴，未聞有一句怨言，真有「臥薪嘗膽」之概。我在九龍時，早已由渝來的同志說美國羅斯福總統曾有親筆函致蔣委員長，請其務必堅持奮鬥以牽制日軍，而他將必助我國獲得最後的勝利。有此保證，所以全國各界人士的士氣極旺，果然終得勝利。這與後來杜魯門的「白皮書」對於我國士氣鬥志之惡影響，真有天淵之別。我個人身歷艱險，卒返陪都，與各同志同寓重聚，無異死裡逃生，當然喜樂，但抗戰以來，無論吃什麼苦，遇什麼險，也未發過一句怨言。首因那是民族國家生死存亡的神聖戰爭，人人應該負責，死則死耳，還怨誰？但願國族勝利，個人犧牲不足惜也。次因我一想起全國幾萬萬，九港百餘萬同胞的遭遇比我還更慘痛，損失更重大；比較起來我已是萬幸的了，更無怨恨之理，只有怨恨敵人而已。不過，思家念切，音訊全無，不勝憂慮，那是自然難免之人情天性也。

回到廣西、金田之遊

到了九月間廣西黃主席有公事傳來，聘我為「廣西省政府顧問」，另函邀約我到桂調查「太平軍」史蹟及搜討、整理史料。我得孫院長核准接受。未幾，忽接先室來電云，全家已安抵廣州灣，要我去接。我喜極如狂，亟持電向孫院長請假南行，即蒙照准。當即於十月初旬飛往桂林，先向「省政府」黃主席報到，承其招待慇勤。我與先室通訊約定相會的地點和時間。乃與黃主席商量先赴桂平金田一帶作學術性的遊程，然後到鬱林接家眷回來。蒙其打發一輛燒木炭的大汽車，撥了一筆旅費，並派了一名隨從，供我之用。

十一月五日動程，經柳州一宿。次日上午，抵貴縣。即找到同對太平史有興味的羅爾綱（時任中央研究院副研究員），初次會面，一見如故。他見赴金田採訪的機會難得，願扶病同行。又次日，共遊「中山公園」，參觀「翼王亭」、「翼王祖墓碑」，得其拓本。縣城大道，改名「達開路」以紀念此太平名王。十日晨，乘船抵桂平縣城。得縣長劉玉懷招待，並允同去金田，益為利便。十一日，又乘電輪到江口墟，有邑紳數人同行，得邑紳陳仲連（先覺，曾任軍官）招待於其家。又晤金田中學校長陳大白。夜間眾人紛紛為我們敘述「太平軍」在該處的史蹟、遺聞。十二日國父誕辰，我們於清晨乘轎向金田進發，路程十八里，到新墟。有殷商吳倫波招待。我們找得一照相技師同行，一行九人即日正午趕到金田——廿餘年夢想所到之地。路程僅八里。我們到金田村巡視，又登村外的犀牛嶺，訪「太平天國紀念碑」，及太平軍總部遺蹟「營盤」。遙向北望風門坳、紫荊、鵬隘諸山，各勝蹟一一在望。我們在大路上及各遺蹟下攝影多幅，足留紀念。太平軍當年起義的地理形勢，由江口至紫荊，盡皆明瞭，只此一端已不枉此行。

劉縣長又為我們物色了一位本地耆老鍾玉亭，前來為我們細述太平軍故事。他家是韋昌輝的親戚，故於北王遺事獨詳。我此行所得之最要的資料，於風景、氣氛、地理、形勢、遺聞之外，即是親看見金田村方在農田勞作耕田蓬頭跣足、知識淺、器量狹的男女。是皆「蚩蚩者氓」，然而當年大半數的太平領袖——王爺——就是與他們同樣出身的。這令我的歷史研究得一種寶貴的真實感，是不可以從書卷得來的。徘徊四小時，遊興已盡，我們步行回新墟，宿於吳家。

次日晨，劉縣長早已約了三江墟的一位曾德周，又另有一姓曾者同來，是皆當年洪秀全、馮雲山的居停主人之後人。對我們詳述當年運動革命之經過。我得了不少新史料，一一速記起來。午膳後，復回江口墟及三里外墟石頭腳之陳公館。這公館即是太平軍起義後三日，移師是墟，而洪天王等駐蹕及「總司令部」之所在也。那當中大廳名「先進堂」正是天王設朝之處。我們又照了相片幾張。在江口最後的收穫乃是由北王後人出示的韋氏家譜。之後，劉縣長偕羅與我同回桂平。

我原擬乘機去貴縣石達開故鄉調查史蹟，但因等著家人消息，恐誤重聚的「佳期」，只有耐心等候。過了幾天，廣州灣有好消息來了，家人定日間到鬱林。我於是又乘那木炭車南下，先在鬱林等候著。中間，亦曾向該邑耆老採訪史料，所得無多。天天在大路等候家人。

十一月廿一日，先室率領兒女們到了。在大路相遇，真是悲喜交集。我見她瘦弱不堪。可憐幼兒還要吃罐頭牛奶。她帶了行李十大布袋，另有太平史料四箱，所最愛的名貴字畫一箱（皆割去裱工，得百數十幅。）在陸川得縣長派了四名民團一路保護前來，以故一無損失。（聞有在此路失物者不少。）我們一家十人（兒女六名、傭僕二人），如天之幸果得重聚，如同隔世，計已分離足十閱月了。另有香港女青年會總幹事單德馨女士母女二人，與眾人同行。

是夜，在旅店度宿。夫妻長談下，乃知我離別後九港的概況。其時，人口漸少，治安稍復，惟物價日漲。其最令同胞難捱下去者則金融是也。先是，日軍濫發軍票。起初與港幣平衡——一兌一。但港幣自一百元至五百元的大額紙幣，無形中已貶值，很難通用，無人肯要，故兌換小額十元、五元、一元者，要七八折，人民已覺其苦。旋而日軍下令軍票一兌二，同胞損失資財大半，其苦更甚。未久，日軍更以一兌四，港幣簡直是廢物了，同胞苦不堪言。我家初期得到一家我們佔有些少股份的店鋪按月接濟，但那店同時要接濟三家，便做不到了。於是先室與親屬商量不能不走。乃經過多種困難，如籌旅費、備行李、領出境證、買船票……等，卒於秋間成行。房子則交托一家遠親照料，每月預備她們家用。（後來她們賣去我好些東西，幸字畫無損失。）先室幾經辛苦籌謀，卒得到廣州灣。那時，所備旅費已用完，不得已將我最心愛的一隻鑽戒出賣了，方能生活下去。住了一短期，卒與我取得聯絡，而使闔家團聚。辛苦她了！

在旅店一宿，翌晨即領眾登車，並挈行李回桂。過賓陽時，投店渡宿。先室檢點行李，忽然變色，大叫「不好了！」問其故，則答：「失了軟枕頭一個」。問區區之物，何事大驚小怪？則答：「您有所不知。內裡的棉花藏了不少金玉珍貴品。」原來她以此物藏有珍寶，所以由九龍經廣州灣，直到鬱林，一直不曾離手，日夜貼身自己攜帶著。但一與我重會，緊張的心理突然鬆弛了，以為以後一家的責任歸我負擔起來，她可釋重負了。所以臨走時偏偏忘了手攜的軟枕頭。糟糕不糟糕？那時，回去不能，因恐怕同伴的人都走散了，往那裡尋覓失物呢？無已，只有盡一分人事，打一急電去那旅店請同伴的譚太太代檢枕頭，碰碰運氣。先室以為必不可再得，經夜長嗟短嘆，自怨自艾。一家團聚的快樂又為之冲破了。次日，我倆垂頭喪氣，乘原車經柳州。翌日，到達桂林，暫在「樂群社」我的辦公室歇下，人人要「打地舖」（臥在地板上）。

次日，忽得譚太太覆電云「枕頭已代存下。」我倆喜出望外。事後多時，她才有機會把原物交還，滿口怪責先室不小心。她說：「幸而簡先生在鬱林旅店閒話曾敘述桂省情形，以物資缺乏，連一條禾桿也有用處，人人都不肯耗費的。」她走時，撿得此枕頭，知是我們遺下，乃記起我的閒話，不忍捨棄，故一並攜去，初不知其中有珍寶在焉。及接得我們去電，乃拆開檢出各珍品，也不禁大吃一驚，亟代保管，以後乃物歸原主。我們全家感謝她的大德，更欽佩她友誼真摯，人格誠實。

過了幾天，我們遷居到東鎮路，「廣西省銀行」的大曠地幾間平房。那是向財政廳廳長兼行長黃鍾岳（子敬）仁丈借住的。他與我成為莫逆之交，給我許多史料，相與論文，至為相得。如今以房屋庇我，尤感大德。（黃丈多年前在九龍去世，致令我有失一知己之痛。）

這臨時房屋，我命名曰「簡居」。入伙之後，安頓已畢，我立刻開筆寫作。一時興起，先撰了一副門聯曰：「馬馬虎虎（粵俗語音「夫」），寄廬單單簡簡。魚魚鹿鹿，賦性戇戇居居」（粵俗語言傻戇也）。

我急忙動筆，將「金田之遊」所得的史料，加以整理、編比，寫成長篇。原擬交省政府主辦的《廣西日報》連續發表。可是那編輯人是左傾分子，因黨派作用，把原稿退回，不管那是我向省政府報告而由「編譯處」所發的稿，目中無人可謂放恣橫行了。後來，我送去黨部某機關所辦的《掃蕩報》，來稿歡迎，連續登完。

卅二年一月，我又作第二次的採訪行程，南下蒙山（即昔之永安州）。同伴有省政府參議林半覺及文友何覺夫。此行也將太平軍佔領永安的事蹟及形勢調查清楚。歸時，在桂林近郊汽車壞了，至須步行回家，我即著筆寫〈蒙山採訪記〉。稿子也交《掃蕩報》發表。

三月，赴柳州採訪。同行者有林半覺及雷震。得張任民將軍介紹謁見其令尊翁延禧仁丈。蒙示以所著《見聞錄》稿本，並許鈔錄可用的資料，所得甚豐。旋轉往附近之宜山縣（即昔之慶遠）親到山洞看「石龍」兼登山訪碑——那是翼王與屬下遊山的石刻詩句。世傳石王遺詩多矣，獨此摩崖五律為真品。今得親睹真跡，摩挲之下，曷勝快慰。後由邑之耆老數人——我們的招待者及導引者，細說石王故事，並贈以石刻拓本而歸。有一篇專門記事及考證的文字發表。

五月，復偕林半覺遊興安，全縣，在興安得見「湘江」「灕江」，相離相合之奇蹟。兩江同一高山源頭而出，分流南北。往北者名「湘江」直通洞庭湖北。往南者名「灕江」流至桂林復南奔與西江會合而入粵。遠在秦時，兩江相離處鑿通了，所以南北交通利便，可由武漢水路直達廣州。其間關於此事，傳說與神話甚為有趣。廣東最初期所吸收的中原文化就是由此水路，經桂林入連州的。

在全縣，由當地官紳招待，採訪得史料亦極富。我們又往蓑衣渡查探形勢。那就是太平軍大舉北伐，而遇到江忠源的兵勇中伏大敗、南王歸天、軍事計畫見阻之處。歸後，即撰〈全州血史〉。這題目意義相關。一則敘述全州當年血戰屠城之慘史。次則紀念我個人因旅程中腹部中毒，歸後未幾即長了一個大毒癰於小腹，危險至極。幸得省政府送我入省立醫院，由一位留德回國的治癰專家黃博士立施刀圭，割去毒瘡，流了不少鮮血。留院月餘始獲痊癒。所以那篇名是為個人因治史工作而流血之小史也。（此稿仍在《掃蕩報》發表。以上各篇採訪記均載《金田之遊及其他》。）撰文之外，又在各社會、教育團體演講數次。先室則仍不脫宗教本色，在桂林倡辦「女青年會」，被選為會長。單女士任總幹事。軍政人士及社會名流的夫人、女公子等多熱心贊助，乃能成立。

那時，家庭經濟拮据，生活幾難維持。幸得李濟琛將軍代向中央救濟會請求救濟，領得國幣二萬金。省政府又慷慨給予稿費三萬。而且有一出版社要翻印我的舊作《西北東南風》，也以一筆稿費為酬。家庭得此接濟乃能渡過「窮關」。其時，十袋行李，稍有價值的衣物，已出賣一半去了。（按：當時國幣貶值，物價飛漲，伸現時港幣不及什一。）更幸得省政府每月接濟薪津一千元。我回重慶後仍如常支付，家用稍得挹注。

往來渝桂

那時，我離渝已十閱月。在桂公私事務，告一段落，應回立法院供職了。適於八月杪，黃子敬丈及其同寅多人乘大木炭車赴渝開會，我得了一座位，乃與偕行。先室留桂照顧兒女，兼施教育。由桂赴渝是長途旅程。沿途我們互講笑話、故事、逸聞，或唱歌，以消磨無聊的光陰，稍舒煩悶的情愫。我自任一名主角，把腦袋裡所積存的幽默和遣興的資料盡量搬出來，給大家享受。車到貴陽，歇息兩天。我乘機拜訪「貴州文獻館」館長任可澄，得其提供不少太平軍在黔的事蹟及幾種史籍，後來均大有用處，至今銘感。其間我感受印象最深刻者為省級「文獻館」之設，這便引起我將來抗戰勝利後回粵創辦「廣東文獻館」的遐想。不過，貴州的館規模不大，內容不充，工作似乎只限於重修省志而已。

越日，我們又起行。九月初重抵陪都。此行的印象，藉知中國之偉大和可愛，值得我們全民為其努力、服務，甚至犧牲盡忠的。這次，我得「中國茶業公司」總經理李泰初兄的優待。他是曩在廣州市時代任公用局局長，是老同事。他在那國營公司的職員宿舍給我一房間，每日還供應兩頓飯菜。

這時，我在立法院所得月薪國幣四千元，以半數設法匯回桂林接濟家用，餘留為自己使用。那裡物資貴，工值昂，一出門坐上人力車非百數十元不辦，在館子吃一頓飯更花費了。我實行緊縮的經濟政策，每天限用數十元，不敢浪費一元。如有事出門多費了一點，即便關閉自己於室內數天以彌補預算赤字。每星期五如舊乘院車到北碚開會，來往費用，開銷算最大的一宗。

在寓所的生活，不是無聊而是極忙。我將在廣西採訪觀察所得史料，著手編入《太平軍廣西首義史》（原稿曾在《大風》發表，於茲全部修訂）。日夜執筆，卒成書卌萬言，共七卷，另有〈自序〉長篇，及蕭一山教授序文。內容當然比初稿豐富多倍，而且多有世所未知的新發見及與眾獨異的新結論。之後，又重新整理在桂採訪、調查所得及他篇著述，合編為《金田之遊及其他》，共十四篇，約十五萬言，成為一單本，有黃旭初主席序。兩稿完成即交商務印書館排印，復親作校對。另寫他稿在《掃蕩報》、《婦女共鳴》、《中央周刊》等期刊發表。蒙《掃蕩報》社長黃少谷兄念舊情殷，特別體貼，發稿費二萬元，以助家用，至感。又曾在各文化團體演講。凡各文題、講題，「三句不離本行」皆有關太平史的。

史稿寫完，真無聊了，即用水墨土紙，天天作畫，基於前在九龍從學高劍父大師所教之方法。每日繪得不下一百幾十幅，以松竹為多。稍為可觀者則滿貼屋內四壁，如開個展。我的畫有一優點——令人一看就知其是松、或竹。所以我「孤芳自賞」、「敝帚自珍」，每幅下各以紅簽標出價格若干萬元，「某委員長定下」、「某院長定下」、「某部長定下」等等。不知所謂，聊以自娛，殆不自知「狂簡」可笑也。（在寫松課時憶起困處澳門，志節堅貞之高劍父師，即賦詩寄慰，已載高師「年表」）。

生活如是者良久良久。因缺乏營養與運動，工作過勞致令神經衰弱，生活苦悶，影響精神，又以在桂割癰流血過多，而痔瘡復發耗血復不少。所以積成暈眩虛弱之病。卅三年一月，一次，在乘車去北碚立法院開會途中，猝然暈倒，不省人事。車內同寅施以急救，醒而復倒者三次。乃停車送我到那裡附近的僑務委員會，得會方以小汽車送我去「中央醫院」，由院長陳松壽博士（西北軍傳教主任陳松桂之弟）及一外科專家嚴醫師悉心檢驗，幸無大礙，只是上言虛弱之病徵而已。住院兩天，即回寓所。忽聞門外有叫化子沿門乞食之聲，乃憶起我小皮袋中還有黑麵包半磅。那是準備到立法院為「三寶飯」之替代的，剩下未吃，棄之可惜，即取出「施捨」與那叫化子。麵包已發霉變了色，而那叫化子接了就猛吃。可見大戰時，同胞受苦，比我更甚者，還多得很哩。

我經過那小病，放輕工作，鬆弛神經，並著手爭取營養，到館子吃飯太破費了，於是買了一隻老鷄，借用鄰居的鍋爐，在屋裡自燉來佐膳。有友人來探視者，得悉現狀，問明原委，不禁嘆一聲「太寒陳了！」大有「范叔何一寒至此」之概。當時，重慶最缺乏的食料之一為糖。我不得不買了些原庄搾出來的糖塊，冲開水而飲以代茶。此亦戰時陪都生活之一瞥也。

社交生活與各種應酬我多謝絕了。只加入「著作人協會」與主持人潘公展、老舍、蕭一山、顧頡剛、王平陵、何容、謝冰瑩（女士）、王向宸（老向）等文友不時會談。當立法院討論「出版法」程序中，我還代表那會發表意見，力爭凡作家用筆名發表作品者，那筆名即得有版權，不必露出真姓名，會眾均感滿意。這也可見立法院同寅之立法，慎重其事，徵求及尊重客觀的實際對象之需要與真情，非「閉門造車」或憑主觀、意氣用事也。

至夏間，「茶葉公司」的李經理，因某機構某省人與其交涉不洽，發生意見。我偶聞他們將要嚴厲對付。我感於私情，亟往告訴李兄以所聞，切請他珍重防衛。過不了幾天，他突然失蹤，自己辭職開車走了。我見居停主人已去，不便留戀在那寓所。旋由陳策兄介紹到「廣東省銀行」後座宿舍寄居（策兄那時自居前座），乃再得枝棲。摯友梁寒操兄一家自有洋房居住（時，任中央宣傳部部長），不過屋子不多，未能容客，只於每星期之一天家裡大燒熱水沐浴時，便邀我去洗澡和飽餐一頓，友情可感。

時，南方戰事，日軍向廣西進攻的消息日緊一日，家人留桂林，安全可慮。七月初，適我校對工作完畢，即又向立法院請假，去疏散與安頓家人。明知此行必要羈留在桂多時，不能不為全家籌措生活費。我先向立法院預支薪俸數月——這是多謝秘書長梁寒操兄的關照。各同寅和友好義重如山，一聞我有此急需，紛紛解囊相助。一星期內我的小提包竟有國幣十餘萬元。準備既畢，即候機南下，一應笨重行李寄存立法院辦事處。

這是我向重慶最後一次的告別。除輕便行李和手提國幣外，身上還帶了一種永遠不忘的紀念品——虱子。緣立法院於上月大開恩典，配給全院人等土製藍布袍料一件，我即交裁縫店縫了一件長袍，穿起來施施然去開會及訪友。殊料那裁縫店衣物不潔，拖累我的新袍惹了虱子。這是我自九龍經歷之後第二的「虱患」。後來在違難期間，小動物滋生繁殖，聚族而居於我身上，迫要如前把全身衣服脫下用沸水煮滾才絕後患。

七月八日，飛抵桂林。至則見街市蕭條，人口稀少。及晤見黃子敬丈，始知家人等已乘一大船沿江南去平樂了。次日，我即與兩友雇船下行。沿江飽看風景。常言「桂林山水甲天下」，「陽朔山水甲桂林（府）」。未曾眼見者，不能想像其山峯之美極奇極也。在江上艇中一宿，飽餐鮮魚肥鷄。夜間在清風嫋嫋間，我又仰臥船頭，對著明月大唱粵曲以助遊興。

次日，將到平樂，前面見一大船，船頭有童男、童女高呼「爸爸來了。」我復得與家人相會。我名此水上浮宅曰「藕孔」，出自梵典「藕孔避兵」之語。

違難蒙山

在「藕孔避兵」的時期，生活日益苦悶無聊。岸上既無娛樂場所，江水又污濁不堪，常現黃色，而且湍流太急，不能游泳。先室昔在九港素以游泳女健將名，至是也不敢輕身一試，小兒女更不能下水，反而要時時看顧，恐怕失足致溺。日間，我只有打開史料箱子，檢出咸同兩朝的《東華續錄》，草草披閱，札記有關太平史事諸條。入夜晚飯後，孑身步行上岸上城裡，到友人家與數友玩紙牌以消磨時間。同舟者有三家人。先室每日教她們製造西餅，同工合作，以出品拿上岸去出賣，倒賺了些買菜錢。

至九月，平樂得聞日軍來寇的警訊，急作再次疏散的準備。憶起鄰近的蒙山縣有北平今是學校的門人陳文奇，是當地富貴人物。即與其通信取得聯絡，蒙其慷慨應允招待我全家到那裡避難。遂於中旬挈家人渡江，雇了十二輛手推的旱板車，直趨荔浦，南下蒙山。因只靠門人照拂，不便與單女士母女同行了（後來她倆乘原船南駛至平靖之處，勝利後回港。）

陳文奇是蒙山富農，由「今是」畢業後，留學法國，厠身政界，曾出任鎮南關交涉專員。歸故鄉任參議會議長，甚得人望。家居縣城東南卅里之屯治鄉（「屯」土音讀tum日下平聲）。全家聚族而居，已歷數代，共有良田多頃，松山數個，家中又養猪養雞，種瓜種菜。男耕女織，衣食無憂。全家分三房，文奇居次。有三房「晚叔」信玉猶健在，子文統畢業省立中學，酷好文詞。文奇賦有領袖才，義俠成性，樂善好施，努力助人，隣近諸鄉農民皆受其惠而感其德，群奉為領袖。信玉先生則老成持重，藹然仁者，諸鄉敬服，被推為公田管理人。他父子推屋烏之愛，竭誠招待我全家。文奇聞我們到了，進城歡迎。

我們先在縣城僦屋而居，暫過太平日子。時，違難蒙山者有趙文炳、饒宗頤（無錫國學專校教授，老友也），何覺（擅文學，新交也），孔憲銓（邑中學校長，好填詞）諸子常相過從，兼事唱酬，群借此風雅事起忘憂作用。何君創辦「黃花學院」於邑城，我們均義務分任教席。我原不工詞章，作詩不多，以篤於考證史學，動輒尋根究底的頭腦不喜歡推敲覓句，亦不容感情奔放，多事幻想故也。但在特殊場合，遇有詩友——如前時在滬、在京不禁受了好友詩文的影響，而吟興偶發，時或寫出幾首辭藻不豐、字句不佳的律絕。詩興也會傳染的，奇乎不奇？這回巧與幾位都擅詞章的朋友會合於蒙山，居然有文酒之會，我又乘興吟了幾首，鈔錄三章如下：

〈甲申重陽日蒙山各界人士有登高之舉並展吳江墓阻雨未果往是夕邀宴縣參議會率賦三絕為謝〉

秋風秋雨又重陽。江北江南幾戰場。
黃菊留人拚一醉。不知明日在何鄉。（時，日寇已陷荔浦，有進犯蒙山之勢，邑人多準備疏散入山。）（按：趙君讀至末句，觸起滿懷心事，不禁涔涔下淚，惟昔年同樣避過兵災者方才有此心酸心痛之經驗也。）

慷慨殉城一烈臣。古今忠義此精神。
蒙人尚憶吳州牧。九十年遺愛在民。（吳江，字雲卿，漢陽人，咸豐元年，代理永安州知州，治績頗著，愛民若赤。翌年秋，太平軍克城，以身殉職，死事甚烈。蒙山人士念其賢，每歲舉行春秋二祭，至今不輟。）
烽煙猶是燭山城。告祭寧忘喚太平。
為謝多情東道主。願憑盃酒洗刀兵。

〈蒙州山居讌集黃花學院同仁以蒹葭樓（黃節）古體春色滿中原分韻得色字〉

甲申中秋後一夕。舉盃邀月忘主客。
趙何饒孔聯翩來。松風映帶須眉碧。
棚瓜正肥夜香香（夜香，花名，夜間吐清香，可佐膳）。晚涼初放洗胸臆。
長空萬里了無塵。鬱勃詩心出酒力
天馬騰驤自西北。廿年關輔共袍澤。
精研律法推李悝。間倚新聲宗白石。（甘肅趙煥琴文炳，昔與余同在西北軍任政治工作，嗣同在立法院任立法委員。）
北田詩孫屯硯田。欲以文章來活國。（順德何蒙夫覺，為晚明詩人北田館主何不偕族孫，邀約同仁危城講學。）

振衣千仞饒平饒。經史剛柔鑿禹蹟。（嶺東饒固庵宗頤，曾寓饒平鳳凰山，以千仞名其詩集，尤精古與地學。）

二麓妙筆繡春風。上與況王爭一席。（蒙州孔北涯憲銓，精長短句，傳朱彊邨之學。二麓蓋其填詞處也。況蕙風周頤、王半塘鵬運，皆嶺西近代詞人。）

嚴城笳鼓又天涯。忽漫相逢豈易得。

予也緇衣踐九州。屋壁山巖苦冥索。（曾在滬主辦《逸經》文史半月刊。）

拋卻年華付太平。不知費去幾緉屐。（予專治太平天國史垂廿五年。）

大風吹我到此間。（抗戰軍興余在港創辦《大風》半月刊。）山居稍謝塵煩迫。

因思七載九播遷。虎口麻難幾奪魄。

幸留耿耿寸心丹。坐對月光無媿色。

座中諸子賢哲儔。共寫膽肝浮大白。

既開石室資雅才。絃歌直可壓兵革。

竚看南紀壯波瀾。收取春光被八極。

〈重陽後二日黃花學院師生共遊雨蒙冲余以小恙未往獨坐看菊補詠一律〉

何處秋光好。簷前菊正黃。

人矜行遠道。我獨眷幽香。
明絜羞桃李。孤高耐雪霜。
會心成一笑。相賞莫相忘。

此外，另「蒙山即事」七律一首，內有二句云：「且喜張飛能用計（泛用「三國演義」故事）。又來白起更安心。」前者指張司令長官發奎，後者指白副總指揮崇禧。二人忽於一日自柳州輕車簡從駕到蒙山巡視，定計破敵。我得通知，即往謁。三人歡笑，樂不可支。張為老友，知我全家困處山城，即解囊接濟生活費二萬元，大有 助。白則因太平史關係，夙為神交知己，面囑縣長慎為保護，盡量接濟。兩友厚誼，至今銘感。猶可記者，白為桂省首要人物，因其一言，我全家在蒙山更得安全。緣此語一傳出去，語意誇張，竟有謂奉白總參謀長嚴令我是國民政府重要人物，避難至此，全縣人民應負責保護；如有不測，火燒三十里等語，一何可笑？那時，我本來可以隨他倆到柳州，回重慶復職，但細思一家大小流落於此異鄉，雖有愛徒照顧，究是無主，大不放心，何能離去？反正已正式請假，而交通阻滯，乘機留下，並非過失，且照料家人亦責任所在，不能為罪。

無何，日軍於十月陷桂林，後十一月三日陷荔浦，迫近蒙山。陳氏叔侄邀請我全家遷入其村中祖居。文奇以其土製木樓給我們住宿。其叔應允由族中公積倉給米與我們吃，我感謝之下，不敢受惠，只允作為借用；將於勝利後照數照價補償。至於燃料，則文奇慷慨地說：「我家有的是山松，用之不竭，拿來作敬師的真正的『薪』，不費分文。」我們也不辭。至於零用菜錢則行囊所積尚有餘貲足用。縣政府亦有些少接濟（均開數入省政府公款仍以顧問待我。）生活問題一一解決。

在陳宅寄居未幾天，便得聞一宗怪事，大可反映廣東故鄉在淪陷於日寇時期之慘狀。一日，偶遇中年婦人，口操新會土音，是同鄉也。因與攀談，問其緣何來到斯地。她含淚訴苦。原來，在日寇佔領期間，廣東大饑，四邑（新會、臺山、開平、恩平）尤甚。我四邑多人到美國、加拿大及他處謀生活，每每留下妻兒在鄉。時有外匯接濟，土人稱此等婦人為「金山婆」（金山為美國之俗稱）。淪陷後，匯款斷絕，而物價奇昂，又時值荒年，饑饉遍地。其不餓死者，紛紛挈兒女逃亡。途中，多有再難捱饑者，輒將兒女送與凡肯收養者，自己孑身再逃他處。時有奸商利用此為發財之機會，收容稍有姿色的青年中年婦女，給予衣食，整批整批的拐往未受戰禍之區，賣給人家為婢、妾。廣州灣的舖子，居然門外標出「有頂靚（美麗）金山婆」出賣，慘無人道，痛乎不痛？我所遇的同鄉婦人即其中之一，被人帶到蒙山出賣與人為妾，乃得保殘生。

每日我與先室分授兒女中英文。文統正式拜我為師，嚴格從新訓練其英語英文，並授以行囊中《白沙子全集》勸其多讀修心養性之學而不要溺於頹靡的詩詞。文奇的三叔與我成為摯友。幾個家庭相處和諧之極。同時，我得享受生平從未經歷過的真正農村生活，十分有趣，知識加增。（文統於勝利後，有〈拜師記〉一篇，詳述此時期我們的生活，勝利後在廣州《人間世》發表。）

日軍壓境，蒙山漸入戰時狀態。有平樂師管區營長黃某，做了漢奸，喪心病狂，竟與日軍通款，願在蒙山為內應，「引狼入室」攻縣城。卅四年一月十五日，日寇僅一大隊二百人由黃某為助，下午入據縣城。曾經力事抵抗之官兵民團乃撤退。敵以黃某為保安司令。漢奸「為虎作倀」，與日寇朋比為奸，姦淫虜掠，無所不為，留在城內之同胞慘矣。

次日，鄉間盛傳日軍來擾，文奇、文統，連夜帶領家人及我們與其他沈、鄭兩家（也是寄居陳家的）全體逃入距離六、七里之六排山，由文奇代雇佃農代運行李。天黑山高，歧路崎嶇，家人失散。途中又聞槍聲卜卜，疑有歹徒圖行劫，幸我們人多且有槍支，故不敢犯。深夜，全家與文奇等方得重聚於一土著黃姓家。在「風聲鶴唳，草木皆兵」中，渡宿一宵。豈料黃家男女，人面獸心，連夜將行李袋割開盜取衣物。我家損失值三、四萬元。其他諸家所失尤鉅，約值百餘萬元。我們損失了兩把剪髮的洋剪——最有用的物質，因自入桂以後全家老幼均由先室用此剪髮。在陳家寄居時，也為他們一家與幾個幫助我們至為得力的佃農服務。（事後，我們諸家群向縣長控訴，搜獲贓物為證，將黃某判處徒刑，稍雪公憤，而損失的物資不可復得矣。）

翌晨，我們乃沿山徑攀上山，暫居於鄧姓農莊。先是，文奇等與我細商恐日軍來襲，全村不安全，亟亟預謀退避計。乃先事上六排與鄧氏商量。那是半山區獨一的農莊，與陳家為世好，得其讓出一木樓房上層與陳家，樓下為養豬之所，臭氣撲鼻。我戲名此為「朱紫（屎）大樓」。而我則以千五百元賃了一小座堆牛屎的磚屋，故命名曰「牛矢山房」。沈、鄭兩家無屋可賃，亟斥貲以乾草竹竿蓋了兩座大棚。有此準備，所以我們得有住所。是為我在抗戰時期舉家播遷之第十次。

最僥倖者，我先事雇工運來的五箱太平史料及名畫，秘藏於鄧莊，竟然無恙。為安全計我於由陳宅運出時將五箱一一打開讓人人連挑工公開查驗內容，免被他們起疑。眾見皆是書籍、地圖（我將一卷地圖放在畫箱展給他們看），皆以為不值錢的東西（在他們看來確無價值），我又不加鎖，只聽運命安排放心送去。後來，聽說，有人果然懷疑是「銀紙」，但挑夫力辯：「紙是紙了，但不過是不值錢的紙張（書籍地圖），是我們親眼看過的。」

六排山居的生活，特別得很，大異於城市，甚至鄉村農家的生活，好不容易過。我們所租賃的房子，是一間長方形的大房，高有十一、二呎，只有門，無外窗，還可避風雨。內有木建的小架，我們盡把行李擱在那裡。架下原是用為堆存牛屎（肥料）用的。那時雖已掃除，但積穢難清，臭氣撲鼻，令人作嘔。無可奈何，只有向鄧氏買了一百斤禾桿，盡舖地上，厚有幾寸。全家大小老幼，打開鋪蓋就睡在其上，臭氣稍減。至於食的問題呢，則由陳家供應米飯「開大钁飯」而自借小鍋做菜，瓦煲烹水（無茶葉了）。但肉類蔬菜，難於購買。為我們厨務的男僕（九龍隨來的），要下山走十餘里路才到墟場採辦食料。每隔幾天走一趟。所得而買的只有豬肉和白菜。我們每日吃飯兩頓；菜式：早餐白菜炒豬肉；晚餐，轉換口味，豬肉煮白菜（肥肉自有膏油），天天如此，食之不厭，蓋不得不食，無可選擇也。我們全無傢具，無桌無椅。湊巧山房門前有天然的大石一塊，高約五尺，濶約三尺。我們就利用此為端飯菜的石桌，人人環繞著立食。小兒女當要人抱起來，或以小石墊腳，才夠高度。

晚上無燈燭可燃。天一入黑，人人便睡覺。文奇派了四名農夫，各持步槍，入夜便在山頭四面站崗守衛以防不測；照顧大眾可謂無微不至。凌晨起來，孩兒們，自由活動，或去攀山巔，或玩山水。各拾枯枝回來以充燃料。婦人們洗衣服。我危然屹坐在山房內，隨便拿一兩本帶來的書看看。每日有一定時間教稍長的兒女講英語。因無漢文課本則口授以自己所記得的富有民族精神的詩詞，如文信國的〈正氣歌〉，于忠肅的〈石灰〉詩，鄭所南的遺作，岳武穆的〈滿江紅〉等。他們都能熟誦。後來抗戰勝利回粵，每為友人述及那時的生活概況，故友葉因泉兄（漫畫名家）即揮筆為寫「牛矢山房課子圖」，以留紀念。（他又以違難時所見所歷寫了百幅「流民圖」送給「廣東文獻館」。）

信玉及文奇、文統兄弟常相敘聊天。也有同來避難者互相過從，倒不大寂寞。一日，老友趙文炳、饒宗頤跑了幾十里路上山來訪，重得暢敘，歡洽無限。我們為防避日寇來犯，又於日間上山巔視察形勢，預蓋草棚，以備萬一，如寇軍來即躲避於此。

最難過的是下雨的日子，一連十餘天我們一家蜷伏山房，食於斯、臥於斯，不能出外。而幼兒又受寒患咳嗽，無醫無藥，只聽其自然痊癒而已。不過比我們尤為艱難者則同患難的兩家，住在大草棚，棚頂漏水，地下盡濕，坐臥均有問題，苦處難說。「比上不足，比下有餘」，我們的「牛矢山房」不啻「安樂窩」了。

漸聞鄉間傳來消息，縣內有人出來維持治安，局勢緩和。三十日，我們復下山到屯治村陳宅，如前寄居。不料過了兩天，日軍到附近的文墟徵糧。我們又吃一大驚，以為不免騷擾。文奇與我化裝，挈我長女連夜逃亡。一夜三遷至各農村暫避，苦不可言。一連數日均如此，身體疲弱，幾不能支。先室不肯走，獨留在陳宅照顧兒女，勇氣可敬。

二月，日寇與漢奸攻昭平，姦淫虜掠，全城受難。俘婦女百餘回蒙山充軍妓。蒙山城內婦女多疏散入山或逃避四鄉，被害者少。日軍又至文墟徵糧。我們以為來擾本村，連夜四走以避其鋒，後乃知誤會。如是者屢屢。

其時，蒙山各鄉民團，密事聯絡，謀大舉反攻縣城。有退伍軍人任指揮。各處響應者三、四千人。信玉、文奇於此舉最為熱心，得本鄉壯士十四人，自備槍械以赴。文奇一從弟任隊長。我們在信玉之大樓，夜間聚商軍事，團眾磨拳擦掌，準備殺敵，忠義之氣凜然。我也參與其間多方鼓勵，捐金贈豬為犒賞。我即為信玉題斯樓額曰：「正氣樓」。

那時，屢聞國軍反攻勝利的消息，後皆證實不確，人人只空自歡喜而已。不過，時見盟國飛機翱翔空際，想知控制天空，勝利可期，人心振奮，希望不絕，大有「中原父母望旌旗」之狀，不圖自己親歷其境。

連月，民團反攻數次，殺敵多人，迫近縣城。日軍連漢奸共七、八百人，但有大砲、臼砲三門。荔浦方面又來援軍。我軍因組織與戰略不優，戰鬥力究弱，且甚畏大砲，終於無功四散，犧牲不少。

延至四月，日軍前來攻擾屯治村之消息，日緊一日，且有報告謂指名來捕我及文奇者。我們大眾憂慮特甚。卒與信玉等商定全體疏散，分四路走。我家由文統為嚮導，兩名佃農為護衛，過六樟山到新開墟鵬漢村劉家（文統母舅處）。因倉猝成行，及須走遠路不能盡帶行李，只好留在陳宅。我們各背小包衣物，婦人背負幼兒，於十六日上午三時動程。因道路泥濘難走，一出門我便跌落水潭，屈了一足，但不能不忍痛扶杖前行，一步一拐。陳家全體亦相繼疏散，人無後顧。留下空房，只由幾名佃戶看守。

沿路皆崇山峻嶺，辛辛苦苦過了一高峯，前面又見更高的一峯。山路崎嶇山谷小徑尤為險巇。上山難，下山尤難，高峯峭峻，容易失足。谷內鄉民遍地插有「梅花樁」等，失足滾下，一命休矣。我們皆不敢攜兩幼兒穿過，幸得兩壯健佃戶，慣走山路者各抱一兒，大踏步通過了。我閉目不敢視，等他們平安過了才張眼。沿山路避難者絡繹不絕。我們一家人分散，失了聯絡，稍長的兒女，急步先行。我們不能兼顧，只有聽天由命而已。辛苦疲勞走了半天，才到一農莊稍為歇足，得嘗一碗白粥。我囊中備有些乾糧，仍不足充飢也。休息片時，又要趕路，幸山嶺已過，平路易走。一直逐步逐步捱至晚上七時才到河邊劉宅。家人團聚，人人飢渴疲勞，奄奄半死，蓋已走了七、八十里矣。是為我家全體避難播遷之第十一次。（按：這條山路就是當年太平軍由陸路進入蒙山之路程之一）於患難中也得些史料，再踏上太平軍北伐路線，方知當年大軍之勞苦進軍也。這是後來由鄉民所口傳的故事。

文統母舅劉強盛厚誼隆情，慇懃招待我全家。處以二樓，供以飯食。我們稍得安心住下。但仍恐日軍再來（前日已來一次，兇暴至甚，鄉人有「談虎色變」之概。）我們因即預行租賃一艘大艇，泊於門前，準備一聞警報即駛艇沿江南下至藤縣。

隣居有一位劉姓教員，彼此結識，頗相得，晨夕晤談。向他借得幾本小說，稍解愁悶，但一說到日軍倘若再來，則彼此蹙眉苦臉相對如楚囚，毫無辦法了。五月廿七日下午，我與劉正談到前途絕望，難出生天之際，真是「山窮水盡疑無路」，忽然村裡傳出敵軍與漢奸等全部退出蒙山。次日，消息證實為確，全體大喜過望，又有「柳暗花明又一邨」之感了。

我即與文統商量歸計。六月一日，全縣治安恢復。我們乃乘先時所雇之大艇溯濛江上行。適大雨滂沱，江水高漲丈餘，不能急駛。至水秀（竇）泊舟江邊。文統與長女步行回鄉。雇了幾名伕役，再來偕我們一同徒步回屯治。從此大難過了。

南下梧州返廣州

回到陳家，則見所留下各衣物行李，一無損失，乃知陳家累代積德，村民佃戶連日皆為其嚴密防守所致也。斯時我們鄉居生活如舊。不過「牀頭金盡」，幸得信玉又由公款墊出接濟，流亡的縣政府已回縣城，亦有餽贈。我家男女連長女，力謀自養，將行李衣物檢出多種，拿去墟場發賣，也得善價，所得兩萬餘元。不過，後來回粵百物騰貴、物資缺乏，一一補置，費去多金，實不划算。那時，我極興奮，堅信勝利之神快臨，自套杜詩，吟了兩句：「待收西粵兼東粵，便下梧州返廣州。」不久，果得實現。

至八月中，我出縣城訪友。十二日，忽聞日本投降消息，播音傳到，謂是由美國飛機拋下兩粒什麼彈之功。我在街上聽到，大喜若狂，疾呼勝利，隨街跳躍，飛步奔跑，惹得觀者大笑，而我則不禁喜極流淚。斯時，心理上覺得國族勝利，亦家族勝利，八年的大苦大難已完了，今後一家人生命再無危險。而且不久將可離桂回老家去了。能不大動於心？

我趕回屯治，即與家人及信玉、文奇等商量歸粵。他們勸我稍候幾天，等到廣東消息傳來，地方安靜，方可成行，不要急躁冒險。我們納其忠言，同時加緊籌備歸計。第一，趕速出賣餘物及藥品約得十萬元。陳氏叔侄又向各親友籌募，共贈旅費八、九萬元。我們便將餘下的冬衣、蚊帳等物分贈各人，連我的羊皮大衣也奉贈與幫助甚力的范縣長。雖然身裁不大合，但他說夜間穿上出巡，大有用的。

信玉、文奇與我相商，決令文統與我們偕行，一則沿途照拂，二則他將投入嶺南大學肄業。至於他們一家一族幫忙我們的穀米、國幣，一一算清。我答應回粵後即償還，分文不短，他們也不計利息，只協議將來歸還之款，統交與文統為繳學費之用。君子協定，未幾即實現。因我已與粵垣張發奎司令長官及陳策市長取得聯絡，知廣州已安靖，而老家的親人也準備房屋現款歡迎我們了。

九月廿六日，我們雇了一艘大艇，全家乘坐，順濛江下行。將啟行時，我那精於計算、小有聰明的次子，突然發問：「爸爸，我們來時，記得除了您的五箱圖書外，還有十大袋的行李。如今只剩下三袋，另七袋那裡去了？」我不禁失笑答道：「兒啊，那七袋都被我們吞食入肚了。」惹得人人大笑。勝利後有此幽默，可樂也，可記也。信玉、文奇、一家老幼男女咸到江干送別（彼此兒女均已成為青梅竹馬的好友），人人含淚，揮手惜別，真依依不捨。我們一家向他們說不盡千多謝、萬多謝的話。（補記：蒙山陷於共黨後，文奇即被捕殺。信玉下獄，我由香港曾匯款回去營救，不成，終瘐斃，令我悲痛不已。文奇長子邦忠向習航空，聞在臺灣國軍服務，惜無從與其聯絡。）

船過鵬漢村，文統母舅又招待一番，還派兩名壯漢攜鎗同行以資保護。過藤縣時，距忠王李秀成的大黎里不遠，我本欲順道往訪古蹟，搜集史料，但家人及文統等均尼吾行，以平安歸粵是第一目的，不宜多生枝節，免受不虞之險。我夠民主風度，從眾議。途間，文統忽患痢疾，幸有救星，原來九港淪陷前，美國出產的什麼「邁仙」是一種新藥，售價極昂。先室幸得六顆，視為「仙丹」，如珍寶般藏於褲帶，以作家人緊急救命用。孩兒們在桂林患痢疾即賴此藥治癒。斯時，腰間還留下兩粒，即慷慨拿出來，給文統治癒了。也算是稍報他們一家的大恩大德。

想起陳家的大恩大德，真令我闔家沒齒不忘。我們一家遇到大難，流在異鄉為異客，正在途窮望絕，不知死所之際，忽有愛徒體念師生情誼。全族人居然肯接待、供養、庇蔭、護衛我全家十口，卒得平安歸來。自覺曩年只為愛國熱忱，並非為名為利創辦「今是」之舉為不枉。出財出力，不過區區，而幾百門人中竟有一個是救我全家的大恩人。所得實多了。這令我的道德宗教信念愈為加強——「善有善報」，「善樹結善果」（耶穌遺訓）。先師王亨理校長（President. H. C. King, Oberlin）曾有至言「凡所發表者必常住永留」，亦此意也。這不是凡人迷信的「因果」、「報應」說，而實是精神與道德界的自然因果律。回粵後，我屢屢對人宣揚，尤其對宗教、文化、教育界人士演講時，申述這一經過，成為教人盡心致力於文化教育之絕好教訓——表出犧牲服務、愛人助人，不是無效，而自己終受其益的。

到梧州了，我們仍在原艇住宿，等候「輪渡」（即小輪船拖大渡船），行駛西江。過了兩天，我們買得艙位，由原艇過船。乃打發兩民團及艇家回去，並給介紹函與後者——介紹其他避難蒙山的人乘此艇回粵。

沿西江東行，過肇慶稍停。我先登岸買了些廣東點心給家人吃。眾人初得再嘗家鄉風味，無不逐笑顏開。輪渡於半夜到廣州，泊長堤之西。我們安睡到天明。我又囑家人暫勿走動，我先登岸，趕急到一茶樓買了多種「早（晨）點（心）」，一包一包的給全家人盡情享受。一看小兒女搶著大吃，直如餓鬼，我不禁大樂。早膳畢，乘客多上岸去了，我又叫他們暫留勿動，我要獨自登岸召人來搬行李。我到了小店，叫醒店員，即糾集幾個人，拉著自有的小車，趕回去接他們。於是人人上岸，行李上車，全家老幼隨車慢行，邁步走幾里路回西關老家去。人人樂不可支，且行且高唱。是呀，我們奏凱歸來了。繼母老太太倚閭歡迎，全家團圓。後來得聞有幾家人，於抗戰時瑣尾流離，到處逃難，均平安無事，然當勝利回粵途中，偏偏遇劫，財物俱空，甚有遇害的。比較上我們一家算是如天之幸的了。

我感受陳家的大德無以為報，一到老家即安頓文統於小店樓上宿舍，諄囑舍侄和店員小心招待，使無缺乏。他食住有著，靜居讀書，準備考入嶺南大學。放榜時，他果中選。我又送給他一名免學費的學額。（這是先父生前捐贈嶺大一座在長堤大路的五層大樓，每年租金可供十名大學生的學費，由我分配給五名。）至於我在蒙山欠下陳家陳族的債，全部償還給文統，作為他四年入學的使費，他自有函與家族辦交代。他父兄來函多謝。如此如此，恩恩相報，代代繼承。這個恩德循環圈連續不斷者卅年，至今未已。將來子孫也會繼續下去的。（四年後文統畢業嶺大，得文學士學位，擅文學。其後，來香港從事文藝創作為生，出品暢銷，蜚聲海內外，成為最多產的最出色的小說家之一。）

那時，廣州收復未久，治安仍不完善，時有偷竊搶劫之風。我一出們，在長堤坐人力車，即被一小賊從橫巷跑出來，搶了我的氈帽——「射盔」去了。日間路上行人也不多，晚上尤為寂靜可怕。一片荒涼之景，多時方恢復繁榮。物資缺乏，物價奇昂，上文已提及。但最痛快者則每在大路上看見已繳械投降的日兵，在軍官監督之下，各持敝帚，沿街打掃穢髒泥土，作「清道夫」。後來，故友漫畫家葉因泉績了一張「皇軍掃街圖」邀我題詞。我振筆疾書：「打！打！打！打到街邊揸掃把！」噫嘻乎！八載深仇，八載危難，八載苦痛，寫了此十大字，都伸雪了。

我的家業，費了許多精神和時間，才能復原。所幸者則老家還完整，除了我們自己一家居住之外，還可招待陸續由桂回來的親友。勝利後，廣州也有些不肖之徒，假借勢力，乘機發「接收財」，從事敲詐人民，沒收產業，動輒加以「附逆」、「逆產」惡名。幸而吾家無恙，未始非拜受「立法委員」煌煌官銜之賜也。乃知大戰八年，人人受難，政界中人，吃苦吃夠了；一有機會便乘機「撈幾文」，聞全國多處均有此惡現象，是反動反常的現象，無怪「貪污」之病，受盡海內外人們之譏彈、咒罵了。

於快樂凱旋歸粵後未幾，即驚聞至今我哀痛的消息；即是，曩在九期間挺身仗義庇蔭我多時的楊詠裳女士，在大戰末期遇難事。原來，她先時由九龍回粵，賣產挈兒女赴桂，在一家公司受職。後隨該公司播遷貴州獨山。適遇日軍進攻，離城數里。男女紛紛逃入一大山洞避難。楊女士挈小兒女二人從焉（長子未隨去）。迨日軍再迫近，勢將入城，逃難者知不能免於污辱，於是在愛國存貞的觀念下，縱火燃著洞內預藏炸藥數箱，全體殉難，可稱壯烈的犧牲。隆然巨聲，傳到來攻的日軍，以為城內防禦鞏固，自覺人少不敢進攻，反而撤退。獨山保全，貴陽也得保全，而重慶陪都不致危及，是大有價值之犧牲也。（以上事蹟是由黔回來的故友張慶瑩先告訴我的。其後，楊女士的長子也由桂回粵，同樣詳述，故可信為事實。）

當省政府羅卓英主席得知我回粵的消息，即蒙邀讌。乃有一趣事發生。我於賓主聯歡言笑間，偶然說出：「一騎紅塵妃子笑，無人知是荔支來」這膾炙人口的杜牧兩名句，許為嶺南名產——荔支——千古流傳的佳話。詎料同席有一軍官，竟毫不客氣，當面駁斥，謂那時楊貴妃所得而吃的是四川產而不是由廣東遠道進貢的。我清楚記憶嶺南貢荔事迭見唐宋歷代詩文。無奈當時手上無書可引證，而且在那官式的盛大的讌會上，余忝居上賓，斤斤置辯，令東道主難過，殊不合禮節，而且迹近自炫，有失手度，故默然不答，雖心裡受窘，頗覺尷尬，仍勉強按捺感情，隱忍不與計較。然而經此刺激，卻令我得了回粵後研究廣東文獻的第一條好題目。後來翻閱史籍，蒐羅資料，專撰〈嶺南荔貢考〉一篇考證文章。結果得到滿意的答案，自信可作為那千年史案之在學術上有決定性的結論。（原文載民六十年臺灣《廣東文獻》創刊號）以後數年，我於公餘繼續研究廣東文獻與太平史，寫了考證文多篇，分別在各刊物發表。

時當初秋，各學校陸續開課，乃遣兒女們分別上學。家事才得有秩序的整理。那時，我自己也變了「餓鬼」，饞涎常滴。似復仇般，天天邀約友好，到茶樓酒館去大吃大吃。一個月後，弱胃枯腸受不了，起革命了，患胃病。多時始癒。在反動作用下，不知不覺中自己也犯了一條衛生的自然因果律，活該活該！

立法院孫院長得我電告回粵，即覆電著我回渝供職。我以家務羈身，尚未能成行。同時，我感覺辭官的時機已屆，故遲遲其行。其實，自抗戰軍興，我已想跳出宦海，不過國難正殷，全國同胞——尤其我厠身政界的，應各盡救國之責，不當飄然遠引。所以我勉強捱下去，預期勝利一臨，便除去烏紗，還我初服了。在逗留廣州期間，我在社會稍事活動，膺任黨部文化委員，被選為「簡族自治社」社長，襄助該社辦「眾賢中學」於大宗祠內，又屢赴各社團、學校應約講演，也同各方面應酬。又蒙中山大學研究院聘任為歷史系指導教授（義務的），主持學員研究太平史之指導及考試事。「玉尺量才」，得蘇憲章一人，領文碩士學位。令我覺得光榮無限。

廣東文獻館

我與羅主席卓英會晤後，蒙其誇奬同仁曩在香港舉辦宣傳鄉邦文化的事功（他曾從遠道捐款匯港），並明示如今河山光復，如能集中全省的人才力量作大規模、有計畫的文獻事業，成就必更大，猶且勉勵我努力再幹下去。我乘勢將多年夢想設立的「廣東文獻館」一事提出，與其商榷。他聞而動容，深韙芻議。繼而省政府委員羅香林、黃文山兩君也極端贊成。羅君推動尤力，即薦舉我任省政府顧問，並與羅主席商定，正式向「省務會議」提出創設廣東文獻館，並決議以「廣府學宮」為館址。

先是，當羅主席與我商議此計畫時，他提出一個先決條件：必要我留粵主辦斯館，方決議創辦。那時我正在出處進退，徬徨歧路中，忽得此新事業、新任務之宣召，當機立斷，不假思索，一口答應，乃成定局。我之所以毅然擔負此責，因個人對於研究與發揚鄉邦文獻，興味倍濃於政治、黨務，已從事於此多年。心中常懷理想：我國歷史悠久，文化豐富，而疆土遼濶，傳統文獻真是浩如煙海，斷非少數學人，在短期間內，在一二城市中，所可能加以全部整理的；但如採用分區分工、合作共進的科學方法，由全國各省組織機構，就地徵集人才，同時並舉，依著普遍固定的計畫，分途一致作系統的進行，則十年之內，各省文獻必能有一次大整理，更能以各省所得總匯及貢獻於全國，則對於中華文化之復興與光大，必有非常偉大的結果。而且各省亦自成中心，分縣同樣舉辦，總匯於省級文獻機關，轉以貢獻於全國，如此，收效更速更宏。今吾粵既有此無上機會，真是夢想多年而未得者，焉可失之交臂？而況懍於素所服膺之國父遺訓：「當立志做大事，不可做大官」。今有此適符素志之「大事」可做，故決定寧捨連任十三年之立法委員而任此新職責，並擬獻其餘生以為此服務焉。反正，我在政治圈內毫無貢獻，尸位素餐，良心不安。若從國民政府的角度看來，少我一人，絕無損失。今有新事業當前，容我開荒發展，於國族，於鄉邦，於個人，皆得其益，何樂而不為？此我在宦海飄流中，自願登陸之文化島。這也是我一生最末一次的政治的——不，其實是半政治的——活動。

卅五年一月廿五日，「省務會議」正式通過此議案，並以羅主席為籌備主任委員，我為籌備專員。隨撥的款為開辦費。館址「廣府學宮」於戰時為某軍部駐紮養馬之場。至三月初始陸續收回而開始籌備工作。有數友及雇員數人為助。先行清除積穢，修建房舍大門、宮墻，葺補「大成殿」，兩廡、及庭階，廣植樹木花卉，又由熱心人士捐贈及購置家具、器物、圖籍（募捐收購基本典籍）、古物。籌備工作分六期進行。盡量利用原有的廢圮的木石磚瓦為材料，不足乃另購，而自行鳩工建造。如此節省工程費不少。我自己親自設計，每日到館監督工程。得潘約翰建築師義務為助，故有成績可觀。數月後籌備事宜方告一段落。中間，饒宗頤由桂回粵，擔任秘書。又得宿儒陳德芸任顧問兼圖書室主任。工作上軌道了。

至九月十九日，開成立大會，廣東文獻館正式開幕。於時，全廟內外煥然一新，既適文獻館之用，又保存原有之莊嚴氣象及壯麗景色。與會者共見宮墻依舊，泮水常清。花木扶疏，時挹清風之習習。庭階肅穆，重瞻聖殿之峨峨。羅主席親來主持開幕典禮。是日適為廣東光復卅五週年紀念日，而全省行政人員也在斯時開會，全體赴會，另有軍政黨文教社會各界人士參加。來賓數百人，會集於「大成殿」內孔子木主及國父遺像——先聖後聖——之前。羅主席有長篇大論的演辭發揮東粵文獻在歷史上的光榮，而結論云：「文獻館成立之後，當從事於有計畫的搜集與保存，當悉心於系統的整理與研究，更當努力於有方法的光大與創造。」這無異是立定斯館的基本宗旨與工作原則。更添上一句「不是存古而且要通今；不是抱殘守缺而是溫故知新。」其後，在一個公開演講中，他曾說關於斯館之成立有云：「用最少的經費，最少的人力，最少的時間，而呈出極大的成續。」此數言大足為吾人告慰和鼓勵。

省政府已敦聘了全省文教軍政人士為理事。當即就職。隨由省政府頒授長丈餘的紅白二色的館旗。登時與國旗分懸於門前大旗杆上，驩鳴串砲，而後禮成。隨由各來賓參觀館內所展出之廣東名書畫二百五十點，聊當點心茶會享客。直至黃昏始散。在籌備期間，館務已陸續展開，如展覽藝術品，購置圖書等，成立後全部工作正式開始。

未幾，省府奉到國民政府內政部頒布省級「文獻委員會」組織規程與工作大綱。卅六年一月，省政府乃改組為理事會「文獻委員會」，仍設「文獻館」為業務機關，成為省政府會同社會人士通力合作的文化機構，受「委員會」督導。委員會以葉恭綽為主任委員。余忝被聘為「館主任」，是半官式的職務，所以不稱「館長」。每月由省政府照簡任三級支薪（比立法委員低二級）。但全館經費預算案多時尚未通過。職員上下十數人（內有家眷同住館內餘房者）不能枵腹從公，而館務又不能停頓，我便有「騎虎難下」之勢。無已，我只有撥私囊拿港幣現款出來，維持全體生活。每日在館內公厨「開大鑊飯」男女老幼共食。如是者數月。及預算案通過，發還所欠，方得上軌道，然所領得者是貶值日甚一日的國幣，照數清還墊款，僅值港幣什之二、三，我損失之大不及計算矣。我仍本著克己服務的精神，以後將月薪分贈與館內同事，藉以彌補他們的生活費。（那時，國幣價值日低一日。有一次，我與一位由美國來的女子會晤。她是「雲英未嫁」的。說笑間談間，她宣言將來非富翁不與結婚。我微笑對她說：「那麼，您最好來中國選夫，因為此時全國幾乎人人，甚至拉人力車的車伕，無不是百萬富翁。」她報我以嫣然一笑。幣值之低，體會於芳心矣。）

館中組織，分總務、編纂、採集（兼管圖書室）、整理四組，各置組長一人，館員若干人。至卅七年春，宋子文接任省主席。館務得繼續如常。天下事，往往有湊巧發生、奇妙莫名而不可以理解者。當羅、宋兩主席交接之日，館中花園假山上的一座亭子忽然倒塌了。那座亭，是舊有的建築物，木製，由館方修葺，粉飾一新。復由「理事會」決議命名為「卓亭」，以紀念羅卓英發揚文獻之功。由理事桂坫（南屏、晚清翰林）書匾額，題識比之昔年阮元、張之洞，發闡文化之不朽的偉蹟。詎料亭木早為白蟻蛀蝕朽壞透心。至是頹然倒塌，不可修復。但偏於羅去職之日發生，竟成為垮臺之兆，奇乎不奇？巧乎不巧？事後我曾為此事奔走於羅之秘書長及其本人（時暫居香港），請設法捐贈款項重建士敏土新亭，復懸匾額，以垂永久紀念。可惜不濟。（後來，羅君赴臺灣，東山不再起，賫志去世。）

自籌備開始，一連五年，因經費支絀，事業費尤少，以致原定的全部工作計畫，不能作按部就班的舉辦，尤其不能廣聘專家作研究及出版事業。於人力能力兩皆缺乏之間，我們仍黽勉從事，努力工作。今翻閱彙報成績略舉如下。一、徵集圖書，共得二千零八十餘種，都六千二百餘冊。二、蒐羅古物，共得九百餘件。三、接管文物，有日軍戰時搜劫之文件五十九箱，及代「敵產處理局」保管古物四千餘件。四、陳列文物，特闢三室公開陳列古物多種。五、藝術展覽，曾開「藝術觀賞會」，共十七次，最獲社會人士歡迎。六、宣揚文獻，曾開特殊文物展覽會七次，余個人演講十二次。七、表揚粵獻，曾開紀念古今名人紀念會五次。八、保管書版，收管昔時「廣雅書局」遺留所刻之書版約十三萬塊。九、調查文物，余奉教育部命，本館亦奉省政府命，調查戰時全省文物損失。十、編印刊物，計有在各報附刊「專輯」及「文獻雙週刊」、「文獻叢談」館方自行編印《廣東文獻通訊》、《廣州專輯》、《廣東文物特輯》（一巨冊）五十萬言，吳道鎔編《廣東文徵》廿七冊，都千餘萬言，由委員會僱員在本館謄錄油印九份。除以上各種外尚有專著數種在編修中。十一、保存古物，工作有七種（略），十二、文獻諮詢，軍政當局及各界人士機關屢就關於本省文獻問題有所諮詢。十三、文化中心，本館漸成為省會文化中心，文教藝術界借地開會或展覽會，及個人到館閱讀、靜養、習作者，不可勝舉。十四、《廣東叢書》，前在香港發起之「廣東叢書編印委員會」由葉恭綽與我主持，已出版兩集。勝利後，與館方合作，編印第三集，內有《太平天國官書十種》四冊。

這裡應加入一段插曲！卅六年春夏間，忽有嶺南學生殺師案發生。報上大事宣傳，嶺南大學附屬高中生將一名教員，由樓梯頂踢落地下，致令喪生。於是惹起刑事官司，將一名杜姓學生判罪，處以徒刑。當訟事進行時，杜與其律師來見我，請我出面幫忙，因為我是當年的「嶺南校友會」會長。我親赴嶺南調查實況。據多方面所得，與報上宣傳大有出入。原來那教員品格輕薄，生性尖酸刻薄，教授法又不善，學生皆與其無好感。每學期大考總積分他每每給學生五十九分，或五十九分半（六十分為合格），故而不能升級。這顯是立意為難，此亦多人受累，平素已不喜其人，於是怨聲載道。臨學年末，學生有意作弄之，稍雪積憤，此亦不過「大孩子」的思想與行為。一夕，他到學生宿舍談話，當其離去時，有一學生突將電燈機關弄壞了，全樓黑暗。其時，那教師正欲下樓，忽有一人從他背後踢去。在陰沉黑夜中他直滾下樓底。會樓底轉角處置有木桌一張，他的頭撞在桌的角上，乃受傷了。當時他還醒人事，而其家人不肯送入大學醫院急救。平時，他已患血壓高的病，因此意外事件，竟至令他不久即去世，其非蓄意謀殺可知。全級學生們知道鬧出人命大事，殊為驚惶，即議決共捐一筆鉅款與其家屬為撫卹金，欲和平解決其事。奈其家人不允，即提起「殺師」刑事控訴。但兇手是誰，無由指出。當時教育廳長姚寶猷親到校調查，下令著人封閉宿舍。並向各學生甜言軟語，苦勸當夜「舉足」行兇者自首，聲言可以從輕發落。但那個「兇手」早已於前宵遠颺了。如是者多時，弄成僵局。卒由杜某仗義挺身出來承認誤傷老師，冀同學們不至受牽累而得解放。於是他被捉將官裡去，成為同學「代罪的羔羊」。我既得真相，本擬用書面發表談話，或有助於那訟事。但姚寶猷聽我申說全事因果之後，力勸我不要公開發表。而那律師與杜某來見我之後，也主張不要發表，意謂如露出學生一向不滿於那教師，反令法庭疑為大家憤恨，蓄意報復，易加罪名。我於是不發表談話免有礙那律師的辯護，於是愛莫能助。同時，全市各報，大事宣揚，加學生以逆倫大罪。而且軍政長官，也紛紛發表談話，主張嚴辦，以尊師重道而維繫倫理。於是成讞如上言。

後來三十八年春，時局陡變。中央政府遷粵，有數機構，借用館址，館務因陷於停頓。尋而館員亦被裁多員，事業不能繼續。迨時事日非，廣州漸入戰時狀況，余恐全部所藏文物不可保，乃商之省立圖書館長杜定友請其接任館主任，將全部文物移置該館以便集中保存。蒙其慨允，乃由委員會及省政府辦理公文，卒於三月五日，由杜君接收全館。余乃得卸責。連這半官職的「館主任」也去了。

息影九龍

「文獻館」交代完畢，我即準備離粵赴港，先將書畫文物，一一運去。至六月，舉家回九龍。以後二十五年息影家園，閉門治學。

到港時，除了一家人的行李用具外，我個人肩膊上還負了一筆巨債——十萬港幣。原來前年，我飛滬兩次，因決留粵工作，故將滬寓售去。滙款回香港。繼而又在滬購得廣東第一古石刻「陳劉猛進碑」及粵東書畫多種。增富個人藏品不少。歸粵後，乃在西關經營新寓。再將港幣滙回，適國府公布盡收私人黃金外幣，只許國人藏國幣「金元券」。偏有我這樣的

「愛國忠誠」「奉公守法」的國民，絕對服從中央政府的功令，盡把港幣兌換了。不料「金元券」價值不能再維持，如山崩倒瀉，坐令我損失過半。但新寓建造僅至一半，不能罷手，而現款已罄，於是赴港設法借款，以維持工程，因此負債港幣十萬元。迨新寓建成而大局岌岌可危，在風聲鶴唳之下，我要放棄廣州一切新舊家產，孑身挈家人至港。巨債在身，每年納利息不少，有過於個人能力所能擔負者。至此，不得不作「傷哉貧也」之嘆。多方設法，調度經濟，方能維持家道。（這巨債直至多年後設法賣去先父在南洋所遺的地產，始得償還，重負乃釋。）

我本無意做官，對政治不感興味，「宦海飄流二十年」皆事不由己，勉強做下去。心裡最為難堪者，則歷任各官職俱無建樹，有一、二處公私事業稍感興味，設大計畫想幹一番事業，因為時局轉變，不克有終，徒費心力時間。而歲月蹉跎，大有「一事無成人漸老」之慨。至是乃自動自決離開宦海，且毅然停止黨、政、軍、社會，各種活動，絕跡榮利之場，並不做應酬之舉，恢復自由，還我初服，還我素志，杜門不出，埋頭治學，以至於今。

民國六二年夏六月脫稿

第四部

我研究太平天國史的經過

開始

我研究太平天國史的興趣，最初是在民國七年（一九一八）發生的。距今適屆六十年了。追述已往的經過以留紀念，可算是一篇別開生面的「歷史的歷史」，也可稱為「治學回憶錄」。

是年冬，我第二次負笈渡美，入芝加高大學研究院深造，專攻神學、宗教學。一日，偶在圖書館得讀史丕亞博士所著的一本傳教史（Robert E. Speer: *Missions and Modern History*）；其第一篇是敘述評論太平天國的。當時，舉世多未清楚認識太平天國之革命的真相和意義與性質，故常有誤解及歪曲史實之處。史博士苦心蒐集大量可靠而難得的資料，精心研究全役之史蹟，旁徵博引，撰成此篇，主持正義，立論準確，下筆嚴正，態度公平，糾正謬說，表彰真相，以為此曠代的革命大運動辨誣及表白，無異「洗冤錄」也。他敘述外人反對及醜詆太平天國之四大理由之後，自下斷論云：「然而這一大問題（即關於太平革命之是非善惡）並不能作如此簡單及概括的答案的。而且已往久經埋葬了的問題，總有復活的方法而要求簇新的答覆的。」

他於是博引證據，逐一駁覆，而陳出新的答案，合理正確，足為「太平軍」一洗沉冤。其間，他有一警句，最能表現他對太平革命之真知識，他說：「太平革命是中國人民對於滿洲治權之永遠不滅的仇恨表示。」（按：在此書出版之同一年，光緒卅年一九〇四，國父孫中山先生根據春秋大義而推許太平天國民族革命，見漢公著〈太平天國戰史序〉。一東一西，無獨有偶，各抒己見，作此創新偉論，可云巧合，是皆不朽的、正確的論斷也。史博士全篇，我曾節譯，載《大陸雜誌》卅七卷七期，民五七年十月。）

史博士這一篇，於洪秀全之神秘經驗、宗教信仰、革命活動、與太平天國之創建及理想，一一詳述，夾敘夾議，為我以前所未知未聞者，令我大為興奮，印象至深。由是，對於研究太平歷史開始興起永久的、濃厚的興味，以迄今日從未稍減，只有隨日增加而已。自此，我決定以「太平天國基督教」為考取博士論文題目。領得碩士之後，在圖書館搜索有關太平史的英文書籍，一一細讀，箚記要點。過了多時，頗有所得。方擬著手撰著，忽接父親來電言病重，著即回國。我持電向主任教授請教行止。教授既知我是獨子，即正色作答曰：「倫理責任，不可卸也；博士之考得，不過一時之虛榮與個人之快意事耳；此時不得，俟諸他日可也。」我遂棄學回國侍養。未幾，父疾有瘳，烏私稍遂。但以後再無渡美從學的機會了。此為民十年間事（一九二一）。

此次回國，雖未得有博士學位，但除了太平史料箚記之外，我卻帶回了一種最為重要、最有價值的治學工具。那即是科學的歷史方法。原來芝加高大學諸教授中，有好幾位專家是早年留學德國的，所以他們所傳授的治學方法，乃是一脈相承的享有盛名的歷史學派，復發揚光大之，成為成績斐然的大學者。我受了他們多時的訓導，得其精神與方法，是故以後一生獨立治學，皆秉承師訓，恪守軌道，一是以此歷史方法學專門研究太平史，旁及他門學術。

「太平迷」

在滬侍養期間，我任「中華基督教青年會全國協會」編輯幹事。於正常職務編撰宗教書籍論文之外，念念不忘繼續研究太平史，殆以為副業，——一種知識上業餘的好癖（hobby）或娛樂。工作有暇，輒從事搜集中西太平史料，增富昔時的箚記。但研究範圍漸已擴大，由其宗教單方面而伸延至整個革命運動之全面了。因自知史料未足，不敢謬然執筆寫作，只是進行科學的歷史方法之第一步驟——蒐集史料。當時，一有餘暇，逢人便問，見書便購，並到處採訪。上海縣城、杭州、蘇州、南京等處都去過。零零碎碎的事蹟，與官書、半官書、私人著作，收入也不少。英文書籍則由三個圖書館借閱——即是基督教的「廣學會」、「英國皇家亞洲協會」和「青年協會」英文藏書部。所得可算頗多。因為蒐集工作之情過於狂熱，近乎幼稚病，致惹朋友們的譏笑，稱我為「太平迷」。我一面竊笑，一面也居之不辭，因深識一條真理：凡在學術上，即如在藝術上，以至凡在各種事業工作上，必要專心致志、苦心孤詣、堅毅努力、集中全身全部精神力量，以長期從事於一個單一目標者乃克成功；而斷非無恆心、無苦志、無毅力，而只望一蹴而就或僥倖而得所能有成者。此荀子教人為學主於「一」之精義也。

當時的「太平迷」，其興愈濃，其迷愈甚，迷頭迷腦，屢鬧笑話。及今思之，猶是可笑。如偶聞人言，蘇州城外「戒幢寺」的五百羅漢，其中有一個手拿著「太平天國」大錢者。我即乘車去觀察，以為是「太平軍」遺蹟也。至則見那羅漢手抱的大錢面文，原來是順讀「天下太平」四字，不過「下」字在底，為手指掩蔽下截，故全文甚似「太平天國」而已。不禁私自發笑，但問題答案雖是零，仍得了準確的「非也」的答案。我乘機去遊覽昔年的「忠王府」遺蹟——「拙政園」，也算不枉此行。

又一次，聞美國友人說，上海南京路一家骨董肆有「太平天國」金幣出售，即囊鉅款去買。至則果見有金錢二枚，大小及形式一如平錢，製作頗精，索價每枚大洋百元，不肯稍減。方欲交款買入，但多看一眼，且以指頭輕揑其一，不料金錢隨手破為兩片。我登時嚇了一跳，掌櫃的責令照價賠償。我卻與其理論，振振有辭：「如果錢質確是真金，何可揑斷？製造偽物行騙，該得何罪？」在嘈吵爭論之下，店東出來，廉得其情，自知理虧，急於息事寧人，不再追究，我才得從容脫身。官司打不成，一出店門，忙以手帕抹抹額上的汗。

在這期間，我曾回粵，又乘機到處採訪。過香港時得張祝齡牧師之助，頗有所得，因其先祖早年曾「窩藏」未顯時的干王洪仁玕於東莞故居，故抄得洪秀金及洪仁玕的遺詩，給我轉錄。牧師尊翁又曾與事敗逃回之干王嫡子葵元同學於李朗書院。所聞故事皆為我述之。

回廣州後，復由張牧師介紹得識亦由天京破後間關逃回的琅王洪魁元後人洪顯初醫師。他親為我回本鄉詳細採訪故老傳說及攝影本鄉風景。關於洪秀全童年生活及鄉居事蹟，令我獲得史料不少，皆世人所未知者。

初步研究

民十三年（一九二四）春，我到燕京大學任教席，仍以編譯及撰著宗教與哲學書籍和講辭為主要業務。一有餘暇則如前從事研究太平史，蓋仍以為知識上消遣的副業。曾將〈太平天國文學的鱗爪〉一篇，在周作人主編的《語絲》發表，又在各處演講太平史。初露圭角，即惹起學術界的注意。旋而引起自研史學的羅爾綱及北大學生謝興堯等興起研究太平史的興趣，時來訪問。後來，兩人繼續研究，各有所成。又有燕大一李姓學生以「石達開日記考證」為畢業論文，請我指導。我教其施用內證研究方法，而斷定此書為贋鼎。及今回憶，乃知當年的事工，實是民國成立前後開始以科學的歷史方法來研究太平史之開荒工作。

未幾，我見自己在國外國內所集蒐的太平史料盈箱，而全役太平史蹟亦得有輪廓，遂以為足以進一步撰著一部破天荒的「太平天國史」了。不料執筆過了一個時期，愈寫下去，愈為灰心，蓋已逐漸發現所得自官書、半官書、及私人著述的資料，多不盡不實，舛訛過甚，殊不可靠，而外國及傳說的資料也苦感不足。根據這些資料而寫成的史稿，在學術界何能示人？深覺不能再寫下去。乃將積稿擱置起來。其後，愈思愈憤，不甘再受各書著者之欺騙，索性將全稿約十萬言焚燬了，以洩私憤，幾乎要停止全部研究工作。

然而，再過些時日，我研究太平史之濃厚興味，根深蒂固，絕未因此而滅絕，不特不放棄工作，反而下大決心，再接再厲，將已往所得的中西史料，留為將來參考之用。而立志從新開始，要由最下層著手做基本工作；即是：由太平革命運動最初的源頭，從事蒐羅、發見、考證、一空依傍，從頭至尾要獨力得到全盤的史料，務須掌握自己認為可信的史實，與真確的結論，然後再行執筆著史，必使將來寫出的太平史，全部有準確性，有真實感，確能一一表現當年革命人物及史蹟之生活真相，否則寧可擱筆不再寫。這不僅個人的性格使然，實是由於站在一個學人立場治學，對於學術的責任感。這不能不感到曩年留學外國，久受名師訓導、多得名著薰陶之厚賜，致不為虛名所誤。

正在照此新計畫展開工作時，忽然馮玉祥所領導的「國民軍」實行首都革命，繼而軍政大局陡變，馮軍退南口，奉魯直軍閥入據首都。我祕密參加馮軍反攻運動。事卒無成，而「國民軍」遠退西北。我因被軍閥通緝，遂隻身逃亡，重返「國民革命軍」的基地——廣州。自是，研究太平史及一切學術工作為之停頓。我則直接參加革命，奉中央黨部派赴「西北軍」（即「國民軍」之別稱）任政治工作委員。

在廣州時，曾與蘇俄顧問鮑羅廷及蘇俄中山大學教授達林辯論太平天國之性質問題。他們根據馬克斯的唯物史觀堅稱太平天國是農民革命的階級鬥爭，而我則根據史實力駁之，以中國向無經濟階級之存在，只有士農工商的職業區分，而太平天國則是民族、宗教、政治的——三合一的革命大運動。他們皆啞口無言，但仍不肯承認錯誤而改變意見——這實是馬克斯派共產黨徒一般的錯見、偏見。

國民革命勝利之後，我或從軍或從政，或因整理家務，奔走南北，數赴南洋，生活無時安定，書籍都不在手，只隨時隨地買得幾種太平史料而已。專門研究工作為之中輟者數年。

屯耕硯田

至民廿二年（一九三三）春，孫科先生就任立法院院長，我得備員為立法委員。公務無多，每週僅開委員大會及小組會議各一次。我乃有機會重理舊業，以暇日從事學術。是時，定居上海，所有書籍文物，盡行集中新居，積極工作，是實行曾國藩詩句所教——「上策屯耕在硯田」也。那時，學殖荒落，事業無成，內疚至深。顧重作哲學、宗教學之研究，則覺得新資料缺乏，昔年所學漸已生疏，而且與學術界久已隔離，環境與生活大變，不易再行溫故求新，由是興趣銳減。幸而手頭仍擁有中西太平史料，對此專門學問的興味勃然復興，而且知道這塊肥美的田地仍待開墾；倘繼續工作，就地取材，悉心考證，必大有可為，當有相當的貢獻，亦不至把昔年的初步努力廢棄了。於是決心以太平天國的研究為以後畢生的正當的學術事業（即是：不再視為娛樂消遣的副業）。既立新志，即進行昔年在燕大所決定的志願，蒐羅史料的大活動、大計畫，而以完成「太平天國全史」為大目標。經過多時苦心努力，果然得有意料不到的豐富愜意的收穫。如今約略舉出於後。

燕大舊同事洪煨蓮（業）教授以所得之韓山文的《太平天國起義記》英文原本交我翻譯。此書為太平史之最重要的源頭，最為可信。原文及譯文由燕大圖書館合訂一冊，刊印單行本（民二四）。是為我第一種出版的太平史。其後，我又將此本譯文連同其他譯著多篇合編為《太平天國雜記》交「商務印書館」刊行（民二四）。內容有些考證工作，但未能稱為「歷史」也。這是我出版的第二種太平天國專著。

其間，我曾回粵，與數友親到花縣洪秀全故鄉考察、調查、及攝影。結果：得明瞭洪秀全與馮雲山、二人生長的環境，並從洪氏族譜與祖祠而發現秀全旳家世、生辰、本名及其他種種遺蹟，多為世人所未知者。（後來撰成〈遊洪秀全故鄉所得到的太平天國新史料〉長篇，載《逸經》第二期。）

其後，親到浙江嘉興訪得太平軍遺下兩個砲臺的碑石，又到江蘇常熟發見「報恩牌坊碑」及此王府遺跡。（考證均載《逸經》十四、十五期、卅二期）

由各方友人介紹，我陸續收得太平錢，大小精粗，各式各質，共百種有奇（連贗鼎在內，以資比較。看拙著《太平天國典制通考》之〈泉幣考〉）。又收得太平官印共四枚，與太平公據，如卡票、門牌、稅單等多種。是皆有助於經濟、政治的制度之研究者。

在杭州之「浙江文獻展覽會」及蘇州之「吳中文獻展覽會」，得見太平文物不少。影印及鈔錄遺物遺稿，令我得獲上乘史料甚多。（見《逸經》二十、廿四期、廿九期）

他如中西史籍之搜購，亦大有所得。從報章雜誌則剪貼有關太平史料者。所盡力量最大而收穫最豐者則為太平之役十餘年間英人在上海印行之《華北先驅週刊》（*North China Herald*），全上海只有一份完整的，藏在《字林西報》館內。我獲許可日日前往翻閱，檢出太平史料，特聘一中國女子同往作英文速記鈔錄打字。在夏秋間費了整六個月時間，共鈔得史料八百餘頁，皆上乘品也。（其中一部份已譯出載《逸經》及《大風》。曾將全部複製一份贈與中央研究院近代史研究所。）

先是，在民廿五年（一九三六）春，我邀集至友多人創辦《逸經》文史半月刊於上海。其中專闢「太平文獻」一門，特別吸引全國人士對太平史之注意，以為徵集及發表史料之園地。先將我自己所得的珍貴史料刊出，以為公開研究學術之表率，並作拋磚引玉之計。結果：獲得各方陸續付來不少上好稿件，美不勝收。經此提倡，一時研究太平史的空氣瀰漫全國，蔚為吾國史學界之盛事。其間，我最感激而最重要者，則為北京圖書館王重民先生寄回，由英國劍橋大學所攝得之太平官書十種，皆國內所無存者。其中《太平天日》、《資政新編》、《軍次實錄》三種已在《逸經》發表。以後全部編入「廣東叢書」第二集。他書有翻印者。此外，尚有多種重要收穫，不及贅述。

為彌補多年荒廢學業，我發憤有為，努力工作，夜以繼日，每日耗費十多小時，假期不輟（每星期赴京開會一日除外）。於太平史之研究更為辛勤，以為「亡羊補牢」之計，辦理《逸經》，譯作散文，尚是餘事。於太平文物及種種制度要徹底研究，又不得不追溯歷代文獻、各種制度，以期明瞭其因果關係而互相比較，如是者年餘。人體究是血肉造成的，縱然那時自恃年富力強，無奈精神體力消耗過甚過久，漸呈不支。至翌年（民廿六）夏，神經衰弱病發，身體亦日趨孱弱，不得不擺脫一切，向立法院請假，南返香港休養。這是十餘年來初得享受的假期。

無何，七七事變，繼而大戰爆發，我羈留九龍，曾乘輪返滬，因滬戰方酣竟不得登岸，迫要趁原船南歸。我旋受命在港九任黨務，主持文化工作，與敵奮鬥，所費心力不少。幸而早由家人將留滬書籍文物運回，又得重操舊業，於公餘繼續研究太平史。而《逸經》在滬終於停辦了。我又與友人在港創辦《大風》月刊，以為文化鬥爭之活動，兼如前發表太平史料。此外更展開文化運動，主辦「中國文化協進會」。又曾在港大公開展覽所藏太平史料一次。

對於太平史之研究工作，我在香港大學圖書館發現多種典籍，時往閱讀，箚記要點。又撰寫太平史多章在各處演講及在《大風》發表。到是時已由蒐集史料、考證史料、編比史料的工作而進入撰寫初期歷史的階段了。

僕僕桂渝間

民三十年（一九四一）十二月，港九相繼被日軍攻陷。我的一切公私工作不得不完全停止，個人則匿居四閱月，卒得間化裝孑身脫離虎口步行入內地，到曲江轉赴桂林。在此小住期間，友人多以太平史事垂詢兼勸我留桂研究。我以必需回渝奉職，俟有機會乃再來從事。但有一事，頗為有趣。緣當時有兩齣盛極一時的話劇均演出太平史的，很為人注意。一為歐陽予倩的《忠王李秀成》。一為陽翰笙的《天國春秋》。桂友皆不喜之，甚至憤怒，以其侮辱太平人物——多桂人，但又不知如何對付，亦不明其是非曲直。眾人紛紛要我撰文辯白以平眾憤。我順情閱讀兩劇本，自有心得，於是寫了一篇有學術性的劇評交桂報發表，不作文藝性的批評，只指出史實上的錯誤。友人看見吐一口氣，皆大歡喜。我的評論以歐劇主題尚屬正確，不過史實上有錯誤，但尚可修正。（其後，面晤歐陽君詳告一切，他一一照改，比原著大有進步，更得人稱讚。）惟有陽氏一劇則根本歪曲史實，主題錯誤，無可救藥，因為他美化東王楊秀清過甚，以其為忠君愛國的純臣，而被極端醜化的貪劣腐敗的北王韋昌輝所刺殺，引起內訌，卒召太平天國之滅亡。當時我只是指出劇情與主題之謬誤，東王不是那麼忠正，而北王不是那麼奸惡，並不知其幕後「別有會心」。在各桂友看了大快於心之後，這劇評竟輾轉由貴陽、重慶，各報轉載。因此遂引起以下一段趣事。

原來中央黨部某組曾決議以文藝獎頒給陽氏劇本。事後即有某中央委員提出嚴厲抗議，謂此劇本本題是左傾政治性的，借題譭謗「國民黨」，蓋以東王代表「共產黨」，北王代表「國民黨」，臺詞針鋒厲害，詆譭至甚，卒因北王刺死東王——影射「國民黨」擊敗「共產黨」，以至引起亡國大禍。然而中央竟然頒獎與此大罵本黨的劇本，豈非大笑話？各委員為之愕然，但議案已通過，不易推翻，而且又不便直截將上述理由提出翻案，只好把此決議案擱置起來，暫不實施頒獎。及至拙篇發表，委員們看了，大喜大悅，即根據此文指出其歪曲史實一點，振振有辭，於再開會時提出取消前議，了結此案。陽氏終不得獎，實因此之故。我到重慶才聽到此幕後新聞，不禁竊笑。

卅一年（一九四二年）秋，廣西省政府黃旭初主席採及虛聲，聘余為省政府顧問，邀約考察太平軍史蹟及整理史料。余以機會難得，興致又勃勃，因得立法院之許可，乃飛桂工作。其時，適吾妻楊玉仙女史由港挈兒女脫險到桂相會，因知我夙視太平文物如性命，冒險將四大箱重要史料歷盡艱險運出，其餘大部分不得不留在九龍家中。我得復擁有此珍品，已喜出望外。於是與桂當局相約先將太平軍在廣西起義一階段史料，盡量發掘，一一整理出來，使成有系統的史蹟。如果當年不得到省政府給予種種便利，及各階層人士之熱心協力的幫忙，則斷不能得到以下所略述的成績。

在桂所得

首先，我在各機關、圖書館，及私人所藏，盡量調查及搜索省內所有的太平史料，一一抄錄及考證。所得甚豐，前所未見。繼而親到全省十三縣，作實地考察及調查，俱由省政府供應木炭汽車使用。

十一月八日，先到貴縣，收得《新貴縣志》，訪知翼王家世，參觀翼王祖墓碑，得拓本，又抄錄翼王歸故里時為興業縣戲場所撰聯語。於此，初會在鄉養病之羅爾綱先生，蒙其錄贈兩本罕見的史料，並告以有關太平軍的貴縣風俗。隨邀其扶病同赴金田。

十一月十二日——國父誕辰——經江口、新墟、赴金田——太平軍起義地區，由桂平官紳陪同前往。所可異者，本地人士多以太平史事詢問我，且有不少受了黃世仲的小說《洪秀全演義》之影響，反而不識真史實者。我沿途考察金田村、紫荊山一帶的地理形勢，於太平軍醞釀革命及起義進兵之經過，如犀牛嶺、犀牛潭、風門坳、三江、大宣等形勢，一一在目。得到地理背景，快慰莫如。又由太平遺民數老人，縷述洪、馮、楊等起義事蹟甚詳，藉得與前所有的史料比較參證，益為翔實，礙難盡述。（可看拙著《金田之遊》）其中至有價值之一事則得知楊秀清原來是洪、馮二人在紫荊的居停主人曾氏的母舅，為一方之土霸，身分如此，無怪其在太平軍得崇高地位與權力。沿途我們都有攝影，尤其紫荊山之遠景一張至有價值。多年後，猶念念不忘者，則為在金田村外親見幾個赤膊赤腳在耕地上的村民，因而得有對太平人物的真實感，由此令我想到太平天國以後許多「王爺」就是那樣出身的平民了。（此次來回皆步行，路程僅廿餘里。）

回到江口墟，蒙邑紳陳先覺君招待於其在石頭腳的大公館。那是飭工到廣東摹仿大廈建築而特造的，堂皇華麗，有如祠堂，甚似宮殿。那就是洪天王當年駐蹕之處，也是太平軍由桂平出兵總部之所在。在桂平，我抄得韋昌輝的族譜、及幼贊王蒙時雍的家書，敘述起義前後事，為第一手最上乘的資料。（此件載《金田之遊》。惟頁一二三第五行首句「丞相而升」之下脫漏一行「侯，由侯而升督率贊天豫。於丙辰六年，翼王出師遠征。其朝廷大權均歸先父掌握。即於丁巳七年由」諸字。又其下「督率贊天燕」，應作「督率贊天豫」。茲補訂如上。）其時我向當地官紳獻議建築「太平天國紀念堂」於縣城以留紀念，後果如議。（此外尚採訪得有對聯、民謠等，茲不錄。又曾到鬱林採訪，無所得。）此行接得由港逃出之家眷及所辛苦運出之重要太平史料。

回桂林後，即著手研究及編撰《金田之遊》。翌年（民卅二，一九四三），赴蒙山（即永安）調查，所得亦不少。順道往荔浦、平樂，無所得。歸桂林作〈蒙山採訪記〉。三月，赴柳州。由張任民將軍介紹謁見其八旬尊翁延禧世丈。蒙借抄所著《見聞錄》未刊稿，所載關於太平軍攻桂之戰蹟及廣東「三合會」首領平靖王李文茂在桂鑄錢事蹟（即「平靖勝寶」大小錢）。旋到宜山（即慶遠）得親睹翼王在石龍洞之摩崖詩刻，此為唯一的翼王真作。又抄錄得翼王三十初度之祝壽聯並得聞其駐軍宜山遺事。此次遊程收穫甚豐。歸桂林後，即一一書出。

五月，赴全州觀察及採訪，隨到附近之蓑衣渡視察地形。由邑紳招待及力助調查史蹟，乃獲知太平軍當年在兩地血戰之詳情，與平南王馮雲山先在全州受傷，後在蓑衣渡殞命之祕史。《新全縣志》亦蒙邑紳贈送一冊。於是經興安視察半日乃歸桂林。即寫〈全州血史〉一篇。

在此役旅途間，因館舍汙穢，腹部為毒菌所襲，生一大癰，甚為險惡。幸得省立醫院名醫割治，月餘乃癒。此不可謂非研究太平史所付之代價也。犧牲血肉，是篇名「血史」之又一原因。

在桂林工作頗忙，日夜寫採訪報告。各篇續交《掃蕩報》發表。（省政府所辦之《廣西日報》副刊為左派把持，不肯登出。）此外，又盡量，抄錄各私人與省立圖書館所藏有關太平戰役的文件、函牘、詩文等資料，一一加以考證，分類編撰散文。連上言各遊記共得十餘篇，合編為《金田之遊及其他》一書，由黃主席旭初作序。用省政府編譯處名義出版，以酬謝省政府。

在桂林時，曾應各方邀約演講太平史多次。又將吾妻攜出之太平史料，擇其罕有者十餘種交給省立圖書館錄副以廣流傳。（後來，羅爾綱亦轉錄一份。）在桂林工作整一年，乃告竣事。

陪都工作

是年（民卅二）九月初，以在桂工作告一段落，留下家眷，與桂友乘車回重慶。路過貴陽，蒙「貴州文獻館」任可澄館長告以翼王軍當年馳驅黔省史蹟及他種罕見史料。到渝後，復任立法委員，每星期往北碚開會一天。餘時則多半獨居旅舍斗室，日夜寫作。卒完成《太平軍廣西首義史》全書。此書內容，將昔在《大風》發表之數章重寫，編入在桂所得之新資料，另撰「導言」長篇，共七卷，都四十萬言，由洪秀全之出生始，至全軍打出湖南止。這首義期的史實是歷來最為晦暗不明及訛傳最多的。此書一一澄清、辨正，陳出完全新發現的史蹟真相與系統。脫稿後，即交商務印書館排印，由我親自校對，數月始竣事。繼之，又將在桂所編成的《金田之遊及其他》共十四篇，從新整理，並交「商務」印行，不及親為校對矣。兩書均於民三三年在重慶出版，卅五年在上海再版。後聞《首義史》曾獲中央黨部頒以學術優異獎，惟我未幾復去渝，兩書之出版及獎狀終未得見也。是為我研究太平史之第三、第四種專著。在渝生活苦悶無聊。薪俸無多，生活費昂，又須擔負桂林家費，故日用節約，不敢出門應酬，惟有閉門寫作，卒有此成績。居患難中，於學術上在桂在渝收獲至多，患難其奈我何！

我在渝尚寫了幾篇有關太平史事論文，及赴各機構演講，分在各刊物發表，成為後來專著《全史》的底稿。又收得翼王遠征末路的新史料，研究工作，鍥而不舍。但因長期營養不足，工作過勞，身體精神，日趨孱弱，出現不支之徵象。嘗在赴立法院途上大汽車內暈倒，多時始甦。其他病徵日漸顯著。

勉強捱至七月初（民卅三年），忽聞日軍進逼桂林的惡消息，乃向立法院請假南下安頓家眷。此次乘飛機赴桂林，至則見全城蕭條冷落，居民多已疏散。家人亦與他家乘大船南去平樂。我即與兩友僱小船沿河追蹤，至平樂重聚。居大船兩月，又有警報，乃舉家往蒙山，蒙門人陳文奇招待於其村居。生活稍得安靜，日惟以教兒女中英文，及瀏覽太平史料為消遣。除筆述日寇動態外，未能寫作學術性文章矣。

鄉居數月，又時聞日軍來攻之警報。輒於夜間到各鄉逃難。一次，舉家走避六排深山。太平史料四箱及珍貴圖畫一皮箱則寄藏於山中農家。因恐人疑是貴重財物，先事開箱當眾翻閱，盡是書籍及以地圖遮掩之圖畫，各箱亦不加鎖。那老實農家向人揚言：「那幾箱所載不是銀紙（銀幣），大眾看過都是書紙。」由是得以保存。

十一月中旬，蒙山縣城陷於日寇及漢奸。幸而各村未被擾。全家下山居鄉。至翌年五月，全家又避居他鄉，史料仍留山中。六月初，日軍退出蒙山，乃回陳宅。直至八月中，得聞日軍投降消息，大喜若狂。全家於九月下旬雇船回到廣州老家，恍如隔世。尚可誌喜者，檢點存於九龍之文物大部無恙，太平史料則只失去不大重要者數種。可惜昔年所寫之箚記與卡片均為白蟻蛀蝕。幸所存書物尚足為用，繼續研究，不至廢學。

在廣州五年

由民卅四年（一九四五）勝利後，直迄卅八年（一九四九），我在廣州創辦及主持「廣東文獻館」，全力以赴，僅以餘暇研究太平史。先將王重民先生在英倫所得之太平官書十種影片，編入《廣東叢書》（葉恭綽主編，我副之）第三集。我作序文，交由「商務」印行，一九四九年出版。其後，他家出版之太平史料，疊有翻印者。此為最重要的太平史料之一部分。

在此期間，我曾到滬兩次，再得獲太平錢數枚。老友董健吾先生為我收集太平公據三種，藏之數年，至是惠贈，最為可感。我又收得一個太平兵之銅質「聖牌」（拙著《通考》第四篇後附圖印出原樣），是為海內外獨一遺存之太平腰牌，至有價值。

是時，在廣州蒙中山大學研究院聘為指導教授，指導一位以太平外交史作為考取碩士的論文。一年後為之審查通過，又予以考試，亦通過，遂領得碩士。這是我唯一的正式的太平史學生——蘇憲章。其他前來或函來問學之中外學子，不可勝數矣。

比較上，我個人在廣州所費研究太平史的時間多在搜討廣東「三合會」響應太平軍及太平錢幣之整理與研究，計全部所得已逾百枚（連贗鼎在內）。乃為分類，各作註明，撰有〈太平天國泉幣考〉一篇，附泉譜。先在「文獻館」印行之《廣東文物特輯》發表。（此書因印務故障只印行百本。）

民三七年（一九四八）五月，在文獻館舉辦「太平天國文物展覽會」一次，分㈠遺物，㈡著述，㈢圖表（石刻拓本等），共數百種，皆我個人藏品也。

困學九龍

至卅八年（一九四九）春，時局陡變，國民政府一度遷粵。文獻館館址大部被中央機關借用，館務停頓。迨時事日非，館中所蓄藏之書籍文物岌岌可危。余乃辭去「館主任」職，交由省立圖書館杜定友館長接辦，將館內全部藏品移置圖書館，以策安全。

六月，我由廣州遷家至香港九龍。個人所有文物集中一處。無官無職一身輕！從此息影家園，讀書靜養，於軍、政、黨、社會一切外務概不過問。漸漸地赤禍蔓延，投靠共黨者多人，紛紛來拉攏我，一概謝絕。乃覺人心不測，敵友難分，惟有杜門不出，鮮出應酬，在家從事文化工作。由是得有機會還我初服，以全部時間心力志於學。《論語》有云：「困而學之」。「孔註」：「人本不好學，因其行事有所困屈不通，發憤而學之者也。」同樣，我當時困屈於環境，發憤治學。廿九年來，孳孳矻矻，不息不倦，差有所成。每有新發見、新作品，則心裡得有無上快樂，那是自然的酬報。

我後半生的知識興味，大都屬於三個範疇：㈠哲學、宗教學，㈡廣東文獻，㈢太平天國。歷年研究、搜集、與寫作，不出此三者。可是我的笨腦是單軌的；在同一時間內只能做一件事，做完了，或厭倦了，乃謀其他。自從遷居九龍後，在三者之間我決先行從事完成太平天國史，以了三十年來之大心願，暫把其他二者放開。由是滅迹名利之場，專心致志於這一專門學術，以冀一生至少有一種創作的貢獻於文化學術界，不負多年的努力與志願。

我因專志治史，對於各方邀請擔任工作者一概婉謝。曾有八家專上學校請我任教席，皆卻之。大陸更有一「知音」－中共頭子徐特立特託葉恭綽、陸丹林、兩故友來函殷殷請我到大陸專撰太平史，推許之言，無以復加。這又涉及政治問題，我自然拒絕。徐繼又請我借出太平史料，因他也有研究此學的興味。我亦婉卻，理由是我正埋頭寫此專史，一切資料何能離身？但如他確有需要，可以派人前來我家抄錄寄去。結果無下文。我居港九治學，站在獨立的立場，可以自由研究，自由發表，不受他人影響，何樂而不為？

自是，我集中精神能力專治太平史。每日工作十小時以上，每至夜後一二時方休。次早，九、十時起床，不移時又從事寫讀。為顧全心理衛生計，每星期與親友或家人外出作娛樂，如看電影等一、二次，以轉移注意，不使太平史長留腦際。如為時過久，對太平史稍覺厭倦，即捨棄之而另作他項研究如陳白沙學說、廣東書畫、香港文物。有時停止多時，俟太平史興味復興，再行執筆，則精神渙發，趣味重新。行之多年，收效極著，所以對太平史之研究經數十年而不捨不厭。此心理學法門也。

當時，所面對的大問題，仍是史料。從前，史料苦感不足，但到那時新的問題乃是史料忽然苦感太多。原因中共方面既認為太平天國是農民革命的階級鬥爭，是他們的先驅者，極力推崇那運動，紛紛著書立論表揚之，猶且多方發掘和出版太平史料，層出不窮，圖文並懋。他們以一九五〇年（其實錯了，是一九五一年）為太平天國起義一百週年，所以到處開會，刊行文書，作盛大紀念。我在港九盡量收購，其中有不少極有價值的資料，皆照原文或原樣印行，不加竄改，對於今後研究太平史助力至大。（亦有只在大陸「內銷」，港九得不到的。）有此大量新史料，我又須一一細讀和劄記，比較舊者，考證新者，然而工作雖加倍辛苦，但收益良多，對於撰著太平史愈有把握了。

縱橫研究

我一壁收購及細讀新史料，一壁開始撰著工作。我早已訂定計畫作縱橫研究。所謂縱者，即將所得獲及可靠的史蹟，化零為整，沿直線，依年期，一一寫出來，由洪秀全出生之時起，以至太平軍全部消滅止。其間，最初一時期，由醞釀革命以至攻克南京，史蹟簡單，全軍只走一條路線，故用編年體。以後，分兵北伐、西征，同時在各省作戰，史蹟複雜，則用紀事本末體，分題敘述。至太平與清方兩面的領袖人物則用紀傳體表出其出身、家世等。如此運用吾國治史的三方法至為適當。至於橫的研究，則是將全部太平史料作橫剖，分題歸納其真蹟，以表出太平建國各種制度、文物真相，各作系統的說明。以上雙管齊下的縱橫研究，凡立言均有出處根據，乃成為客觀的科學的歷史。所有的主觀成分只在於晦澀難明之處，加以解釋，而仍本於個人的知識與見解，從不敢虛構一言一事也。事蹟出處及個人論據，一一註明於每事或每句之後，時或有詳細註釋在每事之後，輒有子注長於正文者。此我個人之方法與中外著者異。

我除了根據研究的總結論，堅信太平革命為民族革命這一大原則絕無妥協之餘地外，關於雙方敵對者之人物、政策、兵略、措施，與其他一切事為，其臧否、優劣、是非，從無偏見私見，一是本著事實與文獻，好者說好，歹者說歹，絕不誇張，絕不隱諱。例如：對於洪氏之揭櫫民族大義領導革命，忠於國族，至死不渝，我之讚頌，無以復加。然而對於他昏庸迷信之種種短處，卒致大業失敗，我亦盡情暴露，他人評述，罕有其匹者。至對於曾國藩之好名、殘酷、反對革命，我之貶辭世所鮮見，但對於他的文才、毅力、知人、用兵等種種優點，我亦據事直書，他人無如此稱許的譽辭。（看《全史》中冊頁一一五二）關於雙方其他的人物及事蹟均如此立言，態度獨立，自信史筆公平正直，無媿於科學的史學。

我開始寫作，首從《太平天國全史》下筆。未撰全文之前，先用大塊紙張編一本「太平天國大事年月日表」。上格橫書年月日，第二格為清廷大事，下格乃為太平大事，由洪秀全出生始，以至奠都天京，原係全軍共由單線行動。迨分兵北伐西征，則其下又分兩格，按時日簡略寫出大事。以後戰事蔓延，則又分多格，每一戰區或一種大活動自為一格，以至全局軍事結束為止。如是全部史事繫於時日之下，自有整個系統的繼續性，不再凌亂無序。「大事表」一成，全部歷史乃有綱領。以後可按此綱領，分題細述始末。這是我創作的新方法，甚為合用。（此表迄未發表）。

表成，我乃從事撰寫全史稿，先將舊著《首義史》卷二至卷七，及昔時在《大風》，及在重慶發表各篇，全行修正重寫，得十一章。繼又續撰十八章。共成二十九章，全稿殺青。這個革命大運動之全部史蹟，舉凡前人之所誤解或未明者，皆一一糾正，下新斷論，詳細說明，有活動的真相，兼有簇新的系統，更有連串一貫性的歷史活現出來。計我於此書稿閉戶埋頭專心苦幹者共歷三年。

一九五三年春，香港大學創設「東方文化研究院」。我膺任研究員之一，以「太平天國」為我個人的研究對象。這席位正符合我的工作，所以樂於擔任。先將《全史》稿——即縱的研究部分擱置起來，而從事作橫的研究，即是將這大運動之生活真相，作橫面解剖，分別研究其典章、制度，與一切文物、理想，分題表出各方面活動與創作的成果，如政治（包括各級政府、爵號、禮儀、璽印、外交等），經濟（包括食貨、賦稅、商務、田政、泉幣等），文化（包括宮室、科舉、文學、曆法等），社會（包括婦女、婚姻、禁革惡風陋習等），軍事（包括軍制、軍規、軍紀等）及宗教（包括倫理、道德等）。

每種制度或名辭我必不憚煩而追溯其源頭及演變，如政制、軍制、田制等等，所以要翻考歷代制度，甚或外邦製作（如泉幣，宗教諸條），以明出處，以資比較，以辨優劣。在各種制度中以宗教方面為最難明者。幸而我於基督教之經典、神學、及歷史，早有研究，故能明瞭及詮釋各難題一迎刃而解。

此橫的研究工作至為繁難，但語其成績，則不獨可以透切了解太平天國各種典制之來歷及真相，而且發現了好幾種太平革命之優越點為歷代所無有或不及而為世人所不注意或未之知者，約略列舉如下：㈠將最為殘酷、最無人道、而有二千年歷史的宦官制度，一舉而廢除之；王宮內服役者，悉代以女性。㈡各省制，廢除「道」而只設省、郡（為府之代）、縣三級。㈢縣治下分區設鄉治，由人民自選長官。鄉治分三級，可稱為民主政治，「民權主義」之先聲。㈣選才重士，凡士人皆佔優越地位。㈤尊重科舉，凡士子赴考者由官方予以舟車之便或發旅費；考期間在試院內由政府供給豐富的飯餐及用品（如燭等）。此制度不僅為吾國歷代所未見，即泰西各國古今所未有，誠值得大書特書之創舉也。㈥施行天曆，異於陰曆陽曆，而自有其特優處。尤可述者，天曆將歷古以來種種迷信成分一掃而空之，誠大快事。（以上見董作賓《天曆發微》。）㈦男女平等，如在田制上女子得田與男子相等；女子可任文武官，又有五等女爵位；在社會女子地位與活動亦同男子。此革命性之真表現也。㈧其鑄錢也，於通常銅質平錢外，有特大花錢，又製金幣銀幣，皆前代所未有者。㈨在文學上，必用句讀標點，文字尚顯淺通達而禁用古典及艱澀字句，且必須行文樸實而屏除虛浮之言。此近代文學革命之先驅也。㈩其所信仰之基督教，將吾國遠古以來所崇事之「天」、「上帝」、或「皇上帝」與西洋之「上帝」合而為一，又將中國文化傳統之倫理道德甚至理學心學，盡量配合於其教道，可稱為中國化的本色的基督教。此外尚有其他善政嘉猷，如禁煙、禁娼、禁賭、禁纏足、革陋俗、闢迷信等等，不及備錄。

我繼續不斷的費了四年半的功夫。先將舊作〈女位考〉、〈泉幣考〉兩篇整理一過，續撰十八篇。全書分題十五，共二十篇，另〈緒言〉一篇，都百五十萬言有奇，附圖九十餘，命名曰《太平天國典制通考》。其間，太平天國的藝文（包括官書、詔諭、詩文，以及贋鼎），則因我前於一九四一年在香港編印之《廣東文物》已刊出所撰〈太平天國之文物〉長篇（包括贋品考），故於此新書不再作〈藝文考〉。全書殺青，幸得「亞洲協會香港分會」慨助全部印刷費，即付排印，於一九五八年七月問世。是為我第五種太平史專著。

上書在排印期間，我由一九五七年五月起，應香港廣播電台邀約，講演「太平天國故事」，每星期三次，至翌年春始完事。講辭悉依史事用通俗的演義小說體寫出，不下四十萬言，未付印。

在此期間，我繼續任港大「東方文化研究院」研究員。即著手整理《太平天國全史》稿二十九章，有修正者，有增補內容者，有重寫者。都百八十萬言有奇，附圖八十餘。另撰長篇〈緒言〉。至一九五九年六月，最後的全稿乃完成。適研究員任期已滿，又繼續任名譽研究員，自由工作。荷蒙各親友捐贈印刷費，乃得付排印，至可感也。至一九六二年九月，全書出版。是為我的第六種太平史專著。《全史》與《通考》兩書，實姊妹作也。

會國立「國防研究院」主任張其昀（曉峯）先生在臺灣發動及主持、重修與編印全部《清史》，成立「清史編纂委員會」專司其役。我備員編纂委員，負責專撰《洪秀全載記》八卷，以為舊《清史稿》《洪秀全傳》之代。蓋以「洪秀全揭民族大義，建國十五年，用兵十九省，實為國民革命前驅。《清史稿》置諸『列傳』末吳三桂傳後，蓋仿《漢書》『王莽傳』之例，以逆臣處之，失其序矣，茲別立《載記》」。此為國定原則以太平天國為本於民族大義之革命運動，而為三民主義的國民革命之前驅。我即於一九六一年春夏間日夜趕寫

《載記》，根據「《全史」》與「《通考》濃縮內容，以編年體寫出，而每年亦分段敘述各役大事本末及典章文物內容，等於紀事本末。雖按年月編撰而史事仍得前後連貫。全稿共約十九萬言。此作編入《清史》內為「正史」性質，有別於私人著述，故在原則上，站在民國立場，明定其為民族革命運動，而內容則以記事為主，行文簡潔，平鋪直敘，於人於事，少作評論，務使全部記載有充分的歷史根據而得一般人之接受。此正符合「委員會」所訂立之宗旨也。《清史》全書果能在民國五十年國慶日出版，以為建國五十周年紀念，蔚為文化界，尤其史學界之盛事。

同年，香港大學舉行金禧慶典，中文系諸君協力編印《香港大學開校五十周年紀念論文集》」。我特撰〈五十年來太平天國史之研究〉長篇，約七萬言，以作貢獻，趁此機會為海內外學人數十年來（實由民國前開首）之太平天國研究作一總結算，或有裨於世之具有同樣興味而同事研究者，亦所以為將來編著中國學術史者提供參考資料也。

我研究太平史多年的結論，以太平革命係宗教的、民族的、及政治的——三合一的性質，極力反對馬克斯學派之以其為農民革命的階級鬥爭，前於一九五九年二月應香港大學「經濟學會」邀請用英文演講〈馬克斯學派之太平天國史觀〉。根據確鑿史實與真正文獻，詳細駁斥此派之錯誤觀念與理論，指出其為移史就觀之反科學的做法。事後曾以全篇講辭付與美國一家研究東亞問題的雜誌發表。主編人轉交與某人審查。詎料此人是左傾的，竟否決全篇，將原文付回。適民五一年（一九六二）十月「第二屆亞洲歷史學家會議」在臺灣開會。我得教育部黃季陸部長電邀出席，便將此篇英文原稿帶去，以作貢獻的論文。事後，由

「軼群」君譯為中文，經我親為校訂及補充，旋於十二月在臺灣《問題與研究》發表（二卷三期）。而英文全篇其後亦在該會議論文全集刊出。舉世史學者對於太平天國史觀為之一新。（在拙著各書中，對於馬克斯學派謬說，亦屢引確據，多所駁斥。）

在臺灣開會時，多謝楊家駱先生贈以在世界書局出版之《李秀成親供手跡》，至可寶貴。正在飛機啟程回港時，忽得張曉峯（其昀）先生手書，謂奉到總統蔣公面諭，著於三天內寫一篇詮釋此《手跡》一書之文字以供研究。我因手頭既無資料參考而時間又過速，不能執筆，請來使代為婉卻，但答應回港後即特撰專文寄呈，幾經解釋，始得成行。返家後，乃閉門專撰〈忠王李秀成親筆供辭之初步研究〉長篇，經過月餘努力，細讀全文，比較其他刻本，參考各種資料，精詳研究，始完成全稿。即郵寄張先生呈閱。其後在《思想與時代》發表（民五二年二月一〇三期）。

在臺灣會議完場後，尚有一事可紀者。先時，中央研究院早已聘我為近代史研究所通訊研究員。我除了於此次來臺開會時贈與曩年鈔錄之《華北先驅》資料一份外，毫無貢獻。所長郭廷以教授乃趁我到臺之便，特約我以半日時間到該所，對研究員們演講及相與研討太平史。我於參加胡適博士葬禮之後，即到該所與廿餘研究員共敘。演講約半小時後，即由聽眾發出重要問題，由我一一答覆，互相討論，兩受其益。過了三小時，興猶未艾。直至已雇定的汽車依時來接，乃不得不散會。我對此會極感興趣，印象至深，事隔多年，至今不忘。

自《清史》出版後，我因《洪秀全載記》排版及校對時間傯促，錯誤頗多，故另編《清史洪秀全載記增訂本》，將全文訂正舛訛字句，分段標題，新加標點，並增補「注釋」於重要各段之後。新書完成，都五十萬言有奇，時為一九六三年夏七月。印刷費則由港大東方文化研究院林仰山院長撥出。此時彼正任滿退休，在回國前玉成此舉，至可感也。

我之專治太平史，主觀上只為滿足個人學術研究，追尋真實之知識興味，在客觀上則為彌綸一代真史，糾正百年來謬妄的偽說，並非為利或為名。（我非「客家」，亦與洪氏無親戚關係。）然而既已印行幾種書籍及多篇論文，成績不脛而傳播海內外，學術界人士，都謬許我為太平史權威。亞、美、歐、澳各洲多有通訊或親來與我研究，或則以書稿、論文前來訪問者。更有幾位以太平史為考取博士論題而求我助其搜集資料或指導進行者。今年秋間，有一位美國人專程由西美飛行來港九，向我問學，準備考取博士。卅年來總計與我接觸者不下卅人。直至現今（一九七七）仍有四人在撰著博士、碩士論文中。發揚此專門史學，使在世界上另開生面，而顯揚我國族之革命真史，固所樂為者，區區虛名，所不計也。

耶魯治學

我撰著太平天國史的工作，大致完成了。但尚餘一未完成的志願，即是將大半生研究所得寫成英文的《太平天國革命運動史》以貢獻於全世學術界。至一九六四年，耶魯大學特聘我為文理研究院研究專員（Research Associate）專撰英文太平史。香港「亞洲協會」極力贊成，助以往來旅費，乃得成行。先在家完成草稿十二章，擬到耶魯撰成全書。八月，乘輪渡洋，過日本時，到東京參觀及訪友，兼蒐尋新史料。蒙日本太平史家數人開會設宴歡迎，共同研究幾個問題。

到了耶魯，即繼續寫史稿，並協助兩位研究太平史者準備博士論文。我仍如常夜以繼日的寫作。除將中文舊著分題摘要外，尚補充在耶魯圖書館新獲的中西資料。最為快意者則多年欲得而未得之李濱《中興別記》一書，於無意中在布朗大學得見一部，即蒙借用，交由耶魯圖書館複製兩部，而以其一贈余，資料益豐。工作至翌年（一九六五）二月，全稿廿三章殺青，而耶魯僱員打字錄稿亦完成。我原擬再留半年修改全書，但因工作過勞而且生活孤單，以至神經系又出現衰弱病徵。乃遵校醫敦勸，從速離美歸港。一抵家門，家人團聚，且含飴弄孫，老病不藥而癒，原來那是思家病。

歸來後，乃將全稿修正，加上腳注，另編大事表及書目、地圖、與作引言，陸續付回耶魯。時，耶魯已專聘一編輯能手蘇達德女士（A.V. Suddard）整理及編修全稿，使符合世界出版標準。每一章、每部分、復付來九龍經我作最後之訂正，乃成定稿，然後再行付回。因蘇女士不是用全時間做此工作，故全書之修正至一九七三年春始完成——由開始寫作以至定稿足足費了九年時間。最後，由耶魯歷史教授史賓士（Jonathan Spence）作序。耶魯復將全稿分請英美三位史學家鑒定，然後由耶魯出版社印行，可謂慎重其事。是年十一月此英文《太平天國革命運動史》——英名*The Taiping Revolutionary Movement*，得以問世。

出版後，銷路遍全世各國，銷數多於中文原著數倍。三年來各地雜誌刊出好評如潮。至一九七五年「美國歷史學會」在美阿美開大會，竟以每二年頒發一次之費氏東亞歷史獎金授我，真是喜出望外之收穫，令我覺得費了大半生精神能力所治之專門學為不枉了。費正清教授所著一書嘗謂太平史是研究中國近代史的「真空」。此書或可彌補海外史學界所缺之一角吧！

繼續努力

在整理英文書稿期間，我又將《洪秀全載記增訂本》付出排印。一九六七年冬出版。此書經由「國防研究院」編入《中華大典》。是為我第七種之太平史專著。

同時，我又細心考證忠王供辭之文字與史實，撰成〈忠王親筆供辭考誤〉長篇，交由《大陸雜誌》分兩期刊出（卅五卷十一、十二期）。

繼而我感到尚有多人對於「太平天國與中國文化」之關係，有未明或誤解之處，甚至以其並無文化者，因即以此題前後撰文兩篇，一一根據史乘與文獻作精詳的研討與論斷。最先亦在《大陸雜誌》發表（一九六七年卅五卷一、二期），都四萬五千言。同年，由香港「南天書業公司」印行單行本。這是我編著太平史之第八種。英文專著延至一九七三年始出版，是為我太平史專著之第九種，亦即到現在最後之一種。

最近，我尚有幾篇或譯或著有關太平天國的研究短論均在《大陸雜誌》發表，不贅陳了。假如我有機會將歷年譯著的散文，收拾起來，編印成書——《太平天國研究集》，將可成為太平史專著第十種。但年事已老，精神能力有限，恐難作此夢想了。人世間，往往得不到十全十美的滿意的。

於今，我大半生研究太平史的工作再可告一大段落，然而有生之年，興味未減，不能結束；一見有新史料，或自有新見解，仍然埋頭工作，不過為精神能力所限，不能似往時之苦幹了。閒嘗自考成績，可說是為這一門近代史學開拓荒地，舖展大路，但仍覺得所有的成就尚未臻百分之百的完善。太平史蹟有些問題仍未能解決，耿耿於懷者。（例如：太平曆法比較陰曆陽曆提早了一天，即是失去了一天——天曆的禮拜日是禮拜六。思索、考究多年，尚不明其在何時、因何故而發生此大錯。）所望後起之中西學者努力繼續耕耘，發見益多，成就益大，以修正我的錯誤，及補足我的掛漏，使太平天國史，日趨完善。

文物藏品之處置

自各書陸續問世後，我覺得數十年研究太平史的工作雖可告一段落。然所最關心者則為大半生所蒐藏的太平文物之處置問題。年復一年馬齒日增，憂慮愈甚。蓋恐將來一旦去世，這一批「舉世無雙」的寶藏，終不免失去，或散開，則其在學術上的價值盡行損失了。熟思多時始得一最妥善的處置辦法。先是，自我在耶魯治學的工作完滿結束後，耶魯圖書館即與我函商接收我的全部太平文物，作為「簡又文藏品」，在東方圖書部專藏善本之一室中特別珍藏。我即答應，有三理由：㈠得此珍藏的處所，整批文物將可得以永久保存，不致散失；㈡有我的藏品，配合耶魯固有的中西載籍，將來供給全世界研究太平史者應用，而成為此一專門史學之研究中心；㈢耶魯為出版我的英文書付出了不少研究費，及動員全校不少人員協力相助乃得成事，則我之捐贈個人藏品為報，豈非合情合理之事乎？既成議，我遂由一九七〇年起，陸續將所有蒐集珍藏多年之太平文物，一一分類包裝，分批付去。各物皆分類庋藏於耶魯圖書館專室，有專員保管，所知者則來自各方之參考者大不乏人。我則深心慶幸以為個人數十年來寶愛如生命之藏品終得至妥善之安置所，及為全世史學界又作一小貢獻也。附識於此，以結全篇。

民國六六年十一月於九龍時年八十有二

血歷史173　PC0886

新銳文創
INDEPENDENT & UNIQUE

簡又文回憶錄

原　　著	簡又文
主　　編	蔡登山
責任編輯	許乃文
圖文排版	周怡辰
封面設計	劉肇昇

出版策劃	新銳文創
發 行 人	宋政坤
法律顧問	毛國樑　律師
製作發行	秀威資訊科技股份有限公司
	114 台北市內湖區瑞光路76巷65號1樓
	電話：+886-2-2796-3638　傳真：+886-2-2796-1377
	服務信箱：service@showwe.com.tw
	http://www.showwe.com.tw
郵政劃撥	19563868　戶名：秀威資訊科技股份有限公司
展售門市	國家書店【松江門市】
	104 台北市中山區松江路209號1樓
	電話：+886-2-2518-0207　傳真：+886-2-2518-0778
網路訂購	秀威網路書店：https://store.showwe.tw
	國家網路書店：https://www.govbooks.com.tw

出版日期	2020年3月　BOD一版
定　　價	580元

Printed in Taiwan

國家圖書館出版品預行編目

簡又文回憶錄 / 簡又文原著；蔡登山主編. --
一版. -- 臺北市：新銳文創, 2020.03
面； 公分. -- (血歷史；173)
ISBN 978-957-8924-89-5(平裝)

1.簡又文 2.回憶錄

782.887 109001764

讀者回函卡

感謝您購買本書，為提升服務品質，請填妥以下資料，將讀者回函卡直接寄回或傳真本公司，收到您的寶貴意見後，我們會收藏記錄及檢討，謝謝！

如您需要了解本公司最新出版書目、購書優惠或企劃活動，歡迎您上網查詢或下載相關資料：http:// www.showwe.com.tw

您購買的書名：____________________

出生日期：_______年_______月_______日

學歷：□高中（含）以下　□大專　□研究所（含）以上

職業：□製造業　□金融業　□資訊業　□軍警　□傳播業　□自由業

□服務業　□公務員　□教職　□學生　□家管　□其它_____

購書地點：□網路書店　□實體書店　□書展　□郵購　□贈閱　□其他

您從何得知本書的消息？

□網路書店　□實體書店　□網路搜尋　□電子報　□書訊　□雜誌

□傳播媒體　□親友推薦　□網站推薦　□部落格　□其他_______

您對本書的評價：（請填代號　1.非常滿意　2.滿意　3.尚可　4.再改進）

封面設計____　版面編排____　內容____　文／譯筆____　價格____

讀完書後您覺得：

□很有收穫　□有收穫　□收穫不多　□沒收穫

對我們的建議：____________________

____

____

____

請貼
郵票

11466
台北市內湖區瑞光路 76 巷 65 號 1 樓
秀威資訊科技股份有限公司 收
BOD 數位出版事業部

（請沿線對折寄回，謝謝！）

姓　　名：＿＿＿＿＿＿＿＿＿＿　年齡：＿＿＿＿　性別：□女　□男

郵遞區號：□□□□□

地　　址：＿＿＿＿＿＿＿＿＿＿＿＿＿＿＿＿＿＿＿＿＿＿＿＿＿＿

聯絡電話：(日)＿＿＿＿＿＿＿＿＿＿＿＿(夜)＿＿＿＿＿＿＿＿＿＿＿＿

E-mail：＿＿＿＿＿＿＿＿＿＿＿＿＿＿＿＿＿＿＿＿＿＿＿＿＿＿